개신교 근래 역사에 크게 영향을 미치고 있는 이 인물의 사상 속으로 깊이 뛰어들고 싶은 독자라면 충분한 보상을 받을 것이다. 이 책은 켈러의 사상과 신앙을 세심하게 기술해 새로운 깨달음을 준다.

　〈퍼블리셔스 위클리〉(Publishers Weekly)

팀 켈러는 많은 사람에게 아주 현명한 멘토다. 그의 영성이 형성된 원천, 그를 거기로 이끈 사람들, 뉴욕시 리디머교회가 성공한 원동력이 이 책에 알차게 기술되어 있다.

　조지 M. 마즈던_ 《조나단 에드워즈 평전》 저자

이 시대의 가장 위대한 사상가이자 교사이자 작가 중 한 사람의 비하인드 스토리를 콜린 핸슨이 멋지게 풀어 냈다. 당신도 팀 켈러의 책과 사역을 통해 나만큼 복을 누렸다면 이 책을 꼭 읽어야 한다.

　존 슌_ 미국 사우스다코타주 상원의원

팀 켈러 팬으로서 그의 전기를 꼭 읽고 싶었는데 역시 콜린 핸슨은 실망시키지 않는다. 수려한 필치로 써 내려간 이 내러티브는 팀의 놀라운 사역을 만들어 낸 사람들과 경험과 고뇌에 대해 많은 것을 가르쳐 준다. 감동적인 책이다. 그러나 내 영혼 깊숙이 파고드는 호소력을 표현하기에는 감동이라는 말로도 부족하다!

　리처드 마우_ 풀러신학교 명예총장

남다른 분석력과 종합력을 타고난 한 인물, 그를 빚어낸 가정과 가족, 그가 복음을 소통하려고 흡수한 여러 선인과 동시대인의 통찰을 담은 이야기다. 하나님이 섭리하신 삶의 여러 반전도 빼놓을 수 없다. 책 제목을 "팀 켈러가 되기까지"라고 붙여도 될 뻔했다. 그 "되기까지"의 길은 빠르지도, 쉽지도 않았다. 콜린 핸슨의 서술은 독자에게 교훈 못지않게 큰 도전으로 다가온다.

　싱클레어 퍼거슨_ 《온전한 그리스도》 저자

팀 켈러는 나를 비롯한 수많은 사람에게 가르침을 준 영적 아버지다. 하나님과 성경을 바라보는 내 관점에 그보다 큰 영향을 미친 사람은 없기에, 그의 하나님과 성경을 바라보는 관점을 빚어낸 모든 요인을 알 수 있다는 건 참으로 귀한 기회였다! 이 책은 충실하되 불완전한 한 인간의 이야기이자, 그가 그토록 사랑하여 일생을 바쳐 섬긴 하나님 이야기다.

제니 앨런_ 이프 게더링(IF:Gathering) 설립자

기독교 전통이라면 무조건 무시하기로 유명한 뉴욕시에서 전통적 칼뱅주의자인 팀 켈러는 어떻게 이토록 영향력 있는 사역자가 되었을까? 이 책은 이 질문에 답해 주는 콜린 핸슨의 교훈적 연구서다. 특히 중요한 것은 유명 작가와 설교자, 비교적 덜 알려진 성경 교사와 모범적 목회자, 교리의 문화적·성경적·신앙적 역점을 통합한 동료 장로교인 등 켈러에게 영향을 미친 다양한 인물군이다. 하나님의 섭리하에 이 조합은 효과가 좋았을 뿐 아니라, 온건한 칼뱅주의의 내구력을 초현대 세계 사람들에게 입증해 보였다.

마크 놀_ 《복음주의 지성의 스캔들》 저자

팀 켈러의 설교와 저서도 물론 내게 큰 영향을 미쳤지만 가장 큰 영향을 미친 것은 그의 호기심이다. 그의 눈부신 재능(거창하지만 적절한 표현)을 길러 낸 많은 사람과 터전을 이번에 깊이 들여다보니 뜻밖의 선물처럼 느껴진다.

재키 힐 페리_ 《게이 걸, 굿 갓》 저자

팀 켈러는 분열된 세상 속에서 하나님의 충실한 종으로 살아가는 힘든 일을 지금껏 해냈다. 그의 이웃 사랑과 일관된 복음 증언은 감동적이면서 우리를 겸허하게 한다. 그의 책과 설교를 많이 읽고 들은 이들도 콜린 핸슨의 책에서 그의 삶과 사역을 형성한 여러 사조와 인물과 사건(1960년대 격동의 반문화, 9·11 테러 공격, 오늘 우리가 살고 있는 양극화 시대)에 대해 배울 게 많다. 특별한 즐거움을 주는 책이다.

벤 새스_ 플로리다대학교 총장

다른 수많은 사람처럼 나 역시 켈러 부부의 사역에 깊이 영향을 받았다. 요 몇 년 사이 그들과 친분을 쌓으면서 한결같은 믿음으로 예수님을 따르는 그들을 더욱 존경하게 되었다. 이 부부의 사역에서 유익을 누린 사람이라면 누구나 그들의 삶을 빚어낸 여러 사건과 결단에 대해 더 알고 싶을 것이다.

빌 해슬럼_ 테네시주 49대 주지사

〈더 뷰〉(The View)를 진행하던 10년 동안 하나님을 믿는 내 신앙은 수많은 사람 앞에서 날마다 도전에 부딪쳤다. 같은 시기 우리 교회의 팀 켈러 목사는 비판하는 자세 없이 비신자들에게 성경을 사실적으로 가르쳤다. 그 가르침 덕분에 나도 부끄러움을 떨치고 복음을 전하며 복음의 진리와 은혜를 더 잘 실천하게 되었다. 이 책은 팀 켈러라는 인물의 배후 내막을 밝혀 준다.

엘리자베스 해슬벡_ 토크쇼 〈더 뷰〉 공동 진행자, 〈뉴욕 타임스〉 베스트셀러 작가

이 시대에 팀 켈러만큼 선명한 신앙관으로 전 세계에 영향을 미치는 기독교 지도자는 별로 없다. 이 흡인력 있는 책에서 콜린 핸슨은 그 팀 켈러의 신앙관에 감화를 끼친 다양한 인물의 저작과 모본을 흥미진진하게 추적하면서, 기독교 전통을 섭렵하여 정수를 추출하는 데 바친 한 사람의 생애로 독자를 안내한다. 거물급 인사의 인간적인 면모를 드러냄으로써 독자에게 팀 켈러의 신앙 여정의 특징인 신중성을 배우라고 도전한다. 읽는 내내 책을 내려놓을 수 없었다.

제임스 에글린턴_ 에든버러대학교 뉴칼리지개혁신학 석좌교수

면밀하게 연구해서 아주 잘 쓴 고마운 책이다. 많은 사람이 몰랐던 켈러의 면면이 자세히 드러나 있다. 물론 팀 켈러에 대한 책이지만 결국은 예수 그리스도에 대한 책이다. 분명히 콜린 핸슨이 그렇게 의도했거나 적어도 그런 직관에 충실했을 것이다. 그 결과 이렇게 멋진 책이 탄생했다.

팀 패런_ 영국 국회의원, 자유민주당 전 대표

하나님의 사람, 팀 켈러

지은이 | 콜린 핸슨
옮긴이 | 윤종석
초판 발행 | 2023. 4. 26
등록번호 | 제1988-000080호
등록된 곳 | 서울특별시 용산구 서빙고로65길 38
발행처 | 사단법인 두란노서원
영업부 | 2078-3333 FAX | 080-749-3705
출판부 | 2078-3332

책값은 뒤표지에 있습니다.
ISBN 978-89-531-4446-0 03230

독자의 의견을 기다립니다.
tpress@duranno.com www.duranno.com

두란노서원은 바울 사도가 3차 전도 여행 때 에베소에서 성령 받은 제자들을 따로 세워 하나님의 말씀으로 양육
하던 장소입니다. 사도행전 19장 8-20절의 정신에 따라 첫째 목회자를 돕는 사역과 평신도를 훈련시키는 사역,
둘째 세계선교™와 문서선교^{단행본·잡지} 사역, 셋째 예수문화 및 경배와 찬양 사역, 그리고 가정·상담 사역 등을 감
당하고 있습니다. 1980년 12월 22일에 창립된 두란노서원은 주님 오실 때까지 이 사역들을 계속할 것입니다.

그의 영성과 지성은
어떻게 형성되었는가

〔 하나님의 사람, 팀 켈러 〕

콜린 핸슨 지음　윤종석 옮김

TIMOTHY
KELLER

두란노

나보다 앞서 복음을 전하신
나의 할아버지 윌리엄에게,
그리고 기도하기는, 나를 뒤이어 복음을 전할
나의 아들 윌리엄에게.

CONTENTS

▶ Part 2.

1972-1975년

학문의 장, 벗과 스승들

켈러 집안은 팀(맨 왼쪽)이 버크넬대학교에 입학하기 1년 전인 1967년, 펜실베이니아주 앨런타운으로 이사했다. 어머니 루이즈가 집에서 키우는 고양이를 안고 팀 곁에 서 있다. 막내 빌리(가운데)는 1998년에 사망했다. 그 옆에 여동생 섀런과 아버지 빌(맨 오른쪽)이 나란히 서 있다.

닉슨 대통령이 베트남전을 확대한 뒤 일어난 반전 시위대에 주 방위군이 발포해, 켄트주립대학 학생 네 명이 사망한 사건이 터졌다. 버크넬대학교 학생들은 이에 항의해 1970년 5월, 수업 거부와 시위에 들어갔다. 팀 켈러를 비롯해 IVF 멤버들은 대화의 장을 마련해 시위 학생들에게 복음을 전했다.

바버라 보이드는 콜로라도주 베어 트랩 랜치에서 열린 IVF 캠프에서 "주재권에 대한 강연"을 했다. 1971년 여름에 한 달간 열린 그 캠프에 팀도 참석했다. 보이드의 '성경과 삶' 시리즈는 팀 켈러에게 하나님의 말씀을 공부하는 기초를 다져 주었다.

에드먼드 클라우니는 팀 켈러를 펜실베이니아주 루이스버그 버크넬대학교의 미숙한 학창 시절부터 뉴욕시 리디머교회라는 대형 교회 목회 시절까지 쭉 알면서, 유일하게 그의 가까이서 개인적으로 영향을 미친 스승이다. 클라우니의 생이 다할 무렵에는 그와 켈러가 리폼드 신학교에서 함께 가르쳤다.

MAGDALENE COLLEGE,
CAMBRIDGE.

23 April 63

Dear Kathy
Congratulations on keeping house!
By the way I also said "I got a book." But
your teacher and I are not "English teachers" in
the same sense. She has to put across an idea
of what the English language ought to be: I'm
concerned entirely with what it _is_ and how it
came to be what it is. In fact she is a
gardener distinguishing "flowers" from "weeds";
I am a botanist and am interested in both
as vegetable organisms.
all good wishes.
yours
C. S. Lewis

C. S. 루이스는 1963년 4월에 쓴 이 편지에서 열두 살의 캐시와 영어 교사의 갈등을 중재했다. 루이스가 캐시에게 마지막 편지를 보낸 때는 그가 숨을 거둔 그해 11월 22일을 채 2주도 남겨 두지 않은 시점이었다. 캐시는 훗날 자신이 좋아하던 루이스의 《나니아 연대기》를 팀에게 소개해 주었다.

프랜시스 쉐퍼는 결실이 풍성하되 체력 소모가 많은 스위스 라브리의 경험을 토대로, R. C. 스프로울에게 리고니어밸리연구소 구상에 대해 조언해 주었다.

Alpha Historica / Almay Stock Photo

팀과 캐시가 신학교에 입학하기 직전 여름에 리고니어밸리연구소에서 개설된 강좌 목록을 보면 1970년대 초 피츠버그 지역을 광범위하게 휩쓸던 개혁주의의 부흥을 엿볼 수 있다.

LIGONIER VALLEY STUDY CENTER
SUMMER SCHEDULE - 1972

May 30-June 9 BASIC OLD TESTAMENT THEMES
An introduction to basic Old Testament Theology with focus on themes of creation, fall, covenant, law, prophetic criticism, wisdom literature etc. This course is designed to encourage and facilitate study of the Old Testament.

June 12 - June 23 PERSON AND WORK OF THE HOLY SPIRIT
A study of the person of the Holy Spirit as revealed in Old and New Testament. Special attention will be given to the work of the Spirit in Creation and Redemption. The controversial matter of the "Baptism" and "Gifts" of the Spirit will also be studied.

June 26 - June 30 CHURCH AND SACRAMENTS (one week - $30)
An investigation of the Biblical view of the Church and Sacraments as well as a survey of the development of these themes in Church History. Special attention will be given to the controversial issue of infant baptism.

July 10 - July 21 CHRISTIAN ETHICS
An introduction to principles of Christian personal and social ethics with particular attention given to controversial issues of the present. Questions of war, abortion, sexual behaviour, capital punishment, etc. will be dealt with.

July 24 - Aug. 4 PERSON AND WORK OF CHRIST
An investiagtion into the New Testament portrait of Jesus with special attention given to the titles of Jesus such as "Messiah", "Son of Man", "Lord, etc. and a survey of the critical events in the life of Jesus such as his birth, baptism, crucifixion, resurrection, ascension, etc.

Aug. 7 - Aug. 18 CHRISTIANITY AND EXISTENTIALISM
A survey of existential thought dealing with the works of Nietzche, Kierkegaard, Heidegger, Sartre, Camus, Jaspers, et al with a special view to their influence upon, and conflict with, classical Christianity.

Aug. 28 - Sept. 8 BASIC NEW TESTAMENT THEMES
An introduction into the theology of the New Testament with a special view to the concept of the Kingdom of God. The distinctives of Pauline and Johannine theology will be studied.

Sept. 11 - Sept. 22 BASIC REFORMED THEOLOGY
An introduction into the distinctive theological issues of the reformation including the question of authority, justification, predestination, etc. - the thought of Luther and Calvin will be given special attention.

COST: $60, includes room and board. Some work scholarships available.

TO REGISTER: send $10 non-refundable deposit to

        Jim Thompson
        Ligonier Valley Study Center
        Stahlstown, Pa. 15687

Courtesy of Louise Midwood

무엇이든 물어볼 수 있는 시간인 R. C. 스프로울의 "잡담 모임"은 리고니어밸리 연구소의 월요일 밤 하이라이트가 되었다. 팀 켈러도 웨스트호프웰교회에서 목회할 때 주일 밤마다 그런 시간을 마련했다.

고든콘웰신학교 교수진은 팀과 캐시 같은 학생들에게 신학적 다양성을 선보였고, 그것이 이후 수십 년간 그들 사역에 양분이 되어 주었다.

고든콘웰신학교 학생들은 미국 복음주의 선구자들이 이끄는 학교에서 자신들도 뭔가 새롭고 가슴 벅찬 역사 가운데 들어와 있음을 느꼈다.

로저 니콜(왼쪽)과 J. I. 패커(가운데)는 팀에게 신학적 소신과 온화한 마음씨의 본을 보여 주었다. 심지어 어떤 때는 니콜이 자신과 반대되는 입장을 하도 그럴듯하게 설명하여, 학생들은 오히려 니콜의 입장이 틀렸다고 결론짓지 않을 수 없었다.

"생각이 딴 데 가 있기로 유명했던" 리처드 러블레이스(오른쪽)는 플래너리 오코너와 존 오웬 등 아주 다양한 작가들을 통해 팀에게 영적 역학을 소개했다.

엘리자베스 엘리엇은 '말과 글과 행동의 기독교적 표현'이라는 과목에서 팀과 캐시를 둘 다 가르쳤다. 훤칠한 키에 자세가 꼿꼿하고 소신이 깊었던 엘리엇은 그들에게 가정 과 교회 내 성(性) 역할에 대해 오늘날의 표현으로 "상호보완주의" 관점을 길러 주었다.

켈러 부부는 저서 《팀 켈러, 결혼을 말하다》를 고든콘웰 시절의 친구 모임인 '울새들'에게 헌정했다. 이들은 신학적 변화, 자녀 양육 등의 고민을 같이 겪고, 휴가도 같이 보내며 늘 가깝게 지냈다. (앞줄의 여성들을 기준으로) 왼쪽부터 오른쪽으로 게일·게리 소머즈 부부, 신디·짐 위드머 부부, 캐시·팀 켈러 부부, 루이즈·데이비드 미드우드 부부, 제인·웨인 프레이저 부부 순이다. 어델·더그 캘훈 부부만 사진에서 빠져 있다.

데이비드 미드우드(왼쪽)는 팀 켈러와 함께 고든콘웰에서 에드먼드 클라우니 팬클럽을 결성했다. 팀의 가장 가까운 친구 중 하나였던 데이비드는 2014년에 대장암으로 사망했다.

TABLE TALK

WOMANSTAND

Nancy Hardesty, a graduate student at University of Chicago and a voice in the evangelical community for women's rights, addressed the Gordon-Conwell community Friday and Saturday, April 5 and 6, as keynote speaker for the GCTS women's forum, "Womanstand". Her indictment of the Church for its de-humanization of women provoked much dialogue and disputation here at the seminary. Miss Hardesty advocated women reclaiming their full personhood by exchanging the existing patriarchal social patterns for the ones which, according to her Biblical exposition, Jesus taught. As we approach nearer and nearer the New Testament option, Miss Hardesty pointed out, we will shed our authoritarianism and our concepts of labor.

Miss Hardesty's deep-felt concern for the restoration of women to full humanness was unfortunately scuttled by her refusal to see that fullness of life is not achieved by dominance, but submission. Because she failed to see how women could be at the same time both equal with, and submissive to, men, Miss Hardesty was forced to deny the husband's authority. The serious consequence of this mis-thinking was brought to light when Miss Hardesty, in defending her position against Ephesians 5:23,24 where Christ's headship is compared to a husband's, had to redefine Christ's authority

over the church. We are in a new order, she told us, where we are governed not by authority but by the Spirit. It is unfortunate that Miss Hardesty had to leave us with a chaotic, lawless universe and an impotent, covenant Lord simply because she could not see that human authority does not entail superiority but rather service. She chose to ignore the Biblical pattern, perfected in Christ, of victory and fullness of life through submission, through lowering ourselves, through "regarding others as more important than ourselves"; not through self-assertion and denial of authority. Her aims would have been better served had she called for a humble and servile use of authority by those entrusted with it rather than attempting to restructure reality without it.

By far, the most unfortunate fact was, however, that the Gordon-Conwell community has apparently been so little exposed to opposition or disputation that Miss Hardesty was met with emotional abuse undeserved by even the most outspoken critic of the faith, much less by a sister in the faith. Her treatment at the hands of many who disagreed with her was ample evidence that we have not yet learned how to continue to love and care for someone with whom we argue. Is the error of callousness any less grievous than the theological errors that Miss Hardesty was involved in? No. The restoration of full, dignified personhood to both men and women through the discovery of God's objective truth should be our abiding concern.

HERMENEUTICAL NESTORIANISM

Honest Christians can differ on very basic issues. We would like to take issue with the GCTS New Testament department on its methodological presuppositions in hermeneutics. To throw the real problem into sharp relief, we will call attention to an analogy traditionally used to characterize the Scriptures and recently endorsed by men such as P. Hughes and G. Bromiley.

What is the relationship of the human element of scripture to the divine? We know the Scripture is a fully human book with a normal grammatical, historical, psychological context. At the same time, the Bible is considered (by itself in general and Christ in particular) to be not just inspired men's words about God but God's inspired words, historically written. Thus the entire Bible can be said to be the result of one author and intent.

The only parallel example we have of such perfect divine revelation in history is Christ Himself. The analogy is obvious: just as Jesus was fully and truly divine and human yet one Person, so the Bible is fully divine message, written by men, yet one book. "To ignore either the divine or human authorship is to miss the reality of the Bible and the full profit of its teaching" (Bromiley, New Bible Commentary).

During the Reformation, two basic principles of Biblical interpretation emerged in reaction to Rome. First, the "simple, original" sense of Scripture was alone considered binding and valid (as opposed to allegorical senses, etc.) Secondly, the unity of Scripture was asserted in that Scripture was to be interpreted by Scripture (Scriptura Scripturae interpres), and any particular verse was to be interpreted in light of the unified sense of Scripture (the analogia fidei). It is interesting to note that each of these principles serves to anchor hermeneutics firmly in each of the two natures of Scripture.

The GCTS N.T. department believes strongly that all theological presuppositions must be put behind us when we go to the text of the

Bible. Scriptura Scripturae interpres is a theological presupposition, says Prof. Scholer. Dr. Michaels believes we must treat the Bible as any other historical document, and thus our initial stance toward the Bible we hold in common with any unbiased neo-orthodox, liberal, Jewish or atheist historical-literary critic. We can work side by side with them to ascertain the original intent and meaning of the text, and only subsequently to exegesis do we look on the text, bringing now our religious tradition to bear on it to discover the "theological" application.

This is a noble try at scientific objectivity. Nonetheless, what "put your theological presuppositions behind you" really means is "put behind you the assumption that there is a divine author, and assume that it is human". Thus the two natures are separated and dealt with apart from each other. This approach, when applied to the examination of Christ's Person was branded Nestorianism. It was judged to be singularly inadequate, for the natures cannot be somehow abstracted from each other. Christ's work cannot be understood in such an artificial manner. Is this approach, then, also inadequate in examining the Bible? We believe it is, and we would note several results of this approach which attest to this.

First of all, from this point of view an unhealthy gap between Biblical and theological studies develops. Many doctrines would not be considered "Biblical" but rather "theological". A fear of systematizing Biblical content is really the result of under-crediting the unity of divine authorship; the result is a kind of "cafeteria theology" of unrelated themes. If one consciousness underlies all of Scripture, what violence is done in relating and reconciling the texts?

Not only does this Nestorian hermeneutic undermine the unity of the Bible, but it ultimately even the "simple" sense of Scripture is hurt. By setting aside the "presupposition" of divine authorship and intent, the meaning of the

human author becomes culturally bound, and an actual second "theological" or "mystical" sense (sensus plenior) must be posited to relate the text to the 20th century. Rather than two meanings, historical and theological, we should have two hermeneutic steps. These steps should be done distinctly, yet neither without reference to both natures of Scripture. (This parallels good Christological method.)

It is important to note that to assume the unity of scripture is not a theological presupposition as such; it is an evaluation of the kind of literature to be interpreted. Any hermeneutic must adapt itself to the genre of literature to which it is being applied. If the Bible is to any degree unique literature, then to that same degree it deserves a unique hermeneutic.

We cannot fault Dr. Michaels and Scholer's scholarship of intentions. There certainly is a danger of evangelicals being monophysites or downright docetists in over-spiritualized Biblical interpretation. If the human nature of Scripture is not distinguished, there is a tendency for the divine to submerge it. Yet to separate the two natures in a Nestorian fashion tends to diminish the divine nature for the human.

We would end sounding three warnings. 1) This interpretation is impractical since it ultimately puts the "simple meaning" of the text beyond the average person's grasp, since Ignatius or Josephus throws better light on a passage from Paul than does Psalms or Peter. 2) This hermeneutic does not prepare students to move on into theological studies. By the time they take a Systematics course many find it artificial and "biased". 3) As orthodox believers, we must not be obscurantists, yet we must not assume that the world's scholarship, performed by rebellious fallen men (as are we), is somehow neutral and without inclination to resist truth when it runs counter to modern convictions. Our own hearts should show us this.

팀 켈러를 비롯한 고든콘웰신학교의 몇몇 학생이 편집한 〈탁상 담화〉 창간호에 두 신약학 교수를 날카롭게 비판한 팀의 기사 "성경 해석의 네스토리우스주의"가 실렸다.

Gordon-Conwell Theological Seminary. Used with permission.

2016년 봄에 팀 켈러는 모교인 고든콘웰신학교에서 졸업식 축사를 했다. 지적이지만 별로 눈에 띄지 않았던 학생 시절의 그와는 대조적으로 이즈음 그는 세계적으로 유명한 교회 지도자가 되어 있었다.

Courtesy of Urbana, InterVarsity's student mission conference

1976년 팀과 캐시가 참석한 어바나 선교 콘퍼런스에는 17,000명 이상의 젊은 그리스도인이 모였고, 빌리 그레이엄, 존 퍼킨스, 에드먼드 클라우니, 엘리자베스 엘리엇, 헬렌 로즈비어 등이 강사로 섰다. 존 스토트는 선교의 성경적 기초에 대해 네 차례 강해했다.

존 스토트는 팀 켈러에게 강해 설교의 첫 모델이었다. 켈러가 보기에 스토트야말로 다른 누구보다도 근본주의와 자유주의의 중간 거점으로 복음주의를 창시했다.

Courtesy of Urbana, InterVarsity's student mission conference

버지니아주 호프웰의 환경 비리가 폭로된 시점은 이전에 듀폰사의 다이너마이트 제조 공장이 있던 그곳에 켈러 부부가 이주하기 직전이었다. 켈러 부부의 아들 셋은 모두 이 호프웰에서 태어났다.

웨스트호프웰교회에서 팀이 받은 박봉에는 도서 구입을 위한 수당이 따로 없었다. 다행히 팀은 친구들과 가족이 크리스마스 선물로 준 배너오브트루스 출판사 책들을 그 이듬해에 1년 내내 읽었다. 그가 가장 좋아한 작가들은 토머스 브룩스, 존 오웬, 찰스 스펄전 등이었다.

팀 켈러(뒷줄 왼쪽에서 세 번째)는 1984년에 웨스트민스터신학교 교수진에 합류하여 자신의 스승 에드먼드 클라우니가 가르치던 설교학과 목회 리더십 과목을 이어받았다.

하비 칸(한국명 간하배)은 웨스트민스터 신학교에서 팀이 속해 있던 실천신학부 부장이었다. 하비 칸이 강조한 상황화는 동료 팀 켈러에게 뉴욕에 도심 교회를 개척할 길을 닦아 주었다.

켈러 부부는 1984년부터 1989년까지 5년간, 잭 밀러가 목회하는 펜실베이니아주 글렌사이드 뉴라이프교회에 몸담았다. 켈러 부부가 뉴욕에 리디머교회를 개척하기 전에 뉴라이프교회는 그들에게 복음을 통한 쇄신의 문화가 어떻게 사회 정의와 예배와 전도와 선교에 적용되는지를 보여 주었다.

1970년대와 1980년대의 뉴욕은 범죄율이 높기로 유명해서, 그곳으로 이주하여 복음을 전하고 교회를 개척하려던 많은 그리스도인을 주저하게 만들었다. 리디머교회 초창기 멤버들은 이 도시의 쇄신을 위해 기도했고, 1990년대에 뉴욕시가 형통한 것이 그 기도 응답이라고 믿었다.

켈러 부부는 1989년 6월에 이스트강의 루스벨트섬으로 이사하여 지금까지 그 아파트에 살고 있다. 그들에게 이 섬은 시내이면서도 아이들을 기르기에 비교적 조용한 곳이었다.

여객기의 연이은 충돌, 두 빌딩의 붕괴, 달리는 구급차들의 불쾌한 경적 소리가 지나간 뒤 뉴욕은 온통 적막에 휩싸였다. 화요일 테러 공격이 발생한 지 얼마 되지 않아 팀 켈러의 생각은 그 주 주일 설교를 향해 내달렸다. 평소 리디머교회 예배 참석자의 두 배에 가까운 무리가 그 주일, 그의 설교를 들었다.

지금의 리디머교회를 세울 기금을 마련하고자 캐시 켈러의 총괄로 제작된 안내서는 금융과 교육과 정치와 예술의 중심지인 뉴욕시에 사역의 기회가 열려 있음을 강조했다.

New York City
A ministry strategy for the future

The leader of the PCA's church planting project in New York is Timothy Keller. A graduate of Bucknell University (B.A., 1972), Gordon-Conwell Theological Seminary (M.Div., 1975), and Westminster Theological Seminary (D.Min., 1983), Dr. Keller has had a creative and productive ministry. He began his ministry career while still in seminary as an associate staff member of Inter-Varsity Christian Fellowship. During a nine-year pastorate in Virginia, Dr. Keller saw his own church triple in size, and supervised the successful planting of 24 churches in the middle Atlantic states.

For the past five years Tim Keller has been a professor at Westminster Seminary, teaching communication, ministry and leadership. While in Philadelphia, he was involved in ministries to the business, homosexual and Muslim communities; to urban singles; and to college, graduate and foreign students. He has also been involved with several other church planting projects in the Philadelphia and New York areas. Dr. Keller has served as the Director of Mercy Ministries for Mission to North America. He also chaired the steering committee of Tenth Presbyterian Church's ministry to AIDS victims in Philadelphia.

Dr. Keller's latest book, *The Ministries of Mercy*, calls churches to obey Jesus' command to minister to the needy in their communities. Tim, his wife Kathy, and their three sons will live in Manhattan.

What can you do? You may live in New York Cit within reach of one of our congregations. In that case, we invite you to join us if you are not committed now to an evangelical church. Contact us discuss the details of the vision we have outlined

You may be able to contribute financial resource personally, or to encourage your congregation to do so. Financial cost is an unavoidable ministry issue in New York. The expense of working and living in the city has discouraged many churche and ministers from laboring here. We need a gre deal of financial support, but the spiritual return of this project will dwarf the expenses.

You can pray for us and with us. On September 1857, a lay minister on Fulton Street in downtow Manhattan started a noontime prayer meeting fo spiritual revival. Though only six people came t day—and all of them half an hour late!— by the following year, more than 10,000 businessmen i New York were praying together daily, the churches were overflowing, and the New York press was flabbergasted. In the next two years, over one million people were converted across United States as a direct result of that prayer meeting. What more could we accomplish if yo remember to pray for God's work in New York City? We invite you to join us.

이본 소여(흰옷 입은 신부)는 리디머교회의 긍휼 사역 단체인 호프포뉴욕 초대 리더로 섬겼다. 팀 켈러가 정규 예배와 결혼식을 함께 묶기는 이때가 유일했는데, 그의 유명한 설교 "아무도 원하지 않았던 여인"은 이 결혼예배의 주례사이기도 했다.

2012년 리디머교회에서 5천만 달러를 들여 준공한 W83 사역센터는 맨해튼에 40년 만에 처음 들어선 신축 교회 건물이었다.

팀 켈러는 TGC의 공동 설립자이자 부대표로서 TGC 사역의 신학적 비전을 입안했고, 2007년 시카고 북쪽에 자리한 트리니티복음주의신학교에서 목사 협의회 전원이 모여 이를 토의한 후 채택했다.

플로리다주 올랜도에서 열린 2014년 TGC 여성 콘퍼런스에서 켈러 부부가 남녀 역할과 은사에 대한 토론의 패널로 참석해 즐거운 시간을 보내고 있다.

2007년 제1차 TGC 전국 콘퍼런스에서 팀 켈러는 "복음 중심 사역"에 대한 메시지를 전하면서, 하나님의 구속 계획에서 예수 그리스도가 "참되시고 더 나으신" 성취라며 그분을 칭송했다.

찰스 테일러는 2013년 이후로 팀 켈러의 사상과 집필과 교육에 지대한 영향을 미쳤다. 켈러는 2년에 걸쳐 테일러의 기념비적인 작품 *A Secular Age*(세속 시대)를 한 줄도 놓치지 않고 두 번을 읽었다.

팀은 2020년에 췌장암 진단을 받은 데다 코로나19 팬데믹까지 겹쳐 대부분 루스벨트섬 집에서 캐시와 함께 갇혀 지냈다. 신학생 시절 이후로 부부가 이렇게 많은 시간을 함께 보내기는 처음이었다. 그런 중에도 팀은 자신이 즐겨 읽는 고서와 신간을 추천하는 일을 계속했다.

2016년 11월 8일 선거일에 목회와 신앙과 일에 대한 강연을 마친 후 팀 켈러(왼쪽)와 저자 콜린 핸슨(오른쪽)이 앨라배마주 버밍햄의 샘포드대학교에서 함께 포즈를 취했다.

프롤로그

그의 영성과 지성이 빚어진 시간 속으로

"팀이 문밖을 나서면 마주치는 사람 가운데 한 만 명 정도는 팀을 보고도 누군지 전혀 모를 거예요."

캐시가 뉴욕 거리를 거니는 남편 팀을 두고 한 말이다. 실제로 팀의 오랜 비서 크레이그 엘리스는 팀과 함께 뉴욕 거리를 숱하게 걸었고 지하철도 수없이 타 봤지만, 단 한 번도 팀 켈러를 알아본 사람은 없었다.[1] 그렇다고 팀 켈러가 군중에 섞여 가려지는 외양도 아니다. 193센티미터라는 큰 키에 머리가 훌쩍 벗어진 데다 그처럼 길을 걷는 중에도 책을 읽는 사람은 많지 않기 때문이다. 여하튼 뉴욕에 산 지 30년도 더 된 그지만 만일 누군가 지나가다 그를 알아본다면 그 확률은 뉴욕보다는 런던 쪽이 더 높을 것이다.

빌리 그레이엄은 1957년 뉴욕에서 전도 집회를 개최할 때 복음 전파의 기반을 넓히려고 유명 부유층과의 인맥을 활용해 홍보했다. 팀 켈러는 1989년 리디머장로교회(Redeemer Presbyterian Church; 이하 리디머교회)를 개척할 때 교회 홍보를 일부러 삼갔고, 특히 기존 신자에게는 알리지 않았다.[2] 그는 교세가 강한 내슈빌에서 책을 팔기보다 맨해튼의 어퍼 이스트 사이드에서 종교 회의론자를 더 만나고 싶어 했다. 제인 폴리, 엘리자베스 해

30

슬벡, 로빈 윌리엄스, 다이앤 소여 같은 명사가 리디머교회에 다녔으나 교회는 이목을 끌고자 그들의 명성을 이용할 뜻이 전혀 없었다. 그들이 가끔 오든 교인으로 정식 등록했든 마찬가지였다.

그렇다면 왜 나는 홍보에 이토록 무관심한 사람에 관해 글을 쓰는가? 사실은 그에 관한 책이 아니기 때문이다. 전통적 전기와 달리 이 책은 팀 켈러의 이야기를 '그가 미친 영향력'보다 '그에게 영향을 미친 사람들'의 관점에서 전한다. 팀 켈러 주위에 잠시라도 있어 보면 알겠지만 그는 자신에 대한 대화를 즐기지 않는다. 하지만 자신이 무엇을 읽고 있고, 무엇을 배우고 있고, 무엇을 보고 있는지에 대한 대화는 좋아한다.

팀 켈러의 이야기는 그에게 성경 읽는 법을 가르친 여성, 모든 성경 본문으로 예수님을 설교하라고 가르친 교수, 사회 이면을 보라고 가르친 사회학자 등 그의 영성과 지성을 형성한 사람들의 이야기다.

그의 가족과 친구와 동료들을 자유로이 접할 수 있는 덕분에 우리는 그가 재치로 불량배에 맞선 유년기 고향도 방문하고, 그가 영혼을 돌보는 법을 배운 남부의 작은 교회에도 가 보고, 그를 원치 않았던 국제적 명성의 반열에 올려놓은 도시도 살펴본다. 1960년대에 그는 아이였고, 1970년대에 대학생이었고, 1980년대에 교회를 개척했으며, 2001년 9월 11일에는 뉴욕에서 가장 큰 교회 중 하나의 지도자였다. 지난 세기 가장 떠들썩한 많은 사건이 그의 일생과 맞물려 있다.

이 책은 지금의 팀 켈러를 만든 많은 사람과 책과 강의, 그리고 궁극적으로는 하나님에 관한 이야기다.

PART 1.

신에게
솔직히

1950-1972년

1

완벽주의 엄마와
외로움

Allentown, Pennsylvania

팀 켈러의 할머니는 두 아들의 제2차 세계대전 참전을 막았다. 그 중 한 아들의 약혼녀는 그가 양심적 병역 거부자로 등록하자 너무 창피하다며 파혼했다. 다른 아들 윌리엄 베벌리 켈러는 한 정신 병원의 폭력 성향 환자 병동에서 아내를 만났다. 빌 켈러로 알려진 윌리엄은 늘 그 이야기를 이런 식으로 하기를 좋아했다. 루이즈 앤 클레멘티는 간호사로 일했고, 빌은 의무 복무를 이행 중이었다.

동갑내기였던 둘은 스물두 살이던 1947년 5월 24일, 델라웨어주 윌밍턴에서 결혼했다. 빌과 루이즈의 결혼은 제2차 세계대전 후 미국 전역에 나타난 사회 규범의 변화를 대변했다. 종교와 인종을 뛰어넘어 결혼한 젊은 부부들이 교단에 대한 충절을 뒤엎고 복음주의 운동의 성장에 일조한 것이다. 이 부부의 맏아들인 팀은 세례를 받을 때는 가톨릭 신자, 견진을 받을 때는 루터교인, 신학교에 입학할 때는 아르미니우스주의 감리교인, 목사 안수를 받을 때는 장로교인이었다.

빌 켈러는 1924년, 펜실베이니아주 퀘이커타운에서 태어났다. 그의 어머니 즉 팀 켈러의 할머니는 그 지역의 메노파 반전주의자(평화주의자)들의 영향을 받았다. 그녀는 프랭클린 루스벨트 대통령의 정책과 프로그램에 질색했고, 절대 금주가였으며, 보수파 성결교회 소속이었다. 그래도 켈러 가문의 가족사에는 미국 독립전쟁 참전 용사가 몇 있었다. 미국 최초의 켈러는 1738년 아내와 네 자녀를 데리고 독일 바덴에서 필라델피아로 이주했다. 그 가정은 펜실베이니아주 벅스 카운티에 정착하여 농사를 지었고, 루터교회와 학교를 중심으로 살았다. 200년 동안 켈러 집안은 대대로 집 근처에서 멀리 벗어나지 않았다.

팀 켈러의 외할아버지 제임스는 1880년 이탈리아 나폴리 근처에서 태어나 열여덟 살에 미국으로 건너왔다. 외할머니는 20세기로 접어들기 직전 미국의 이탈리아 이민자 가정에서 태어났고, 부모의 중매로 결혼했다.[1] 빌 켈러와 루이즈 클레멘티는 1947년 결혼 당시에 빌이 루터교인이라는 이유로 예식을 성당 대신 사제관에서 치러야 했다. 루이즈는 무시당했다는 생각에 결국 큰아들 팀의 세례를 끝으로 가톨릭을 떠나 자녀들을 루터교인으로 길렀다.

루이즈는 1950년 9월 23일, 펜실베이니아주 앨런타운에서 티머시 제임스 켈러(이하 팀 켈러)를 낳았다. 빌은 앨런타운 시외 남쪽의 작은 학군에서 미술을 가르쳤다. 그때는 그들이 아파트에 살던 때였다. 빌은 교직이 재미없어 그만두고, 더 안정된 수입으로 가족을 부양할 수 있는 광고업으로 이직했다. 처음에는 시어스 백화점에 납품할 주방을 설계했다. 이즈음 일가족은 앨런타운 시내로 이사하여 빌의 본가 길 건너편, 할머니의 정원으로 쓰던 대지에 새로 집을 지었다. 빌 켈러는 결국 헤스 브라더스라는 소매점에 취직하여 광고 담당 관리자에서 판촉 부문 관리자로 승진했다. 임원이다 보니 밖에서 일하느라 가족들과 떨어져 있는 시간이 많았다. 루이즈는 남편에게 요리나 청소나 아기 기저귀 갈아 주는 것을 바라지 않았다. 아이들을 키우는 일에 정말 아무 도움도 기대하지 않았다.[2] 팀 켈러의 친구들이 기억하는 빌은 그저 말없이 의자에 앉아 있는 "그림자"였다.[3]

집안을 누가 주관하는지 모두가 알았다.

누가 이 집의 대장인가

팀에게는 동생이 둘이 있다. 1953년에 섀런 엘리자베스, 1958년에 윌리엄 크리스토퍼가 태어났다. 팀은 저서 《팀 켈러, 고통에 답하다》(*Walking with God through Pain and Suffering*)를 "내가 아는 가장 참을성 있고 즐거운 사람 중 하나이자, 내게 짐을 감당하고 슬픔을 직시하고 하나님을 신뢰하는 법을 가르쳐 준 여동생 섀런 존슨에게" 헌정하기도 했다.[4]

팀은 오빠와 형 노릇을 톡톡히 했다. 별명이 "슈"였던 여동생에게 자전거 타는 법을 가르쳤고(다치지 않게 빈 상자를 쌓아 올려놓고 자전거를 그 쪽으로 밀어 주었다), 주먹으로 칠 때 엄지가 부러지지 않도록 엄지를 펴는 법도 알려 주었다. 팀이 쓴 각본으로 인형극을 공연하면서 그들은 함께 티켓과 간식을 팔기도 했다. 슈는 오빠가 작은 나무 꼭대기로 올라가 잎사귀 사이로 이야기를 들려주던 일을 기억했다. 팀은 미국사 초창기에 대한 코미디 대본도 썼다. 그들은 부모님의 레코드 앨범을 본떠 뮤지컬 〈뮤직 맨〉(The Music Man)을 연기하면서 배우 스탠 프리버그의 노래를 불렀다. 훗날 아내 캐시를 감동시키려 할 때 팀에게는 다양한 뮤지컬이 완비되어 있어 캐시는 마음껏 골라 들을 수 있었다. 루이즈가 집에서 허용한 음악이 뮤지컬과 오페라 외에는 별로 없었던 것이다.

켈러 집안 아이들이 살던 앨런타운 끝에서 두 번째 거리 근처에는 동네 도서관이 없었고, 집에 차는 한 대뿐이었다. 그래서 그들은 엄마가 모아 놓은 책들을 최대한 활용했다. 1950년대 미국에는 수신 상태가 좋지 못한 소형 흑백 텔레비전을 제외하고는 다른 대안이 많지 않았다.

팀은 부모가 특별히 많이 도와주지 않았는데도 세 살 때부터 글을 읽었다. 아이들은 윌리엄 샤이러의 《제3제국의 흥망》(The Rise and Fall of the Third Reich)과 특히 Funk & Wagnalls Standard Reference Encyclopedia(펑크 왜그널스 표준 백과사전)를 읽다가 역사와 논픽션을 좋아하게 되었다. 팀은 텔레비전에 나오는 내용을 백과사전에서 찾아보곤 했다. 어떤 주제든 흥미를 보였고, 배운 것은 뭐든 다 기억해 두었다가 동생들에게 그대로 가르쳤다. 집에 책 살 돈은 많지 않으나 러드야드 키플링의 전집이 있었고, 샬럿 브론테의 《제인 에어》(Jane Eyre)와 동생 에밀리 브론테의 《폭풍의 언덕》(Wuthering Heights)도 있었다.

그런데 동생들에게야 팀이 대장이었을지 몰라도, 이 집의 진짜 대장이 누구인지는 모두가 알았다. 집을 방문한 손님들이 복도를 지나가려고만 해도 루이즈는 곧바로 나서서 어디 가느냐고 체크했다.[5]

"엄마는 통제 욕구가 강했어요." 섀런의 말이다. "문제는 엄마가 우리를 키울 때 매사에 한 가지 방식, 그러니까 엄마의 방식밖에 없었다는 거예요. 다른 방식은 다 잘못이었어요."

이탈리아계 가톨릭에서 자란 루이즈에게는 장남은 엄마의 자랑이 되고 장녀는 엄마를 행복하게 해야 한다는 고정관념이 있었다. 그러다 보니 세 자녀 모두 다른 사람의 싫어하는 기색을 눈치로 알아차렸다.

섀런은 또 "확실히 엄마는 오빠에게 제일 엄했어요. '누가 대장인지를 이번 주에 팀한테 단단히 가르쳐야겠다' 하실 때가 많았거든요"라고 회상했다.

압박감에 대응하는 방식은 아이마다 달랐다. 섀런은 공상 속으로 숨어들었다. 팀과 빌리〔윌리엄의 애칭-옮긴이〕는 행위로 의를 이루려는 엄마의 성향을 닮아 가면서도 한편으로 은밀한 내면 생활을 가꾸었다. 팀은 밀어내고 저항하고 말대꾸도 했다. 엄마의 애정과 인정을 얻지 않았고 얻을 수도 없었다. 훗날 팀과 결혼한 캐시는 시어머니 루이즈와 시이모 앤절라가 벌이는 "엄마 경쟁"〔나중에 캐시가 쓴 표현〕을 감지했다. 팀의 사촌은 열다섯 살에 대학을 졸업하고 화학공학 기술자가 되었는데, 팀은 그의 총기를 따라갈 수 없었다. 그래서 자매 간의 경쟁에 열을 올리던 엄마에게 팀은 점수를 따지 못했다.[6] 섀런에게 비춰진 엄마는 정서가 불안한 사람, 맡은 일에서 최고가 되어 자신의 가치를 입증해야 하는 사람이었다.

다시 섀런의 말이다. "오빠는 다방면을 폭넓게 알았는데 우리가 자랄 때 엄마는 그걸 잘 이해하지 못했던 것 같아요. 오빠는 전체를 두루 생각하는 사람이지만 엄마는 그렇지 않았지요."

한편 속성 학습 과정은 어린 팀에게 정서적으로 상처를 남겼다. 학교 측에서도 나중에 그 과정을 폐기했다. 초등학교 3학년 때 그는 앨런타운의 영재 '특별반'에 들어갔다. 그런데 이 '가장 영리한 최우수' 학생들은 동네 친구들과 함께 수학한 게 아니라, 그 도시의 빈곤 지역에 있던 다른 학교로 통합되었다. 그러니 팀이 고등학교를 졸업하기도 전에 학군에서 이 계획을 수정한 이유를 알 만도 하다. 이 '똑똑한' 학생들은 따돌림과 놀림과 괴롭힘의 표적이 되었다. 팀의 유년기 외로움에 학교가 일조한 셈이다. 그는 자라면서 관계에 서툴고 우정을 맺거나 이어 갈 줄 모르는 외톨이였다. 그래서 주변 환경을 통제하고 자신의 가치를 확인하고자 독서에 의존했다. '외로움'과 '엄마의 지독한 완벽주의' 사이에서 팀은 늘 속으로 자신을 비판하는 버릇이 생겼다.

그러나 섀런은 오빠가 역경에 대응한 방식을 기억한다. 팀과 동생 빌리는 둘 다 특별반에서 그 동네 불량배의 표적이 되었다. 루이즈는 자신이 남편을 만난 경위를 생각해서였는지 두 아들에게 싸움질을 금했다. 순전히 생존 본능으로 팀은 궁지에 몰렸을 때 말로써 불량배에게서 빠져나오는 기술을 터득했다. 또한 엄마와의 잦은 말다툼에서 그 기술을 더 개발했다. 루이즈는 아이들이 얼마나 자주 자신을 실망시키는지를 보란 듯이 말하는 사람이었다.

"오빠가 사람들에게 말하는 데 아주 능한 데는 엄마를 감당해야 했던 그 내공도 한몫했다고 봐요." 섀런은 말했다. "정말 감당해 냈거든요. 오빠가 아니었다면 우리는 〈스타트렉〉(Star Trex)을 보지 못했을 거예요. 오빠가 엄마한테 말싸움을 걸어야만 우리는 이것도 보고 저것도 할 수 있었지요. 엄마는 정말 악착같이 자기 생각을 관철시키려 했거든요. 정작 엄마는 우리를 도와주고 예의범절을 가르친다고 생각했지만요."[7]

집에서 죄책감에 짓눌리던 팀은 이런저런 활동에서 위안을 찾았다. 레슬링도 해 보았으나 고적대에서 트럼펫을 연주하는 데 더 탁월했다.[8] 팀이 보이스카우트 경험을 어찌나 중시했던지 훗날 팀의 아들 한 명은 뉴욕 루스벨트섬에 살면서도 이글스카우트(보이스카우트 최고의 등급-옮긴이) 훈장을 받았다. 나중에 아내 캐시는 팀에게 "보이스카우트"라는 별명을 붙여 주었다. 정도(正道)를 엄수하느라 시내 소화전 앞에는 아예 주차를 하지 않았기 때문이다.[9]

혼란 속에서 심긴 복음의 씨앗

루이즈의 높은 도덕적 기준은 이탈리아에서 이민 온 그 집안에서도 특출했다. 그녀가 판단하기에 다른 가톨릭 신자들은 영 기준 미달이었다. 나중에 루이즈는 남편에게 가정에서 신앙생활의 리더 역할을 저버렸다고 타박하면서 그 책임까지 자신이 도맡았다. 그녀가 전쟁 통에 간호사로 일할 때 개신교 친구가 있었는데, 그 친구는 루이즈가 경험한 가톨릭과는 달리 직접 성경을 읽고 기도했다. 자신도 하나님과 직접 교제할 수 있다는 사실에 매료된 루이즈는 팀이 세례를 받은 후에 가톨릭이 성경에 부합하지 못한다고 결론지었다.

그래서 가족들을 데리고 켈러 집안이 선대로부터 다니던 루터교회로 옮겼다. 당시에는 미국루터교(Lutheran Church in America) 소속이었는데 훗날 이 교단은 미국복음주의루터교(Evangelical Lutheran Church in America; ELCA)로 재편되었다. 온 가족은 주일 예배에 매주 참석했고, 팀에게 루터교인으로 세례를 다시 받게 했다. 루이즈는 성경 공부 교사이자 교회의 기둥이 되었다. 집에서 교회까지의 거리는 채 2킬로미터도 되지 않았다. 그녀는 아이들에게 성경 퀴즈를 자주 냈고, 덕분에 팀은 이스라엘과 유다의 왕 이름을 죄다 외웠다.

1960년대 초반, 10대에 들어선 팀은 루터교회에서 견진 학습을 받았다. 회중이 적다 보니 목사들이 오래 머물며 사역하지 않았다. 팀의 첫 교사인 은퇴 목사 비어스는 교인들에게 기독교 역사와 실천과 신학에 대한 정통적 입장을 가르쳤다. 학생들에게 아우크스부르크 신앙고백의 개요를 외우게 했고 심판에 대해 가르쳤다. 또 오직 예수님을 믿어야 구원받는다는 것을, 율법이 우리 죄를 보여 주고(shows our sins) 복음이 우리 구주를 보여 준다는(shows our Savior) 뜻의 약자 SOS로 가르쳤다. 팀 켈러가 명쾌하게 제시된 은혜의 복음을 듣기는 1963년인 그때가 처음이었다.

그러나 당시 팀은 그 메시지를 학습에 통과하기 위해 떼야 하는 또 하나의 흥미로운 개념 정도로만 이해했다. 그래도 씨앗이 심겼다. 훗날 다른 목사 잭 밀러가 마르틴 루터를 예로 들어 그 씨앗에 물을 주게 된다. 바로 그 복음의 씨앗에서 나오는 능력이 결국 팀의 삶을 변화시켰고, 그는 '우리를 두 종류의 율법주의에서 해방시키는' 복음을 전파하는 사람이 되었다.

첫 번째 율법주의인 선행을 통한 구원을 그는 펜실베이니아주 게티스버그의 루터신학교(Lutheran Seminary)를 갓 졸업한 후임 견진 교사에게서 배웠다. 사회 참여가 한창이던 1964년, 이 목사는 민권운동을 주창하여 팀의 어머니와 할머니를 실망시켰다. 그는 또 팀이 나중에 대학에서 만난 교수들과 비슷하게 성경의 권위에 의혹을 제기했고 많은 교리를 한물간 것으로 취급했다. 교리나 교회를 거의 언급조차 안 했다. 기독교란 세상을 더 좋은 곳으로 만들려는 정치 참여의 문제라는 것이었다. 견진 학습 첫해와 이듬해에 배운 상반된 메시지는 팀을 혼란에 빠뜨렸다.

마치 별개의 두 종교를 배우는 것 같았다. 첫해에 우리는 거룩하신 정의의 하나님 앞에 섰다. 그분의 진노를 면하려면 엄청난 수고와 대가가 따라야 했다. 그런데 이듬해에는 우주에 깃든 사랑의 영에 대해 들었다. 그의 요구 사항은 우리가 주로 인권과 억압받는 자의 해방을 위해 노력하는 것이었다. 내가 두 교사에게 하고 싶었던 핵심 질문은 "둘 중 누가 거짓말을 하는 겁니까?"였다. 그러나 열네 살 아이들이 그렇게까지 대담하지는 못한지라 나도 그냥 입을 다물고 있었다.[10]

루터교에 몸담은 지 10년 후 루이즈는 자신의 종교관과 더 잘 맞는 복음주의회중교회(Evangelical Congregational Church)를 만났다. 이 교단은 인간의 노력을 통해 구원을 유지하고 죄 없이 완전한 상태에 도달해야 함을 강조했다. 이로써 팀 켈러는 집에서나 교회에서나 근본주의 버전의 두 번째 율법주의를 배웠다. 대학에 진학하여 집을 떠날 무렵, 팀은 마르틴 루터를 안 정도가 아니라 그에게 깊이 공감했다. 루터는 병적이리만치 과민한 양심에 시달렸고, 기준과 잠재력에 부합하고자 자신에게 완벽을 요구했다.

팀의 부모가 독일어를 쓰는 감리교 전통에서 유래한 그 작은 교단의 존 모이어 주교와 친구가 되면서 외적 기준은 가짓수가 더 많아졌다. 1968년, 팀이 루이스E. 디어러프고등학교(Louis E. Dieruff High School)를 졸업하고 버크넬대학교(Bucknell University)로 떠날 때, 루이즈는 언젠가는 팀이 귀향하여 복음주의회중교회 소속 지도자가 될 것을 꿈꾸었다. 아들이 그런 종교 고위직에 오르면 어머니로서 자신의 가치가 입증되지 않겠는가.

그러나 팀은 기독교와 계속 연을 맺을 것인지 긴가민가했다. 수치심의 쳇바퀴 속에서 그는 자신을 끼워 주고 받아들여 주고 심지어 칭찬해 줄 공동체에 목말라 있었다. 그러기 위해 교회를 떠나야 한다면 그 또한 하는 수 없었다.[11]

2

부조리한 인간

Bucknell University

버크넬대학교 68학번은 4년 후인 1972년에 650명의 졸업생을 배출했다. 고등학교 3학년 때부터 대학을 졸업하는 날까지 그들의 눈앞에서 세상이 일변했다.

그들이 고등학교 졸업을 앞둔 1968년 4월 8일, 테네시주 멤피스에서 마틴 루서 킹 주니어가 암살당했다. 그로부터 두 달도 못 된 6월 6일, 캘리포니아주 로스앤젤레스에서 로버트 케네디가 암살당했다. 그들이 대학으로 향할 무렵에는 소련이 개혁 운동을 진압했고, 8월 20일에 체코슬로바키아를 침공했다. 8월 26-29일 민주당 전당대회 때는 리처드 데일리 시카고시장이 대회장 바깥의 시위대를 경찰 폭력으로 진압하는 장면을 온 국민이 기겁해 빨려들 듯 지켜보았다.

펜실베이니아주 루이스버그 시골에 자리한 작은 교양학부 대학교인 버크넬은 대체로 보수적 전통을 지켰다. 2,800여 명의 재학생이 서로 걸어 다닐 수 있는 가까운 거리의 세 기숙사 단지에 살았다. 1960년대가 거의 끝날 때까지도 학생들은 통행금지 시간을 지켜야 했고, 여학생 치마 길이도 규정되어 있었다. 남자가 여자 기숙사 방을 방문하려면 입구에서 큰 소리로 알리고 안내를 받아야 했다.

팀 켈러가 속한 68학번이 입학할 때 반(反)문화도 함께 들이닥쳤다. 학생들은 빤히 구별되는 두 부류로 갈라졌다. 한쪽에서는 마약 복용과 성(性) 해방을 자랑하는 장발 히피족이 있었고, 다른 쪽에서는 그리스 문자를 이름으로 내건 전통적 부류의 남녀 사교 클럽이 있었다. 외톨이인 켈러는 사교 클럽의 경영학, 공학, 과학 전공자들 틈에서 밀려나지 않으려고 조심했다. 그렇다고 그가 히피족과 잘 맞는 것도 아니었다. 심지어 많은 인문학 과목을 히피족과 함께 들었는데도 말이다.

켈러가 보기에는 히피족도 학생운동을 하는 부류 못지않게 폼을 잡았다.[1] 민주학생연합 현지 지부는 비교적 규모가 작았다. 가톨릭 신부인 반전운동가 필립 베리건이 징집 명부를 사제 폭탄으로 불사르려고 모의하다가 루이스버그 연방 교도소에 갇혀 있었다. 하지만 인구가 6천 명도 안 되는 이 중부 펜실베이니아 작은 마을에서 그의 감금에 항의하려는 인근 학생들의 집단적 움직임은 없었다.

루이스버그가 베트남전 반대 시위의 중심지는 아니었지만, 버크넬은 당대 학문의 최신 풍조를 썩 많이 따라갔다. 버크넬의 기원은 1846년으로 거슬러 올라간다. 침례교에서 설립한 학교지만, 켈러가 입학할 당시의 운영진은 기독교 신앙의 전통적 표현을 더는 권장하지 않았다. 때는 바야흐로 교리가 선행에 밀려나고 캠퍼스 기독 연합이 '행동 단체'로 명칭을 바꾸던 주류 개신교(Mainline Protestants; 미국에서 복음주의·근본주의에 대한 대립 개념으로 쓰이며, 다원주의·자유주의 신학과 사회 복음 쪽으로 기우는 개신교 주요 7개 교단 등을 광범위하게 지칭한다)의 시대였다. 심리학과는 지그문트 프로이트를 벗어난 지 오래였지만 종교학과는 아직도 그의 이론을 꾸준히 숙제로 내 주었다. 불과 2년 전에 〈타임〉(Time)은 토머스 J. J. 알타이저와 윌리엄 해밀턴이 쓴 Radical Theology and the Death of God(급진 신학과 신의 죽음)의 출간을 계기로 "신은 죽었는가?"라는 질문을 공론화했다.[2] 버크넬의 종교학과 교수진은 알타이저와 해밀턴의 주장을 모든 학과목에 적극 반영했다.

교과목의 또 다른 인기 필독서는 존 A. T. 로빈슨의 《신에게 솔직히》(Honest to God)였다. 2013년에 50주년 기념판을 복간하면서 발행인은 이 책이 "가장 많이 회자된 20세기 신학 서적"으로 불려 왔다고 자평했다. 그 시대에는 마르틴 하이데거, 장 폴 사르트르, 알베르 카뮈 같은 실존주의자들이 앞서가는 사상가로 꼽혔다. 성공회 주교 로빈슨은, 하나님에 대한 개념을 실존주의 노선에 맞추어 다듬고 하나님이 "저 바깥"에 계신다는 개념일랑 치워 버리자고 주장했다. 그는 폴 틸리히, 디트리히 본회퍼, 루돌프 불트만의 작품을 종합하여 기독교를 핵 시대에 맞게 고친다고 자처했다. 발행인은 50년 후에 이를 돌아보며 《신에게 솔직히》가 선풍적 반응을 불러일으킨 이유를 이렇게 설명했다.

> 그것은 새로운 세계관으로 표출된 혁신적 도전 정신의 전형이기도 했다. 그 정신이 1960년대 내내 기존 정통과 사회적·정치적·신학적 규범의 해체를 불러왔다. 당연시된 전통적 사실들을 더는 무난하거나 꼭 믿을 만하다고 보지 않은 세대의 불안을 잘 담아낸 책이다.[3]

종교학을 전공하던 팀 켈러는 이 모든 텍스트와 그 밖의 많은 책을 읽었다. '문학으로서의 성경'이라는 과목에서는 복음서가 지중해 주위에 흩어져 있던 공동체들의 구전을 모아 놓은 것이라는 자유주의의 표준 담론을 들었다. 교수들은 그 공동체들이 역사적 실재를 증언하려 했다기보다 자기네 상황에 맞는 독창적 내러티브를 지어내 자체 리더십을 강화했다고 가르쳤다. 오랜 세월 구전되는 동안 이런 이야기에 가공이 가미되었고, 그 후에야 기록되어 획일화되었다는 것이다. 이런 관점에서 보면 '역사적 예수'라는 개념은 우화에 불과했다. 20세기 주류 종교학자 대다수는 역사적 예수를 자신들의 형상대로 빚어냈다. 즉 예수가 남달리 힘과 지혜가 넘치는 스승으로서 정의를 부르짖다가 당국의 반감을 샀다는 것이다.[4]

버크넬의 역사학과와 사회학과도 똑같이 급진적이어서 프랑크푸르트학파의 신마르크스주의 비평 이론과 허버트 마르쿠제에게 경도되어 있었다. 켈러는 자신을 길러 낸 미국 부르주아 사회에 대한 그들의 비판에는 웬만큼 동의했지만, 이런 형태의 마르크스주의의 배후 철학은 아직 10대인 그를 혼란에 빠뜨렸다. 사회 정의 추구가 어떻게 상대적 도덕관과 짝을 이루는지 이해할 수 없었던 것이다. 지적으로 그는 프로이트와 현대 치료를 마르크스주의의 문화 분석과 합쳐 놓은 이상한 조합에 동조할 수 없었다.

켈러의 혼란이 더 가중된 이유는 개인의 도덕을 부르짖는 그리스도인들이 사회 문제에는 별 관심이 없었기 때문이다. 분명히 그는 남아프리카공화국의 인종차별 정책이나 미국 남부의 흑백 분리를 의무화하는 기독교에 안주할 수 없었다.[5] 남부에 민권운동이 확산될 때 그리스도의 이름으로 흑인과 그 연대 세력에게 가해지던 폭력을 보고 그는 경악했다. 어린 10대의 그를 특히 괴롭힌 것은 1966년 민권운동 행진 도중에 총살된 제임스 메러디스의 사진이었다. 총을 쏜 사람은 자신의 범죄 결과나 메러디스에 대해 아무런 유감도 표명하지 않았다. 켈러는 사회 전체(특히 전반적 기독교 사회)가 인종 분리라는 악을 합리화할 수 있다는 게 도저히 믿어지지 않았다.

주위 대다수 백인 성인이 내게 하던 말이 전적으로 틀렸음을 나는 그때 처음 깨달았다. '일부 몰지각한 부류'만의 문제가 아니었다. 당연히 흑인은 온갖 불의의 수정과 보상을 요구할 권리가 있었다. 나는 어려서부터 교회에 다녔는데도 대학에 와서는 기독교에서 더 이상 매력을 느끼지 못하기 시작했다. 힘들었던 한 가지 이유는 신앙이 없는 친구들은 민권운동을 지지하는데 정통 기독교 신자들은 마틴 루서 킹 주니어를 사회의 위험 요소로 보는 그 괴리였다. 비종교인들은 평등한 권리와 정의를 그토록 열렬히 지지하는데 왜 내가 아는 종교인들은 거기에 한 톨만큼의 관심도 없었던 걸까?[6]

이렇듯 어린 날의 복음주의회중교회와는 지적·도덕적으로 너무도 다른 대학 생활 초기, 켈러는 기독교에 의문이 들었다. 그에게 이것은 단지 지적인 문제만이 아니었다. 기독교 자체가 전혀 실재로서 와닿지 않았다. 2년 동안 그는 어머니의 경직된 복음주의 신앙과 교수들의 진보 실존주의 신학 사이에서 갈등했다. 전자는 그에게 공감되지 않았고 후자는 지적 만족을 주지 못했다.

마침내 거듭나다

전공이 종교학이다 보니 켈러는 여러 과목을 통해 유대교, 이슬람교, 힌두교, 유교, 불교를 두루 배웠다. 특히 그는 기독교적 관점의 영원한 심판과 멸망, 영원히 느끼게 될 지옥 불의 고통에 대한 대안을 찾고 싶었다. 그래서 어떻게 행하거나 믿든 간에 아무에게도 심판이 없을 종교를 물색했다. 자신이 사랑의 신을 믿는다는 것은 그도 알았으나, 그 신에게로 가장 잘 안내해 줄 종교가 무엇인지 또는 그런 종교가 있기나 한지를 알지 못했다.

켈러가 보기에 불교는 무욕과 초연한 보시(布施)를 강조하는 것까지는 좋았으나 인격신 자체를 허용하지 않았다. 그런데 사랑은 인격체만이 할 수 있다는 게 그가 내린 결론이었다. 타 종교들에는 그런 사랑의 신이 없었고, 창조 신화마다 변덕스럽다 못해 심술궂게 서로 싸우는 신들로 가득했다. 자신의 즐거움을 위해 사랑으로 세상을 창조한 신은 성경에만 있었다. 여러 종교를 공부한 덕분에 팀은 종교적 관점이라 해서 다 그 속에 사랑의 신이 들어 있지는 않음을 깨달았다.[7]

그래서 그는 기독교와 특히 신약의 신빙성을 반박하는 역사적 논증에 주목해 보았다. 알고 보니 기독교는 핵심 신념의 존립 여부가 자체 주장의 역사적 정확성에 달려 있다고 단언한다는 점에서 아주 특이했다.[8] 수업 시간에 배운 내용을 조사해 보니 기독교의 초기 기록물을 반박하는 증거는 팀에게 설득력이 없었다. 그는 버크넬 교수들과 그들이 지정해 준 혁신적 필독서들이 틀렸다고 결론지었다.[9]

켈러는 신이 죽었다는 〈타임〉의 주장에는 동의하지 않았지만 그렇다고 해서 예수님이 살아 계시다고 느껴지지도 않았다. 교회에 오래 다녔어도 하나님을 인격적으로 체험한 적이 없었고, 기도할 때도 하나님의 임재가 전혀 느껴지지 않았다. 그는 정체성의 위기에 꼼짝없이 갇힌 심정이었다. 어머니의 간절한 기대가 느껴졌으나 거기에 부응하고 싶은 마음은 조금도 없었다. 스마트폰이 없던 그 시절에 그가 부모님과 통화한 적은 한 달에 겨우 한두 번이었고, 어머니에게서 편지가 와도 대개 답장하지 않았다. 그는 청소년기에 접했던 기독교에 별로 애착심이 없었고, 아직도 자신이 끼어들어 소속될 만한 곳을 찾고 있었다. 강의실의 철학적 객관성을 중시하던 그는 나중에 뒤돌아볼 때에야 자신의 진정한 욕구를 인식했다. 즉 진리보다 소속에 더 관심이 많았던 것이다. 당시 그는 그냥 외로웠고 자신이 사랑받지 못한다고 느꼈다.[10]

2학년 때 팀의 동급생 친구 브루스 헨더슨은 캠퍼스 외부의 아파트 3층에 살았다. 그 집은 천장이 하도 낮아서 키가 큰 팀은 편하게 설 수 없었다. 그래서 현관문 바깥의 계단참에서 벽에 등을 기댄 채 있다 가곤 했다. 브루스의 표현으로 "불쑥 나타나는 데 선수"인 팀은 종종 그를 열띤 토론으로 끌어들였고, 몸동작이 커진 그의 긴 팔과 손에 아파트 복도 벽이 움푹 패일까 우려될 정도였다. 무려 세 군데서 일하며 공부하던 브루스는 건물 피해를 보상하고 싶지 않아 자신의 주장을 철회하곤 했다. 그렇다고 싸움에서 완전히 물러선 것은 아니었다. 두 청년은 대학 2학년생만이 할 수 있는 방식으로 정체성에 대해 갑론을박을 벌였다. 즉 기성 권위에 만족하지 못하면서도 아직 스스로 길을 찾아 나갈 만큼의 경험은 부족했던 것이다.

브루스와 팀은 IVF(InterVarsity Christian Fellowship; 기독학생회)에서 만나 친구가 되었다. 팀은 1969년 대학교 1학년 때 봄 수련회에 참석했다. 당시 기숙사 같은 층에 살던 짐 커밍스가 그를 IVF 모임에 초대했다. 루터교 배경이 있는 데다 종교학 전공인 팀은 전도에 열심인 학생들에게 솔깃한 권유 대상이었다. 팀은 복음주의회중교회 경험 덕분에 IVF 용어에 익숙했고, 친구를 간절히 바라는 마음에 아예 그리스도인처럼 행세하곤 했다. 머잖아 IVF 멤버들이 그의 손에 C. S. 루이스의 책을 몇 권 쥐어 주었고, 곧이어 그는 존 스토트의 책을 통해 마르틴 루터가 나누어 놓은 구분으로 다시 돌아갔다. 율법과 복음의 구분, 선행을 통한 자력 구원과 은혜의 선물로 받는 구원의 구분이었다. 열네 살에 견진 시험을 치르려고 암기했던 내용이 스무 살에 새삼 혁신으로 다가왔다. 어머니의 경직된 신앙만이 성경을 믿는 정통 그리스도인이 되는 유일한 길이 아님을 그는 서서히 깨달았다.

이미 IVF 여러 행사에 참석하긴 했지만, 창고를 개조한 어느 버크넬 교수의 여름 별장에서 열린 그해 봄 수련회에서 팀은 동아리의 핵심 멤버는 아니었다. 그렇다고 그 동아리에 '주변' 멤버가 많았던 것도 아니다. 1969년 봄과 가을에 IVF 버크넬 지부의 활동 회원은 열다섯 명에 불과했고, 그 소수조차 한번에 전원이 모인 적은 없었다. 팀은 아직 동아리에 가입할 준비가 안 되었지만, 그가 만난 이 공동체는 많은 의문에 대한 답을 찾도록 그를 도우려는 곳이었다. 적어도 이곳 학생들은 기꺼이 팀과 토론하며 팀이 신앙을 자신의 것으로 정립하도록 돕고자 했다. 선배들이 그에게 관심을 보이자 그도 화답했다. 하지만 IVF 바깥에 자신의 또 다른 삶이 있다는 말은 하지 않았다. 그 삶은 그가 IVF 무리를 위해 받아들인 기독교와는 거리가 멀었다.

2학년이던 1970년 1월 즈음, 팀은 이중생활을 더는 지속할 수 없음을 알았다. 그동안 IVF에서 추천하는 책도 읽었고 IVF 친구도 사귀었다. 이제 남아 있는 장애물은 하나뿐이었다. '만일 사랑하는 사람(인생을 살만하게 해 줄 사람)을 만났는데 기독교 때문에 사귈 수 없게 된다면 어쩌지? 안 그래도 외로운 청년인데 그렇게 거절당하면 더 외로워지지 않을까?'

브루스 헨더슨은 자신의 스무 번째 생일이던 1970년 4월 21일, 그날의 극적인 순간을 기억한다. 브루스가 잠에서 깨어 일어나니 팀이 침대 발치 바닥에 말없이 앉아 그를 기다리고 있었다. 브루스는 뭔가 달라졌음을, 팀에게 의미심장한 변화가 일어났음을 직감했다. 마침내 팀의 씨름이 끝난 것이다. 팀은 죄를 회개하고 예수님을 믿었다. 마음으로 오직 그리스도를 믿고 의지하여 구원을 받았다.

어찌 된 일일까? 팀은 왜 달라졌을까? 악과 고난과 심판에 대한 그의 지적 관심은 돌연 사라지지 않았다. 하지만 타 종교에서 답을 모색하고 그리스도인들과 열띠게 토론한 끝에 팀은 결국 자신에게 하나님이 필요함을 절감했다. 새로운 방식의 영적 깨달음이 아니라 마침내 자신의 한계에 도달한 것이다. 자신의 죄에 압도되고 실패와 결함을 직시한 팀은 성경 말씀과 예수 그리스도를 통해 스스로를 계시하신 사랑의 하나님을 만났다.[11] 그는 주제넘게 하나님을 판단하던 것을 그만두기로 했다. 이제 의로우신 동시에 죄인들을 의롭다 하시는 하나님을 따르기로 했다. 정의로우신 그분이 그의 죄를 용서하셨다. 이로써 종교학도가 예수님의 제자가 되었다.

《팀 켈러의 왕의 십자가》(Jesus the King)에서 그는 이렇게 술회했다. "대학 시절 설명하기 어려운 방식으로 성경이 생생히 살아났다. 이렇게 표현하면 가장 좋을 것이다. 변화되기 전에는 내가 성경을 뜯어보고 캐묻고 분석했는데, 변화된 후에는 마치 성경이 또는 성경을 통해 그분이 나를 뜯어보고 캐묻고 분석하시는 것 같았다."[12] 물론 그는 어머니에게서나 성장기 시절 다닌 교회에서나 성경이 하나님의 말씀이라고 배웠다. 그러나 복음의 기쁜 소식이 그에게 궁극적인 실재로 다가온 것은 이 인격적 만남이 있고 나서였다.[13]

팀은 자신의 회심에 따라온 극적인 변화를 전혀 기억하지 못한다. 다만 기도 생활에서 새로운 실재를 느꼈고, 하나님 없는 "자유"의 이중생활을 끝냈다.[14] 하지만 그의 친구들은 확실히 변화를 목격했다. 브루스 헨더슨의 말이다. "팀이 달라졌는지를 묻는다면 …… 확실히 대학 때 그는 달라졌습니다. 훨씬 친절해졌고, 그래서 팀에게 정서적으로 다가갈 수 있었지요. 갑자기 그가 우리 앞으로 돌아오기라도 한 듯 거리감이 사라진 겁니다."[15]

지적으로 믿을 만하고 실존적으로 만족을 준다

팀은 이 경험을 혼자만 알고 있지 않았다. IVF는 그에게 영적 양식의 원천만 아니라 기독교 활동의 창구도 되었다. 이후 2년 동안 버크넬 IVF 친구들은 그에게 전도의 열정을 길러 주었고, 그를 가르쳐 성경을 공부하고 나아가 다른 사람들을 가르치게 했으며, 신앙과 생활의 근거를 세상의 주관적이거나 덧없는 느낌에 두지 말고 하나님께 두도록 도와주었

다.[16]

브루스가 침대 발치에 앉아 있던 팀 앞에서 깨어난 지 2주도 안 된 시점, IVF 학생들은 국가 위기를 맞아 함께 모였다. 때는 1970년 4월 말, 리처드 닉슨 대통령의 캄보디아 침공으로 베트남전이 확대되자 반전 시위 운동은 절정에 달했다. 1970년 5월 4일, 주 방위군이 켄트주립대학교 (Kent State University) 캠퍼스에서 항의 시위대에 발포해 학생 네 명이 죽었다. 이에 버크넬을 포함한 미국 전역 캠퍼스에서 학생들은 시위와 수업 거부로 대응했다. 팀을 포함해 다 합해서 열다섯 명밖에 안 되는 IVF 학생들도 시위에 동참할지 말지를 기도하며 토의했다. 시위는 평화로운 상태로 유지되었고, 수업이 다 취소되어 대다수 재학생이 매일같이 중앙 광장에 모였다. 누구나 마이크 앞에 서서 다양한 관점을 발언할 수 있었는데 자유주의 진보 관점이 우세했다. IVF 학생들은 어떻게 해야 캠퍼스에 열린 대화의 장에 올바르게 도움을 줄 수 있을지 막막했다.

고민하던 한 학생이 검은 바탕에 흰 글씨로 표지판을 만들어 군중이 모인 곳 근처에 달았다. 표지판에는 "예수 그리스도의 부활은 지적으로 믿을 만하고 실존적으로 만족을 준다"라고 적었다. 이후 하루 이틀 동안 팀과 다른 한 학생은 누구든 그들에게 다가오는 사람과 대화를 나누었다. 반응이 많지는 않았고 그나마 대부분 조롱하는 눈빛이었다. 평소 팀과 사이 좋던 한 학생마저 "팀! 예수가 밥 먹여 주냐?"라고 외쳤다. 그런가 하면 혼란에 빠진 학생들과 알찬 대화도 나누었다. 팀이 보니 기독교를 탐색 중인 모든 사람은 하나님을 인격적으로 만나기 전의 자신처럼 (개인적 문제와 아울러) 이성적 반론과 의문을 제기했다.[17] IVF에서 추천하는 도서들을 진열해 놓은 전시대를 지키면서 팀은 자신의 신앙 여정에 도움이 되었던 많은 책자를 나눠 주었다.

팀은 IVF 리더로서도 혼신을 다했다. 1970년 여름, 버크넬 IVF의 새 임원인 그와 브루스는 뉴욕주 어퍼 나이액에 가서 전설의 IVF 총무 C. 스테이시 우즈에게 일주일 동안 훈련을 받았다. 우즈에게 버크넬 학생들은 기도 응답이었다. 그동안 IVF는 루이스버그에 지부를 열고 싶었는데 어느 적대적인 교목 때문에 몇 년째 길이 막혔다.

브루스는 그 수련회에서 배운 내용은 대부분 기억에 없지만, 왕복 6시간을 운전하면서, 또 허드슨 강둑에서 팀과 둘이 IVF 1년 치 활동 전체를 구상했던 시간만은 생생하게 기억한다. 여러 수련회를 계획하고 강사진을 정하고 소그룹을 편성하는 일을 일주일 만에 다 끝낸 것이다.

그 구상에는 전도 목적으로 계획한 록 콘서트도 들어 있었다. 브루스가 이전에 피츠버그에서 알던 존 게스트와 익스커전스라는 그룹이 있었다. 1970년 그해 가을에 이 그룹은 미국 성공회 목사인 존 게스트의 짤막한 전도 설교를 곁들여 버크넬에서 세 차례에 걸쳐 콘서트를 공연했다. 잉글랜드 옥스퍼드 태생인 게스트는 열여덟 살이던 1954년, 빌리 그레이엄의 설교를 듣다가 그리스도께 삶을 헌신했다. 훗날 명실상부한 유명 전도자가 된 그는 트리니티성공회사역학교(Trinity Episcopal School of Ministry) 설립에 참여했고 미국 전국복음주의협회(National Association of Evangelicals) 이사로도 섬겼다.

게스트의 버크넬 콘서트는 전도의 결실을 즉각 보지는 못했지만, 영적 대화에 관심을 표한 학생들이 낸 가로 12.7센티미터 세로 7.6센티미터의 색인 카드가 100장도 넘게 들어왔다. 버크넬 IVF의 소수 핵심 멤버는 이제 할 일이 생겼다. 관심을 보인 학생들에게 연락해 도움을 주어야 했다.

다시 브루스가 한 말이다. "팀은 물 만난 물고기와 같았습니다. 카드를 보며 모든 사람을 일일이 찾아다녔어요. 학업은 어떻게 했는지 모르겠습니다. 그는 그 젊은이들을 품는 데 정말 탁월했어요. 그 일을 아주 즐겼습니다."[18]

졸지에 성적은 팀의 우선순위 목록에서 한참 아래로 내려갔다. 브루스는 사회심리학을 팀과 함께 수강했는데, 그의 기억에 이 시절의 팀은 리포트 작성에 큰 열의나 취미를 보이지 않았다. 하지만 그것은 그다지 중요하지 않았다. 이제 그는 대중을 향한 공적 사역이라는 자신의 참된 소명을 발견했다.

캠퍼스에 팀과 다른 IVF 임원들이 이끄는 소그룹 수가 급증했다. 전체 개강 모임에 나온 학생은 전년도에 통상적이던 여남은 명이 아니라 무려 70명이었다. 성장세인 IVF 모임의 뜨거운 영적 환경 속에서 팀의 신앙도 활짝 피어났다. 실제로 4년 내내 그의 룸메이트였던 프랭크 킹은(그는 졸업반에 가서야 비로소 그리스도를 믿었다) 이 당시 시도 때도 없이 줄줄이 찾아와 팀을 불러 대는 학생들의 행렬에 좌절했다. 그 정도로 버크넬의 하급생들은 열심히 팀에게 영적 조언을 구했고, 그는 그들의 진심 어린 희망과 두려움에 깊이 공감하곤 했다.

1970년 가을에 버크넬에 입학한 재닛 에시그는 "자신이 경험한 삶에서 우러나는 깊은 감정 덕분에 팀의 설교는 사람들에게 진정성 있게 들립니다. 그때도 그는 사람들에게 말한 게 아니라 진심으로 들어주었고, 그것이 그들에게 힘이 되었지요"라고 말했다.[19]

재닛는 맨해튼 서쪽으로 약 40킬로미터 떨어진 뉴저지주 서밋에서 자랐다. 그녀가 버크넬을 선택한 이유는 고려하던 다른 많은 캠퍼스의 소요가 그곳에는 없으리라 생각했기 때문이다.[20] 당시는 많은 대학가가 술렁이던 때였고, 베트남전 징병은 팀이 버크넬을 졸업한 해인 1972년 12월에야 종료되었다. 재닛과 같은 학번인 수 (크리스티) 피처트는 버크넬을 약간 다르게, 즉 파티를 일삼는 사교 단체 학교로 기억한다. 그녀가 버크넬을 선택한 이유는 그곳에 선교 단체 '영라이프'(Young Life)의 든든한 리더 선배들이 있었기 때문이다. 그녀는 열여섯 살 때 영라이프 캠프에서 그리스도인이 되었다.

수가 팀 켈러에 대해 처음 들은 것은 입학 직전 여름에 그의 친필 편지를 받았을 때였다. IVF 임원들은 신입생 800명 전원을 나누어 맡아 동아리 방문을 권유하는 짤막한 환영의 편지를 썼다. 스마트폰과 이메일과 문자가 없던 그 시대에 답장을 보내온 신입생은 그녀뿐이었고, 그것도 언니 캐시가 편지를 정독하여 괜찮은 단체라고 판정한 후에야 가능했다. 두 살 위의 캐시는 앨리게니칼리지(Allegheny College) 2학년이었고, '진짜 기독교'만 아니라면 무엇이나 지지하는 비신자 교수들과 교목들의 종교 과목을 이미 다 파악한 상태였다.

신입생 오리엔테이션 주간에 수가 신입생 여자 기숙사 4층에서 짐을 정리하고 있는데 남자 상급생 둘이 그녀를 불렀다. 흔한 일이 아니었기에 다른 여학생들에게 주목받았다. 방문자 중 한 명은 팀이었다.[21] 모든 기숙사가 다닥다닥 붙어 있었기 때문에 팀은 관심을 보인 담당 신입생들을 큰 어려움 없이 찾아다닐 수 있었다.

존 게스트 콘서트 기간에 많은 신입생이 하나님이 뜻밖의 방식으로 강력하게 역사하고 계심을 느꼈다. 재닛은 콘서트가 신입생 기숙사 바로 바깥에서 열렸던 것으로 기억한다. 수는 그리스도를 믿는 다른 신입생을 만나 훗날 결혼했는데, 남편 짐 피처트가 기억하기로는, 존 게스트는 예수님을 아는 것과 예수님에 대해 아는 것의 차이를 강조했다.[22] 그 행사에 수백 명이 참석했다. 신입생들은 대학 캠퍼스에 그리스도인이 그렇게 많다는 게 믿어지지 않았다. 모두가 일제히 한 손가락을 들어 하나님께로 가는 '유일한 길'인 예수님을 가리켰다. 열 명에서 열다섯 명 사이를 오가던 버크넬의 IVF 학생 수는 급기야 100명 이상으로 급성장했는데, 신입학번의 열성파 신자들이 큰 기폭제가 되었다. 조직화된 전도 프로그램이 없었는데도 많은 학생이 새로 그리스도를 믿었다. 팀과 친구들은 온통 충격과 놀라움에 휩싸였다.

버크넬에 예수 운동이 불어닥친 것이다.

성도의 공동생활

버크넬에서 보낸 마지막 2년 동안 팀은 기독교 신앙을 탐색 중인 학생들과 더불어 예수님에 대해 자주 열띤 토론을 벌였다.[23] 이 경험이 평생 켈러를 따라다녔고 거기에 부흥에 대한 한결같은 기대감이 수반되었다.

1971년 봄에 팀은 IVF 이름으로, 웨스트민스터신학교(Westminster Theological Seminary) 초대 총장 에드먼드 클라우니를 버크넬로 초빙하여 전도에 초점을 맞춘 특별 강연을 부탁했다. 실존주의가 대세인 만큼 "그리스도인과 부조리한 인간"을 주제로 알베르 카뮈와 장 폴 사르트르에 대해 말해 달라고 했다. 카뮈는 당시 교수들에게 어찌나 인기가 좋았던지 팀은 같은 학기에 수강하던 세 과목에서 그의 소설 《이방인》(The Stranger)을 필독서로 지정받았다. 그가 모신 강사는 적임자였다. 클라우니는 예일대학교(Yale University)에서 덴마크 그리스도인이자 실존주의자인 쇠얀 키에르케고어를 연구하여 신학 석사 학위를 받았다.

필라델피아에서 세 시간을 운전해서 온 클라우니는 학생 여남은 명의 작은 모임을 예상했다. 그런데 150명이 참석하여 입추의 여지가 없는 행사가 되었다.

켈러가 기억하는 그 강연은 그때까지 들어 본 중 최고에 속했다. 클라우니는 인간을 괴롭히는 소외에 대한 카뮈의 묘사를 인정했다. 낙천적 자유주의자들에 비하면 카뮈는 삶에 대해 훨씬 현실적이었다. 그러나 클라우니는 "부조리한 실존"이 고결하기는커녕 저주받은 상태라고 힘주어 말했다. 소외는 그저 자의적 실재가 아니라 하나님을 떠나 살려는 우리에게 내려지는 형벌이자 저주다. 그는 이 세상에 만족이 없는 이유가 기독교로 더 잘 설명됨을 증명하면서, 창조에서 타락을 거쳐 마침내 구속(救贖)에 이르기까지 성경 이야기를 쭉 훑어 나갔다.

IVF는 강연에 참석한 무리에게 그다음 주말에 있을 봄 수련회에도 합류할 것을 권유했다. 그러나 팀은 아무도 오지 않으려니 했다. 왜일까? 클라우니가 '교회'를 주제로 다섯 차례에 걸쳐 베드로전서 2장 9-10절을 길게 강해할 예정이었기 때문이다. 교회를 떠나야 생동감 있는 신앙생활이 가능하다고 아직 믿고 있던 팀이 이 수련회에 등록한 이유는 순전히 임원이었기 때문이다. 뜻밖에도 약 스무 명이 참석했고, 그중 한 여학생은 클라우니와 대화한 후 예수님을 새로 믿었다.[24]

켈러는 교회에 대한 클라우니의 그 가르침이 "나를 압도했고 평생 잊히지 않았습니다"라고 밝혔다.[25]

팀의 친구이자 당시 버크넬 IVF 회장이던 브루스 헨더슨도 똑같이 클라우니에게 감동받았다. 브루스의 말이다. "클라우니는 놀라웠습니다. 정말 대단했어요. 말을 참 잘했습니다. 상대방의 눈높이에서 말할 줄 알았지요. 한 사람 한 사람에게 진정한 관심을 보였습니다. 강연을 한 번만 들어 보면 다음에 80킬로미터 거리라도 운전하고 가서 꼭 다시 듣게 되는, 그런 강사였습니다."[26]

클라우니의 강연과 수련회에 더하여 버크넬의 IVF 학생들은 전도 성경 공부반을 여럿 운영했고, 학생회관 구내식당 바깥에 도서 전시대를 설치했다. 특히 팀이 도서 전시대를 즐겨 관리했다. 수 피처트는 "예상하다시피 그는 늘 책을 강조했지요"라고 말했다.[27] 책은 상대가 그리스도인이든 그리스도인이 아니든 관계없이 토의와 토론의 촉매제가 되었고, 팀은 대화를 원하는 사람이면 누구든 기쁘게 상대했다.

IVP(InterVarsity Press) 책들은 전체 모임과 신입생 동아리 설명회에서 주로 소개되었다. 1943년에 초간된 F. F. 브루스의 《신약성경은 신뢰할 만한가?》(*The New Testament Documents: Are They Reliable?*)는 버크넬 종교학과의 지배적 사조를 논박했다. 1969년에 IVP에서 나온 콜린 브라운의 《철학과 기독교 신앙》(*Philosophy and the Christian Faith*)은 토마스 아퀴나스, 르네 데카르트, 데이비드 흄, 임마누엘 칸트, 게오르크 W. F. 헤겔, 쇠얀 키에르케고어, 프리드리히 니체, 루트비히 비트겐슈타인, 카를 바르트, 프랜시스 쉐퍼 등의 저작을 다루었다. 풀러신학교(Fuller Theological Seminary) 교수인 콜린 브라운은 그들의 입장을 요약한 뒤 기독교의 반응도 제시했다. IVP를 통해 주로 소개된 다른 작가로는 폴 리틀, 프랜시스 쉐퍼, J. I. 패커, 존 스토트 등이 있었다.

켈러가 1971년에 읽은 패커의 《하나님을 아는 지식》(*Knowing God*)은 그에게 개혁신학을 맛보게 해 주었다. 그는 그리스도인의 여정에서 교리와 헌신이 나란히 짝을 이루어야 함을 배웠다. 물론 켈러가 도서 전 시대에서 권한 최고의 인기 서적은 C. S. 루이스의 《순전한 기독교》(*Mere Christianity*)였다. 책 내용 못지않게 켈러는 루이스의 독특한 문체에 감탄했다. 그는 명쾌한 산문에 기억하기 쉬운 예화와 설득력 있는 논리를 한데 엮는 능력이 있었다. 상상력과 이성이 아름다운 조화를 이루어 마음을 사로잡은 것이다.

켈러처럼 조숙한 학생에게 IVF가 추천하는 작가들의 수준 높은 철학적 고찰은 그리스도인도 지적으로 진지할 수 있음을 보여 주었다. 사실 켈러는 IVF가 1940년대 이후 대학 캠퍼스들을 상대로 벌인 노력의 대표적인 열매였다. 제2차 세계대전 이전에는 복음주의가 대학생 전도에 애를 먹으며 반지성주의라는 불명예를 안았으나 1960년대 말 켈러가 버크넬에서 접한 기류는 그렇지 않았다.[28] 평생 켈러의 사역은 그 도서 전시대 뒤에 서서 배운 내용(특히 스토트와 루이스와 패커 같은 영국 작가들)에서 크게 벗어 나지 않았다.

브루스 헨더슨은 이렇게 말했다. "팀은 그 상황에서 빛을 발했습니 다. 외향성을 마음껏 발산하며 어느새 두 팔을 휘젓곤 했지요. 그는 토론 과 대화를 아주 좋아했습니다. 그것이 많은 사람의 지성 계발에 정말 중 요했다고 봅니다."[29]

IVF를 통해 켈러는 복음주의 기독교의 깊은 사상적 지류를 접했 다. 그의 신학적 강조점을 형성해 준 J. I. 패커, 설교의 첫 모델이 되어 준 존 스토트 같은 작가들을 접했다. 매일의 조용한 기도 시간과 성경 읽기 라는 실천을 접했다. 매주 소그룹으로 모여 나누고 예배할 때 성경 본문 부터 숙독한다는 우선순위를 접했다. 본회퍼가 칭송한 "성도의 공동생 활" 같은 그리스도인의 깊은 교제의 영원한 가치를 접했다. IVF 학생들은 전시 독일의 지하 신학교에서 공동체로 살아간 본회퍼에게 감화를 받아 매일 오후 5시에 소그룹으로 모여 기도회를 하고 나서 식사했다. 수도회 를 닮은 영성 수련이었다. 켈러는 이보다 더 영성 형성에 영향을 미치는 긴밀한 기독교 공동체를 다시는 보지 못했다.[30] SNS는커녕 아직 자동 응 답기도 없던 그 시절, 그들은 과도기였던 대학 시절의 여리고 취약한 순 간을 이렇게 서로 의지하며 통과했다.

초기의 혼란이 마침내 말끔히 걷히던 그 시절, 브루스 헨더슨의 우 정과 리더십이 팀에게 돋보였다. 나중에 팀이 결혼할 때 그는 신랑 들러리 를 서기도 했다. 팀은 이렇게 회고했다. "브루스는 사랑의 직언도 서슴지 않았습니다. 친구로서 나를 전적으로 응원하면서도 때로 자신이 보기에 내 삶에 내가 충분히 직시하지 않은 문제가 있으면 지적해 주었지요."[31]

동문 네트워크와 더불어 버크넬이 팀에게 미친 영향은 평생 지속되었다. 뉴욕 리디머교회의 초창기 장로로 섬겼던 마코 후지무라도 버크넬 졸업생인데, 그는 모교가 학문 분야 간 제휴를 강조한 것이 팀의 성공적 사역에 깊은 영향을 미쳤다고 본다.[32] 버크넬 동문 딕 카우프먼은 훗날 리디머교회가 커지고 복잡해지던 중대한 전환기에 팀 곁에서 행정 목사로 섬겼다.

팀은 대학교를 졸업한 후 많은 버크넬 친구들과 오래도록 계속 연락하며 지내지는 못했다. 캐시와 결혼한 뒤로 신학교와 그들의 첫 교회에서 사귄 부부들과 아주 친해졌기 때문이다. 그래도 팀은 자신이 존 보스킬, 벳시 헤스, 밥 파스미뇨, 데이비드 레이머, 재닛 클레프, 로라 그레이엄 등 버크넬 군단의 한 새 신자로서 그리스도인의 삶에 대해 배웠던 내용을 늘 회고하곤 한다.

열악한 환경에서 누린 복

친구 브루스 헨더슨은 졸업 후 3년간 루이스버그에 남아 제일장로교회(First Presbyterian Church) 교역자로 섬기기까지 했다. 켈러를 비롯한 버크넬 학생들에게 가장 인기가 좋았던 그 교회의 기원은 1833년 제2차 대각성 때로 거슬러 올라간다. 역사가 오래되고 유서 깊다 보니 리처드 (딕) 메릿 목사는 교회 공식 연혁에 다른 목사들과 나란히 의례적으로만 언급된다. 하지만 버크넬 동문들은 훗날 켈러의 뉴욕 목회 시절에 이르기까지 그의 사역에서 메릿을 자주 떠올리게 된다.[33]

펜실베이니아 중부로 오기 전에 메릿은 프린스턴신학교(Princeton Theological Seminary)를 졸업했는데, 거기서 저명한 브루스 메츠거 교수에게 수학했다. 켈러와 메릿의 설교를 양쪽 다 들어 보면 몇 가지 중요한 유사점이 확연히 드러난다.

"딕 메릿은 아주 박식한 사람이었습니다. 책을 폭넓게 읽었지요." 브루스 헨더슨의 회고다. 메릿은 설교 중간중간에 문학 작품을 언급했다. "독서의 범위와 깊이에 관한 한 이제껏 내가 만나 본 누구 못지않게 해박했을 겁니다. 설교자로서는 지금까지 내가 들어 본 중 단연 최고였지요. 펜실베이니아 중부 작은 대학촌의 이름 없는 목사였지만 전국적 인물이 될 만한 그릇이었습니다. 그 정도로 뛰어났어요. 팀의 설교에도 딕 메릿의 방식이 다분히 배어 있다고 봅니다."[34]

클라우니와 메릿 중 누구를 본받았든 간에 켈러는 버크넬 시절에 들은 전도 설교 방식을 이후 수십 년간 그대로 구현했다. 그는 곁가지 없이 늘 복음의 기본 메시지를 제시한다. 즉 그리스도께서 세상을 주관하신다는 것과 우리를 죄에서 구원하실 수 있는 그분만이 하나님께 이르는 유일한 길이라는 것이다.

헨더슨은 "그게 딕 메릿과 에드먼드 클라우니의 공통점이었습니다. '여러분 자신이 죄인임을 알아야 하며, 거기서 벗어날 길이 있으니 그 길이 바로 그리스도입니다'라고 명확히 전달할 줄 알았던 거지요"라고 말

했다. [35]

　　메릿은 버크넬 학생들의 영적 성장을 설교로만 도운 게 아니라 또한 IVF 상급생들과 함께 70학번 신입생들을 위해 기도했다. 기말고사 때는 조용한 공간을 찾는 학생들에게 제일장로교회와 자신의 집무실을 개방했다. 주일 저녁에는 버크넬의 구내식당 식사가 최악이었으므로 매번 제일장로교회에서 학생들에게 저녁을 대접했다. 가정별로 교인들이 돌아가면서 음식을 장만했는데 켈러는 단골로 참석했다. 메릿은 학생들을 상대로 어떤 공식 프로그램을 기획한 게 아니라 그냥 질문에 답하면서 함께 시간을 보냈다.

　　메릿은 내용과 방식 둘 다에서 켈러에게 깊은 영향을 미쳤다. IVF와 더불어 제일장로교회는 버크넬의 종교 체제로부터 벗어날 수 있는 피난처였다. 브루스 헨더슨 같은 학생들이 보기에 버크넬은 복음주의에 심히 적대적이었다.

　　몇 년 전 헨더슨은 피츠버그신학교(Pittsburgh Theological Seminary) 개혁신학 교수이자 교단 내 복음주의 쇄신을 주창하는 스코틀랜드 출신 신학자 앤드루 퍼비스를 접대할 기회가 있었다. 퍼비스는 자기 아들이 버크넬에 재학 중일 때 캠퍼스에 초빙되어 루크 채플에서 설교했다.

　　"우리 때에는 상상도 못할 일이었을 겁니다." 헨더슨의 말이다. "돌이켜 보면 상황이 아주 열악했는데 분명히 하나님이 우리에게 복을 베푸셨어요."[36]

IVF 〉

3

성경을 읽고
공부하는 법

InterVarsity Christian Fellowship

바버라 보이드를 히피로 혼동할 사람은 아무도 없었다. 진중하고 찬찬한 그녀는 몸자세가 꼿꼿했고, 옷차림도 단정하여 탤버츠 브랜드의 세일 품목을 선호했다. 관점에 따라 경직되어 보였을 수도 있지만, 그녀의 삶이 남달리 절제되어 있고 가지런했다는 데는 누구나 동의할 것이다.

세월이 흘러 재닛 에시그가 찾아갔을 때 보이드는 재닛이 약속 시간에 지각한 것을 두고 못마땅해했다. 초등학교 교사 출신인 그녀는 여전히 약속 시간 준수를 중시했던 것이다. 재닛은 모리스타운에서 동남쪽으로 15킬로미터 조금 더 떨어진 뉴저지주 서밋에서 보이드를 처음 알게 되었다. 모리스타운은 독립전쟁 때 조지 워싱턴과 휘하 부대가 두 차례 숙영하며 겨울을 난 곳이다. 1960년대 말의 어느 날, 재닛이 공공 도서관에서 데이비드 윌커슨의 초대형 베스트셀러 《십자가와 칼》(The Cross and the Switchblade)을 읽고 있는데, 한 여성이 다가와 성경 공부를 권유했다. 그리고 바버라 보이드가 인도한 그 성경 공부가 재닛의 삶을 바꾸어 놓았다.

영라이프는 서밋 지역에서 고등학교 사역에 착수하려 여러 번 시도했으나 실패했다. 마침 어머니들을 위한 성경 공부를 인도하고 있던 보이드는 활발한 청소년 사역이 없기에 그들의 딸들에게도 성경을 가르치기로 했다. 재닛의 어머니는 공부반 멤버도 아닌 데다 자신의 딸에 대한 보이드의 관심에 오히려 위협을 느꼈다. 그러나 보이드는 여학생들을 영적으로 양육하려는 것뿐이었다.

재닛은 이렇게 회고했다. "그녀는 많은 것을 요구했고, 그 결과 사람들의 수준이 정말 높아졌습니다. 우리에게 역량이 그만큼 있는데도 때로 의지가 약하다는 것을 그녀는 알았던 거지요. 내가 그녀가 진중했다고 말하는 이유는 전능하신 하나님의 임재 안에 들어서고 있음을 느끼게 해 주었기 때문입니다. 그러니 어떻게 우리라고 이것을 진지하게 대하지 않을 수 있었겠어요?"[1]

보이드는 여학생들이 성경을 깨닫는 일을 자신에게만 의존하기를 바라지 않았다. 그녀의 목표는 그들 스스로 성령의 인도하심을 받아 하나님의 말씀을 평생 공부하도록 준비시키려는 것이었다.[2] 그래도 아이들이 고등학교를 졸업하고 대학교에 진학할 때 꼭 기독교 공동체에 들어가도록 하는 것만은 그녀가 책임지고 지도했다.

재닛은 1970년 가을에 버크넬대학교에 입학했는데, 그해에 IVF 동아리에 부흥이 일어났다. 팀 켈러는 신입생들을 전도 성경 공부에 모아들이는 과정에서 예고 없이 그녀의 문 앞에 나타났다. 팀이 그다음 데려온 사람은 나중에 재닛의 남편이 된 짐 에시그다. 팀은 1975년 짐과 재닛의 결혼식에서 최초로 주례를 섰다. 나중에 몇몇 친구와 가족은 팀이 설교를 30분이나 했으니 다음 날 교회에 가지 않아도 되겠다고 한마디씩 했다. 하지만 팀은 교회를 건너뛸 수 없었다. 그 밤에 그는 차를 몰고 집으로 가 이튿날 아침 다시 버지니아주 웨스트호프웰교회(West Hopewell Presbyterian Church)에서 설교했다.[3]

재닛이 버크넬에 입학한 지 얼마 안 되어 바버라 보이드는 켈러에게도 성경을 공부하는 법을 가르쳤다. 보이드의 귀납적 성경 공부와 그녀를 임용한 IVF의 초교파 정신은 이후 켈러가 신학 수업과 박사 과정을 마치고 수십 년간 설교하고 가르치는 내내 든든한 기초가 되어 주었다.[4]

주재권에 대한 강연

바버라 보이드는 1950년부터 40년간 IVF에서 근무했다. IVF 최초의 여성 간사인 그녀는 평생 결혼하지 않았다. 역시 IVF 간사이던 구혼자가 일찍이 있었으나 그녀에게 청혼한 직후에 갑자기 세상을 떠났다.

1964년부터 그녀는 학생들에게 전도 성경 공부를 인도하는 법에 대해 가르쳤다. 그해 그녀가 성경 공부를 주제로 개최한 주말 집회는 8회였다.[5] 이것이 나중에 IVF의 유명한 '성경과 삶 훈련'(BLT) 과정으로 발전했다. 머잖아 수요가 늘어나 8회가 매년 27회로 증가했다. 캠퍼스들이 아직 시위에 휩싸여 있던 1971년에 보이드는 학생들을 위한 성경과 삶 주말 집회를 전국 각지에서 50회나 인도했다.[6]

보이드의 성경과 삶 훈련은 새 신자를 포함한 대학교 1-2학년생의 기본을 다루었다. 경건의 시간을 갖는 법, 비신자 친구를 사귀는 법, 그런 친구에게 예수님을 소개하는 법, 성경 공부를 인도하여 새 신자를 양육하는 법 등을 가르친 것이다. 성경과 삶 훈련이 정점에 달했을 때 IVF 간사들이 이끈 주말 집회는 한 해에 130회에 달했다.

보이드는 그리스도의 주재권도 가르쳤는데, 이 가르침을 켈러는 리디머교회의 많은 설교에서 두고두고 소환했다. 말할 때마다 세부 사항도 별다르지 않았다. 1971년 여름, 그는 콜로라도주 베어 트랩 랜치에서 열린 한 달간의 IVF 캠프에 참석했는데, 거기서 보이드는 총 3부로 구성된 성경과 삶 시리즈의 일환으로 "주재권에 대한 강연"을 했다. 켈러는 그때 필기한 공책을 수십 년째 간직하고 있을 뿐 아니라 그녀의 메시지를 아주 자세히 되짚곤 한다.

　　그날 그녀는 우리를 보며 이런 식으로 말했습니다. "여러분이 나를
집에 초대하고 싶은데 만일 '바버라는 들어오시고 보이드는 밖에
계세요'라고 말한다면 나는 어찌할 바를 모를 겁니다. 나는 바버라
보이드니까요. '이쪽 반은 바버라고 이쪽 반은 보이드니까 그럼
이쪽 반만 들어가겠습니다'라는 이 말조차 사실은 할 수 없어요. 내
전부가 바버라면서 또한 내 전부가 보이드니까요. 나는 둘 다예요.
그러니까 여러분은 나를 다 들여놓든지 하나도 들여놓지 않든지
둘 중 하나입니다." 이어 그녀가 다시 앞을 보며 말했습니다. "만일
여러분이 '나는 사랑의 예수님, 도우시는 예수님은 좋다. 힘들 때
그분께 도움을 청할 수 있어서 좋다. 하지만 나는 거룩하신 예수님,
능하신 예수님, 위대하신 예수님은 원하지 않는다'라고 말한다면,
여러분은 그분을 하나도 들여놓지 않는 겁니다. 잠시 생각해 보세요."
(우리 교회에 다닌 지 좀 되신 분들은 지금 "아, 목사님이 이걸 거기서 배웠구나"라고
생각하실 겁니다. 제가 늘 하는 말이니까요.) 다시 그녀의 말입니다. "지구와
태양의 거리가 1억5천만 킬로미터인데 만일 이 거리를 종이 한 장의
두께라 한다면, 지구와 가장 가까운 거리에 있는 별 사이의 거리는
그 종이를 21미터쯤 쌓아 올린 두께라는 걸 아세요? 작은 우리
은하의 지름만도 그 종이를 500킬로미터나 쌓아 올린 두께인데,
이 은하는 우주의 한 점에 불과하지요. 성경 히브리서 1장에 보면
예수 그리스도께서 '그의 능력의 말씀으로 만물을 붙드시고'라고

했습니다. 그분이 새끼손가락으로 온 우주를 붙들고 계신 겁니다?"
여기서 그녀는 우리와 눈을 맞추고 씩 웃으며 물었습니다. "그런
분을 여러분의 삶 속에 모셔 놓고 고작 조수로 삼겠습니까?"[7]

강연 후에 보이드는 베어 트랩에 모인 모든 학생을 향해 아직 그리
스도께 양도하지 않은 삶의 영역에 대해 각자 한 시간 동안 하나님과 대
화하도록 이끌었다. 켈러는 그때 혼자 앉아 기도하던 일이 지금도 기억에
선하다. 그때까지의 삶에서 하나님과 함께 가장 진지하게 자신을 성찰한
시간이었다.[8]

보이드는 이 예수님이 말씀 속에 자신을 계시하시니 마땅히 우리
는 그분의 말씀에 예의 주시해야 한다고 가르쳤다. 성경 공부를 인도하면
서 그녀는 켈러를 비롯한 학생들에게 30분 내로 마가복음 1장 17절에서
50가지를 관찰하라는 숙제를 주었다. "예수께서 이르시되 나를 따라오
라 내가 너희로 사람을 낚는 어부가 되게 하리라 하시니"라는 본문인데,
10분 만에 대다수 학생은 찾을 만한 것은 다 찾았다고 생각했다.

하지만 보이드는 만족하지 않았고, 본문을 더 깊이 팔 것을 주문했
다. 20분이 더 지난 후 학생들은 짧막한 한 구절인데도 이렇게 치열하게
집중하면 관찰력이 극대화될 수 있음을 깨달았다. 시간이 다 되자, 보이
드는 각자에게 가장 중요한 핵심을 첫 5분간의 관찰 중에 발견한 사람이
있느냐고 물었다. 켈러는 그때의 반응을 잊은 적이 없다. 아무도 손을 들
지 않았다.[9] 사실 가장 깊은 금광맥을 동굴 입구에서 찾아내는 사람은 없
다. 진귀한 보물일수록 철저한 탐사를 통해 발굴된다.

그렇다고 바버라 보이드가 학생들 스스로 탐사하게 그냥 둔 것은 아니다. 재닛 에시그가 기억하는 그녀는 그들에게 관찰, 해석, 적용의 방법론까지 갖추게 이끌었다.

1. 본문을 적어도 두 번 통독하면서, 두 번째 읽을 때는 속도를 늦추어 본문 내용을 관찰한다.

2. 누가 관련되어 있고 언제 어디서 무슨 일이 벌어지고 있는지를 파악한다. 어떻게와 왜도 해당될 수 있다.

3. 반복되는 단어, 대비되는 단어, 인과 관계를 보여 주는 단어 등에 주목한다.

4. 본문을 풀어 쓴다.

5. 본문에 대한 자신의 의문에 주목한다. 본문 자체에 답이 나와 있는지 본다. 역사적 정황이나 단어 뜻과 관계된 의문이라면 다른 자료를 참고할 수도 있다.

6. 전체 주제를 파악한다.

7. 본문을 개괄한다. 단락 간 연결 고리나 대조법에 주목하면서 생각의 흐름을 밝혀 낸다. 그리고, 그러나, 그래서, 그러므로, 그 후에 등의 단어를 살핀다.

8. 해석으로 넘어가 본문의 짜임새가 어떻게 주제를 명확히 드러내 주는지 살핀다. 필요하다면 주제의 표현을 고친다.

9. 끝으로 이상의 모든 관찰에 비추어 볼 때 본문의 의미는 무엇인가? 자신에게 어떻게 적용되는가? 자신의 생각이나 행동 중 달라져야

할 부분은 무엇인가? 자신에 대해 무엇을 배웠는가? 하나님에

대해 무엇을 배웠는가? 이 진리에 함축되어 있는 뜻은 무엇인가?[10]

켈러에게 이 방법은 말씀에 새롭게 눈뜨게 된 일생일대의 사건이었다. 그 꼼꼼한 방식이 마음에 들었다. 아무리 익숙한 본문이라도 보이드의 방법대로 하면 늘 새로운 깨달음을 얻는 것 같았다. 이런 성경 독법은 나중에 켈러가 가르치려고 준비할 때마다 그에게 제2의 천성이 되었다. 보이드 덕분에 그는 성경 각 책의 배후 구조를 파악하는 법을 익혔다.

보이드는 말했다. "구조는 인과 관계, 반복, 대비 등 작문의 온갖 다양한 장치로 이루어집니다. 구조를 파악하면 저자의 의도를 알게 되고, 그 의도를 알았으면 그대로 받아들여 적용하면 됩니다."[11]

바버라 보이드의 방법이 너무 기계적이라고 느낀 사람도 있을 수 있다. 그러나 그녀는 그리스도인이 성령의 인도하심을 구하는 가운데 성경 스스로 말하게 두면서 인내하면 진리를 알고 경험할 수 있다고 믿었다. 이 절차대로 하면 성경 지식도 깊어질 뿐 아니라 하나님의 임재가 생생히 느껴진다.[12] 이것은 보이드가 서밋에서 10대 아이들을 이끌면서 성경과 삶 자료를 개발할 때도 엄연한 사실이었고, 팀을 비롯한 버크넬 학생들이 IVF 전도 성경 공부에 이 방법을 썼을 때도 마찬가지였다.

재닛 에시그의 말이다. "팀에게 그녀는 설교하는 법을 가르쳤다기보다 성경에서 놀라운 진리를 추출하는 법을 가르친 겁니다. 지금도 나는 팀의 설교를 듣는 사람들을 그룹으로 만나는데, 그들이 늘 하는 말이 있어요. '세상에, 목사님은 어떻게 그 본문에서 이렇게 많은 걸 건져 낼

요?' 그거야말로 바버라 보이드가 미친 근본적인 영향력이지요."[13]

보이드는 켈러에게 성경을 깊이 채굴하도록 도와주었다. 나중에 켈러가 고든콘웰신학교(Gordon-Conwell Theological Seminary)에서 공부할 때는 에드먼드 클라우니가 또 다른 문을 열어 그에게 성경을 넓게 종합해서 읽도록 도와준다.

복음 스스로 말하게 하라

바버라 보이드를 통해 켈러는 20세기 중반의 IVF 주요 인사를 몇 사람 더 직간접으로 접하게 된다. 보이드가 성경 공부와 경건의 시간과 그리스도의 주재권에 집중하게 된 것은 C. 스테이시 우즈, 제인 홀링스워스, 찰스 트라웃먼의 영향 덕분이었다. 1945년, 캐나다에서 열린 제1회 '숲속 캠퍼스' 집회에서 홀링스워스와 함께 마가복음을 공부하던 중에 보이드에게 성경 공부가 생생하게 다가왔다.

보이드는 잠시 초등학교 교사로 일하다가 친구들과 함께 5주 동안 유럽을 여행했다. 프랑스 리비에라의 백사장에 앉아 일광욕을 하면서 그녀는 뉴욕 성경신학교(Biblical Seminary)의 입학 원서를 작성했다. 1950년 IVF에 입사한 뒤로는 9년 동안 캘리포니아주 캠퍼스들에서 일하다가 북동부의 여자 대학들로 자리를 옮겨 3년 동안 브린모어칼리지(Bryn Mawr College), 배서칼리지(Vassar College), 마운트홀리요크칼리지(Mount Holyoke College), 스미스칼리지(Smith College), 웰즐리칼리지(Wellesley College) 사역에 집중했다.

처음에 캘리포니아에서 그녀는 당장 사역의 열매를 보지는 못했다. 처음 몇 달 동안은 그녀의 인도로 예수님을 새로 믿은 학생이 단 한 명도 없었다. 실패에 낙심하고 있는데 대표 간사가 그녀에게 마틴 로이드 존스가 쓴 로마서 1장 16절에 대한 소책자를 건네주었다. 나중에 켈러의 사역에도 영향을 미치게 될 런던의 이 유명 목사는 소책자에서, 전도자는 경험이나 사건에 호소할 게 아니라 오직 복음서에 나오는 그리스도의 인격과 사역에 호소해야 한다고 역설했다. 이를 잊지 않기 위해 또한 수시로 격려를 받고자 그녀는 이 소책자를 가지고 다니며 롱비치주립칼리지(Long Beach State College) 캠퍼스에서 전도 사역을 했다.

그녀의 말이다. "기숙사에 가서 말하거나 다른 데서 여학생 소그룹과 대화할 때 복음을 사실대로 전했더니 그대로 되더군요. 하나님은 복음이라는 사실을 통해 사람들을 그리스도께로 인도하십니다."[14]

바버라 보이드가 내세운 직설적인 접근법은 1950년대가 저물고 1960년대 말과 1970년대의 혼란과 변혁에 접어든 뒤에도 전국 각지 캠퍼스에서 진가를 발휘했다.[15] 이렇게 그녀는 대학 복음화라는 IVF의 본래 비전을 계속해서 이어 갔다.[16]

팀 켈러가 재닛 에시그 등 신입생을 상대로 전도 성경 공부를 인도하던 1970년대에 그들은 대학가의 소요란 항시 있는 것이라 알았을지도 모른다.[17] 마찬가지로 전도와 성경 공부의 풍성한 열매에 대해서도 으레 그러려니 했을 것이다. 켈러에게 영향을 미친 IVF는 성경 공부, 경건의 시간, 그리스도의 주재권, 부흥을 구하는 뜨거운 기도, 개인 전도에 집중했다.[18] 신자와 비신자를 섞어 성경을 함께 공부하는 것은 훗날 리디머교회의 특징이 되었다. 아울러 켈러는 자신의 설교를 듣는 청중 속에도 늘 그리스도인과 회의론자가 공존할 것을 예상했다. 그는 학생이 곧 사역자라는 IVF 사고방식도 리디머에 도입했다. 처음부터 리디머는 상명하달식 교회가 아닌 평신도 주도 운동에 더 가까웠다. 버크넬에서 보낸 켈러의 형성기가 그렇게 반영된 것이다.

복음주의의 탄생

팀 켈러가 3년마다 열리는 IVF 선교 콘퍼런스인 '어바나'(Urbana)에 처음 참석한 때는 1976년이었다. 이때는 팀이 결혼하고 고든콘웰신학교를 졸업한 뒤 버지니아주 웨스트호프웰교회에서 목회하던 때였다. 팀이 아내 캐시와 함께 차를 몰아 일리노이주로 가는 동안 호프웰의 연로한 교인 한 명이 세상을 떠났는데, 당연히 그들은 이 사실을 몰랐다. 그래서 둘이 어바나에 도착하여 처음 들은 말은 급한 일로 팀 켈러를 행정실로 부르는 안내 방송이었다.[19] 그 일로 그 선교 콘퍼런스에 참석한 17,000명 넘는 학생 중 팀을 아는 모든 사람은 그가 거기에 와 있음을 즉각 알게 되었다.

1976년 어바나 선교 콘퍼런스에는 대서양 양안의 당대 복음주의 유명 강사가 총출동했다. 데이비드 하워드가 총괄한 마지막 어바나 콘퍼런스였는데, 그 후에 그는 레이튼 포드와 협력하여 태국 파타야에서 열릴 1980년 로잔세계복음화위원회(Lausanne Committee for World Evangelization) 모임을 기획했다.[20] "그의 영광을 열방에 선포하라"라는 주제로 단합한 이번 콘퍼런스에서 헬렌 로즈비어는 고난 속에서 하나님의 영광을 선포하라는 강연으로 청중에게 기립 박수를 받았다. 빌리 그레이엄은 하나님의 영광에 반응할 것을 호소했고, 1973년에 어바나 최초의 여성 주 강사였던 엘리자베스 엘리엇이 다시 돌아와 하나님 뜻의 영광에 대해 강연했다. 또 다른 강사 존 퍼킨스의 주제는 공동체 내에서 하나님의 영광을 선포하는 것이었다.

1973년에 인간의 구원받지 못한 상태에 대해 잊지 못할 강연을 했던 에드먼드 클라우니도 1976년 어바나 선교 콘퍼런스 강사였다.[21] IVF 간사들은, 이번에도 "에드먼드 클라우니는 너무 깊어 말로 표현하기 어렵고 너무 영광스러워 젊은 학생들이 이해하기 힘든 주제인 하나님의 영광을 탁월하게 풀어냈다고 회고했다."[22]

존 스토트는 선교의 성경적 기초에 대해 네 차례나 강해했다. 이 즈음 스토트는 전 세계 IVF 운동의 선두 주자가 되어 있었다. 그는 강해 설교에 대한 켈러의 첫 모델이기도 하다. 1960년대에 스토트의 영향력은 그보다 연장자인 마틴 로이드 존스를 점차 앞질렀는데, 이 둘은 복음주의자가 영국 국교회(Church of England)에 남아 있어야 하는가의 문제로 1966년에 사이가 틀어졌다. 1959년, 로이드 존스는 국제복음주의학생회(International Fellowship of Evangelical Students) 의장직을 사임했다. 캐나다와 미국 IVF도 속해 있던 이 포괄적인 기관의 지도자는 C. 스테이시 우즈였다.

로이드 존스는 우즈의 역할 모델이었고, 우즈는 IVF 지도자로서 바버라 보이드에게 큰 감화를 끼쳤다. 우즈는 켈러가 학부생 때 브루스 헨더슨과 함께 참석했던 간사 수련회를 이끌기도 했다.

우즈의 전기 작가의 말을 들어 보자.

> 마틴 로이드 존스가 C. 스테이시 우즈에게 미친 영향은 아무리
> 강조해도 지나치지 않을 것이다. …… 스테이시는 성경 강해에서
> 로이드 존스 박사에 필적할 만한 사람은 없다고 보았고, 그가
> 풀어내는 성경은 스테이시의 가르침과 설교에 큰 영향을 미쳤다.
> 덕분에 스테이시도 이전 세대주의에서 탈피하여, 본문을 틀에
> 끼워 맞추기보다 본문 스스로 말하게 하기에 이르렀다. …… 그는
> 강해 설교가 점점 더 사라져 가는 데 개탄했고, 현대 복음주의가
> 피상적으로 변한 것도 강해 설교의 실종 탓으로 보았다.[23]

켈러는 미국인인 데다 한참 더 젊었으므로 로이드 존스와 스토트 중 어느 한쪽을 선택하지 않아도 되었다. 두 사람 다 설교할 때 말씀의 권위를 절대적으로 확신했고 본문에 철저히 주목했다.[24] 결국 켈러는 로이드 존스의 신학적 특수성과 스토트의 초교파 정신을 대폭 통합했다.

우즈처럼 켈러도 로이드 존스의 모범을 따라 청교도를 공부했다. 로이드 존스처럼 부흥을 사모한 켈러는 처음에 리디머의 모든 예배에서 그를 본떠 전도 메시지를 전했다. 1989년 뉴욕으로 이주했을 때 그는 로이드 존스의 설교 수백 편을 들었고, 그의 책 《설교와 설교자》(Preaching and Preachers)도 다시 읽었다. 전후의 런던과 맨해튼의 탈기독교 정황 사이에 유사성이 보였다. 그가 로이드 존스에게서 취한 것은 바버라 보이드의 성경 공부와 IVF 전반에서 그가 아주 좋아하던 요소와 똑같았다. 즉 켈러는

신자의 덕을 세우든지 아니면 비신자를 전도하든지 둘 중 하나를 택할 필요가 없었다. 로이드 존스는 그에게 동시에 두 가지를 다 할 수 있으며 사실은 그래야 함을 보여 주었다. "덕을 세우면서 전도하고, 전도하면서 덕을 세우라."[25]

그런 켈러가 태도 면에서는 로이드 존스보다 스토트와 더 비슷하다. 로이드 존스의 호전적인 분리주의 성향을 켈러에게서는 볼 수 없다. 로이드 존스는 사역할 때 다른 그리스도인과 자신의 차이점을 강조했지만 켈러는 그런 적이 거의 없다. 오히려 그는 스토트처럼 그리스도인과 믿지 않는 세상의 대비를 강조한다. 스토트의 책 《기독교의 기본 진리》(Basic Christianity)를 그는 대학생 때 읽었다. 스토트가 타계했을 때 랭엄 파트너십에서 마련한 미국 추모 예배에서 켈러는 이렇게 말했다. "사실 그는 어떤 면에서 내게 하나님의 말씀을 처음 전해 주신 분입니다. 바로 그의 저서를 통해서였습니다."[26]

스토트를 추모한 그 예배는 교훈적이었다. 행사의 기조 조사(弔辭)를 켈러에게 맡겼다는 것은 고인의 유산을 기리는 기관에서 그와 켈러의 유사점을 보았다는 뜻이다. 그런데 켈러가 꼽은 스토트("내가 아는 가장 온화한 사람")가 남긴 교훈은 스토트 못지않게 켈러 자신에 대해서도 많은 것을 말해 준다.

켈러는 스토트가 군더더기 없이 본문을 깊이 관찰함으로써 강해 설교의 새로운 장을 열었다고 보았다. 본질상 그것이 켈러가 IVF에서 바버라 보이드에게 배운 성경 공부 방식이었다. 그는 또 전문직 복음화와 빈민 구제에 특히 주력하는 현대 "도심 교회"를 창안한 스토트의 공적을 기렸다. 리디머교회와 스토트의 런던 랭엄 플레이스 올소울즈교회(All Souls, Langham Place)가 다 거기에 해당하는데, 이런 교회는 성경을 강해할 때나 사회 정의를 추구할 때나 똑같이 말씀과 실천의 균형을 이룬다.

캘러는 자신이 1976년 어바나 등지에서 스토트의 설교를 직접 들었던 일도 언급하면서, 존 스토트야말로 다른 누구보다도 근본주의와 자유주의의 중간 거점으로 복음주의를 창시했다고까지 말했다.

1950년대와 1960년대와 1970년대에 계속해서 미국에 건너와 IVF의 모든 청년 군단을 일으킨 사람이 누구입니까? 어바나 선교 콘퍼런스에서 말씀을 전한 사람이 누구입니까? 칼 헨리가 아니었습니다. 헤럴드 오켄가도 아니었죠. 빌리 그레이엄도 아니었습니다. 바로 존 스토트였습니다. 그는 성경의 권위에 요지부동으로 헌신해 있으면서도 박학다식한 사람의 화신입니다. 동시에 그 학문을 누구나 알아듣기 쉽게 전달했지요. 이 중간 거점의 창시자로 조금도 손색없는 분입니다. 적어도 지난 30-40년간 기독교에서 가장 많이 성장한 쪽은 근본주의나 자유주의가 아니라 바로 그 거점입니다. 그는 중앙에서 외친 예언자입니다. 그의 책 《그리스도의 십자가》(The Cross of Christ)를 보면 압니다. 이 명작은 전통적 대속 즉 형벌 대속을 절대적으로 고수하면서도 거기에 함축된 의미를 사회 정의와 지역사회에 접목합니다. 중앙의 예언자인 그는 굳이 전통적 복음주의 교리를 개조하지 않고 그대로 상대합니다. 이런 점을 우리가 잊어서는 안 됩니다. 존 스토트가 무엇을 표방했는지 잘

모르는 젊은 층 복음주의 리더가 너무 많아 걱정입니다.[27]

복음주의에서나 IVF에서나 켈러에게는 존 스토트가 최고였다. 리디머 시티투시티(Redeemer City to City; 이하 리더머 CTC)는 훗날 켈러가 공동 설립하고 이사장을 맡은 교회 개척 국제 네트워크인데, 이를 통해 그는 전 세계 교회를 섬기려던 스토트의 헌신도 힘써 확장하고 있다. 1976년 어바나 선교 콘퍼런스에서 세계 복음화에 협력하고자 결단 카드에 서명한 사람은 17,000명 참석자 중 50퍼센트였다. 이는 1970년의 12,000명 중 6퍼센트와 1973년의 15,000명 중 28퍼센트에 비해 월등히 높아진 수치다.[28]

IVF는 1976년 어바나 선교 콘퍼런스를 전후하여 미국 전역 캠퍼스에서 두루 성장했는데, 켈러도 그 대표적인 사례였다. 그가 대학에 들어가기 전까지만 해도 IVF 신입 회원은 주로 기독교 가정에서 자란 학생들이었다.[29] 그런데 캠퍼스마다 회심자가 증가한 데 힘입어 켈러의 졸업 직후인 1973-1974년에는 IVF 산하 지부가 최고 882곳에 이르렀고 유급 간사만도 135명이었다.[30]

버크넬을 졸업한 후 켈러는 신학교의 현장 실습을 IVF 보조 간사로서 이수했다. 2년 동안 프레이밍햄주립대학교(Framingham State University)에 IVF 지부를 신설하는 일을 거들었는데, 기숙사가 없는 학교라서 캠퍼스 생활이 별로 없다 보니 녹록지 않았다.[31]

IVF를 떠나 지역 교회로 갈 때도 켈러는 IVF 정신을 그대로 품고 갔다. 예컨대 그는 성경의 무오성, 대속의 죽음인 예수님의 십자가, 거듭

남의 필요성, 예수님의 온전한 신성 등 그리스도인이 결코 타협해서는 안 될 핵심 가치관이 있다고 배웠다. 20세기 초의 기본 목록도 크게 다르지 않았을 것이다.

동시에 IVF는 그에게 분열을 낳는 교리보다 모든 그리스도인의 공통분모를 중시하도록 가르쳤다. 그렇다고 장로교를 침례교나 오순절교와 구별 짓는 요소가 전혀 중요하지 않다는 뜻은 아니다. 그는 "하지만 핵심은 핵심이고, 부차적인 문제에서는 견해가 갈리는 그리스도인들과도 마음을 열고 협력해야 한다. 그것을 나는 IVF에서 배웠다"라고 말했다.[32]

4

용감한 캐시
Kathy Kristy

열두 살의 캐시 크리스티는 C. S. 루이스에게 편지를 쓸 때 그가 유명 인사인 줄 전혀 몰랐다. 캐시에게 이 작가는 혼자만 아는 사적인 친구였다. 캐시는 초등학교 2학년 때 백화점 주차장 이동 도서관에서 우연히 《나니아 연대기》(Chronicles of Narnia)를 접하고 그때부터 즐겨 읽었다. 그런데 서점과 도서관에서 후속편을 찾으려 하니 하나도 보이지 않았다. 동화를 쓴 이 옥스퍼드 교수를 아는 미국인은 캐시 생각에 자기밖에는 없었다.

그래서 캐시는 이 무명 작가의 책을 실제로 읽은 사람이 있음을 그에게 알려서 그를 응원해 줄 생각으로 편지를 썼다. 편지 내용은 친구 관계, 부모님에 대한 불만, 사는 동네의 변화 등 소소한 것이었다. 학교에서 무엇을 배웠고 집 청소를 어떻게 했는지도 적었다.

루이스가 처음 답장한 때는 그가 예순네 살이 된 다음 날인 1962년 11월 30일이었다.[1] 이듬해 4월에는 그가 캐시와 영어 교사의 갈등을 중재했다.[2] 캐시가 여름에 쓴 편지는 루이스의 집 킬른스에 배달되지 않았다. 그래도 루이스는 이 땅에서의 생이 거의 끝나 가던 10월에 다시 편지를 썼다. "내가 어떻게 지내느냐고? 아주 몸져누운 사람치고는 꽤 잘 지낸단다. 걸을 수는 없지만 머리는 아직 멀쩡하고 편지도 계속 쓸 수 있거든."[3]

루이스가 캐시에게 마지막 편지를 보낸 때는 죽음이 채 2주도 남지 않은 시점이었다. 그는 캐시의 "분통 터지는 경험"에 동정을 표했다. 이전 편지에 캐시는 학교 신문을 제작하면서 편집 일 때문에 속상하다고 말했었다. 하지만 루이스도 이렇다 할 위로를 주지는 못했다. "이게 글쓰기의 직업병인 것만은 분명해. 나한테도 똑같은 일이 여러 번 있었거든.

어쩔 수 없단다!"⁴

　　루이스는 1963년 11월 22일에 세상을 떠났다. 옥스퍼드 출신으로 《멋진 신세계》(Brave New World)를 쓴 올더스 헉슬리도 그날 사망했고, 미국 대통령 존 F. 케네디는 같은 날 텍사스주 댈러스에서 암살당했다.

　　사후 10년이 지난 1970년대에야 비로소 루이스는 미국 출판계를 휩쓸기 시작했다. 드디어 캐시도 루이스라는 작가를 좋아한다는 사실을 다른 사람에게 공개했는데, 그가 바로 팀 켈러였다. 캐시는 팀에게 《순전한 기독교》를 넘어 특히 그의 소설을 읽어 보라고 권했다. 크리스티에서 켈러로 성이 바뀌기 전부터 이미 캐시는 팀 켈러의 지성과 영성이 형성되는 데 가장 큰 영향을 미쳤다.

　　팀 켈러에 대한 글쓰기는 곧 팀과 캐시에 대해 쓰는 것이나 같다. 이 대등한 지성의 부부는 신학교에서 만날 때부터 똑같이 사역에 헌신하고 문학을 사랑하고 신학에 잔뜩 심취해 있었다. 캐시는 안수를 받지는 않았지만 명실공히 뉴욕 리디머교회의 공동 설립자다. 실제로 교회 초창기에 교역자로 섬기기도 했다.

　　많은 사람이 캐시를 팀과 연관해서 알고 있지만, 캐시는 남편을 만나기 전부터 이미 사역에서 두각을 드러냈다.

반듯한 모범생

캐시 크리스티는 1950년 4월 15일 펜실베이니아주 피츠버그에서 태어났다. 어머니 메리 루이즈 스티븐스는 대학을 나왔는데 당시로서는 드문 일이었다. 아버지 헨리 크리스티는 피츠버그 북동쪽에 있는 탄광촌 펜힐스에서 성장했다. 제2차 세계대전 때 유럽에서 폭격기 조종사였던 그는 전쟁이 끝난 뒤 개명했다. 크로아티아 출신 이민자의 아들이지만 크리스톨릭보다는 크리스티로 불리기를 원했던 것이다. "반듯한 모범생"으로 알려진 헨리는 대학 졸업 후 웨스팅하우스에 취업하여 1986년 전력장치 관리자로 은퇴할 때까지 근속했다.[5]

그의 첫아이인 캐시도 자칭 "반듯한 모범생"이었다. 루이즈 (미드우드) 크로커는 신학교에서 캐시와 함께 공부하기 전, 피츠버그에서 동쪽으로 16킬로미터 정도 떨어진 펜실베이니아주 먼로빌의 고등학교 때부터 캐시의 같은 반 친구였다. 게이트웨이고등학교(Gateway High School)에서 캐시는 똑똑한 학생으로 통했다. 어렸을 때 C. S. 루이스와 편지까지 교환한 데다 "학교 신문의 너절한 편집자"로 자처하는 캐시 앞에서 루이즈는 괜히 주눅이 들었다.[6]

캐시는 그리스도인으로도 잘 알려져 있었지만, 둘이 처음 만날 때 루이즈는 아직 예수 그리스도를 믿지 않았다. 영라이프 모임에서 처음으로 둘이 의미 있는 대화를 나눌 때, 캐시는 장로교 사역자가 되려는 자신의 계획을 루이즈에게 무미건조하게 말했다.[7] 선교 단체 영라이프는 그 시기에 급성장하여 피츠버그 지역에만 동아리가 40개, 참여 학생이 3천 명에 달했다.[8] 청소년을 대상으로 한 이 전도 사역이 성장하자 크리스티 집안을 비롯한 많은 가정에서 비슷한 대화가 오갔다. 어느 날 집에 와서 자신이 그리스도인이 되었다고 말하는 캐시를 어머니는 이해할 수 없었다. 지금까지도 늘 교회에 다녔는데 무엇이 달라졌단 말인가? 의무에 충실한 주류 장로교 집안에서 보기에 이런 복음주의 각성은 뜻밖의 별스러운 반전이었다.

영라이프를 접하기 전까지 캐시에게 교회에서 알던 것과는 다른 기독교를 보여 준 창구는 C. S. 루이스뿐이었다. 아슬란이 그리스도에 해당한다는 루이스의 의중을 들었을 때 캐시는 이해할 수 없어 이렇게 말했다. "예수님에 대해 들을 때는 늘 지루하고 따분했는데, 아슬란은 활발하고 생기가 넘치잖아요."

아슬란의 신화는 캐시에게 예수님에 대한 갈증을 불러일으켰다. 영라이프도 교회도 그녀에게 그리스도인의 삶에 대한 깊거나 광범위한 신학적 비전을 심어 주지는 못했다. 청소년기의 캐시는 성경에 대해 별로 배운 게 없었는데, 다행히 루이스가 잠시나마 그 간극을 메워 주었다.

열두 살의 캐시는 어찌나 조숙했던지 루이스에게 편지를 쓸 때부터 이미 옥스퍼드의 그를 방문할 계획으로 돈을 모으고 있었다. 훗날 그녀는 루이스의 양아들 더글러스 그레셤에게, 자신이 나이만 좀 더 들었더라면 그의 어머니의 막강한 경쟁자가 되었을 거라고 말했다[루이스는 더글러스의 어머니인 조이 그레셤과 결혼했다-옮긴이]. 열네 살 때 캐시는 친구들과 함께 실제로 옥스퍼드까지 가서 루이스의 형 워니를 만났다. 그때도 그는 킬른스에 그대로 살고 있었다. 집은 먼지로 자욱했고, 둘의 파이프에서 뿜어져 나온 니코틴으로 천장이 누렇게 찌들어 있었다. 어린 날의 형성기에 캐시라는 그리스도인의 지적 삶을 온통 빚어 준 사람이 루이스였기에, 이 방문은 그를 기릴 수 있는 값진 기회였다.[9]

게이트웨이고등학교에서만 아니라 펜실베이니아 북서부의 앨리게니칼리지에서도 캐시는 영라이프 활동을 계속했다. 그러다 신학교에 갈 뜻을 발표했다. 캐시의 여동생 수가 기억하는 부모님의 반응은 "뭐라고! 신학교에 간다고? 너 미쳤니?"였다. 그러잖아도 부모는 캐시가 인기도 없고 데이트도 하지 않아 걱정이었다. 저러다 결혼도 못 하고 아이도 낳지 못할 것만 같은데 신학교까지 간다니, 그들이 겨우 감수한 기대치마저 훌쩍 벗어난 일이었다.[10]

그러나 캐시의 활동을 지켜본 다른 이들은 그녀가 선택한 진로에 그다지 놀라지 않았다. 피츠버그 지역 복음주의 사역의 핵심 리더 중 하나이던 존 게스트는 캐시를 펜실베이니아에서 가장 뛰어난 청년 조직책으로 칭하기까지 했다.[11] 데이비드 윌커슨의 《십자가와 칼》을 읽고 나서 캐시는 가장 열악한 도심 사역을 섬기기로 결단했다.[12]

돼지 앞의 진주

캐시는 팀 켈러를 처음 만난 날에 대한 특별한 기억이 없다. 여동생 수가 버크넬대학교에 입학했는데, 앨리게니칼리지 3학년이 된 캐시의 개강일은 더 나중이었다. 그래서 1970년 9월, 캐시의 어머니가 수의 가구를 배달하러 갈 때 캐시도 따라갔다. 차멀미를 한 터라 아무도 만나고 싶지 않았는데, 그래도 수는 캠퍼스 인근 영라이프 지부 주위에 있는 모든 사람에게 어머니와 언니를 소개했다. 캐시의 기억에 키가 크고 호리호

리한 팀은 헬라어를 공부하고 있었다. 둘은 서로 고갯짓과 인사말을 건넸고, 그게 다였다.[13]

그들은 수를 통해 계속 서로의 소식을 접했는데, 팀의 집이 피츠버그에서 동쪽으로 100킬로미터 안쪽 거리인 펜실베이니아주 존스타운으로 이사하면서 그게 더 쉬워졌다. 새해 전야에 영라이프에서 스퀘어 댄스 파티를 개최할 때 수는 버크넬의 IVF 학생들도 초대하여 자신의 본가에 머물게 했다. 이때도 캐시는 팀을 별로 주목하지 않았다. 그저 그는 동생의 많은 친구 중 하나일 뿐이었다. 다만 눈에 띄는 게 하나 있었다. 대화 시간을 내서 캐시와 수의 부모님을 알아 간 학생은 팀뿐이었다.[14]

방학 때면 수가 먼로빌 집으로 와서 캐시에게 팀의 근황을 전했다. 캐시는 팀이 기도에 대한 오 할레스비의 책을 읽는다는 말을 듣고 자신도 읽기 시작했다. 수는 캐시의 근황도 팀에게 실어 날랐다. 캐시는 자신이 예수님을 인격적으로 믿는 데 C. S. 루이스의 《나니아 연대기》가 워낙 큰 역할을 했기에 수를 통해 팀에게 그 책들을 권했고, 팀은 버크넬 졸업 직후 여름에 그 책들을 읽었다. 루이스에 대한 그의 평생의 열정은 그렇게 시작되어, 결국 캐시의 열정을 그도 공유하게 되었다.

팀은 캐시가 뉴잉글랜드의 고든콘웰신학교에 가려 한다는 말을 수에게서 전해 듣고 자신도 그 학교를 알아보기로 했다. 고든콘웰은 근래에 설립되었지만 자원과 규모와 학문 면에서 펜실베이니아주 마이어스타운의 작은 복음주의회중교회 신학교를 압도했다.[15] 그즈음 R. C. 스프로울은 먼로빌과 존스타운에서 얼추 등거리인 지점에 리고니어밸리연구소(The Ligonier Valley Study Center)를 열었다. 그가 주중에 인도하는 여성 성경 공부 및 강해에 팀의 어머니와 캐시의 어머니가 매주 나란히 참석했다. 팀과 섀런 남매, 캐시와 수 자매도 매주 스프로울의 "잡담 모임"(질의응답 시간을 칭하던 스프로울의 표현)에서 모두 마주치곤 했다. 켈러의 존스타운 집에서 50킬로미터쯤 떨어져 있는 그 연구소는 로럴리지주립공원을 끼고 있는 로럴산 너머에 있었다. 섀런은 "우리는 여름 내내 그렇게 지냈어요. 의외로 정말 즐거운 시간이었지요"라고 그때를 회고했다.[16]

스프로울은 잡담 모임을 시작하기 전에 차례로 돌아가면서 모든 사람의 이름과 현재 하고 있는 일을 물었다. 신학교 입학을 앞둔 여름인지라 캐시는 고든콘웰에 갈 계획을 밝혔고 팀도 똑같이 말했다. 서로 반대편에 앉아 있던 두 사람은 그 순간 살짝 회심의 고갯짓을 주고받았다.[17]

1972년, 신학교에서 친구가 되기 전부터 이처럼 그들의 세계는 맞물려 있었다. 가벼우나마 그 면식이 매사추세츠주 사우스 해밀턴의 낯설고 외로운 환경 속에서 둘의 연결 고리가 되어 주었다. 그들은 둘 다 지적이면서 관계에 서툴렀다. 머잖아 그들은 루이스가 말한 바 사람 둘을 친구로(경우에 따라 부부로) 가까이 끌어당기는 "은밀한 끈" 같은 것을 느꼈다.[18] J. R. R. 톨킨도 이 "은밀한 끈"의 또 한 가닥이 되어 결국 엘프어(語)와 소설 《반지의 제왕》(The Lord of the Rings)을 통해 둘을 결속시켜 주었다. 팀과 캐시는 마음이 잘 맞았다. 알고 보니 다른 여러 이야기와 책뿐 아니라 인생관과 특정 경험에 대한 즐거움까지 공통점이 많았다.[19] 가정 배경은 서로 대비되면서 조화를 이루었다. 팀은 집안의 기대가 부담스러웠던 반면, 캐시는 동생들에 치여 뒷전으로 밀려나 있었다. 캐시도 불안과 두려움이 있었지만 팀처럼 자책하는 양심 때문에 괴롭지는 않았다. 그래서 그에게 칭찬을 아끼지 않았다.

　고든콘웰신학교에 입학할 때는 아직 버크넬대학교에 팀의 여자 친구가 있었다. 그 관계가 깨진 뒤로는 팀과 캐시도 관계의 진전을 생각하지 않고는 더는 가까운 친구로 지낼 수 없었다. 그런데 팀은 우정의 단계를 넘어서는 데 오래 걸렸다. 그냥 자신의 삶에서 캐시를 잃고 싶지 않은 정도였다.

　신학교 재학 중반쯤에 팀과 캐시는 제이 아담스가 필라델피아의 웨스트민스터신학교에서 가르치던 한 달짜리 상담 과목을 신청했다. 1974년 1월 한 달 동안 그들은 이전 해 여름에 캐시가 섬기던 필라델피아 저먼타운 동네에 있는 장로교회의 어느 나이 지긋하신 집사님 댁에서 함께 기숙하기로 했다.

　어색한 한 달이었다. 이전 학기가 끝날 때 캐시는 팀과 친구로서의 우정을 끊었기 때문이다. 그녀가 충분히 기다렸는데도 팀은 데이트를 청하지 않았다. 그때 팀에게 한 캐시의 말이 켈러 가정에서 "돼지 앞의 진주" 발언으로 두고두고 회자된다. 둘 사이가 점점 더 가까워지는데도 팀은 조금도 우정 이상의 관심을 보이지 않았고, 여전히 실연의 아픔에 젖어 있었다. 캐시는 이해하면서도 결국 인내심이 다해 그에게 이렇게 말했다.

　　　이봐요, 더는 못 참겠네요. 친구에서 여자 친구로 격상되기를
　　　지금까지 기다렸어요. 당신의 고의는 아니겠지만, 나는 매일
　　　친구 이상으로 선택받지 못할 때마다 마치 저울질에서 실격되어
　　　거부당하는 기분이에요. 그러니 언젠가는 친구 이상으로 봐 주기를

바라며 이렇게 버틸 수만은 없다고요. 내가 진주도 아니고 당신이
돼지도 아니지만, 예수님이 제자들에게 진주를 돼지 앞에 던지지 말라
하신 이유는 돼지가 진주의 진가를 알아볼 줄 몰라서잖아요. 그냥
돌멩이로 보일 테니까. 내가 당신에게 귀해 보이지 않는다면 나도
오매불망 당신 앞에 나를 계속 던지지는 않겠어요. 당신의 고의든
아니든 이 거부당하는 심정이 너무 고통스러워서 그렇게는 못 해요.[20]

이때까지도 팀은 자신들이 데이트를 시작해야 한다고 단정하지
않았다. 마음이 잘 맞는 절친에서 어떻게 애인 사이로 넘어가야 할지조차
막막했다. 그냥 가볍게 나가서 저녁이나 먹고 영화를 볼 수는 없지 않은
가. 이 정도로 친한 사람끼리 사귀기 시작한다면 어느새 미래의 아기 이
름을 짓고 있지 않겠는가.

팀은 두어 주 동안 기도하며 생각해 본 후에야 결단을 내렸다. 그
리하여 보스턴으로 돌아올 때는 둘이 커플이 되어 있었다.[21] 그달 초만 해
도 그는 친구 데이비드 미드우드와 함께 앞줄에 앉고 캐시는 친구 루이
즈 크로커와 함께 뒷줄에 앉았다. 루이즈는 "그해 1월까지는 솔직히 팀이
양쪽 신발이나 구별할 수 있었는지 모르겠어요"라고 회고했다. 보스턴
에 돌아와서는 팀과 캐시는 앞쪽에 나란히 앉고 데이비드와 루이즈는 뒤
쪽에 앉았다. 데이비드와 루이즈가 1974년 9월에 먼저 결혼했고,[22] 팀 켈
러와 캐시 크리스티는 졸업을 한 학기 앞둔 1975년 1월 4일 펜실베이니
아주 먼로빌의 크로스로즈장로교회(Crossroads Presbyterian Church)에서 결혼했
다. R. C. 스프로울이 주례를 맡았다.

에베소서 5장 25-33절에서 결혼은 교회를 구속(救贖)하시는 그리스도의 사랑을 가리키므로, 캐시는 결혼 예배에 결혼의 성경적 상징을 담아내고 싶었다. 팀과 자신이 각각 그리스도와 그분의 신부인 교회 역할을 맡고, 신부 측 들러리들에게는 교회력에 따라 각기 다른 색 옷을 입히려 했다. 결국 캐시의 어머니가 그 생각을 꺾어 놓았다. 일가친지를 혼란에 빠뜨릴 뿐이라는 우려에서였다. 대신 신부 측 들러리들은 수수한 드레스로 통일했고 신랑 측 들러리들은 갈색 턱시도를 입었다. 수십 년 후에 캐시는 "지금 생각해 보아도 괜찮은 발상이었다"라고 회고했다.[23] 혼인 서약에는 시편 34편 1-3절을 인용했고, 결혼반지 안쪽 면에도 새겼다. 시편 34편 3절은 이렇게 선포한다. "나와 함께 여호와를 광대하시다 하며 함께 그의 이름을 높이세."[24]

순풍에 돛을 단 듯

부부가 필라델피아로 이사하여 팀이 웨스트민스터신학교에서 가르칠 때 캐시는 그레이트커미션 출판사(Great Commission Publications)에서 시간제 편집자로 일했다. 아이들을 준비시켜 학교에 보내는 일과 여름 동안 그들을 돌보는 일은 자연히 팀의 몫이 되었다.[25] 세 아들 모두 그가 버지니아주 웨스트호프웰교회에서 목회하던 시절에 태어났다. 결혼한 지 3년 조금 지난 1978년, 팀이 스물일곱 살이고 캐시가 스물여덟 살일 때 데이비드가 태어났고, 마이클과 조너선이 각각 1980년과 1983년에 그 뒤를

이었다. 팀은 《팀 켈러의 내가 만든 신》(Counterfeit Gods)에서 세 아이에게 "훌륭한 성인으로 장성해 이 도시를 사랑하며 섬기는 아들들이 대견하다"라고 고마움을 표했다.[26]

책을 쓰는 일도 자녀를 양육하는 일도 켈러 부부가 함께하는 공동의 노력이다. 살인적인 출간 일정의 원고 마감일을 엄수해야 할 때면 팀의 집필과 캐시의 편집이 동시에 진행된다.[27] 팀이 캐시를 워낙 신뢰하기 때문에 그녀는 필요시 아무런 여과 없이 비평할 수 있다.[28]

그들의 친구이자 평생 동료인 리즈 카우프먼은 이렇게 말했다. "캐시는 정말 누구도 상상할 수 없는 수준으로 남편의 집필을 돕습니다. 팀의 머릿속에 들어앉아 있는 편집자라고나 할까요. 둘이 워낙 일심동체라서 아마 모든 책에 캐시도 저자로 명시되어야 할 거예요."[29]

팀이 〈뉴욕 타임스〉(The New York Times) 베스트셀러 목록에 처음 올랐을 때, 마침 그 책은 "용감한 캐시"에게 헌정된 《팀 켈러, 하나님을 말하다》(The Reason for God)였다. 요나에 대한 그의 설교들을 1981년 호프웰에서 듣고, 리디머 초창기인 1991년 뉴욕에서 듣고, 2001년 9·11 테러 이후 암울하던 시절에 또 들은 사람은 그녀밖에 없다. 팀이 그 내용으로 《팀 켈러의 방탕한 선지자》(The Prodigal Prophet)를 쓸 때 캐시는 초고부터 탈고까지 독보적인 편집 실력을 발휘했고, 마음에 들지 않는 부분이 보이면 다시 쓰게 했다.[30] 세 아들에게 감사를 표한 《팀 켈러의 내가 만든 신》에서 팀은 이 책을 위해 여러 달 동안 애쓰고 배후 개념에 대해 여러 해 동안 자신과 대화해 온 캐시에게도 감사했다. "존 뉴턴이 자기 아내 폴리에게 썼던 말을 나도 아내에게 하지 않을 수 없다. '이 오랜 세월과 많은 사랑과 의무가 이런 진기한 결과를 낳았을진대, 나는 오랜 습관 그대로 당신 없이는 거의 숨조차 쉴 수 없소.'"[31]

둘의 경험은 신학교 이후로 특히 식구가 늘면서 갈리기 시작했다. 캐시에게는 힘든 변화였다. 신학교 이후에 팀이 처음으로 서류 가방을 들고 출근하던 날, 그녀는 주방에 홀로 서서 '온종일 뭘 해야 하지?'라고 자신에게 물었다. "그때까지는 우리의 삶에서 남녀 차이가 거의 의식되지 않았다. 학생으로서 똑같은 수업을 들으며 평평한 운동장에서 학점을 겨루었을 뿐, 우리를 남자와 여자로 지으신 하나님의 의도가 무엇일지 따져 보아야만 하는 경우는 별로 없었다. 그런데 갑자기 여자이자 아내로서 내 역할을 실제적이고도 성경적으로 고민해야 했다."[32]

그 역할에는 팀을 보살피는 일이 늘 수반된다. 팀의 물리적 필요를 그녀가 챙겨 준다. 많은 일가친지의 말마따나 마실 물도 캐시가 가져다주지 않으면 팀은 잊어버린다. 루이즈 미드우드는 "캐시의 생명은 예수님이지만 캐시의 기능(funtion)은 팀이에요. 캐시 덕분에 팀의 삶이 돌아가니까요"라고 말했다. [33]

9·11 테러 이후 맞이한 첫 주일, 그 중요한 설교에서 팀은 최소한 1년에 한 번씩 반복해서 꾸는 자신의 악몽을 나누었다. 악몽의 내용은 캐시가 죽어 자기 혼자 살아가야 하는 상황이었다.[34] 당시 캐시는 크론병으로 고생하며 한 해에 수술을 일곱 번이나 받았다. 팀은 아내를 간호하기 위해 사역을 그만둘까도 생각했고, 적어도 2013년까지는 그때를 둘의 삶에서 가장 어두운 시절로 보았다.[35] 2020년 자신이 췌장암 진단을 받았을 때도 팀이 슬퍼한 상실은 딱 하나였으니 곧 자칫 캐시를 떠나는 것이

었다.

　캐시 암스트롱은 1992년 초반에 켈러네 아이들을 자주 돌봐 주었다. 2년 동안 그녀와 캐시 켈러는 아이들을 학교에 보내 놓고 오전에 만나 독서를 통해 삶을 나누었다. 캐시 켈러는 그녀에게 17세기 청교도 토머스 브룩스의 《사탄의 책략 물리치기》(*Precious Remedies against Satan's Devices*)와 《존 뉴턴 서한집》(*John Newton's collected letters*)을 권했다. 책을 읽다 보면 현재 삶의 상황과 연관되는 부분이 으레 있게 마련이어서 그들은 그 내용으로 토의하곤 했다. [36]

　결혼을 준비 중이던 캐시 암스트롱은 꾸밈없는 진실을 듣고 싶어 캐시 켈러의 의중을 물었다. 신학교에서 함께 공부했는데도 캐시는 남편의 '2인자'가 되어도 정말 괜찮을까? 설교하지 않아도 정말 괜찮을까?

　캐시 켈러의 답변은 이랬다. "나는 2인자가 아니에요. 둘이 함께 섬기는 거지요. 내가 순풍이 되어 팀의 돛을 밀어 줄 수 있다면 이 또한 기쁜 일 아니겠어요?"[37]

5

참된 신화

The Inklings

마코 후지무라는 리디머교회에서 팀 켈러가 시간이 없어 설교를 준비하지 못했을 때를 매번 알아차렸다. 그럴 때면 켈러가 꼭 C. S. 루이스를 거론했기 때문이다. "그런데 신기하게도 감쪽같이 들어맞는 거예요. 그래서 누구 하나 불평하지 않았지요."[1]

켈러도 이 '죄'를 인정한다. 루이스의 저작이 워낙 방대한 데다 그의 간행물이라면 켈러가 안 읽은 게 없을 정도니 그리될 만도 하다. 하지만 독서의 타이밍도 중요하다. 루이스를 처음 접한 대학교 초반에 켈러는 기독교에 과연 진리나 미덕이 있는지 자못 의문이었다. 그러다 예수님을 인격적으로 믿은 직후 수 크리스티의 언니인 앨리게니칼리지 학생 캐시의 권유로 《나니아 연대기》를 알게 되었다.

루이스 전기도 여럿 읽고 그의 사적인 편지와도 친숙해져 있다 보니 켈러는 그의 어록과 일화와 예화라면 언제라도 수십 개쯤은 쉽게 떠올릴 수 있게 되었다. 요점을 안성맞춤으로 전달할 방도가 요긴할 때면 대개 그는 자신이 제일 좋아하는 작가인 루이스를 선택한다.[2]

켈러는 이렇게 말했다. "단일 인물의 삶과 작품에 그토록 깊이 몰두하면 흥미로운 일이 벌어진다. 그의 저작만 아는 게 아니라 그의 생각이 어떻게 돌아가는지를 알게 되는 것이다. 그래서 특정한 질문에 그가 뭐라고 답할지 또는 특정한 사건에 어떻게 반응할지가 감이 잡힌다."[3]

C. S. 루이스의 한 절친도 켈러의 영성과 지성을 형성하는 데 영향을 미쳤다. J. R. R. 톨킨은 '잉클링스'(The Inklings)라는 문학 토론 모임의 단골 멤버였다. 영어로 쓰인 가장 사랑받고 널리 읽히는 이야기 중 일부는 1930년대와 1940년대에 잉글랜드 옥스퍼드에서 모인 잉클링스에서 영

감을 얻은 것들이다. 루이스와 톨킨의 토론은 기독교적 주제를 담아낼 상이한 공상을 낳아 각각 《나니아 연대기》와 《반지의 제왕》으로 결실했다.

루이스는 켈러에게 폭넓은 독서와 명쾌한 사고의 귀감이었다. 루이스 덕분에 켈러는 기독교에서 주장하는 진리와 미덕을 공적으로 변증하고 옹호할 때 생생한 예화를 활용하게 되었다. 반면 톨킨은 켈러에게 마음의 언어를 주었다. 이 언어는 팀이 가끔 캐시에게 읊조리는 엘프어만이 아니라 일에 대한, 희망에 대한, 그리고 언젠가는 실현되기를 누구나 바라는 이야기들에게 대한 화법이다.

자신이 살고 섬기는 도시에 사상 최악의 비극이 닥쳤을 때도 켈러는 톨킨에게서 위로의 말을 얻었다.

장차 모든 슬픔이 거두어집니다

2001년의 9·11 테러가 일어난 지 5년이 지나, 팀 켈러는 유가족을 위한 추모 예배에 강사로 초빙되었다. 옛 쌍둥이 빌딩 자리에서 두 블록밖에 떨어지지 않은 로어 맨해튼의 세인트폴채플(St. Paul's Chapel)에서 열린 예배에 조지 W. 부시 대통령과 부인 로라도 참석했다. 켈러는 참사 후 첫 주일이었던 2001년 9월 16일에 자신이 했던 말을 설교 메시지에 소환했다. 이번에도 톨킨에게 기대어 예수님의 부활 소망에 대해 설교한 것이다.

《반지의 제왕》 마지막 권에서 샘 갬지가 깨어날 때 다 잃은 줄로만 알았는데 알고 보니 친구들이 주위에 다 있었습니다. 그래서 그가 외치지요. "간달프! 나는 당신이 죽은 줄로 알았어요! 나도 죽은 줄로 알았고요! 이제 모든 슬픔이 거두어지는 건가요?" 답은 "예"입니다. 성경의 답도 "예"입니다. 부활이 사실이라면 답은 "예"일 수밖에 없습니다. 장차 모든 슬픔이 거두어집니다.[4]

널리 알려진 예술가들의 말을 인용함으로써 켈러는 청중과 독자의 공감을 더 잘 자아낼 수 있었다. 대개 사람들은 설교자가 성경 외의 문학에 대한 폭넓은 식견을 보이리라고는 예상하지 못한다. 마코 후지무라는 1992년 리디머교회에 처음 방문하여 켈러의 설교를 들었을 때 '버크넬대학교에서 듣던 인문학 강의와 아주 비슷한데'라는 생각이 들었다. 그도 학부 때 버크넬에서 공부했다. 후지무라 같은 신인 예술가에게 켈러의 방식은 흥미를 끌었다. 후지무라는 미국 CCC(대학생선교회)의 새 이름인 크루(Cru)의 전도 사역에 동참했었는데, C. S. 루이스와 프랜시스 쉐퍼 외에는 문화 참여의 전례가 없었다. 비주얼 아티스트인 그에게 선교에서 자신과 같은 문화 창작자의 역할은 보이지 않았다. 문화의 영향이 부정적이거나 최소한 의뭉스럽다고 조소하는 소리만 들렸다. 그런데 마태복음 못지않게 플래너리 오코너의 저작에도 능통한 켈러를 보며 그는 리디머에 계속 다니기로 했다. 그때는 매주 출석자가 250명 안팎에 불과하던 때였다.[5]

고든콘웰신학교에서 켈러에게 많은 영향을 준 어느 수업 시간에 교회사 교수 리처드 러블레이스가 플래너리 오코너의 작품을 필독서로 지정했다. 그리고 나서 오코너에게 어찌나 깊은 영향을 받았던지 켈러는

1990년 리디머교회의 첫 부활절 설교에서 그녀의 단편소설《현명한 피》
(Wise Blood)를 인용했다.[6] 루이스와 톨킨의 책을 이미 읽은 그였지만, 그를
기독교 창작 예술의 위력에 처음 눈뜨게 한 작가는 오코너였다.[7]

왕성한 독서가

켈러의 학구열과 끝없는 호기심은 평생 친구들과 가족에게로 흘러
넘쳤다. 톨킨의 책을 처음 접했을 때 그는 여동생에게도 읽어 볼 것을 강
권했다. 가스펠코얼리션(The Gospel Coalition; 이하 TGC) 전국 콘퍼런스가 올랜
도에서 개최된 2013년과 2015년에는 플로리다주 게인즈빌에서 부모님
을 모시고 있는 섀런을 만나 자신의 최근 독서 목록을 알려 주기도 했다.

켈러의 톨킨 사랑은 워낙 깊어서《반지의 제왕》이든《실마릴리
온》(The Silmarillion)이든 열세 권짜리 방대한 유작이든 그의 책을 끊임없이
읽는다. 갑상선 암을 처음 진단받고 자신이 죽을지도 모른다는 생각이 들
었을 때도 그는 톨킨의 작품에서 위안을 받았다. 의료진이 놓은 마취제
를 맞고 자신이 어느 세상에서 깨어날지 모르던 그때, 그의 생각은 3부작
《반지의 제왕》의 마지막 권으로 내달렸다. 포위된 원정대를 어둠과 악이
이기는 듯 보이던 순간이었다. 켈러는 작품의 주인공 중 하나이자 호빗족
인 샘을 떠올렸다.

샘은 반짝이는 흰 별을 한동안 바라보았다. 아름다운 별이 그의

심금을 울렸다. 적막한 땅에서 위를 올려다보던 그에게 문득 희망이 되살아났다. 맑고 서늘한 빛줄기처럼 그에게 파고드는 생각이 있었다. 결국 그림자 산맥은 지나가는 작은 것에 불과하고 그 너머에 영원한 빛과 높다란 아름다움이 있다는 것이었다. 탑에서 그가 부르던 노래는 희망이라기보다 저항이었다. 그때는 자신을 생각하고 있었으니 말이다. 그런데 이제 한순간 자신의 운명이 …… 더는 걱정되지 않았다. …… 그는 두려움을 모두 떨치고 깊은 단잠에 빠져들었다.[8]

켈러는 예수께서 죽으셨기에 죽음이 그림자에 불과함을 확신하며 의식을 놓았다. 수술 중에 무슨 일이 벌어지든 자신이 괜찮을 것을 알았다.

그는 이렇게 썼다. "그 너머에 영원한 빛과 높다란 아름다움이 있는 이유는 악이 예수님의 마음속으로 떨어졌기 때문이다. 우리를 멸할 만한 유일한 어둠이 그분의 마음속으로 떨어졌다."[9]

모든 이야기의 배후 이야기

잉클링스의 영향력이 가장 여실히 드러날 때는 켈러가 복음을 "참된 신화"로 말할 때다. 설교자들에게 청중의 마음에 가닿는 법을 조언할 때면 그는 톨킨의 유명한 에세이 *On Fairy-Stories*(지어낸 이야기에 관하여)를 소개한다. 설교로 할 수 있는 일이 참된 정보를 전달하는 것만은 아니다. 설교는 그리스도인을 경이로 이끌 수 있고 마땅히 그래야 한다. 켈러는 또 판타지 소설이 사실주의 소설로는(천하의 대문호 표도르 도스토옙스키와 레오 톨스토이가 썼다 해도) 불가능한 방식으로 유익을 끼치는 이유도 설명한다. 루이스와 톨킨 유형의 판타지 소설과 공상과학 소설은 마음속 가장 깊은 희망과 갈망을 건드린다. 시간을 재구성하고, 죽음을 되돌리고, 인간 아닌 존재와의 교류를 상상하고, 선으로 악을 무찌르고, 끝 모를 사랑을 기뻐하고 즐거워한다. 독자들은 이야기가 현실이 아님을 알면서도 현실의 감정으로 교감한다. 그래서 톨킨과 루이스는 1930-1950년대 못지않게 오늘날에도 시의적절하며, 어떤 면에서 오늘날에 더 시의적절하여 그리스도인만 아니라 비신자 독자층에게도 널리 사랑받고 있다.

판타지 소설 덕분에 독자는 지적 신빙성에 설득되기 전부터 실존적 만족감을 얻을 수 있다. 차마 아직은 사실로 믿지 못하더라도 뭔가가 사실이기를 바랄 수 있다. 작가는 세상이 마땅히 어떠해야 하고 본래 어떠했으며 장차 어떻게 회복될지를 보여 줄 수 있다. 지금 상상할 수 있는 것보다 훨씬 좋은 세상으로 우리를 안내할 수 있다. 톨킨은 그것을 기독교 신앙의 씨앗으로 보았고 켈러도 마찬가지다.

다시 켈러의 글이다. "우리가 이런 이야기에 깊이 매료되는 이유는 창조, 타락, 구속, 회복이라는 성경의 줄거리를 직감하기 때문이다. 설령 그 줄거리를 안다는 것을 지적으로 억누를지라도 상상 속에서는 모를 수 없다. 그것을 환기하는 이야기라면 무엇이든 우리 마음에 감동을 일으킨다."[10]

켈러가 1997년에 리디머에서 말했듯이, 예수님의 복음은 다른 모든 이야기의 배후 이야기다. "다른 모든 동화와 반전 이야기는 복음이라는 반전 이야기에서 단서를 얻은 것입니다."[11] 톨킨은 정확히 어떻게 복음을 모든 판타지 이야기의 전형으로 보았을까? 바로 모든 희망이 사라졌다고 생각되는 순간을 보면 안다. 예수님이 십자가에서 죽으신 후 제자들이 집 안에 모여 숨어 있던 때가 그랬다. 또 전혀 아닐 것 같은 방식으로 난데없이 등장하는 승리를 보아도 안다. 부활하신 예수님이 벽을 뚫고 그 집에 들어와 옛 친구들과 제자들에게 인사하시던 때가 그랬다. 이제 등장인물의 최대 약점이 오히려 최대 강점의 출처로 뒤바뀐다. 톨킨은 이를 "즐거운 파국"이라 불렀다. "즐거운 파국이란 마침내 비극이 축제로, 희생이 기쁨으로, 약점이 강점으로, 패배가 승리로 반전되는 순간입니다."[12]

　　톨킨의 작품 속 이야기에도 비참한 파국 즉 모든 희망이 사라진 듯한 시점이 적지 않게 나온다. 예컨대 검은 문 전투에서 서부 군대는 수적으로 열 배 이상 앞선 모르도르의 오크족에게 밀려 패색이 짙어진다. 프로도와 샘이 절대 반지를 불 속에 던져 파괴하려고 운명의 산으로 향한 사이, 용사들은 사우론을 교란시키려고 계속 싸우면서 자신들의 죽음이 헛되지 않으리라는 복음 즉 기쁜 소식을 고대한다. 그런데 골룸이 프로도의 손가락을 물어뜯어 빼앗은 반지를 부지중에 파괴하는 바람에 즐거운 파국이 시작되고, 이로써 중간계를 지배하던 악한 사우론은 종말을 맞는다. 톨킨에게 예수님의 성육신은 인류 대대로 이어져 온 희망 없는 죽음 뒤에 찾아온 즐거운 파국이고, 그분의 부활은 그분의 시신을 아리마대 요셉 소유의 새로 판 무덤에 누일 때 실패로 돌아간 듯 보였던 성육신에 대한 즐거운 파국이다.[13]

　　모든 이야기의 배후 이야기인 복음을 알면 그것이 어디서나 보인다. "백조로 밝혀지는 미운 오리 새끼에게서도 보이고, 모든 행복을 포기하고 야수의 품에 안기는 미녀에게서도 보입니다. 그 엄청난 희생 덕분에 미녀는 사랑을 얻고, 자신이 지금껏 몰랐던 세계로 상대를 해방시킵니다."

복음의 현을 튕기면 그것이 쉴 새 없이 우리의 심금을 울린다.

1998년, 켈러는 리디머교회에서 이렇게 말했다. "야수에게 입 맞추는 미녀가 정말 있습니다. 악당을 무찌르는 헤라클레스가 정말 있습니다. 실존하는 영웅이 있듯이 예수님도 실존하십니다."[14]

6

웰컴, 회의론자!

R. C. Sproul and
Ligonier Valley Study Center

1971년 봄, 프랜시스 쉐퍼는 더는 스위스 알프스에서 비트족(물질문명과 기성 질서를 거부한 1950년대 문학과 예술의 방랑자 세대-옮긴이)을 상대하는 무명의 미국 선교사가 아니었다. 1968년 출간된 《거기 계시는 하나님》(The God Who Is There) 등이 베스트셀러가 되면서 이미 복음주의의 명사가 되어 있었다. 테네시주 룩아웃산의 커버넌트칼리지(Covenant College)에서 열린 제1회 미국 라브리(L'Abri) 콘퍼런스에서 그는 야심 찬 젊은 추종자들의 이목을 사로잡았다.

그 추종자들 중 하나인 R. C. 스프로울은 라브리의 비전을 팀의 집과 캐시의 집 인근인 펜실베이니아 서부 산지에 이식하고 싶었다. 암스테르담에 있는 아브라함 카이퍼의 자유대학교(Vrije Universiteit)에서 수학하고 신시내티에서 장로교 목사로 섬기던 그가 피츠버그 외곽 리고니어밸리에 기독교 연구소를 세우려 한 것이다. 룩아웃산에서 프랜시스 쉐퍼를 만난 후 R. C. 스프로울은 리고니어밸리연구소가 라브리의 검증된 실무를 어떻게 배울 것인지에 대해 그와 편지로 의논했다.[1]

이 비전 전체가 스프로울에게 아직은 초기 단계였다. 불과 1년 전, 신시내티 칼리지힐장로교회(College Hill Presbyterian Church)의 교육 및 전도 부목사로 재직 중인 그를 한 손님이 찾아와 비상한 제의를 했다. 부유한 사업가 남편과 사별한 도라 힐먼은 피츠버그에 연구소 겸 콘퍼런스 센터를 지어 그 도시를 복음화하고 양육할 기독교 지도자들을 양성할 계획이었다. 이 일을 위해 그녀가 피츠버그에서 한 시간도 안 걸리는 펜실베이니아주 스탈스타운 인근에 있는 부지 52에이커(약 21만 평방미터)를 기부하겠다는 것이었다. 이 비전이 리고니어밸리연구소로 결실하여 R. C. 스프로울은 쉐퍼를 만난 후 여름에 아내 베스타와 함께 스탈스타운에 정착했다.

쉐퍼는 연구소 사역이 스프로울 부부를 탈진시키리라는 점을 분명히 밝혔다. 휴식이 보장되지 않기 때문이었다. 하지만 대학생과 청년을 상대로 교육과 환대를 병행하는 사역이 스프로울에게 처음은 아니었다. 모교인 펜실베이니아주 뉴윌밍턴의 웨스트민스터칼리지(Westminster College)에서 가르칠 때도 그는 유난히 인적 교류가 많은 교수였다. 그와 베스타는 거의 매일 밤 자택을 개방하여 학생들과 함께 기도하고 성경을 공부했으며, 그러다 아예 새벽까지 넘어갈 때도 있었다.[2]

그래서 힐먼과 함께 연구소를 구상하던 피츠버그 지역의 존 게스트 같은 지도자들이 연구소를 이끌며 가르칠 만한 리더로 스프로울을 천거한 것은 크게 놀랄 일이 아니었다.[3] R. C. 스프로울은 리고니어밸리연구소를 통해 팀과 캐시의 신학적 궤도 설정에 일조했다. 또 그가 각인시켜 준 라브리의 전도 모델을 그들은 훗날 뉴욕 리디머를 통해 교회 내에 도입했다.

진리를 추구하는 움직임들

피츠버그신학교의 보수적인 교수 존 거스트너는 조나단 에드워즈에 대한 기탄없는 강의로 학생들에게 인기가 높았으나 에드워즈에 대한 리포트를 채점할 때는 점수에 인색한 편이었다. 그래도 스프로울은 학점의 시련을 감수하고 그의 수업을 들었다.[4] 1961년, 그는 역시 보수적이었던 애디슨 리치 총장을 알게 되어 그 학교에 입학했다. 이후 1970년대에 거스트너와 스프로울은 함께 그 도시 전역에 일어난 종교 부흥에 기여하게 된다. 이 중대한 시기에 리고니어 외에도 기독아웃리치연합(Coalition for Christian Outreach), 트리니티사역학교(Trinity School of Ministry) 같은 사역 단체가 피츠버그에 생겨났다. 철강으로 유명한 도시를 하나님으로도 그만큼 잘 알려지게 하자는 기독교 지도자들의 결단 덕분이었다.[5]

이에 장로교가 앞장섰다. 1758년, 피츠버그신학교를 설립하고 기독교적 관점에 입각하여 19세기까지 이끈 주역도 장로교였다.[6] 그러나 이번 복음주의 기관들의 연합은 펜실베이니아 서부 지역 종교 생활에 변혁을 불러왔다. 그 지역도 팀과 캐시가 대학에서 접한 신학적 해체에 똑같이 매몰되어 있었던 것이다. 펜실베이니아 북서부의 연합감리교(United Methodist) 학교인 앨리게니칼리지에 입학한 캐시가 거기서 성경에 대해 배운 거라고는 지금껏 다니던 주류 장로교회에서 배운 것에서 한 치도 더 나아가지 않았다.

그녀가 한 말이다. "종교 과목을 모조리 신청해서 기독교를 제대로 배울까 했는데 순진한 생각이었다. 종교 과목은 그동안 우리가 세뇌당했다고 납득시키려고 존재했다. 내가 수강한 대부분의 종교 과목은 성직을 박탈당한 목사들이 가르치면서 우리로 하여금 한시라도 빨리 신앙을 버리게 하려 했다."[7]

캐시가 거기에 굴하지 않았던 것은 스프로울 같은 신중한 대안에 의지할 수 있었기 때문이기도 하다. 스프로울은 1957년 웨스트민스터칼리지에서 회심했는데, 그의 회심은 10년 후 대학가에 퍼진 신앙 운동의 전조가 되었다. 베이비붐의 영향으로 1970년 대학 신입생 등록은 1960년보다 139퍼센트나 증가했다. 연방 정부는 냉전에서 승리하고자 GNP(국민총생산)의 약 3퍼센트를 연구 개발 쪽으로 돌렸다. 스프로울이 리고니어밸리연구소를 계획할 즈음 전국 학부생 수는 860만 명에 달했다.[8] 교회는 이 유례 없는 세대에 발맞추어 적응하느라 쩔쩔맸다. 이 세대는 민권운동과 베트남전이 부여하는 도전 속에서 교육과 일터의 변화를 요구했다.[9] 그래서 노방 전도나 급조된 생활 공동체나 록 콘서트를 통해 예수님을 만난 반(反)문화 청년층은 정장을 입거나 스타킹을 신고 주일 아침을 기다릴 마음이 없었다. 대신 많은 사람이 리고니어밸리의 스프로울을 찾아갔다.[10]

동일한 운동이 청년들을 스위스 알프스로 떠밀어 프랜시스·이디스 쉐퍼 부부의 라브리에서 진리를 추구하게 했다. 그들은 1950년대를 그리워하지 않았다. 하나님과의 생생한 관계를 원하면서도 자유분방하고 전위적인 음악과 복장과 예술을 고수했다. 쉐퍼 부부는 그들에게 앞서가는 문화를 맛보게 했으나 문화 자체를 위해서는 아니었다. 그들은 스위스 레더호젠(무릎까지 오는 가죽바지)이나 니커즈(무릎 근처에서 졸라매는 활동적 바지) 차림을 한 프랜시스 쉐퍼에게서 앤디 워홀과 폴 매카트니의 언어로 조나단 에드워즈와 아브라함 카이퍼(개혁주의 세계관 전체)를 배웠다.[11]

역사가 찰스 코서먼은 이렇게 기술했다.

수십 년 전 파리로 대거 몰려간 미국 화가와 작가와 재즈 음악가처럼 유럽은 쉐퍼에게도 자기 취향의 예술, 철학, 알찬 대화를 가꾸어 나갈 재량을 부여한 셈이다. 최신 사조가 울려 퍼지는 장이었지만, 동시에 미국 근본주의를 지배한 죽고 죽이는 진흙탕 싸움에는 거리를 두었다.[12]

라브리 방문자들이 알프스를 내다보며 배운 것은 다방면에 걸친 쉐퍼의 문화 분석과 신학 분석만이 아니었다. 그들은 전 세계에서 온 동료 방랑자들을 만났다. 신앙을 인정하면서도 의심을 두려워하지 않는 공동체였다. 함께 채소밭의 잡초를 뽑다가 그들은 이 공동체가 아름다움을 추구하는 예술을 논할 만한 곳임을 알게 되었다. 이디스 쉐퍼에게 집안 살림살이 비법을 배우면서, 절대로 교회로 돌아갈 생각이 없는 모태신앙 장로교인의 회의적인 질문을 경청하기도 했다.[13]

스프로울 부부는 리고니어밸리연구소를 라브리처럼 꾸몄고, 자신들의 다양한 강점을 살려 프로그램을 편성했다. 스프로울이 기독교 교육 위주로 특히 성경과 신학에 치중하긴 했지만, 이 연구소에서 그리스도인들은 윤리와 상담과 철학과 심지어 체육도 수련했다. 방문자들은 2주부터 2년까지 다양한 기간을 체류할 수 있었다. 매주 이어지는 성경 공부는 리고니어밸리 너머로까지 확산되어 팀의 어머니와 캐시의 어머니까지 그 혜택을 누렸다. 가장 많은 추억을 남긴 시간은 월요일 밤에 진행된 잡담 모임이었다.[14] 기독교에 대한 반론을 생각하고 논할 때면 스프로울은 일어서서 강의하는 데 뛰어났다. 1971년부터 1981년까지 그는 고든콘웰 신학교의 변증학 객원교수로도 섬겼다.

스프로울 부부는 영라이프, 기독아웃리치연합, 피츠버그제일장로

교회(First Presbyterian Church of Pittsburgh), 피츠버그 실험단, 심지어 미국성공회의 초기 은사주의 운동 등 현지의 다양한 사역 단체에서 모여든 피츠버그 청년들에게 자신들의 삶을 열어 보였다. 스프로울의 문호 개방은 1967년 고든칼리지(Gordon College)에서 현대 신학 과목을 가르칠 때부터 쭉 이어졌다. 당시 그의 수업 요강에는 이렇게 적혀 있었다. "또 교수는 신앙 문제로든 다른 문제로든 늘 학생과 일대일로 면담할 준비가 되어 있습니다."[15]

R. C. 스프로울이 만일 팀 켈러의 첫 신약학 교수가 된 윌리엄 레인의 제의를 수락했다면, 리고니어밸리연구소는 출범하지 못했을 것이다. 보스턴에서 기차를 타고 필라델피아에 온 레인은 신생 고든콘웰신학교에 교수로 부임하도록 스프로울을 설득하려 했다. 스프로울은 필라델피아의 템플대학교(Temple University) 캠퍼스에 자리한 콘웰신학교(Conwell School of Theology)에서 가르쳤었는데, 그에게는 그 일이 즐겁지 않았다. 그래서 보스턴에서 가르칠 마음도 없었다. 스티븐 니콜스는 이렇게 썼다. "필라델피아에 가서 R. C. 스프로울을 만난 레인 박사는 그 상황을 윌리엄 파렐이 장 칼뱅에게 제네바 잔류를 권하던 일에 비유했다. 스프로울의 답변은 레인 박사가 파렐이 아니고 자신도 칼뱅이 아니며 고든도 제네바가 아니라는 것이었다."[16]

스프로울은 리고니어밸리연구소 일도 자신이 바라던 만큼 즐기지 못했다. 쉐퍼의 경고가 맞았다. 개방적으로 운영된 연구소의 환대와 교육이 스프로울의 진을 빼놓았다. 그도 베스타도 프랜시스·이디스 쉐퍼 부부의 외향적인 환대를 따라갈 수 없었다. 심지어 쉐퍼 부부도 라브리 초기의 개방 정책을 나중에는 철회해야 했다.[17]

리고니어밸리연구소 시절은 짧았지만 그 영향력은 대대에 미쳤다. 세계 곳곳을 누비는 작가 겸 전도자 레베카 맨리 피펏, 나중에 팀 켈러에게 "신학적 비전"의 어법을 전수한 신학자 리처드 린츠 등이 그곳을 거쳐 갔다.[18] 1984년에 리고니어미니스트리(Ligonier Ministries)는 리고니어밸리를 떠나 날씨가 더 화창한 플로리다주 올랜도 외곽으로 이전했고, 주거 방식의 영성 형성에서 스프로울 강연의 영상 배급으로 사역을 전환함으로써 복음주의 미디어의 방향을 선도했다.

변화하는 문화에 긴밀히 대응하는 공동체

그럼에도 불구하고 리고니어밸리연구소는 팀 켈러에게 변화하는 문화에 긴밀히 대응하는 기독교 공동체를 맛보게 해 주었다. 신학교를 마치고 웨스트호프웰교회에 부임할 때나 나중에 뉴욕 리디머교회를 개척할 때나 팀은 그런 공동체를 교회 안에 재현하여 환대와 전도, 지성과 현실을 조합하려 했다. 호프웰의 청년 회심자 그레이엄 하월을 리고니어밸리로 데려가 스프로울의 강의를 듣게 하기도 했다. 다만 캐시는 스프로울이 피츠버그 파이리츠 야구 팀을 좋아해 성경과 신학보다 그 얘기를 더 많이 하는 것 같아 속상해했다. 팀과 캐시는 스프로울의 스포츠 사랑을 끝내 따라가지 못했다.

켈러 부부가 스프로울의 충직하고 열렬한 측근은 아니었으나 그는 그들의 혼전 상담과 1975년 결혼식 주례 및 설교를 맡아 주었다.[19] 새로 생겨난 미국장로교(Presbyterian Church in America; 이하 PCA)에 대해서도 팀은 결혼식 일주일 전 스프로울이 그 교단을 권유해 주었을 때에야 처음 들었다. 켈러 부부는 스프로울에게 잠시 들른 뒤 복음주의회중교회 주교들에게 가서 팀이 [그 교단에서 목사가 되려면 서명해야 할] 그들의 감리교 신앙 진술서에 더는 서명할 수 없음을 알렸다. 그 신앙 진술서에는 사람이 그리스도의 재림 이전에 이 땅에서 죄 없이 완전해질 수 있다는 내용이 담겨 있었다. 스프로울과 켈러 부부의 관계는 그해 말 그가 고든콘웰에 와서 여성 안수 문제로 고든 피와 토론할 때도 이어졌다. 스프로울은 매사추세츠주 입스위치에 있는 켈러 부부의 신혼 아파트에서 식사하고 토론을 준비했다.[20]

전임 교수직을 고사한 스프로울이지만 그래도 고든콘웰 객원 교수로 1개월간 변증학 과목을 가르쳤다. 팀 켈러는 개혁주의 변증가로 다듬어져 가는 과정에서 스프로울의 방법론에서 벗어났다. 스프로울은 자신의 스승 존 거스트너처럼 하나님에 대한 전통적 증거와 입증을 활용했으나, 켈러는 웨스트민스터신학교의 코닐리어스 밴 틸로 대표되는 신칼뱅주의 쪽으로 기울었다. 그러면서도 켈러는 일반 은혜 교리를 강조함으로써 밴 틸과도 노선을 달리했다.

길이 갈리긴 했어도 스프로울은 다른 면에서 팀의 역할 모델로 남았다. 그는 쟁점에 대한 지적인 조예를 통해 비신자들에게 설득력 있게 말하는 법을 켈러에게 보여 주었다. 1974년에 나온 스프로울의 초기 저작 《하나님과 무신론》(The Psychology of Atheism)은 현대 예술과 문학과 철학에 호소하여 신앙을 변증한다는 면에서 프랜시스 쉐퍼의 접근법과 비슷했다. 켈러는 버크넬에서 읽기 시작한 쉐퍼의 저작을 통해 "세계관" 개념을 배웠고, 1970년에 출간된 한스 로크마커의 《현대 예술과 문화의 죽음》(*Modern Art and the Death of a Culture*)도 학부 시절에 접했다. 그때까지만 해도 켈러는 신학의 관건이 하나님을 기쁘시게 하는 그분과의 관계인 줄로만 알았는데, 이제 세계관이 다르면 예술도 달라진다는 것과 신학이 우리 삶의 모든 행동과 관점을 바꾸어 놓는다는 것을 깨달았다. 로크마커의 신칼뱅주의는 1948년에 로크마커를 만난 프랜시스 쉐퍼에게 영향을 미쳤고, 로크마커 또한 냉담해진 회의론자들을 위한 쉐퍼의 스위스 사역에 발맞추어 네덜란드에 라브리 지부를 세웠다.

켈러가 이런 작가들의 책에서 읽고 그들의 전도 공동체에서 본 신칼뱅주의의 원리와 정신은 그의 사역 전체에 활기를 불어넣었다. 그래서 그는 정통성과 현대성을 겸비한 기독교를 주창했다. 신자들이 현대 세계에서 손을 떼고 물러날 게 아니라 역사적 정통 교리에 기초한 특유의 세계관을 품고 예술, 사업, 정치, 가정, 교육 등 모든 영역에 참여해야 한다는 것이다.

그래도 리고니어밸리연구소를 돌아보면 켈러에게 주로 기억나는 것은 개념이나 토론이 아니다. 스탈스타운 자택에서 스프로울 부부와 함께 숱하게 나눈 정겨웠던 저녁 식사가 가장 많이 떠오른다.[21] 팀 켈러는 라브리와 리고니어밸리연구소에서 현대 신앙의 새로운 여건에 맞는 전도와 제자도의 모델을 보았다. 선조의 신앙을 무조건 받아들이던 세대는 이제 끝났다. 누구나 자신의 신념과 행동에 도전해 오는 수많은 목소리 중에서 직접 선택해야 한다. 믿음이란 의식적이고 의지적이어야 하며, 세례와 견진 등의 통과 의례로는 신앙생활의 지속이 보장되지 않는다.

켈러는 이런 여건에서 교회가 그저 연령 부서별 프로그램에 안주해서는 안 된다고 보았다. 교회도 선교 단체의 사고방식을 본받아, 의심에 빠진 회의론자와 상처받고 방황하는 무리를 찾아가야 한다. 그리하여 회의론자가 환영받는 곳, 질문이 존중되는 곳, 성숙한 신자만이 아니라 비판자도 답을 들을 수 있는 곳이 되어야 한다. 켈러는 같은 세대인 베이비부머 사역자들의 구도자 중심 추세에 저항했다. 그가 제시한 비전은 비신자들을 상대하고 받아들이고 당연히 예상하는 그런 기독교 공동체를 많이 길러 내야 한다는 것이었다. 켈러도 버크넬 IVF에서 그런 공동체를 경험하고 나서야 3학년 때 믿음을 고백했고, 또 라브리와 거기서 파생된 리고니어밸리연구소에 감동한 것도 그런 면 때문이었다. 교회가 문화의 악영향에 늘 저항해야 함은 물론이다. 그러나 프랜시스 쉐퍼와 R. C. 스프로울의 삶을 통해 그는 복음을 하나님의 창조 세계에 속한 일반 은혜의 구석구석에까지 접목하는 법도 보았다.

팀 켈러는 이렇게 밝혔다. "우리 가운데 회의론자들이 있음을 우리는 치열하게 인식하고 동시에 다행으로 여긴다. 아주 치열하되 전혀 싸우려는 자세 없이 모든 방면의 사역을 통해 기독교 신앙의 합리적인 아름다움을 제시한다."[22]

PART 2

학문의 장,
벗과 스승들

1972-1975년

7

신학적 다양성

Gordon-Conwell Theological Seminary

고든콘웰신학교는 1972년 팀 켈러가 입학했을 때 중대한 변화를 겪고 있었다. 1969년에 이제 막 개교한 학교였으니 운영진은 분명히 깜짝 놀랐을 것이다.

고든콘웰신학교는 필라델피아의 콘웰신학교와 보스턴의 고든신학교(Gordon Divinity School)를 합병했으며, 그 두 학교 모두 1880년대에 침례교에서 설립한 학교였다. 전도자 빌리 그레이엄이 재정 확보와 지휘부 인선에서 핵심 역할을 했고, 그레이엄의 오랜 후원자인 석유 재벌 J. 하워드 퓨가 학교 신설을 위해 기부한 200만 달러로 매사추세츠주 보스턴 북쪽 사우스 해밀턴의 옛 카르멜회(Carmelite) 신학교를 매입했다.

처음부터 고든콘웰은 학생들에게 투철한 사명감을 고취시켰다. 학교 지휘부에서 초빙한 존 스토트 같은 세계적인 지도자들이 학생들에게 강연하면서 근본주의나 자유주의와 구별되는 복음주의 운동에 대한 비전을 확고히 다져 주었다. 뉴잉글랜드의 많은 강단을 복음주의자로 채우려는 사명은 조나단 에드워즈의 제1차 대각성 전성기와 미국 북동부를 잠식하는 세속주의의 새로운 최전선을 동시에 환기시켰다.

그레이엄은 또 다른 오랜 동역자인 헤럴드 존 오켄가를 총장으로 선임했다. 당시 그는 보스턴 광장 북동쪽 모퉁이에 자리한 유서 깊은 파크스트리트교회(Park Street Church) 목사였다. 그레이엄과 오켄가와 퓨는 이전에도 몇 가지 모험에 의기투합했는데, 특히 1956년 그들이 창간한 잡지 〈크리스채너티 투데이〉(Christianity Today)가 그 한 예다. 이 창간 경험을 토대로 그들은 고든콘웰에 닥쳐올 도전의 성격을 가늠할 수 있었다. 고든콘웰이 출범하기 불과 1년 전에 〈크리스채너티 투데이〉의 창간 편집장 칼 F. H. 헨리는 정치에 대해 퓨와 오랜 갈등 끝에 강제 사임됐다. 헨리의 후임 헤럴드 린젤은 1972년 고든콘웰에 방문하여 성경의 무오성, 즉 성경 원작에 전혀 오류가 없다는 관점을 옹호하는 강연을 했다.

고든콘웰은 일종의 북동부판 풀러신학교로 출발했다. 오켄가는 보스턴 파크스트리트교회에서 목회하는 동시에 캘리포니아주 패서디나에 있는 풀러신학교의 초대 총장으로 섬긴 바 있다. 이른바 검은 토요일(1962년 12월 1일)의 사건이 터진 후 그는 1963년에 사임했다. 그날 학교 설립자 찰스 풀러의 아들인 신임 학장 대니얼 풀러는 다음과 같은 주장으로 오켄가와 충돌했다. 학교가 내세우는 새 교리 진술이 이제는 성경의 무오성에 대한 옛 프린스턴의 표현에서 벗어나 "무오성"을 더 유연하게 보아야 한다는 것이었다. 성경에 "오류"가 있다고 대놓고 말하지는 않았어도 결국 그게 그의 입장이었고, 오켄가 같은 보수주의자들은 바로 그 점을 지적했다. 하지만 그날의 승자는 부모의 지원을 받는 대니얼 풀러였다.[1] 1976년 오켄가는 폭발적인 반응을 불러일으킨 헤럴드 린젤의 책 *The Battle for the Bible*(성경에 관한 논쟁)의 서문을 쓰면서 풀러를 비판했다.

성경의 무오성은 1970년대 초반 고든콘웰 교수진과 학생들이 토론한 많은 쟁점 중 하나에 불과했다.[2] 이 초교파 신학교 교수들은 복음주의의 온갖 다양한 진영 출신이다 보니 인종 관계, 사회 정의, 선교 전략 등에서 (대체로 정중하게) 이견을 보였다. 교회 내 여성의 역할에 대해서도 견해가 갈려 "여성이란 무엇인가?"라는 질문으로 토론했고, 때로 여성성과 남성성을 정의하는 데도 애를 먹었다.

캐시의 친구이자 동료 학생이던 루이즈 미드우드는 여성 사역에 대한 다양한 관점이 피력된 어느 채플 시간 후에 오켄가와 우연히 마주친 기억이 있다. 총장은 그녀를 보며 "우리 학교는 저런 내용을 일절 지지하지 않으니 천만다행입니다"라고 말했다. 미드우드는 '총장님이 모르셔서 그렇죠'라고 생각했다.[3] 사실 고든콘웰의 윌리엄 커 학장은 미드우드와 한 여성 친구에게 기독교 교회의 21세기 페미니즘 과목을 수강하도록 권했다. 자신에게 보고하라고 한 것으로 보아 그가 스파이를 심어 강의 내용을 알려고 했다는 게 미드우드의 생각이다.

몸체는 큰데 주둥이는 작은 찻주전자

모든 교단으로부터 독립되어 있는 고든콘웰은 늘 신학적 다양성이 펼쳐지는 장이었다. 그리하여 두 학생이 동시에 입학했을지라도 신중한 선택에 따라(또는 하나님의 섭리로) 졸업할 때는 그 둘의 관점이 전혀 달라져 있을 수 있었다. 개혁신학을 가르치는 교수들과 과목을 만나 장로교인으로 졸업할 수도 있고, 아니면 감리교나 아르미니우스주의나 오순절 계통의 과목과 교수들을 만날 수도 있었다.

여러 교수가 팀 켈러에게 강한 인상을 남겼으나 늘 그를 칭찬해서만은 아니었다. 그윈 월터스는 설교학 과목에서 팀에게 C학점을 주면서 "학생은 몸체는 큰데 주둥이는 작은 찻주전자 같군요. 시원하게 쏟아 내는 법을 배워야겠습니다"라고 말했다. 교수의 영향력이 나중에 가서야 명확해진 경우도 있다. 라틴아메리카 출신 신학자 올랜도 코스타스는 켈러가 훗날 웨스트민스터신학교에서 더 상세히 배울 내용을 미리 보여 주었다. 일주일간 배운 '교회의 세계 선교'라는 과목에서 해방신학을 복음주의 관점에서 긍정적으로 가르친 것이다. 켈러에게 그는 사회 참여와 사회 정의도 그리스도인이 세상에서 해야 할 일의 일부임을 설득력 있게 논증해 보였다.[4]

모세오경에 대한 메러디스 클라인의 오전 8시 과목에는 학생들이 그의 시작 기도를 듣기 위해서라도 일찍 도착했다. 클라인은 본래 필라델피아의 웨스트민스터신학교에서 수학하고 가르쳤다. 팀 켈러는 그의 수업을 다른 어느 교수보다도 많이, 여섯 개나 들었고, 거기서 게하더스 보스의 《성경신학》(Biblical Theology: Old and New Testaments)과 《바울의 종말론》(The Pauline Eschatology)을 읽으면서 성경을 "구속사적으로"(성경 전체의 줄거리를 따라) 읽는 법을 처음 배웠다. "이미 그러나 아직"의 개시된 종말론으로도 알려진 "중첩된 두 시대"에 대해 배우면서, 성경과 신학에 대한 켈러의 많은 의문이 풀렸다.

또한 켈러는 By Oath Consigned(위탁된 맹세)의 저자인 클라인에게서 언약신학을 배웠다. 형벌 대속과 의의 전가 같은 중요한 교리를 그가 깨닫게 된 것은 아담이 유예 기간에 실패한 행위 언약(클라인은 이를 "창조 언약"이라 칭했다)을 그리스도께서 어떻게 성취하셨는지를 클라인의 설명으로 듣고 나서였다. 그리스도를 믿는 사람은 유예 상태에서 "벗어난다." 캐시 켈러는 클라인에게 수학하기 전까지는 구원이 우리의 선행이 아닌 은혜로 말미암는다는 복음을 자신이 제대로 이해하지 못했다고까지 말했다.

고든콘웰의 또 다른 교수 윌리엄 레인은 팀 켈러에게 속죄 신학의 골자를 가르쳐 주었다.[5] 그가 학생들에게 신약에 있는 모든 장을 의무적으로 외우게 한 것이 켈러가 영어 성경을 숙지하는 데 기반이 되었다. 켈러의 첫 신약학 교수인 레인은 1974년 'NICNT 신약주석 시리즈'로 마가복음 주석을 펴냈다. 버크넬에서 그리스도를 인격적으로 만난 뒤로 켈러는 시대의 맨 앞에 서서 비판에 대응하는 영국 작가들의 성경 학식에 의존했다. 당시 미국인들은 그런 작업을 하지 않았다. 미국에서 태어나고 공부한 학자로서 명망 있는 'NICNT 신약주석 시리즈'를 저술한 사람은 레인이 처음이었다. 사실 그의 작품은 1937년에 작고한 J. 그레셤 메이첸 이후로 미국인 최초의 비중 있는 복음주의 성경 주석이라 할 수 있다. 레인은 그 시리즈의 편집장인 네드 스톤하우스에게 수학했고, 1962년 스톤하우스의 타계로 그 자리를 이어받은 F. F. 브루스와도 아는 사이였다.

역사가 마크 놀은 이렇게 썼다. "레인이 펴낸 주석은 거의 한 세기 전에 출간된 브로더스의 *Matthew*(마태복음) 이후로 미국 복음주의자로서 보인 가장 빈틈없는 역작일 것이다. 그의 주해에는 현대 학문이 배어 있고, 문장은 끈질기며 신중한 주해의 전형이다. 초미의 쟁점 사항에 대한 그의 결론은 보수적이지만, 그런 판단에 이른 경로에서는 설득력 있는 학식이 돋보인다."[6]

켈러가 레인에게 배운 기간은 고작 1년에 불과했다.[7] 앤드루 링컨과의 접점은 더 짧아서 겨우 한 학기였다. 사실 링컨은 고든콘웰에 오래 있지 않고 1975년부터 1979년까지만 머물렀다. 그러나 링컨에게 수학한 한 학기는 켈러의 삶의 방향을 송두리째 바꾸어 놓기에 충분한 기간이었다. 켈러는 링컨의 신약 과목 두 개를 수강했다. 당시 링컨은 게하더스 보스나 헤르만 리델보스와 비슷한 개혁주의 관점을 가르쳤다. 그때까지 개혁주의 신학과 아르미니우스 신학 사이에서 양다리를 걸치고 있던 켈러는 이 두 과목에 힘입어 한쪽으로 확실히 방향을 정할 수 있었다.[8]

그 후로 켈러는 예상치 못한 자신의 인생 궤도를 칼뱅주의 관점에서 보았고, 이 사연을 하나님의 신비로운 섭리가 역사하는 하나의 사례로 자주 인용했다. 사실 링컨과의 조우가 그에게 어찌나 큰 영향을 미쳤던지 켈러는 리디머교회 초창기인 1989년 7월 9일 설교에서 그 이야기를 했다.[9] 그때 개혁주의를 접했기 때문에 웨스트호프웰교회에 부임하게 되었던 것이라며, 어머니와 회중교회 목사에게 결코 개혁주의에 속하지 않기로 약속했던 자신이 그 약속을 어기고 장로교인이 된 이유를 그렇게 설명한 것이다. 자신이 뉴욕까지 온 것 역시 그 뜻밖의 상황 때문에 가능했다고 훗날 재차 언급하기도 했다.

켈러가 설교 중에 로마서 8장 28절을 배경으로 설명했듯이, 본래 링컨은 그 학년도 내내 학교에 부임하지 못할 상황이었다. 고든콘웰의 윌리엄 커 학장은 학생들에게 하나님이 링컨에게 비자를 받을 길을 열어 주시도록 기도할 것을 당부했다.

> 막판에 누군가가 번거로운 행정 절차를 건너뛰게 해 주었습니다.
> 덕분에 그가 부임해서 내게 영향을 끼쳤습니다. 행정 절차가 왜
> 생략됐는지 아십니까? 우리 신학교 학장이 그 교수가 입국하기를
> 무릎 꿇고 기도하고 있는데, 마침 제럴드 포드의 아들 마이크
> 포드가 들어와 그에게 무슨 일로 기도하느냐고 물었습니다. 당시

마이크 포드는 그 신학교 학생이었습니다. 마이크 포드가 왜 행정 절차를 건너뛰게 할 수 있었는지 아십니까? 아버지가 대통령이었기 때문입니다. 그의 아버지가 왜 대통령이었는지 아십니까? 닉슨이 사임했기 때문입니다. 닉슨이 왜 사임했는지 아십니까? 워터게이트 사건 때문이었습니다. 그 사건이 왜 터졌는지 아십니까? 워터게이트 건물에서 닫혀 있어야 할 특정한 문이 조금 열려 있는 것을 어느 날 한 경비원이 보았기 때문입니다.

켈러는 하나님의 주권적 능력이 아주 소소한 세부 사항에까지 미치고 있음을 예시할 때마다 이 사연을 소환했다. 2003년에는 요셉을 강해할 때 그것이 예화로 쓰였다. 형들은 그를 해하려 했으나 하나님은 그것을 선으로 바꾸어 그를 애굽(이집트) 정치권력의 정점에 올려놓으셨다(창 42, 45, 50장).[10]

요셉처럼 켈러도 하나님의 섭리의 손길을 나중에 가서야 분별할 수 있었다. 고든콘웰신학교에서 보낸 시절이 켈러의 가정과 친구와 사역 등 삶의 모든 면을 어떻게 변화시킬지를 처음부터 아신 분은 하나님뿐이다.

8

〈탁상 담화〉

Elisabeth Elliot and the Robins

첫 봄 학기가 끝난 뒤 팀 켈러는 고든콘웰신학교의 최고 인기 교수 중 한 명이던 애디슨 리치의 현대 자유주의 신학을 수강했다. 이 과목의 필독서와 강의를 통해 그는 폴 틸리히 같은 신학자들을 비판적이면서도 긍정적으로 읽게 되었다.

그런데 사실 그것보다 5월의 그 단기 과정 중 예상치 못한 다른 측면이 켈러에게 더 깊은 인상을 남겼다. 종강 날 자신에게 암이 재발했음을 알게 된 애디슨 리치는 학생들에게 자신의 생각을 숨기지 않았다. 죽음을 앞둔 그의 반응에는 분노와 함께 독실한 신앙심이 섞여 있었다. 그리고 가을 학기에 들어선 1973년 9월 17일, 애디슨 리치는 64세의 이른 나이에 세상을 떠났다.

추모 예배에서 학생들은 그의 아내가 가슴이 미어지듯 울먹이는 모습일 거라 예상했다. 팀과 캐시도 그 순간까지는 엘리자베스 리치를 잘 몰랐다. 1969년에 애디슨 리치와 결혼한 그녀가 남편과 사별한 적은 이번이 처음이 아니었다. 엘리자베스 엘리엇으로 더 널리 알려진 그녀는 20세기 들어 세간의 이목을 가장 집중시킨 순교 중 하나로 1956년에 첫 남편〔에콰도르의 아우카족 원주민 사이에서 사역한 짐 엘리엇 선교사-옮긴이〕을 잃었다.

자리에서 일어나 꼿꼿이 선 엘리자베스는 교수들을 인격체와 인간이 아닌 존재로 대하는 학생들을 위엄 있게 꾸짖었다. '교수라 해서 고통과 고난을 면하는 것은 아니다. 그들을 대할 때도 그리스도의 몸 된 교회의 지체로 대해야 한다. 그들에게도 기도와 격려와 지원이 필요하다.'

애처롭게 화장지로 눈물을 찍어 내는 과부는 그 자리에 없었다. 팀과 캐시가 만난 그녀는 두려움이나 자기연민 없이 고난을 직시하는 여성이었다. 그녀는 하나님의 주권을 신뢰했고, 그리스도인들에게 그분의 판단에 의문을 품지 말라고 이야기했다. 사회 격변 속에서 그녀의 강철 같은 신앙의 모본은 한 세대를 튼튼하게 해 주었고, 그중에 그녀의 학생인 팀과 캐시도 있었다.

엘리엇의 예절 수업?

팀과 캐시가 고든콘웰에 입학하던 그해에 성평등 헌법수정안(ERA)이 미국 상원을 통과했다. 성(性)을 이유로 평등한 권리를 부정하거나 제한하지 못하도록 규정한 법안이었다. 같은 해인 1972년 필리스 슐래플리는 ERA 저지 운동에 착수했고, 그것이 나중에 전통 가정 같은 보수 의제들을 강력히 옹호하는 시민 단체 '이글 포럼'(Eagle Forum)이 되었다. 사역을 준비하는 대학원생들은 히브리어와 헬라어와 역사와 신학으로 도피하고 싶어도 그럴 수 없었다. 전쟁과 인종차별과 성 문제로 사회가 그토록 양분된 적은 미국 역사상 아마 전무후무할 것이다. 고든콘웰에서 팀과 캐시의 두 번째 학기가 시작되었을 때, 대법원은 "로 대 웨이드" 판결을 통해 정부의 낙태 금지를 폐기했다.

엘리자베스 엘리엇은 '말과 글과 행동의 기독교적 표현'이라는 과목에서 팀과 캐시를 둘 다 가르쳤다. 그녀를 비방하던 학생들은 이를 "베티(엘리자베스의 애칭) 엘리엇의 예절 수업"이라 칭했다. 그녀가 역설했듯이 하나님이 여자가 가르치는 것과 남자를 주관하는 것을 금하신 이유는 여자가 무능하거나 재능이 부족해서가 아니다. 오히려 교회와 가정은 구약에서 하나님이 자신의 언약 백성을 어떻게 대하시고 신약에서 그리스도가 자신의 신부인 교회를 어떻게 대하시는지를 보여 준다. 두 관계 모두에 복종이 요구된다. 엘리엇은 "교회는 늘 이런 은유를 매우 중요하게 여겼고, 함부로 손보아도 될 만큼 임의나 우연이나 사소한 것으로 취급하지 않았다"라고 말했다. 남성과 여성을 창조 세계라는 옷감의 씨줄과 날줄로 본 것이다. "이것은 바로 두 양극의 자력(磁力)으로서, 광대하고 영원한 진리를 상징할 뿐 아니라 현세의 우리 삶에 감흥과 매력과 심지어 얼마간의 황홀한 매혹을 더해 준다. 양성의 평등을 부르짖거나 성 구분을 없애려 하거나 그 둘 다인 이들은 이것을 완전히 무시하거나 최악의 경우 혐오한다."[1]

캐시 켈러가 기억하는 한 수업에서 엘리엇은 통로를 오가며, 자신에게 안수받을 자격이 있음을 이렇게 설명했다. "다수의 외국어는 물론이고 히브리어와 헬라어에도 나는 여러분 중 누구보다도 더 능통합니다. 소통 능력도 남녀 불문하고 여러분 중 누구보다도 낫습니다. 거대한 군중 앞에서 강연하는 것도 편하고 일대일 대화에도 능숙하니까요. 하나님에 대한 이해도 고난을 통해 깊어졌는데, 여러분 중에는 이와 대등한 고난을 경험한 사람이 별로 없을 겁니다. 내 재능은 여러분 대부분을 훨씬 능가해요. 그런데도 하나님은 저를 부르실 때 이런 은사를 안수받은 직분에서 쓰게 하지는 않으셨습니다. 내 은사의 가치가 덜하다는 뜻일까요? 분명히 그렇지 않습니다. 소명은 재능과 다르며 소원과는 더더욱 다릅니다."

캐시에게 그녀(암암리에 머리글자 "EE"로 통했다)는 성 역할을 수치나 저주가 아니라 하나님의 선물로 이해하게 해 준 최초의 사람이었다. 캐시는 하나님의 명령과 문화적인 통념을 구분하는 법도 배웠으며, 에콰도르에서 아우카족 원주민을 상대로 사역한 엘리엇의 경험을 훗날 인용하곤 했다. 그들은 성에 대한 서구의 고정관념을 초월했다. 캐시가 엘리엇에게 배웠듯이 아우카족에게는 시(詩) 짓기와 장식 같은 예술이 남성적 개념이고, 농사일은 여러 면에서 여성성에 해당했다.[2] 켈러 부부가 성 역할에서만 아니라 일상생활과 사역에서도 권위와 융통성을 자주 병치한 경위를 이 예에서 엿볼 수 있다. 그들은 남자가 부부의 리더라는 성경의 가르침을 고수하면서도 남성과 여성에 대한 사회적인 통념은 거부했다.

엘리엇의 수업을 듣는 학생들은 금요일마다 2페이지짜리 리포트를 제출해야 했는데, 학기를 통틀어 가장 힘든 숙제는 남성성과 여성성을 규명하는 것이었다. 지금의 캐시는 당시 자신이 썼던 "화려체 문장"을 보면 약간 닭살이 돋는다.[3] 그러나 엘리엇은 캐시 켈러의 글에서 평소 자신이 강조하던 점을 몇 가지 짚어 냈을 것이다. 캐시의 리포트가 어찌나 마음에 들었던지 1976년 베스트셀러가 된 저서 *Let Me Be a Woman*(나는 여자로 남으리라)에 그 내용을 길게 인용했을 정도다. 바로 이 대목이다.

> 창조 세계의 기본 주제 중 하나는 통치와 복종의 틀이다. 권력과 순응,
> 밀물과 썰물, 생식과 수용은 이런 한 쌍의 양극을 표현하는 몇 가지
> 방식에 불과하다. 중국에서는 이를 음과 양이라 하여 그 둘이 맞물린
> 문양을 종교의 상징물로 삼았다. 물질계도 소립자의 음양 인력(引力)에
> 기초하여 지탱된다. 이렇듯 둘로 나뉜 대립 개념의 연합을 우주

어디서나 볼 수 있다. ……

알다시피 이 통치와 복종의 질서는 하나님 자신의 속성에서 기원한다. 삼위일체 하나님 안에 성부의 정당한 정통 권위도 있고, 성자의 즐거이 자원하는 복종도 있다. 성부와 성자의 연합에서 제3의 위격인 성령이 나온다. 성령은 남녀 연합에서 나오는 자녀와 같은 게 아니라 두 개별적 인격체가 한 몸으로 연합한 데서 나오는 결혼이라는 인격체와 같다. 여기 결혼 제도에 반영된 삼위일체 하나님의 속성에 남성성과 여성성을 정의할 수 있는 열쇠가 있다. 통치와 복종과 연합이라는 요소 없이는 하나님의 형상을 온전히 닮을 수 없다.[4]

많은 여성이 평등한 권리를 요구할 때 엘리엇은 그들에게 마치 춤출 때처럼 남자가 주도하는 것에 따를 것을 권했다. 많은 여성이 해방을 추구할 때 그녀는 그들에게 즐거운 복종이 자유를 낳는다고 말했다. 하와의 극악한 죄는 곧 교만이었다고 엘리엇은 역설했다. 하와는 하나님의 자리를 넘보았고, 이는 "최악의 상상을 능가하는 치명적인" 죄였다. 하와는 뱀에게 "나는 여자로 남으리라"라고 말했어야 했다.[5]

마찬가지로 여성은 교회의 수요, 자신의 가르치는 은사, 해당 직분으로 섬기려는 열망 등 그 어떤 이유로도 안수를 받고자 해서는 안 된다고 엘리엇은 경고했다. 여성 해방에 대한 사회학적 논거를 이 결정에 일절 끌어들여서도 안 된다. 그것은 안수를 순전히 인간적 차원에서 생각하는 것이다. 안수는 "무한히 더 근본적이고 영원한 요소들과 관계된 것이며, 여성성의 의미도 그중 하나다. …… 여성의 자유는 규율에 불복할 때가 아니라 규율에 순종할 때 찾아온다."[6]

캐시는 연합장로교회(United Presbyterian Church; UPC)에서 성장했는데, 그 교단은 여성에게 안수를 주었고 결국 미국장로교(Presbyterian Church (USA); PCUSA)로 편입되었다. 바로 그것이 캐시가 신앙을 가진 뒤로 꿈꾸어 온 자신의 미래였다. 그런데 엘리엇이 캐시에게 미래 사역의 다른 길을 보여 주었다. 엘리엇은 그저 남자의 부속물이 된 것도 아니고, 그렇다고 비성경적 직분을 취하려 하지도 않았다. 덕분에 캐시는 어떻게 자신이 하나님 말씀에 계시된 그분의 절대 권위를 고수하면서 그분을 섬기고 남편을 내조할 수 있는지를 배웠다. 캐시는 예수님의 성경관을 숙고해 보았다. 그분은 구약을 믿으셨고 신약을 감화하실 것을 약속하셨다. 예수님을 신뢰하는 그녀가 성경의 권위와 나아가 무오성을 인정하지 말아야 할 까닭이 무엇인가? 캐시는 "그것을 깨달은 것이 내게 변화의 결정적인 계기가 되었고, 그 밖에도 많은 것이 달라졌다"라고 썼다.[7]

캐시는 한때 세계 최대의 장로교 노회였던 피츠버그 노회의 도움으로 고든콘웰에 입학했고,[8] 안수를 받는 쪽으로 가고 있었다. 그녀의 생각이 바뀌자 노회는 소명을 요구했다. 노회 모임에 참석한 그녀에게 교단 지도자들은 그녀가 희망하는 지위가 "교회 임명직"으로 바뀐 것을 문제 삼았다. 그녀는 성경이 여성 안수를 허용하지 않는다고 피력했다. 목사와 장로 350명 중 적어도 절반이 야유하며 비웃었다. 여성 안수를 둘러싼 노회의 오랜 분쟁에서 그녀는 새로 등장한 말거리였다.[9]

엘리엇은 팀과 캐시에게 여성 안수와 가정 내 성 역할 문제에 답하는 부분에서만 좁게 영향을 미친 게 아니다. 나중에 팀은 인간과 하나님의 관계를 보는 자신의 관점 전체가 엘리엇의 영향을 받았다고 고백했다. 이해할 수 없는 부분에서 하나님을 신뢰하는 문제에 관해서는 엘리엇의 설득력을 따라갈 수 있는 사람은 별로 없었다. 팀이 보기에 그것이 그녀의 모든 저작과 가르침을 관통하는 하나의 주제였다. 하나님의 선과 지혜가 우리보다 훨씬 뛰어남을 깨닫고 그분의 영광을 보아야만 우리는 딱히 납득되지 않는 그분의 명령에도 순종할 수 있다.[10]

피츠버그 근성 根性

고든콘웰 안팎에 "피츠버그 근성"으로 통하던 게 있었다. 1973년 사우스 해밀턴 캠퍼스 재학생 500명 중 125명 이상이 피츠버그 지역 출신이었다.[11] 하지만 돋보인 것은 숫자만이 아니었다. 이 학생들은 눈에 띄게 활동적이고 조직적이었다. 작정하고 캠퍼스 리더가 되려 했고, 고향에서 R. C. 스프로울과 존 거스트너 같은 학자들에게 배운 개혁주의 정통을 고수했다. 그중 다수가 엘리자베스 엘리엇 쪽으로 기울었다.

피츠버그 일파 중 캐시의 친구 루이즈 (크로커) 미드우드는 고든콘웰에 잘 적응하지 못했다. 신학적 다양성을 감당할 수 없었던 것이다. 이미 스프로울과 프랜시스 쉐퍼의 지도를 받은 그녀는 고든콘웰에 그저 배우러 온 게 아니었다. "나는 신학교에 가서 주님의 검을 휘두르고 있었다"라고 그녀는 말했다. 아르미니우스주의자는 구원받을 수도 없다는 게 그녀의 생각이었다.

그녀가 적응하지 못한 또 다른 이유는 특히 세 교수(윌리엄 레인, 스튜어트 바튼 배비지, 엘리엇의 남편 고 애디슨 리치)에게 수학하려고 고든콘웰을 선택했기 때문이다. 그러나 그녀가 입학했을 때는 이미 셋 다 학교에 없었다.[12] 고대했던 스승들이 없으니 루이즈는 정처 없이 길을 떠도는 심정이었다. 그때 피츠버그 출신의 옛 친구 캐시 크리스티가 그녀를 캠퍼스 외부 모임에 초대했다. 멤버는 데이비드 미드우드와 팀 켈러와 친구 캐시 크리스티, 이렇게 셋뿐이었다. 1972년에 결성된 이 모임의 가입 조건은 농담 반 진담 반으로 딱 하나였으니, 곧 에드먼드 클라우니가 사상 최고의 설교자라는 데 동의해야 한다는 것이었다.

루이즈는 그 모임 멤버들에게 좋은 첫인상을 주지 못했다. 삼인조가 신학과 경험에 대한 통상적 대화에 돌입하자, 그녀는 즉시 그들의 신학에서 결점을 찾아냈다. 데이비드 미드우드의 표현으로 그녀는 그때까지 그가 만나 본 가장 성난 여자였다. 팀 켈러가 디트리히 본회퍼의《성도의 공동생활》(Life Together)을 권하자 루이즈는 피츠버그 근성으로 "그 사람은 지독한 자유주의자인데!"라고 되받았다. 그러던 루이즈는 1년도 못되어 데이비드와 결혼했고, 둘은 켈러 부부의 평생 친구가 되었다.

에드먼드 클라우니 팬클럽은 신학을 나누고 고통을 나누면서 결속했다. 하나같이 다들 책 읽기를 좋아했으며 틀어진 관계와 깨어진 관계로 고생했다. 개인적인 문제가 너무도 많았다고 루이즈는 회고한다. 고난의 의미와 목적을 논하는 팀과 캐시에게 욥기에 대한 장 칼뱅의 설교들이 위로가 되었다. 모두 함께 케임브리지까지 내려가 하버드의 IVF 행사에서 클라우니의 강연을 들었으니 팬클럽의 이름값도 톡톡히 했다. 그들은 J. R. R. 톨킨, C. S. 루이스, 조나단 에드워즈에 대한 열정도 공유했다. 이거야말로 루이즈의 본바닥이었다. 이미 피츠버그에서 스프로울의 영향도 입고 거스트너의 집에도 다니면서 에드워즈의 애독자가 되었기 때문이다. 루이즈와 팀은 에드워즈의 자유 의지론에 대해 그리고 하나님의 사랑이 입에 꿀처럼 달다는 은유에 대해 토론했다. 이 은유는 이후 수십 년 동안 팀의 설교에 등장하곤 한다.

루이즈의 회고다. "팀이 정말 공감하는 주제가 나오면 누구나 함께 탐색하며 그의 해설을 듣게 됩니다. 설교는 아니지만 설교라 해도 무방하지요."

루이즈가 이 모임에 가입한 일보다 팀 켈러에 대한 그녀의 첫인상이 더 많은 것을 말해 준다. 루이즈는 1973년 9월에 팀을 처음 만났는데, 그때 그는 캐시와 함께 캠퍼스 주방에서 일하고 있었다. 카디건 차림으로 벽에 기대 선 팀은 주위가 온통 소란한데도 손에 책을 펴 들고 있었다. 그녀는 "50년이 지난 지금도 달라지지 않았어요. 여전히 팀은 늘 책을 읽고 있거든요"라고 말했다.

캐시는 수업 시간에 자유로이 발언했지만 팀은 얌전히 강의를 듣기만 했다. 그의 뛰어난 지성을 알아채려면 옆에 함께 앉아 있어야 한다. 아니면 수업 후에 벌어지는 그의 즉석 강의에 참석해 보아도 된다. 수업이 끝나자마자 학생들은 팀이 머무는 필그림 홀 기숙사 방으로 모이곤 했고, 그러면 거기서 방금 들은 강의에 대한 팀의 강의가 이어졌다.

다시 루이즈의 회고다.

〔그날 배운〕 주제에 대해서든 교수에 대해서든 그는 우리가 따라잡기 힘든 정보를 다 모아서 우리에게 재해석해 주곤 했어요. 설명하고 요약하고 종합하는 거지요. 듣다 보면 교수님이 가르친 내용과 정확히 일치하는데 이번에는 귀에 쏙쏙 들어오는 겁니다. 그가 잘 정리해 주었으니까요.

　　루이즈 같은 학생들은 열심히 팀의 요약을 필기했다. 팀이 시험 문제의 답을 알려 주거나 편법을 쓴 것은 아니다. 교수들을 깎아내리려 하지도 않았다. 루이즈는 "그가 문장을 풀어내면 어찌나 멋지게 들리는지 교수보다 나았어요. 신학을 일점일획도 고치지 않으면서 우리에게 잊지 못할 형태로 제시했지요"라고 설명했다.[13]
　　과목이 더해지고 학년이 높아질수록 학생들에게 재해석해 주는 팀의 영향력도 켜켜이 더 쌓여 갔고, 이 습관이 훗날 그의 설교와 집필에도 그대로 쓰였다. 팀은 자신의 독창적인 사고가 아님을 시종 밝히면서도 독창적인 종합을 내놓는 타고난 재주가 있었다.
　　그러나 대체로 팀의 지성과 영성은 구내식당에서 친구들과 함께 식사하던 중에 다듬어졌다. 다들 어찌나 열심히 논쟁하며 웃었던지 우유가 팀의 코로 새어 나올 때도 있었다.[14] 이렇게 열띤 토론을 즐기다 보니 피츠버그 일파는 구내식당 직원이 불을 끄며 쫓아내는 밤 9시까지 모여 있을 때가 비일비재했다. 그 시절에 나눈 대화는 팀의 신학을 갈고 닦아 준 원천이었다. 마르틴 루터가 식사 시간에 목사 수련생들과 벌이곤 했던, 나중에《루터의 탁상 담화》(Table Talk)로 간행된 토론과도 비슷했다.

우리 시대에 온라인 수업이 늘어나고 기숙사 대신 통학도 많아지면서 많은 신학생이 이런 경험을 더는 누릴 수 없게 되었다. 게다가 2022년 고든콘웰은 사우스 해밀턴 캠퍼스를 매각하기로 결정했다. 팀에게 고든콘웰은 그가 버크넬과 리고니어밸리연구소에서 추구했던 긴밀한 기독교 공동체의 연장선이었다. 수도원 비슷한 영적 성장의 '온실'을 또 만난 것이다. 거기서 그는 매일 세 끼를 친구들과 함께 먹었고 인근에 거주하는 교수들과도 교류했다.

이 친구들이 팀과 캐시에게 끼치는 영향은 지금도 계속되고 있다. 캐시는 특히 다섯 명의 여성과 친해졌는데, 그들 모두가 고든콘웰의 싱글 학생들이었다. 이 여섯 명 가운데 다섯이 고든콘웰 출신 사역자와 결혼했다. 켈러 부부는 저서 《팀 켈러, 결혼을 말하다》(The Meaning of Marriage)를 이 다섯 쌍의 부부(더그·어델 캘훈, 웨인·제인 프레이저, 데이비드·루이즈 미드우드, 게리·게일 소머즈, 짐·신디 위드머)에게 헌정했다.

수십 년간 우정을 이어 온 것 외에도 이 여성들은 지금도 '회람'(round-robin) 편지를 돌린다. 수신자는 앞사람에게서 여섯 통의 편지 묶음을 받아 나머지 다섯 통은 읽고 자신의 편지는 새로 써서 몽땅 그다음 사람에게 보낸다. 이 '울새들'(Robins)은 신학적 변화, 자녀 양육 등의 고민을 같이 겪고, 휴가도 같이 보내며 늘 가깝게 지냈다. 그중 아무도 이혼하지 않았다. 특히 데이비드 미드우드가 다년간 온정과 사랑으로 다른 울새들을 목양했고, 때로는 강권도 마다하지 않았다. 서로를 감독해 주는 이 모임은 팀이 목사이자 작가로서 점점 유명해질수록 그에게 더욱더 소중해졌다.

데이비드 미드우드는 고든콘웰신학교를 졸업한 후 풀러신학교에서 박사 학위를 받고 1975년부터 2000년까지 매사추세츠주 헤이브릴의 웨스트회중교회(West Congregational Church) 목사로 섬겼다. 2014년에 그는 대장암으로 먼저 세상을 떠났다. 루이즈는 남편이 팀에게서 받았던 생일 카드 하나를 지금까지 간직하고 있다. 거기에 팀은 이렇게 썼다. "우리에게 미드우드 부부보다 더 좋은 친구는 없고, 내게 자네보다 더 좋은 친구는 없다네. 친구란 삶의 가장 큰 축복 중 하나일세."

〈탁상 담화〉 활동

팀 켈러가 고든콘웰에서 수업 시간에 발언하는 일은 많지 않았고, 엘리자베스 엘리엇과 달리 그는 논쟁 실력으로 유명하지도 않다. 그러나 팀과 피츠버그 일파 친구들이 신학교에서 꾸민 대담한 계획은 그들을 성 역할과 성경의 권위에 대한 교내의 역대급 열띤 논쟁으로 떠밀었다.

학생신문 제호를 〈코헬렛〉[구약 전도서의 히브리어 원제-옮긴이]이라 단 곳은 신학교뿐이다. 신문을 운영하려는 사람이 아무도 없자 팀과 친구들이 이 작은 간행물을 넘겨받아 이름을 훨씬 평범하게 〈탁상 담화〉(Table Talk)로 바꾸었다. 〈탁상 담화〉의 도안자 스튜 베이미그는 그전에 피츠버그에서 영라이프 리더로 활동할 때 캐시와도 아는 사이였다. 스프로울 부부와 특히 가까웠던 그는 나중에 리고니어의 실무 책임자가 되었고, 그때 리고니어는 이 교내 신문의 첫 도안과 제호를 그대로 가져다가 오래도록 자체 대표 간행물로 살려 냈다.

　　이 신학교 신문의 기사나 논평은 전부 익명으로 게재되었다. 어차피 학생들이 일부 교수의 자유주의 신학을 비판하거나 이견의 소유자를 혹평할 때는 익명으로 하는 편이 나았다.

　　〈탁상 담화〉는 주요 사설을 통해 낸시 하디스티를 비판했다. 그녀가 1974년에 리사 도슨 스캔조니와 공저한 *All We're Meant to Be: A Biblical Approach to Women's Liberation*(여성 해방의 성경적 접근)은 복음주의 페미니즘이 출범하는 데 일조했다. 2006년 〈크리스채너티 투데이〉는 그 책을 가장 영향력 있는 복음주의 도서 50권 중 23위에 올렸다. 책이 출간될 때쯤 고든콘웰에 강사로 방문한 하디스티는 아직 대학원생이었다. 그러나 〈탁상 담화〉는 그녀가 방문한 뒤로도 공세를 늦추지 않고 "여성 전망대"라는 주요 기사에서 그녀를 비판했다. 학생들은 그녀가 에베소서 5장 23-24절을 재해석하여 지금 우리가 성령의 새 질서 속에 살고 있으며 권위의 질서는 그것으로 대체되었다고 말한 것을 꾸짖었다. 램지 마이클스 교수도 학생신문 과월호에 동일한 논지를 제시한 바 있었다. 해당 사설을 켈러가 쓴 것은 아니지만, 향후 그의 저서와 설교에 등장할 몇 가지 주제와, 특히 이 땅의 특성과 거꾸로인 하나님 나라의 특성이 그 속에 담겨 있다. 이런 주제는 또한 엘리자베스 엘리엇이 수업 시간에 가르친 내용과도 맥을 같이한다.

　　안타깝게도 하디스티 양에 따르면 우주는 혼돈과 무법의 장이고 언약의 주님은 무능하신 분이다. 인간의 권위에 수반되는 게 지배가 아니라 섬김임을 단순히 그녀가 외면하기 때문이다. 그녀는 그리스도를 통해 완성된 다음과 같은 성경적 틀을 짐짓 무시했다. 즉 승리와 충만한 삶은 자기를 주장하고 권위를 부정하는 데서 오는 게 아니라 복종하고 스스로 낮아져 "자기보다 남을 낫게 여기는" 데서 온다는 것이다.

〈탁상 담화〉 편집진은 하디스티의 성경 해석에 전혀 동의하지 않았지만 그녀가 교내에서 받은 대우에는 개탄했다. 학생들이 강연 중간에 벌떡 일어나 그녀를 비난했던 것이다. 루이즈 미드우드의 한 친구는 "여자여, 앉으라!"라고 소리쳤다. 나중에 루이즈는 강당 바깥에 주저앉아 벽에 기대 울고 있는 하디스티를 보았다.[15] 애초에 그녀가 초빙된 것과 많은 학생이 보인 반응은 이 주제를 둘러싼 캠퍼스의 긴장된 기류를 잘 보여 준다. 당시 문화 전반의 흐름도 다르지 않았다. 〈탁상 담화〉 편집진의 말마따나 하디스티가 "당한 정서적 가해는 믿음 안에 있는 자매에게는 말할 것도 없고 기독교 신앙을 가장 거침없이 비판하는 사람에게조차 부당한 것이었다."

팀은 〈탁상 담화〉의 다른 신랄한 기사 "성경 해석의 네스토리우스주의"에도 자신의 이름을 밝히지 않았다. 그러나 40년이 지난 후에도 캐시는 그 기사를 기억했고 이를 팀의 작품으로 보았다.[16] 팀의 공모자 존 팰러푸터스는 나중에 이렇게 설명했다. "그 글의 취지는 고든콘웰 신약학부에 이의를 제기하여 작은 파동을 일으키는 것이었고, 신약학부 교수들도 이를 잘 알았다."[17]

그 신문의 문체에 맞추어 팀은 이 기사도 일인칭 복수로 썼다. 우선 그는 젊은 신학생들 사이에서 흔히 볼 수 있는 대담한 주장으로 운을 뗐다. "우리는 성경 해석의 방법론적 전제와 관련하여 고든콘웰 신약학부에 이의를 제기하고자 한다." 이어지는 설명에 따르면, "고든콘웰 신약학부는"(그는 램지 마이클스와 데이비드 숄라고 이름을 밝혔다) "성경 본문을 대할 때 모든 신학적 전제를 버려야 한다고 강변한다."

켈러는 이렇게 반박했다. "그러나 '신학적 전제를 버린다'라는 말의 속뜻은 '성경 저자가 하나님이라는 전제를 버리고 인간이라고 전제한다'라는 것이다. 이로써 두 속성이 분리되어 따로 취급된다." 그래서 그는 네스토리우스주의에 대한 비판으로 넘어간다. 아주 오래된 이 이단은 그리스도가 두 인격체로, 즉 각각 인간과 신으로 따로 존재한다고 가르친다. 이에 대한 정통 교리의 논박은 그리스도가 온전한 인성과 온전한 신성을 지닌 한 인격체라는 것이다. 켈러는 "성경 해석의 네스토리우스주의"도 성경의 저자인 하나님과 인간을 분리함으로써 성경을 인간 저자의 직접적 정황에 문화적으로 예속시킨다며 이를 반박했다.

켈러는 반대쪽 유혹도 인정했다. 즉 하나님을 성경의 저자로 떠받드느라 인간 저자를 과소평가하는 단성론(그리스도의 인성을 부인하고 신성만 인정하는 견해-옮긴이) 계통의 모든 오류다. 그래도 그는 네스토리우스주의의 위협을 더 당면한 문제로 판단했다. "두 속성을 네스토리우스 방식으로 분리하면 인간에 비해 하나님이 축소되는 경향이 있다."

토론할 때 양측의 문제점을 보완하여 '제3의 길'을 찾는 켈러의 습관을 이 초기 기사에서 이미 엿볼 수 있다. 그의 글은 이렇게 이어진다.

"우리 정통 신자들은 반계몽주의자가 되어서도 안 되지만, 그렇다고 (우리처럼) 반역하여 타락한 인간들의 세상 학문이 중립적이라고 전제해서도 안 된다. 우리는 진리가 모더니즘에 어긋나면 그 진리를 거스르는 성향이 있다." 그러면서 그는 자신도 비판에서 제외하지 않고 "우리의 마음만 들여다보아도 그것을 알 수 있다"라고 썼다.

켈러가 강조한 이 쟁점은 〈탁상 담화〉에 쓴 기사 하나로 해결될 문제가 아니었다. 램지 마이클스는 고든콘웰이 합병되기도 전부터 장장 25년을 가르쳤는데도 1981년에 저서 *Servant and Son*(종과 아들)을 출간한 뒤로 성경의 권위를 훼손했다는 비난을 받고 1983년에 사임했다.[18] 훗날 켈러가 교수로 재직한 웨스트민스터신학교는 2008년에 피터 엔즈가《성육신의 관점에서 본 성경 영감설》(*Inspiration and Incarnation*)에 쓴 비슷한 해석 때문에 엔즈를 정직에 처했다. 켈러는 자신이 신학생 때 쓴 기사를 회고하면서 이 교리에 대해《팀 켈러의 센터처치》(*Center Church*)에서 재차 경고했다. "복음주의 성경신학은 성경이 철저히 인간의 책이며 저자마다 인간 문화에 젖어 있음을 인정하지만, 또한 각 저자의 문화와 삶의 정황까지도 하나님이 구체적으로 택하셨음을 믿는다. 모든 것을 주관하시는 하나님의 주권적 섭리로 단어 하나하나까지 정해져 지금의 성경으로 기록된 것이다."[19]

켈러가 〈탁상 담화〉 기사에서 반박했던 다른 교수 데이비드 숄러는 결국 1994년에 풀러신학교로 갔다. 2008년 세상을 떠나기 전에 그가 가르친 '여성과 성경과 교회'라는 과목은 풀러 학생들에게 가장 인기 있는 선택 과목이었다.[20] 엘리자베스 엘리엇은 아마도 그 내용에 동의하지 않았을 것이다.

　　고든콘웰처럼 교수진이 다양한 학교에서는 대개 과목 선택이 신학 노선을 좌우했고, 학생마다 신학 노선이 크게 갈렸다. 팀 켈러의 노선은 피츠버그 친구들과 그들의 역할 모델인 엘리자베스 엘리엇의 도움으로 정해졌다.

9

이견異見의
즐거운 공존

Roger Nicole and Neo-Calvinism

개혁신학과 성경 무오성의 대표 학자인 로저 니콜은 자신의 견해와 반대 견해를 나란히 가르치는 데 탁월했다. 복음의 진리를 염두에 두면서 각 견해의 강점과 약점을 비교한 것이다. 1984-1986년에 고든콘웰신학교에서 니콜에게 배운 침례교 목사 마크 데버에 따르면 그 방법은 과유불급일 때도 있었다. 데버는 이렇게 말했다. "실제로 그가 반대 입장의 강점을 어찌나 잘 설명했던지 침례교인인 로저 니콜을 통해 오히려 유아세례를 신봉하게 된 유명한 침례교 목사가 오늘날 적어도 몇은 있을 것이다."[1]

니콜은 책과 잡지 기사를 쓰기보다 교실 수업에 더 집중했기 때문에 지금은 그가 직접 가르친 제자들 외에 그를 기억하는 사람이 별로 없다. 1949년부터 1986년까지 고든신학교와 고든콘웰신학교에 재직하면서 그는 여러 실질적인 면에서 기관의 버팀목이 되었다. 예컨대 윌리엄 커와 함께 자신의 스테이션 왜건을 몰고 북동부 전역을 누비며 주류 개신교 신학교들이 폐기 처분하는 신학 서적을 구입했다. 저렴한 예산으로 신학교 도서관을 조성한 것이다.[2] 니콜이 소유한 개인 장서도 최대 규모여서 16-17세기 종교개혁 시대의 희귀본을 비롯한 신학 서적만도 25,000권이 넘었다. 지금 그 책들은 올랜도 리폼드신학교(Reformed Theological Seminary)가 소장하고 있다.[3]

팀 켈러는 2학년이 될 때까지 조직신학 과목을 듣지 않았지만, 친구 캐시 크리스티와의 대화를 통해 이미 개혁신학 쪽으로 마음이 끌렸다. 당시는 그녀도 개혁신학을 완전히 확신하지 못했지만, 그래도 그에게 개혁신학의 매력을 상식에 가까우리만치 실제적이고 이해하기 쉽게 설명할 수 있었다. 한번은 그녀가 팀에게 "칼뱅주의자가 아니라면 나는 두려워서 아침에 일어나지도 못할 거예요"라고 말했다. 캐시의 관점과 삶을 관찰하면서 팀도 점점 칼뱅주의를 받아들이는 쪽으로 갔다.[4]

스위스 출신 로저 니콜이 가르치는 세 과목(조직신학 I, 조직신학 II, 선택 과목인 기독론)을 수강하면서 켈러는 또 한 번 개혁신학을 향한 큰 진일보를 이루었다. 니콜은 특유의 품행으로 1970-1980년대 고든콘웰의 다양한 교수진 사이에서 중재자 역할을 했다. 그가 개혁신학을 옹호하는 방식은 탄탄하고도 폭넓었으며, 그의 다감한 성격은 동료 교수들에게서 최고의 모습을 이끌어 냈다. 일부 학생은 견해가 다른 동료 교수들을 그가 수업 시간에 공격하지 않는 게 불만이었다. 나중에 구내식당에서 학생들은 바로 그 교수들을 반가이 포옹하는 그를 보곤 했다.[5] 니콜은 비판을 인신 공격으로 받아들이지 않았기 때문에 자신의 견해에 반대하는 학생들이 미숙하든 조숙하든 다 수용하고 가르칠 수 있었다.

한번은 수업 시간에 한 여학생이 예정론에 대한 니콜의 견해에 이의를 제기하며 "그러면 죄와 악도 하나님이 지으신 게 되잖아요!"라고 따졌다. 니콜은 아르미니우스 입장을 취하면 악과 죄를 하나님 탓으로 돌릴 수 없기 때문에 많은 그리스도인이 그 입장을 선호한다고 침착하게 인정했다. 그럼에도 그는 아르미니우스 입장의 폐해는 어떤 장점으로도 정당화될 수 없다고 보았다. 켈러는 "그러면서 그는 아르미니우스 입장에 대한 점잖은 비판으로 넘어갔다"고 회고했다.

니콜의 강의는 분명한 틀을 따랐으므로 필기하기에 좋았다. 그는 우선 신학적 주제를 제시한 뒤 감리교, 루터교, 가톨릭, 개혁교회, 정교회 등의 상이한 관점을 설명했다. 이어 각 견해의 강점과 약점을 평가하면서 개혁주의 관점이 가장 설득력 있다고 보는 이유를 밝혔다. 끝으로 자신의 결론을 성경의 증거로 뒷받침했다.

켈러는 "이거야말로 말 그대로 조직신학이었고 나는 거기에 압도되었다"라고 썼다. 고든콘웰에 입학할 때는 복음주의회중교회에서 사역하기로 약속한 아르미니우스주의자였던 그가 최우등으로 졸업할 때는 칼뱅주의자가 되어 있었는데, 이는 다분히 니콜 덕분이었다.[6]

니콜의 영향으로 켈러는 19세기 프린스턴신학교와 연계된 영미 개혁신학보다는 대륙의 신칼뱅주의 쪽으로 노선을 이어 갔다. 니콜은 헤르만 바빙크의 《개혁교의학》(Systematic Theology)을 충실히 따라가는 루이스 벌코프의 《벌코프 조직신학》(Reformed Dogmatics)을 신학 과목 교과서로 썼고, 바빙크의 《하나님의 큰 일》(Our Reasonable Faith)과 《개혁주의 신론》(Doctrine of God)의 일부도 필독서로 지정했다. Dogmatics(교의학)의 다른 부분은 아직 영어로 번역되기 전이었다.

이 두 갈래 개혁신학의 차이점을 보면 켈러의 변증 방식이 밝히 드러난다. 찰스 하지로 예시되는 프린스턴 신학은 비신자들에게 기독교가 합리적 논거에 기초해 있음을 보여 줌으로써 우선 하나님의 존재를 증명하려 한다. 반면 바빙크와 벌코프의 대륙 신칼뱅주의는 모든 사람이 일반 계시를 통해 이미 하나님과 그분에 대해 많은 것을 아는데도 죄로 인해 그것을 막는다는 로마서 1장의 전제에서 출발한다. 그래서 변증가의 소임은 비신자들에게 그들이 마음으로 알면서 입술로 부정하는 내용을 기독교가 어떻게 설명하는지를 보여 주는 것이다.

1970년대에 새로 결성된 PCA에서 개혁신학의 여러 갈래가 하나로 수렴되었다. 그중 가장 큰 갈래에는 하지와 프린스턴의 영향이 배어 있다. 켈러도 프린스턴의 "교리주의" 갈래를 완전히 거부한 적은 없다. 다만 초기에 고든콘웰에서 받은 이런 영향으로 인해 존 오웬 같은 영국 청교도의 "경건주의" 갈래와 네덜란드 신학자들인 아브라함 카이퍼와 헤르만 바빙크의 "문화주의" 갈래에 더 깊이 공감하게 되었다. 켈러는 신칼뱅주의의 몇 가지 핵심 신조를 자신의 교단 안팎에서 이렇게 주장했다.

1. 믿음은 머리와 가슴의 문제다. 전도란 비신자의 열망의 방향을 유일한 위안인 예수님 쪽으로 틀어 주는 것이다.

2. 신구약 공히 성경의 이야기는 그리스도 안에서 성취된다. 나중에 켈러의 친구 셸리 로이드 존스가 표현한 대로 "모든 이야기가 그분의 이름을 속삭여 준다."[7]

3. 반정립(反定立)과 일반 은혜는 공존한다. 어떤 세계관은 기독교를 단호히 배격한다. 그러나 많은 비신자는 자기가 생각하는 것보다 더 잘 알고 있다. 따라서 그리스도인은 비평할 때도 존중하는 자세를 잃지 않는다.

4. 은혜는 자연을 회복시킨다. 이 우주적 구원관에 따라 그리스도인은 전도하면서 또한 사회 불의에 맞서 싸운다.

니콜의 제자답게 켈러는 신칼뱅주의의 몇 가지 결함을 파악했다. 우선 교회론이 탄탄하지 못했고, 또 경건주의자로서 보기에 신칼뱅주의자들은 전도가 부족했다. 변증가로서 그는 자신의 입장에서 약점을 인정하는 법을 배웠다.

니콜이 켈러에게 미친 영향은 온화한 마음씨나 신칼뱅주의 공부로 끝나지 않았다. 니콜이 형성해 준 켈러의 대속 개념은 평생 그의 저서와 설교에서 우선순위를 점했다. 니콜이 그에게 보여 주었듯이 성경에 속죄가 어떻게 표현되어 있든 예수님은 늘 대속물이시다. 켈러는 《팀 켈러의 센터처치》에 이렇게 썼다.

> 예수님이 권력에 맞서 대가를 치르시고 배척과 희생과 형벌을 감수하신 것은 다 우리 대신 우리 자리에서 우리를 위해 그리하신 것이다. 어떤 표현을 쓰든, 우리가 스스로 할 수 없는 일을 그분이 대신 맡으신다. 그분이 이루시는 구원에 우리가 기여하는 몫은 전무하다. 그러므로 예수님의 대속의 희생이야말로 모든 것의 핵심이다.[8]

한편 니콜에게 배우던 그 시절을 추억하면 실망도 딸려 온다. 당시 켈러는 바잉튼 장학금을 몇 차례나 신청했다. 최우수 학생들에게 정상급 교수의 강의 조교로 일해 학비를 충당할 수 있게 했기에 모두가 선망하는 장학금이었다. 스승을 바라던 팀은 니콜에게 사사하고 싶었으나 신청할 때마다 탈락되었다.

다른 학생들과 교수진은 팀과 캐시가 똑똑하다는 것을 알았을 수 있다. 둘은 캠퍼스에서 널리 사랑받았다. 그러나 정작 본인들은 사역 지도자에게 흔히 요구되는 인간관계의 수완이 자신들에게 없음을 알았다. 그래서 팀과 캐시는 그런 결과에 낙심했을지언정 놀라지는 않았다.[9] 졸업할 때 그들은 학업 면에서는 훌륭한 평판을 얻었으나 사역에 대한 전망은 그만그만했다.

니콜은 켈러를 정식으로 지도한 적은 없지만 그가 사역 방침을 정하는 데 일조했다. 신학적 이견(異見)을 온화한 마음씨로 대하고 비판자를 거론할 때도 공정을 기한다는 켈러의 소신에 고든콘웰의 다른 어떤 교수도 니콜만큼 영향을 미치지는 못했다.[10]

루이즈 미드우드는 이렇게 말했다. "에드먼드 클라우니 팬클럽 다음으로 신학교에서 우리 네 사람에게 벌어진 가장 좋은 일은 아마도 교회와 신학의 틀 안에서 우리의 성품이 계발되는 과정 가운데 이견의 즐거운 공존이 가능함을 본 것이 아닐까 싶어요."[11]

10

영적 역학,
부흥의 역학

Richard Lovelace and Jonathan Edwards

팀 켈러에게는 고든콘웰에서 듣는 첫 과목이었고, 리처드 러블레이스 교수로서는 처음 가르치는 과목이었다. 제목은 '영적 역학'(Pneumodynamics)이었다. 코이네 헬라어를 잘 모르는 사람을 위해 덧붙이자면, 공기 역학을 뜻하는 이 단어는 그렇게도 번역될 수 있다. 켈러가 자주 권하는 러블레이스의 책 *Dynamics of Spiritual Life*(영적 삶의 역학)는 1972년 가을 학기에 들은 그 과목의 산물이다. 이 수업이 켈러의 삶을 바꾸어 놓았다고 말해도 과언은 아니다.[1]

켈러는 "리처드 러블레이스에게 수학한 시간이 내 사고와 사역하는 방식에 큰 영향을 미쳤다는 말은 축소된 표현이다"라고 말했다. 성경을 제외하고는 러블레이스의 그 책이 다른 어떤 책보다도 그의 교회관을 형성해 주고 사역의 방향을 잡아 주었다. "누구든 내 사역을 아는 사람이 그 책을 읽는다면 '그러니까 이런 내용을 켈러가 거기서 다 얻었구나!'라고 말할 것이다."[2]

러블레이스에게 배운 일은 잊지 못할 경험이었다. 큰 키에 몸집이 큰 러블레이스는 턱수염을 짧게 깎았고 트위드 재킷을 즐겨 입었으며 조끼를 걸칠 때도 있었다. 대형 강의실에 가죽으로 된 서류 가방을 들고 들어와 오버헤드 프로젝터를 써서 학생들을 가르쳤다. 목소리가 커서 잘 들리긴 했지만 학생들은 그의 말을 따라가느라 애를 먹을 때가 많았다. 그는 곧잘 삼천포로 빠졌고, 가끔 학생들을 답답하게 했으며, 때로는 심오했다. 학생들과의 교류에도 친근감이 별로 없었다. 학생들은 그가 강의실에 온전히 존재할 때가 있는지 의문이었다. 팀과 캐시의 친구 루이즈 미드우드는 "그는 생각이 딴 데 가 있기로 유명했지요"라고 회고했다.

그 밖에 켈러가 수강한 러블레이스의 과목은 부흥의 역사에 대한 것 하나뿐이었다. 그러나 짧은 기간이나마 그를 접하면서 켈러는 자신의 과거를 이해할 수 있었고 미래에 대한 비전도 더 명료해졌다. 게다가 미국의 부흥사 조나단 에드워즈의 작품을 공부하면서 평생의 대화 상대를 새로 만났다.

무의식의 공모

러블레이스가 지정한 필독서는 켈러의 폭넓은 탐독 취향에 딱 맞았다. 켈러가 읽은 플래너리 오코너의 첫 작품인 단편 소설 *A Good Man Is Hard to Find*(좋은 사람은 찾기 힘들다)는 러블레이스가 죄에 대해 가르치려고 존 오웬의 《죄 죽이기》(*Mortification of Sin*)와 함께 읽게 한 책이었다. 이 두 권의 책이 켈러에게 미친 영향은 가히 충격에 가까웠다. 1964년에 사망한 오코너를 통해 그는 그리스도인의 예술 작품을 존중하게 되었고, 1683년에 사망한 오웬을 통해서는 종교개혁 이후 영국 청교도주의의 목회신학을 엿볼 수 있었다.

그러나 켈러가 러블레이스에게서 주로 배운 것은 부흥의 역학이었다. 러블레이스는 그리스도인들이 율법과 복음을 혼동하면 교회가 길을 잃는다고 역설했다. 또 교회는 이단과 반율법주의 못지않게 죽은 정통과 율법주의도 삼가야 한다고 가르쳤다. 칭의와 성화가 분리되지도 않고 하나로 뭉뚱그려지지도 않으면 부흥의 여건이 무르익는다. 부흥이란 성령이 강력하게 역사하여 하나님의 백성에게 복을 주시는 것이다. 부흥이 일어나면 도덕주의자는 자신이 복음을 모른다는 것을 깨닫고 회심한다. 죄에 얽매여 있던 그리스도인은 그리스도와의 연합과 칭의에 해방의 능력이 있음을 깨닫고 새로운 자유를 누린다. 심지어 교회 밖에 있는 많은 사람도 부흥 기간에 회심한다. 난생처음 복음을 보수적 도덕 가치를 위한 정치 연설이 아니라 죽은 자를 살리는 권능으로 듣기 때문이다. 러블레이스에게 영적 역학을 배우면서 켈러는 버크넬에서 자신과 IVF 동아리에 일어났던 일을 비로소 이해했다.

러블레이스와 에드워즈처럼 켈러도 저서와 설교에서 부흥을 강조했다. 평소에 성령은 죄인에게 죄를 깨닫게 하여 거듭남과 성화를 이루시고 하나님의 은혜를 확신하게 하시는데, 부흥이 일어나면 성령의 그런 역사가 더 활성화된다고 그는 역설했다. 성령이 역사하시는 통로는 은혜의 평범한 수단인 설교와 기도와 성례 등이다.[3] 이런 평범한 수단의 결과로 죄인의 회심과 신자의 쇄신이 놀랍도록 급증한다면 그것이 부흥의 증거일 수 있다.[4] 러블레이스가 가르친 부흥의 역사를 통해 켈러는 1734년에 일어난 유명한 노샘턴 대각성이 로마서 4장 5절에 대한 에드워즈의 두 설교("오직 믿음으로 받는 칭의")의 여파였음을 배웠다. 영국의 부흥사 존 웨슬리와 조지 윗필드의 경우에도 거의 똑같은 틀을 볼 수 있다. 그들도 도덕적 노력이 아니라 은혜로만 구원받는다고 선포했다.[5]

러블레이스는 켈러에게 아무리 일어나는 때와 장소와 시간이 달라도 부흥의 핵심은 같다고 가르쳤다. 하나님은 그리스도의 속죄의 희생이라는 은혜로 말미암아 믿음으로 우리를 받아 주시는데, 이 사실을 머리로 아는 그리스도인도 늘 그렇게 살지는 않는다. 오히려 자신이 율법에 순종하기 때문에 하나님의 사랑을 받는 거라고 날마다 그렇게 믿는다. 그들은 "자신이 하나님께 받아들여졌다는 확신의 근거를 자신의 진실한 마음, 과거에 회심한 경험, 최근에 한 종교적 행위, 비교적 뜸해진 고의로 한 의식적 불순종 등에서" 찾는다.[6] 그래서 우리에게 부흥이 필요하다. 부흥을 경험해야 우리는 행위로 의를 이루려는 타고난 성향에서 탈피하여 은혜의 복음의 빛 가운데 살아갈 수 있다.[7]

그리스도인이 부흥을 누리려면 그리스도의 칭의 사역을 일상생활에 접목해야 한다. 마르틴 루터가 외부에서 난 그리스도의 의를 거룩하고 의로우신 하나님 앞에서 자신을 변호할 유일한 근거로 삼았던 것과 같다. 그래야만 사랑과 감사의 표출로서 진정한 성화가 진행될 수 있다. 저서 *Dynamics of Spiritual Life*(영적 삶의 역학)에서 러블레이스는 "우리가 교인들의 성화의 결여 문제라고 해석하는 많은 부분은 사실 그들이 칭의에서 방향을 잃은 결과다"라고 썼다. 그가 설명했듯이 하나님은 예수님을 보고 우리를 받아 주시는데, 이 사실을 모르는 그리스도인은 불안해진다. "그들의 불안은 교만, 자신의 의를 극구 내세우는 정당화, 타인에 대한 과민한 비판 등으로 표출된다. 자신의 안전을 확보하고 억압된 분노를 발산하기 위해 그들은 다른 문화 양식과 다른 인종을 자연히 혐오하게 된다."[8]

이 주제는 켈러의 많은 설교와 저작에 되풀이되며, 그중 《팀 켈러의 탕부 하나님》(*The Prodigal God*)이 가장 좋은 예다.[9] 러블레이스 덕분에 켈러는 부흥의 문화적 역학에 눈떴고, 다른 사람을 대적할수록 자신이 의롭게 느껴지는 법이기에 불안한 그리스도인들이 생소한 문화 양식과 다른 인종에게 적의를 품는다는 것도 배웠다. 인종과 정당과 문화는 우월감의 수단이 되어 내면에 이는 미심쩍은 속삭임을 억누른다. 이런 그리스도인은 이기심이 자신을 막아 그리스도 안의 자유와 기쁨을 누리지 못하게 한다는 것을 모른다. 그분의 은혜는 헛된 도덕적 노력을 회개하는 모든 사람에게 넘쳐 난다.

세상을 착한 사람과 악한 사람으로 나누면 기독교의 심오한 혁명성의 핵심을 놓친다. 감정 표현과 음악 선곡과 예배의 길고 짧음 등에 대한 선호는 문화마다 다를 수 있고, 그러면서도 동일한 기독교 신앙을 전달할 수 있다. 그런데 그리스도인들은 그런 선호를 신실한 실천의 절대적 요건으로 간주할 때가 많다.[10] 그러나 부흥은 세상의 모든 장벽을 허문다. 그리스도인들이 더는 문화적 선호에 의지하지 않고 오직 예수님만 의지하기 때문이다. 러블레이스는 예수 운동(1960-1970년대 미국 서부에서 시작되어 유럽 등지로 퍼져 나간 복음주의 기독교 운동으로 초대 교회의 회복을 지향했으며 대체로 반문화적이었다-옮긴이)을 그런 부흥으로 보았다. 다른 기독교 지도자들은 그 운동을 반문화적 옷차림과 음악 때문에 수상하게 보았지만 말이다.

러블레이스는 예수 운동을 구태를 답습하는 것에 저항하는 반가운 도전으로 해석했다. 이런 부흥의 역학을 켈러는 교회에 접목했다. 처음에 호프웰에서도 그랬고 이후에 뉴욕에서도 그랬다. 그는 러블레이스의 다음과 같은 경고를 귀담아들었다.

회중을 전도와 사회 치유의 도구로 빚으려 애쓰는 목사들이 이런
격렬한 반발에 부딪치면, 교회에서 변화의 주역이 되려는 열의를 잃고

점차 안주한다. 목사의 육신과 회중의 육신 사이에 무의식의 공모가 이루어진다. 이 암묵적 합의에 따르면, 목사가 회중에게 그리스도인이 되기 전의 생활 방식을 건드리지도 않고 하나님 나라 일에 평신도의 은사를 동원하지도 않으면, 평신도도 목사에게 특별 대우를 베풀어 목사의 은사를 마음껏 구사하게 해 준다. 이제 목사는 사역의 슈퍼스타가 될 수 있다. 목사의 자존심이 채워지는 사이에 회중은 각자 즐거이 제 갈 길로 가는 양 떼로 남을 수 있다.[11]

뉴욕에서 세계적으로 유명해진 후에도 켈러는 러블레이스에게 배운 대로 늘 회중을 떠밀어 안일에서 벗어나 부흥을 지향하게 했다.

참된 미덕

켈러에게 가장 큰 영향을 미친 인물 중 켈러처럼 직업이 목사였던 사람은 조나단 에드워즈뿐이다. 켈러는 C. S. 루이스와 J. R. R. 톨킨처럼 판타지 소설을 쓴 적도 없고, 에드먼드 클라우니처럼 신학교 총장으로 재직한 적도 없다. 켈러가 러블레이스에게서 전수받은 에드워즈 사랑은 이후 리디머에서 에드워즈의 말을 설교에 자주 인용하는 것으로 표출되었다. 특히 1996-1998년에는 인용 횟수가 무려 53회에 달했다. 웨스트호프웰교회에서 목회하는 동안 켈러는 배너오브트루스(Banner of Truth) 출판사에서 펴낸 두 권짜리 《조나단 에드워즈 전집》(The Works of Jonathan Edwards)

을 통독했다.

에드워즈의 신학과 실천에서 두 가지 측면이 켈러에게 눈에 띄었다. 첫째로, 에드워즈는 켈러에게 하나님을 신비롭게 경험하고 싶은 갈망을 불러일으켰다. 켈러는 부흥을 사모했고, 특히 에드워즈의 *Personal Narrative*(신앙고백)를 아주 좋아했다. 에드워즈가 《신적이며 영적인 빛》(*A Divine and Supernatural Light*)에 영적 체험을 기술한 방식은 켈러의 기도와 설교를 바꾸어 놓았다. 존 오웬의 《성도와 하나님과의 교제》(*Communion with God*)가 켈러에게 하나님을 경험할 것을 촉구했다면, 에드워즈는 그런 경험이 어떻게 이루어지는지를 가장 잘 설명해 주었다. 덕분에 로마서 5장 5절, 8장 15-16절, 베드로전서 1장 8절 같은 본문이 켈러에게 새롭게 살아났다.

둘째로, 켈러는 에드워즈의 설교가 달라진 데 주목했다. 제1차 대각성 운동 때 조지 윗필드가 보여 준 모델을 에드워즈가 수용한 것이다. 즉 에드워즈는 자신의 청교도 배경에서 익힌 교리적 설교에 윗필드의 새로운 부흥 운동에서 접한 생생한 비유와 은유를 결합했다. 켈러가 C. S. 루이스의 저작에서 보고 감탄한 요소를 에드워즈가 설교에 접목한 셈이다. 논리를 제시할 때 매혹적인 예화가 곁들여지면 그것이 사람의 마음을 변화시킨다.

켈러가 강단에서 에드워즈의 말을 인용하는 취지는 다양했다. 우선 그의 말이 직접 적용될 때가 있었다. 첫 목회지에서 켈러는 에드워즈가 1733년에 설교한 "빈민 구제의 의무"에 의지한 적이 있다. 그 설교를 인용하여 켈러는 웨스트호프웰교회 집사들에게, 교회에서 받은 구제 헌금을 자전거 구입과 아이들과의 외식에 다 써 버린 어느 편모를 여전히

지원해야 한다고 설득했다.[12]

에드워즈의 적용은 더 개념적일 때가 많았다. 그가 《참된 미덕의 본질》(The Nature of True Virtue)에서 구분한 "보편적 미덕"과 "참된 미덕"이 켈러에게 특히 도움이 되었다. 가정과 국가와 자신을 향한 사랑 같은 "보편적 미덕"은 경쟁심을 낳는다. 그래서 우리는 다른 집보다 우리 집을 앞세우고, 조국을 위해 타국과 싸우며, 다른 사람의 이익보다 내 이익을 선택한다. 그러나 그리스도인이 부흥을 경험하여 하나님을 최고선이자 중심으로 삼으면, 그때 흘러나오는 "참된 미덕"은 모든 사람을 복되게 한다.[13]

켈러는 이렇게 설명했다. "하나님 자신을 가장 사랑할 때에만 우리는 모든 사람과 가정과 계층과 인종을 사랑하고 섬길 수 있다. 하나님을 사랑하고 섬기되 그분께 뭔가를 바라서가 아니라 순전히 그분 자신을 위해서 하는 경지에 이르려면, 이는 오직 하나님의 구원의 은혜로만 가능하다. 복음을 깨닫지 않는 한 항상 우리는 하나님을 위해서가 아니라 자신을 위해 그분께 순종한다."[14]

역사가 조지 마즈던이 설명했듯이, 에드워즈가 《참된 미덕의 본질》을 쓴 그 시대의 철학자들은 서로 다른 도덕 체계끼리 싸움을 붙이는 종교전쟁을 과학의 진보가 종식시킬 거라고 믿었다. 객관적 도덕이 해묵은 신조를 필시 몰아내리라는 것이었다.[15] 《조나단 에드워즈가 본 천지창조의 목적》(Concerning the End for Which God Created the World)과 달리 《참된 미덕의 본질》에는 성경이 전혀 인용되지 않는다. 마즈던은 "그의 목적은 다음과 같은 분석을 확증하는 것이었다. 즉 기독교 신학의 몇 가지 본질적 원리에만 수긍해도 누구나 18세기 도덕 철학의 전체 방향을 재고할 수밖

에 없다는 것이다"라고 썼다.[16]

에드워즈가 보기에 그 철학자들이 모든 사랑과 아름다움의 근원이신 하나님을 떠나서 추구하는 보편적 선(善)에는 희망이 없었다. 하나님이 사랑 자체이시기에 우리는 그분 없이는 그 무엇도 제대로 사랑할 수 없다.[17] 참사랑은 타인의 입장에 선다. 그래서 그들이 기뻐하면 우리도 기뻐하고 그들이 울면 우리도 운다.[18] 다른 집을 밀쳐 내야 우리 집이 혜택을 본다면 그 집을 위해 울 수 없다. 다른 나라가 우리의 조국을 무찌른다면 그 나라의 기쁨에 동참할 수 없다. 동료의 승진이 내 탈락을 의미한다면 축하하기는커녕 배가 아플 수 있다. 그래서 우리에게 더 수준 높은 사랑 곧 참된 미덕이 필요하다. 다시 마즈던의 설명이다. "참사랑은 우주의 모든 선한 것(존재)과 인간을 향한 가장 광범위한 애정이다. 선 자체와 아름다움을 위한 선행이다. 한낱 자연적인 '미덕'도 겉으로는 아주 비슷해 보일 수 있지만, 궁극적 동기는 나와 내 편을 사랑하려는 인간의 본능적 성향이다."[19]

에드워즈는 켈러에게 그리스도인이 정의를 추구하면서 부지중에 불의를 지속시키지 않는 길을 보여 주었다. 하나님을 위해 일할 때만 우리는 어려움에 처한 이웃을 제대로 섬길 수 있다. 켈러는《팀 켈러의 정의란 무엇인가》(Generous Justice)에 이렇게 썼다.

에드워즈가 가르쳤듯이, 당신이 하나님의 은혜를 경험하여 그분의 아름다움에 눈뜨면, 빈민을 섬기는 목적이 자부심을 높이거나 좋은 평판을 얻거나 사업에 혜택을 받거나 하다못해 더 살기 좋은 도시를 만들어 당신 가정도 덕을 보기 위해서가 아니다. 당신이 빈민을

섬기는 이유는 그것이 하나님을 높이고 기쁘시게 하기 때문이고,

그분을 높이고 기쁘시게 하는 것 자체가 당신의 기쁨이기 때문이다.[20]

에드워즈가 《참된 미덕의 본질》을 쓴 시점은 노샘턴에서 명성을 얻은 때가 아니라 선교사로서 스톡브리지의 아메리카 원주민을 섬기던 광야 시절이었다. 해고되어 매사추세츠주 서부의 오지로 추방된 목사가 대서양 너머에 있는 철학자들의 이목을 사로잡다니 잘 상상이 안 된다. 그러나 오랜 시간 큰 영향력을 미치고 있는 그의 또 다른 작품 《자유 의지》(The Freedom of the Will)도 스톡브리지에 머물던 그 시기에 집필되었다. 그는 당대 세련된 철학자들에게 영합하지 않았고, 앞서간 청교도들의 칼뱅주의를 옹호했다.[21] 사회 비평가 크리스토퍼 래시는 "에드워즈가 서술한 칼뱅주의는 계몽주의 사조에 완전히 역행했다"라고 평했다.[22] 그런데도 에드워즈는 칼뱅주의를 비판하는 이들의 관심을 끌었고, 그들은 그가 내적 체험에 너무 치중한다고 성토했다. 그럼에도 불구하고 에드워즈가 오늘날에도 팀 켈러를 비롯한 수많은 사람에게 영향을 미치는 이유는 바로 그가 당대 철학자들에게 도전장을 내밀었기 때문이고, 머리와 가슴을 따로 떼어 놓지 않았기 때문이다.

머리에서 가슴으로, 손을 통해 세상으로

켈러가 인용한 에드워즈의 설교와 논문은 아주 다양하지만 반복

되는 주제들은 똑같다. 에드워즈가 말한 참된 기독교의 표지도 켈러의 단골 주제인데, 그것은 바로 기독교가 지성만 아니라 정서까지 아우른다는 것이다. 제1차 대각성 운동 때 쓴 《신앙과 정서》(The Religious Affections)에서 에드워즈는 "지성"과 "성향"을 구분했다. 전자는 참과 거짓을 가려내는 것이고, 후자는 가려낸 그것을 좋아하거나 싫어하는 것이다. "의지"가 우리의 행동을 정할 때 "마음"도 아름다움에 이끌려 거기에 협력한다. "마음"에서 "정서"가 나오는데 그것이 성경에는 사랑, 희락, 화평, 오래 참음, 자비, 절제 같은 "성령의 열매"로 표현되어 있다(갈 5장).[23]

에드워즈가 제시한 틀은 켈러의 기본 설교관에도 길잡이가 되었다. 알차고 좋은 설교는 그리스도인에게 예수님의 유용성만 아니라 탁월성을 보게 해 준다. 우리에게 필요한 것은 지적인 이해 그 이상이며 하나님에 대한 개념 그 이상이다. 그분을 기뻐하고 즐거워하는 감성도 필요하다.

다음은 켈러가 보기에 에드워즈가 "이 역동을 아마도 가장 잘 논한" 대목이다.[24]

> 하나님이 거룩하고 은혜로우신 분이라고 생각하는 것과 그
> 거룩하심과 은혜를 매혹적이고 아름답게 느끼는 것은 다르다. 꿀이
> 달다는 이성적인 판단과 실제로 느끼는 단맛은 다르다. 꿀맛을 몰라도
> 전자는 가능하지만, 머릿속에 꿀맛이라는 개념 없이는 후자를 경험할
> 수 없다.[25]

켈러는 자신의 설교가 정보에서 감화로 선을 넘어가는 순간을 알

수 있다고 썼다. 설교 전반부에는 회중이 정보를 배우는 중이므로 필기해도 그는 상관없었다. 그러나 막판에 그들이 필기를 멈추고 그를 쳐다본다면 그는 자신이 그들의 정서를 건드렸음을 알았다.[26] 꿀이 달다고 그가 설명할 필요가 없었다. 그들 스스로 맛보았기 때문이다.[27] 결국 고난이 닥쳐오고 삶에 실망할 수밖에 없을 때도 이제 그들은 하나님이 자신을 사랑하신다는 사실 이상을 알 것이다. 하나님의 사랑이 피부로 느껴질 것이다.[28]

여기에 보완이 되는 예화를 켈러는 19세기 신학자이자 프린스턴 신학교의 첫 교수인 아치볼드 알렉산더의 책에서 발견했다.[29] 지식은 새겨진 도장과도 같아서 그 양각된 문양을 제대로 보려면 밀랍에 찍어야만 한다. 알렉산더는 "이렇듯 하나님의 말씀에 담긴 진리를 가장 확실히 밝혀 주는 것도 심중에 경험하는 말씀의 효험이다"라고 말했다.[30] 다시 말해서 머리로만 알던 하나님의 사랑이 가슴으로 스며들어 정말 그분의 사랑으로 느껴지면 그것이 바로 부흥이다.

켈러가 러블레이스의 영적 역학 수업에서 배웠듯이, 머리에서 가슴으로 내려온 부흥은 이제 우리의 손을 통해 밖으로 흘러나간다. 신앙의 참된 정서는 반드시 사랑의 관계를 낳게 되어 있다. 에드워즈가 "천국은 사랑의 나라입니다"라는 설교에서 역설했듯이 사람은 누구나 유익을 맞교환하려고 사랑하는 경향이 있다.[31] 그래서 마땅히 받아야 한다고 여겨지는 것을 받지 못하면 우리는 분노하거나 질투한다. 이것이 부부 관계에서 어떻게 나타나는지가 《팀 켈러의 답이 되는 기독교》(Making Sense of God)에 예시되어 있다.[32] 반면 참사랑은 하나님이 그분 자신을 위해 유지하시는 순수한 불꽃이다. 그분께 사랑받기에 서로를 향한 우리의 사랑은 희미해지거나 죽지 않는다. 에드워즈는 "사랑의 실천을 막거나 방해할 교만이나 이기심이 없다 보니 모두의 마음이 사랑으로 충만합니다"라고 말했다.[33]

리처드 러블레이스가 켈러에게 에드워즈를 소개한 때는 삶의 형성기인 신학교 첫 학기였다. 그다음 학기에도 그는 부흥의 역사에 대한 러블레이스의 과목을 들었다. 나중에 장 칼뱅의 《기독교 강요》(Institutes of the Christian Religion) 같은 여러 고전을 읽다 보니 에드워즈에게 배운 것과 비슷한 점이 많았다. 칼뱅의 그 작품을 켈러는 "지금까지 읽어 본 것 중에서 하나님의 은혜에 대한 가장 뛰어나고 깊고 광범위한 고찰"이라 표현했다. 특히 그에게 다가온 것은 하나님이 예수 그리스도 안에서 베푸시는 무조건적인 사랑을 머리와 가슴으로 함께 깨달아야 한다는 칼뱅의 말이었다. "칼뱅이 거듭 가르쳤듯이 참으로 회심하려면 교리를 이해하기만 해서는 안 되고 하나님의 사랑을 깨달아야 한다. 그래야 마음의 내적 구조와 동기가 변화된다."[34]

켈러는 이 주제가 에드워즈 저작의 핵심임을 인식했고, 나아가 그것이 칼뱅으로부터 이어져 온 것임을 강조했다. 에드워즈는 켈러가 개혁신학에 들어서는 관문이 되었으며, 이로써 그는 이후에 켈러가 모든 신학 서적을 읽고 이해하는 방식에 영향을 미쳤다. 켈러가 어디를 보든 거기에 영적 역학이 작용하고 있었다.

1975년에 고든콘웰신학교를 졸업할 즈음에는 켈러의 신학적 입장이 대부분 영구히 정립되어 있었다. 그는 웨스트민스터 표준 문서와 장로교 개혁신학을 지지했다. 형벌 대속과 전통적 언약 신학과 무천년설을 옹호했고, 가정과 교회 내 성 역할에 대해서는 오늘날의 표현으로 "상호 보완주의"(complementarian) 관점을 취했다. 문화에 대해서는 전도와 사회 정의를 통합하는 신칼뱅주의 입장에 섰다. 그는 교회를 어느 한 정치 의제와 결부하기를 거부했고, 교회가 성경의 성 윤리를 타협하지 않으면서도 동성애 문제에 목회적 돌봄의 자세로 접근하기를 바랐다. 그리고 에드워즈 시대에 있었던 그런 부흥이 일어나기를 기도했다.

교회 안에서나 밖에서나 이런 신념의 인기는 올라갈 수도 있고 떨어질 수도 있다. 그러나 켈러는 1975년 이후로 이런 관점 중 일부를 변주한 정도에 불과했다. 고든콘웰에서 다져진 이 기초는 그의 첫 사역지는 물론이고 마지막 사역지에까지 그대로 지속되었다.

PART 3.

불 시험

1975-1989년

11

남부 화학공업 중심지,
실전 목양

Hopewell, Virginia

10번 국도 남쪽 방향을 타고 버지니아주 호프웰로 들어서면 도시 전체가 한눈에 들어오는 지점이 있다. 절정기인 1970년대에 호프웰의 인구는 23,000명이 넘었다. 팀이 처음 목사 청빙을 수락하여 아내와 함께 그곳으로 이사한 때가 바로 1975년이었다. 한번은 캐시가 교회의 한 할머니를 모시고 그 도로 정상부를 지나는데 노란색과 보라색 연기를 뿜어내는 굴뚝이 끝없이 이어졌다. 할머니는 캐시에게 "저 화학 공장들이 이 고장을 집집마다 먹여 살리고 있으니 정말 대단하지 않으우?"라고 말했다. 캐시는 대단한지는 잘 모르겠고 '우리 모두 여기서 죽겠구나!' 하는 생각뿐이었다.[1]

호프웰을 남부의 화학공업 중심지로 자랑하던 오랜 간판들은 1970년대 어느 시점에 이르러서는 다 사라졌다.[2] 그로부터 10년도 더 지난 1988년, 엘라이드 시그널과 파이어스톤 같은 데서 운영하던 화학 공장들은 도시 동북단을 둘러싸고 있는 제임스강 등 여러 수로에 2,700만 킬로그램에 달하는 유해 폐기물을 방출했다. 켈러 부부가 이사온 그해에 버지니아주지사는 호프웰 북서쪽 30킬로미터 지점인 리치몬드에서부터 강 하류 130킬로미터 거리에 있는 체서피크만에 이르기까지 제임스강에서의 어로 활동을 일절 금지했다. 주 정부가 우려한 것은 DDT 계열 살충제 케폰을 생산하고 출시하는 과정에서 1966년부터 1975년까지 강에 버려진 폐수의 악영향이었다.[3] 이 비리는 하필 팀과 캐시가 그 도시에 막 이사왔을 때 폭로되었다.

그래도 켈러 부부는 일할 곳이 생긴 것만으로도 행복했다. 복음주의회중교회와 결별한 뒤로 아직 PCA(미국장로교)와 제대로 맺어지기 전이었으므로 그들은 섬길 교회를 찾을 때까지 장기간 기다릴 각오가 되어 있었다. 장로교에서 안수를 받기로 한 터였는데, 뉴잉글랜드에 남아 있는 쪽을 선호했으나 그 아름답고 영적으로 빈곤한 지역에 좀처럼 공석이 나지 않았다. 일단 생계 대책으로 켈러 부부는 둘 다 미국 우편배달부 시험을 쳐서, 1975년 6월부터 매사추세츠주의 한 우체국에서 일하라는 제의를 받은 상태였다.

매사추세츠에 남으려고 계획하던 중에 켈러는 고든콘웰 동문 친구를 통해 케네디 스마트라는 PCA 목사와 연결되었다. 스마트는 그에게 어느 작은 교회의 3개월 임시 목사직을 권유하면서 "그쪽에서도 당신을 알고 나면 마음에 들어서 분명히 유임하게 할 거요"라고 말했다. 하지만 켈러 부부는 선뜻 내키지 않았다. 3개월 후 팀이 실직하여 거처도 없게 되면 어쩔 셈인가? 그러나 우체국 일 말고는 달리 대안이 없다 보니 답은 뻔했다. 그렇게 그들은 청빙을 수락하고 그곳으로 떠났다.

1975년 5월, 켈러 부부는 빌린 트럭에 짐을 싣고 내려가 웨스트호프웰장로교회의 3개월 임시 목사직에 안착했다. 그 교회가 불과 2년 전에 가입한 신생 교단 PCA는 1973년 12월 앨라배마주 버밍햄에서 결성되었다. 청빙 위원회에서 켈러를 정규직으로 전환할 생각이라도 하기 시작한 것은 부임 후 두 달이 지나서였다. 그러나 문제가 산적해 있는 교회에 풋내기 목사는 제격이 아니라며 주저하는 이들도 많았다. 전임 목사는 성가대 지휘자와 부적절한 관계를 맺은 이유로 강제로 사임했다. 교인들은 그런 스캔들에 더는 관심이 없었고 그저 자신들을 사랑해 줄 목사를 원했다.

웨스트호프웰교회는 다양한 용도에 맞는 건물이 없었고, 켈러가 강단에 처음 설 때 예배 참석자는 90명쯤에 불과했다. 목사가 일할 변변한 사무실도 없었다. 켈러의 사역 초기에는 교인 대부분이 60세 이상이었는데, 그중 학력이 중졸 이상인 사람은 아예 없다시피 했다. 대다수 교인이 고등학교를 마치지 못했고, 첫 정식 직장은 가족 농장 등 가업이었다. 장로 중에도 대학 공부를 마친 사람은 없었다. 사실 대학을 나온 교인은 둘 뿐이었는데 둘 다 초등학교 교사였다. 아버지가 남북전쟁에 참전했을 정도로 나이가 지긋한 교인도 더러 있었다.

팀의 대학 친구인 브루스 헨더슨은 팀이 청빙을 수락했다는 말을 듣고 깜짝 놀랐다. 켈러 부부 쪽만 아니라 웨스트호프웰교회 쪽의 절박함도 그에게 느껴졌다. 버크넬과 고든콘웰의 고상한 학문 공동체에서만 지내던 팀은 블루칼라가 주를 이루는 호프웰에 자연스럽게 딱 어울리는 사람은 아니었다. 그는 아마 면접 때도 교회 리더십들에게 사회성이 원만하다는 인상을 주지 못했을 것이다.[4]

영어를 쓰는 여느 미국 백인 목사에게 호프웰이 적어도 겉으로는 큰 도전으로 보이지 않았을 수 있다. 그러나 켈러가 이 타 문화의 경험에서 성공하려면 학교에서 배운 많은 것을 내려놓는 탈학습이 필요했다. 많은 교인이 소리 내어 읽기를 불편해하다 보니 IVF 방식의 성경 공부는 완전히 실패로 돌아갔다. 그냥 자리에서 벌떡 일어나 나가더니 다시는 돌아오지 않은 여성도 있었다. 머잖아 켈러는 자신의 설교를 조정하여 더 구체적이고 실제적이고 명확하게 전달해야 함을 깨달았다. 호프웰에서 상황화에 입문한 셈이다. 먼저 듣고서 실상을 파악한 후에야 설득력 있게

말할 수 있음을 그는 절감했다.[5]

　타 문화의 여러 도전에도 불구하고 호프웰은 그 시절을 떠올리는 켈러 부부에게 한결같은 애정을 불러일으킨다. 거기서 캐시는 아들 셋을 다 낳았고 팀은 목회를 배웠다.

수십 년을 앞서간 사역자

　자신의 사역 정황에 늘 호기심이 왕성한 켈러에게 호프웰은 그야말로 살아 있는 역사의 현장이었다. 북부 사람으로서 펜실베이니아주와 매사추세츠주에서 교육받은 켈러는 신생 PCA 교단이 지배적인 남부 문화를 호프웰에서 직접 배웠다.

　훗날 호프웰시로 편입된 제임스강변 시티 포인트 개척지의 역사는 약 65킬로미터 동쪽에 제임스타운이 개척된 지 불과 6년 만인 1613년으로 거슬러 올라간다. 제임스강은 리치몬드에서 남쪽으로 30킬로미터쯤 흐르다 시티 포인트에서 동쪽으로 꺾어져 노력을 거쳐 체서피크만으로 빠진다. 수로와 철로 보급로를 겸비한 입지 조건 때문에 시티 포인트는 율리시스 S. 그랜트 장군이 1864-1865년간 피터즈버그를 포위 공격할 때 북군 사령부를 설치한 전략적 요충지가 되었다. 에이브러햄 링컨 대통령도 1865년 3월 24일 시티 포인트에 가서 병력을 시찰하고 남북전쟁 종전을 구상했다.

　그러나 1914년에 시로 승격된 호프웰은 다른 두 전쟁과 더 밀접한 관계가 있다. 수십 년 전 그랜트가 호프웰의 항구와 철로에서 찾아낸 이점에 똑같이 주목한 듀폰사는 다이너마이트를 제조할 공장 위치로 호프웰을 선정했다. 제1차 세계대전 전선이 유럽 전역에 퍼져 있어 다이너마이트 수요가 치솟았을 때였다. 그 후 공장 제조품이 화약 대용의 솜화약으로 바뀌면서 도시 인구가 폭발적으로 늘어 그 공장 직원만도 4만 명에 달했다. 인근 육군 부대(승장 그랜트의 이름을 따지 않고 그의 적이었던 버지니아 태생의 남부군 사령관 로버트 E. 리의 이름을 땄다)에서는 6,000명의 병사가 훈련받았다. 제1차 세계대전이 끝나면서 공장도 문을 닫았으나 캠프 리는 제2차 세계대전 때인 1940년 10월에 재개하여 육군 병참 장교 최소 5만 명과 병참 사병 300명 이상을 양성했다.[6]

켈러 부부가 호프웰로 이주하기 불과 8년 전인 1967년, 미국 대법원은 "러빙 대 버지니아" 판결을 통해 버지니아주의 인종 간 결혼 금지법을 뒤집었다. 원고 밀드리드 러빙은 호프웰 북쪽 95킬로미터 근방에서 자랐고, 그녀의 집에서 호프웰까지는 그대로 그랜트 장군의 리치몬드 진격로였다. 남북전쟁의 가장 치열한 전투가 그 구간에서 많이 벌어져 결국 1864-1865년에 종전을 이끌어 냈다.

IVF와 고든콘웰에서 신학적 다양성의 환경에 익숙해져 있던 켈러는 자신의 작은 교회가 웨스트민스터 신앙고백을 중심으로 신학적으로 연합되어 있는 데 적이 놀랐다. PCA 교단이야 그들 모두에게 새로웠지만, 대다수 교인은 켈러보다 훨씬 오래전부터 장로교인이었다. 그런데 인종차별을 보는 관점만은 그 연합과 별개였다. 켈러가 호프웰에서 접한 일부 인종차별의 태도는 뜻밖이었다. 그래도 성경 구절 하나하나로 하나님

의 뜻을 다 전하면 회중 가운데 잔재하는 인종차별의 태도가 사라지리라고 그는 믿었다.[7]

펜실베이니아주 동부 출신 목사에게 웨스트호프웰교회는 힘든 곳일 수도 있었지만, 모든 정황을 감안하면 그 정도는 아니었다. 전임 목사들이 인종차별과 잘못된 형태의 민족주의를 따끔히 지적하여 길을 닦아 놓았다. 웨스트호프웰장로교회를 개척한 웨스트엔드장로교회(West End Presbyterian Church)는 PCA 원년 교회 중 하나로 불과 1.6킬로미터 거리의 호프웰 북부에 있었다. 윌리엄 E. 힐 주니어가 본래 듀폰채플(Dupont Chapel)이었던 웨스트엔드교회의 목사로 1929년부터 재직했고, 1958년에 사임한 뒤로도 1970년대 내내 PCA의 주요 인물로 남아 있다가 100세가 넘은 1983년에 세상을 떠났다.

그 시대 미국 남부와 특히 소도시 교회들에는 공통된 문제가 많았는데, 힐은 그런 난관을 정면 돌파하기로 정평이 나 있었다. 거의 한 세대 전체가 제2차 세계대전이나 한국전에 참전했던 시대인데도 그는 메모리얼데이나 독립기념일에 '호국' 예배를 허용하지 않았다. 웨스트엔드교회에서 예배 중에 미국 국기에 충성을 맹세한 사람은 아무도 없었다. 심지어 그는 장례식 때 국기로 덮인 관을 교회에 들여놓지 못하도록 152센티미터 단신의 몸으로 직접 막아서기까지 했다. 피터즈버그와 리치몬드 현지 신문들은 힐을 애국심 없는 공산주의자로 묘사했고, 교인들도 항의하여 무려 300명이나 교회를 떠났다. 그의 소신 때문에 교회가 엄청난 대가를 치른 것이다.

더 놀라운 것은 웨스트엔드교회에서 1940년대에 설립한 기독교

학교에 힐이 인종 통합을 요구한 것이다. 호프웰에서 서쪽으로 110킬로미터쯤 떨어진 버지니아주 프린스 에드워드 카운티의 팜빌이 인종을 통합하느니 차라리 1959년부터 5년간 모든 공립학교를 폐쇄한 것과는 대조적이었다. 1970년대 내내 남부 일대의 기독교 학교들은 여전히 '백인 학교'로 문을 열었다. 오늘날까지도 교회의 평화를 교란하는 많은 문제에서 힐은 수십 년을 앞서갔던 것이다.

켈러가 인종차별이라는 죄를 명시적으로 설교하기도 전부터 교인들의 인종차별을 대하는 태도에 조금씩 변화가 나타났다. 웨스트호프웰 교인 중에 평판이 좋고 점잖은 한 남자는 자신의 신앙이 도덕적 의무에 지나지 않음을 깨달았다. 은혜가 하나님의 값없는 선물이라는 개념을 터득하면서부터 그는 눈에 띄게 달라졌다. 새로운 행복과 확신이 물씬 풍겨 나왔다. 그런데 그게 다가 아니었다.

"사실 저는 평생 인종차별주의자였습니다." 그가 켈러에게 한 말이다. 켈러는 허를 찔렸다. 그는 아직 인종차별에 대해 가르치거나 설교하지 않았고, 교인들에게 이와 관련된 적용을 제시한 적도 없었다. 그런데 그 교인 스스로 그렇게 연결시킨 것이다. 은혜 앞에서 그는 아무도 낮추볼 수 없었다. 은혜에 눈뜨고 보니 자신이 의롭다 하심을 받은 것이 무슨 행위나 타고난 인종 때문이 아니었던 것이다.[8]

호프웰에서 사역하던 9년 내내 켈러는 힐의 모본을 따라 인종차별이 죄임을 명시적으로 가르쳤다. 로리 하월이 기억하는 켈러는 인종이란 딱 둘밖에 없으니 곧 '하나님의 백성'과 '하나님 나라 바깥에 있는 모든 사람'이라고 설교했고, 성경이 금하는 인종 간 결혼은 그것뿐이라고 힘주어 말했다. 하월은 "1970-1980년대의 호프웰에서 그 정도면 대단히 급진적이었는데, 그래도 그는 굽히지 않았어요"라고 말했다.[9]

영혼을 돌보는 훈련

월리엄 힐은 팀 켈러의 사역에 계속 영향을 미쳤다. 호프웰에 세워진 PCA 교회들을 두루 방문하며 강단을 감시한 것이다. 그는 차를 몰고 웨스트호프웰교회 앞을 지나가다 주차장에 켈러의 차가 보이면 교회에 잠깐 들러 자청해서 조언하곤 했다.

하월은 이렇게 말했다. "놀랍게도 팀은 그 어르신을 아주 친절하게 대했고, PCA 초창기이던 당시의 그의 역할을 보며 그를 존중하고 존경했습니다. 그가 사소한 일로 팀에게 지독히도 트집을 잡았는데도 말이지요. 의심의 여지없이 팀은 내가 아는 가장 인내심이 많은 사람입니다."[10]

켈러는 진작 신학교에서 개혁신학에 헌신했지만, 웨스트민스터 신앙고백과 교리문답을 공부한 것은 PCA 목사로 안수받을 때였다. 이런 표준 문서를 장로 및 집사 훈련에서 가르치면서 그는 장로교 전통에 대한 감사가 더욱 깊어졌다. 역사적 신앙고백에 신학의 기초를 둔 교회와 〔개교회의 사명 선언문식의〕 "신앙 진술서"만 있는 교회의 차이가 새삼 보였던 것이다. 그래서 장로교인을 과거와 연결해 주는 신앙고백이 귀하게 여겨졌다. 그에게 이 신앙고백은 부적격 지도자를 걸러 내는 기준일 뿐 아니라 온 회중을 양육해 주는 양식이었다.[11]

호프웰에 오기 전까지 켈러는 PCA 교회에 가 본 적이 없었으므로 PCA 총회와 노회에 대해 배울 게 많았다. 그러나 이 신생 교단에 적응하는 법을 익히는 데 결코 그 혼자는 아니었다. 그가 PCA 노선을 인식하도록 도와준 외부인이 있었다. 1974년에 니콜라스 월터스토프는 자신의 소속 교단인 기독개혁교회(Christian Reformed Church; 이하 CRC) 내에 교리주의, 경건주의, 카이퍼주의라는 세 가지 하부 전통이 있다고 썼다.[12] 나중에 조지 마즈던은 이 표제를 미국의 모든 개혁교회에 적용했다.[13]

켈러는 버크넬 IVF에서 경건주의 전통을 배웠고 고든콘웰에서 카이퍼의 신칼뱅주의 전통을 더했다. 그러나 교리주의 요소를 경험한 것은 PCA의 다른 목사들과 교회들을 접하면서부터였다. 교리주의에서 강조하는 신앙고백은 신자에게 문답식 교리를 가르치고, 신학적 이탈을 막고, 역사 속 개혁교회와의 연속성을 다져 준다.

당시 켈러는 이 세 가지 용어를 아직 몰랐다. 그러나 교리주의 관점에 더 전적으로 헌신한 그리스도인들에게서 배우는 과정에서 그에게 PCA 내의 긴장이 조금씩 느껴졌다.

윌리엄 힐이 호프웰에 계속 있어 준 덕분에 켈러는 이 PCA 원로의 엄격한 기준을 배웠다. 그러나 개인적으로 켈러에게 더 큰 영향을 미친 사람은 힐의 웨스트엔드교회 후임 중 한 명인 케네디 스마트 목사였다. 애초에 켈러에게 석 달간 웨스트호프웰교회 강단을 맡을 것을 권했던 그는 특히 소도시의 목회 리듬을 몸소 보여 주었다. 병원에서 교인을 심방하다가 둘이 서로 마주칠 때면 켈러는 스마트가 의료진과 환자들을 어떻게 대하는지를 관찰했다. 스마트는 병원에 드나드는 모든 사람의 이름을 알았고, 가족에 대해서도 충분히 알아 두었다가 근황을 구체적으로 물었다. 자기네 교인과의 대화와 기도가 끝나면 병실마다 다니며 다른 환자들까지 살피고 기도해 주었다.[14]

웨스트호프웰에 재직하던 중에 켈러는 리처드 백스터의 《참목자상》(The Reformed Pastor)을 청교도 문고본으로 읽었다. 그 책에서 백스터는 매년 적어도 한 번은 모든 교인의 가정을 심방할 것을 권한다. 이렇게 삶속으로 파고드는 목양을 켈러는 이미 스마트의 모본으로 접했다. 책에서 읽고 호프웰 지역의 다른 목사들에게서 본 역할 모델을 통해 그는 설교자만이 아닌 목회자의 본분을 익혔다.

그렇게 일일이 돌보다 보니 사역이 과중해져 켈러의 삶에 대가가 따랐다. 훗날 뉴욕에서 사역할 때와 마찬가지였다. 웨스트호프웰 교인이 100명 이하인데도 켈러는 매주 60-70시간씩 일했고, 그러는 내내 켈러의 집에는 어린 자녀들이 있었다.[15] 요즘은 많은 신학생이 졸업 후 계속 실무를 배울 수 있는 큰 교회를 찾지만, 켈러는 부임 첫날부터 모든 일을 도맡아 해야 했다. 장로 회의를 주재하고, 주일 아침과 저녁에 설교하고, 수요 기도회를 인도하면서 또 설교하고, 성인 주일학교에서 가르치고, 중고등부 사역을 구상하고, 남성 수련회와 여성 수련회에서 말씀을 전하고, 환자를 심방하고, 교인 가정을 방문하고, 모든 결혼식과 장례식을 집전하고, 결혼 생활이 힘들어진 부부를 상담해야 했다. 특히 바쁠 때는 한 번에 무려 서너 부부를 상담할 때도 있었다.[16]

켈러는 모든 고등학교 졸업식에 초대받았으며, 당시에는 모든 소녀의 16세 성년 파티에도 목사가 참석하는 게 관례였다. 가정마다 목사를 한 식구로 생각하던 시절이었다. 교인의 가족 나들이에 초대받아서 갈 때면 켈러는 (자기 몫으로 차려 준 소박한) 감자 샐러드를 거절하지 않고 꼭 충분히 먹고 왔다.[17] 새벽 3시에 누군가 자살했다는 전화가 걸려 와 유가족을 상담하기도 했다. 남편들이 집을 나가면 그가 찾아내서 집으로 돌아가 도움을 받으라고 설득했고, 자녀들이 가출해도 그가 찾아 다녔으며, 부모가 사망하면 그가 자녀에게 그 사실을 알렸다. 한 남자가 자기 집 지하에서 일하다 감전사했을 때 남자의 아내와 함께 영안실에서 시신의 신원을 확인한 사람도 켈러였다.

사람들을 목양하고 돌보던 호프웰 시절 이뤄진 사역만큼 켈러를 혹사시킨 일은 전무후무했다. 1970년대에 호프웰에서는 지역사회 상담을 목사들이 도맡다시피 했다. 실제로 그 기간에 호프웰에서 활동한 전문 상담가는 하나도 없었다. 켈러는 자신을 준비시켜 줄 자원을 물색했다. 그리스도인의 우울증, 공포증, 중독과 알코올의존증, 관계 문제, 성 중독, 동성애 문제 등에 도움을 주려면 자원이 필요했다. 알고 보니 이런 문제에 접근하는 가장 성경적이고도 심리학적인 방법에 대해 그리스도인들 사이에서도 이견이 있었다. 사역하다 탈진할 뻔한 희생을 치렀지만, 다행히 그가 상담한 그리스도인들에게서 고무적인 변화의 증거가 나타났다. 호프웰은 그에게 목사가 상담을 그렇게 많이 해서는 안 된다는 것을 가르쳐 주었다. 목사들은 그리스도인 전문 상담가들에게 의뢰해서 도움을 받아야 한다.[18]

훗날 되돌아보며 켈러는 이 시기를 불 시험으로 보았다. 이 소도시 사역이 그를 나중에 전국 최대 도시에 교회를 개척하도록 준비시켜 주었다. 분업이 아니라 다방면의 수완이 요구되었다는 점에서 양쪽 정황이 같았고, 목사로서 자신과는 다른 부류의 사람들에게 사역해야 했다는 점도 양쪽의 공통점이었다. 교회를 통해 연결되지 않았다면 그들은 아마 그의 친구가 되지 않았을 것이다. 웨스트호프웰 교인들은 팀처럼 J. R. R. 톨킨과 C. S. 루이스 같은 영국 작가를 좋아하지 않았고, 팀은 화학 공장에서 일하는 그들의 블루칼라 직종에 잘 공감하지 못했다. 딱히 속생각이 맞지도 않았고 비슷한 취향도 없었던 것이다. 그들은 이미 더불어 지내는 시간을 아주 좋아했으므로 켈러가 새삼 공동체를 세울 필요는 없었다. 그들에게 필요한 목사는 그저 늘 곁에서 그들을 챙겨 줄 사람이었다.

팀은 나름대로 소통에 노력을 기울였다. 고향 앨런타운에서는 스포츠를 별로 하지 않았던 그가 호프웰의 남자들과 더 잘 통하려고 풋볼 게임도 배웠다. 고등학교와 대학에서 고적대장을 맡은 적은 있지만 풋볼의 자세한 규칙은 몰랐다. 캐시가 피츠버그 부근에서 자랐으므로 팀은 R. C. 스프로울이 열렬히 응원하던 스틸러스 팀의 팬이 되었다. 마침 때가 잘 맞아서 그 팀은 미국 프로 풋볼 결승전인 슈퍼볼에서 1975년, 1976년, 1978년, 1979년에 우승했다. 주로 워싱턴 팀을 응원하던 버지니아 팬들 앞에서 팀은 보란 듯이 자랑했다. 예배 중에 상의를 벗고 넥타이와 와이셔츠 단추를 풀어 그 안에 입은 스틸러스 팀 티셔츠를 보여 주어 회중을 깜짝 놀래 주기도 했다. 고적대장이 목사가 되더니 새로운 묘기를 배운 것이다.

로리 하월은 "팀 켈러가 웨스트호프웰에 처음 왔을 때는 그렇지 않았고, 그곳을 떠난 후에도 그렇지 않았어요"라고 말했다.[19]

고든콘웰이 팀에게 평생의 친구들을 주었다면, 호프웰은 하나님이 맡기신 모든 양을 목양하는 법을 가르쳐 주었다.

최고도의 사역 형성기

물론 웨스트호프웰교회에서 사역하던 기간도 팀과 캐시에게 평생의 친구들을 남겼다. 그레이엄 하월은 웨스트호프웰에서 성장했고 당시 그곳에 있는 많은 사람처럼 결혼이 일렀다. 그리고 많은 젊은 부부처럼 그의 결혼 생활도 금방 문제가 생겼다. 결혼한 지 7개월밖에 안 되었는데 하월은 어디에 도움을 청해야 할지 막막했다. 다만 교회에 답이 있기를 바랐다.

교회에 들렀을 때 그는 켈러를 몰랐다. 게다가 켈러는 그가 예상한 부류의 목사도 아니었다. 켈러는 기도만 해 주고 그를 보낸 게 아니라 깊은 질문을 던졌고 도식을 그려 가며 성경의 요지를 예시했다. 약속을 잡아 계속 그를 만나면서 1968년에 창설한 기독상담교육재단(Christian Counseling and Education Foundation; CCEF) 자료로 숙제도 내주었다.

하월은 스물두 살이던 그때부터 비로소 그리스도를 믿었다. 나중에 그는 자신이 경험한 팀과 캐시의 자상한 사역에 대해 이렇게 썼다.

그 목사는 결국 이 작은 교회에서 9년을 머물며 설교 실력을 연마하고 교인들의 삶의 기복 가운데 동행했다. 나는 그의 상담에 크게 의존하면서 삶과 신앙에 대한 온갖 질문을 던졌다. 그때 나는 기도와 성경을 통해 신앙이 자라 가던 갓난아기 그리스도인이었는데, 정말 신앙을 확증해 준 것은 끝까지 나를 포기하지 않은 켈러 부부의 사랑이었다. 힘들 때 가족의 지원이야 당연한 거지만, 생판 모르던 그들의 자상한 돌봄은 나로서는 이해하기 힘들어 '왜 이렇게 잘해 줄까?' 하는 생각이 들었다. 한번은 유난히 힘든 하루를 마치고 모두가 나를 비난하는 것 같아 밤에 외로이 술집에서 나왔는데, 시간 날 때 자기네 집으로 오라고 손글씨로 적어 놓은 쪽지가 내 차에 꽂혀 있었다. 이렇게 그들은 늘 기도해 주고 나를 가르쳐 주고 식사 자리에 함께 앉혔으며, 마침내 이혼이 불가피해졌을 때는 그들의 휴가에 함께 데려가기까지 했다. 내 삶에 아낌없이 쏟아부은 그들의 사랑을 영영 잊지 못할 것이다. 결코 갚을 수 없는 빚이다.[20]

켈러 부부는 그레이엄 하월에게 대학 진학을 권유했고, 그가 옆집의 로리와 재혼하기 전까지는 버지니아커먼웰스대학교(Virginia Commonwealth University)에 다니는 동안 자기들 집에 거주하게 했다. 휴가 때면 그들은 몇 시간이고 함께 중고 서점들을 훑었다. 하월은 가끔 팀의 심부름도 했는데, 현재의 유니언장로교신학교(Union Presbyterian Seminary)의 전신인 리치몬드의 유니언신학교(Union Theological Seminary)에 책을 대신 반납하다 보면 팀이 즐겨 읽는 신학 고서들이 100년도 넘게 대출되지 않은 경우도 있었다.[21]

켈러는 호프웰 시절을 일생 최고도의 사역 형성기로 회고했다.[22]

거기서 그는 목양과 교육 사이의 역동적 전환을 몸에 익혔다. 물론 모든 사람이 그레이엄 하월처럼 반응하지는 않았다. 웨스트호프웰의 대다수 교인은 팀이 권해 주는 책을 읽지 않았으므로 그는 그들을 대학촌이나 대도시에서와 똑같이 이끌 수는 없었다. 호프웰에서 팀은 본인의 표현으로 "교리 위주 모델"에서 처음 벗어나 보았다. 버크넬에서 회심한 뒤로 그는 교수와 학생이 없는 교회에 속하거나 그런 교회에서 섬겨 본 적이 없었다. 그가 아는 방법은 성경을 강해하고, 주제별 공부반을 가르치고, 진지한 소그룹 성경 공부를 인도하는 것뿐이었다. 켈러는 이런 전략으로는 웨스트호프웰에 부흥이 임할 수 없음을 점차 깨달으며 좌절감을 시인했다. 교회 출석자 수는 그가 부임하기 이전 30여 년 동안 150명을 넘긴 적이 없었다. 그래서 켈러는 독서에서 얻은 통찰을 주 3회(주일 아침, 주일 저녁, 수요일 저녁) 교육에 맞추어 요약하는 법을 배웠다.

그 9년간 그에게 아주 귀중한 설교 레퍼토리가 1,500편 이상 쌓였다. 2015년에 《팀 켈러의 설교》(Preaching) 감사의 말에 그는 이렇게 썼다. "먼저 웨스트호프웰장로교회 교인들에게 감사하고 싶다. …… 이 사랑과 지원의 공동체는 내 초창기의 아주 미약했던 설교를 너그러이 받아 주었다."[23] 호프웰에서 직접 경험한 바를 토대로 켈러는 어떤 목사든 적어도 처음 100편의 설교는 그리 좋을 수 없다고 결론지었다. 작고 관계가 보다 긴밀한 그 교회의 특성상 그는 다음번 교육할 때는 메시지의 미흡한 부분을 보완할 수 있었다.

팀은 자신의 설교가 현실의 문제와 맞닿아 있는지를 자주 질문을 통해 확인했고, 그러느라 본능을 거슬러 더 오래 경청하는 법을 배웠다.

의문에 답해 주지 않는 설교는 청중에게 가닿지 않음을 깨달은 것이다. 그럴 때는 목사가 막연히 추상적으로 가르치거나 아니면 강단에서 자신의 문제를 해결하려 한다. 다행히 개인 상담을 통해 켈러는 교인들이 어떻게 변화되고 있거나 또는 그렇지 못한지를 가늠했다. "설교 후에 듣는 피드백과 따뜻한 응원 덕분에 나는 훨씬 나은 설교자가 될 수 있었다. 내가 설교할 일이 그만큼 많지 않거나 교인들에게 그만큼 사랑받지 못하는 다른 교회였다면, 결코 그렇지 못했을 것이다."²⁴

그 교회에 9년을 있었던 게 도움이 되었음은 물론이다. 기간이 충분히 길었기에 교회는 그의 강점인 교육과 전도 쪽으로 점차 이동해 갔고, 팀은 초기의 고집을 버리고 그 교회의 강점인 실제적 봉사를 받아들였다. 나중에 켈러는 PCA의 바람직한 집사 사역에 대한 논문을 썼는데, 그 모든 내용은 그가 단지 성경과 역사 연구에서 배운 게 아니라 웨스트호프웰장로교회 교인들의 삶 속에서 본 것이다.

호프웰에서 켈러는 '말씀 사역'인 설교와 교육이 '실천 사역'인 빈민 구제와 하나로 통합되는 것을 보았다. 실제로 그는 호프웰의 담임목사로 재직하던 중인 1979년에 웨스트민스터신학교의 목회학 박사 과정에 입학했다. 다시 캠퍼스로 돌아가 전도의 잭 밀러, 선교의 하비 칸, 설교의 에드먼드 클라우니 등 수많은 저명한 교수에게 배우게 되었으니 꿈을 이룬 셈이었다.

그 과정을 시작할 때만 해도 그는 논문 주제를 무엇으로 해야 할지 전혀 몰랐다. 그런데 조지 풀러가 "집사에 대해 써 보십시오. 그 직분이 얼마나 중요한지 이제 아무도 모르거든요"라고 말해 주었다. 켈러가 조사해 보니 장로교 생활에서 집사 역할은 가난하고 불우한 이들을 섬기던 데서 회계나 시설 관리 같은 직무로 바뀌어 있었다. 인근 대학교에서 그는 사회복지에 대한 현대의 일반 교과서들을 연구했고, 종교개혁의 진원지인 제네바와 암스테르담과 에든버러와 글래스고의 교회들이 어떻게 집사 직분을 통해 공적인 사회봉사 체제를 처음 구축했는지도 공부했다. 그러다 보니 빈민에 대한 성경의 가르침과 빈민 사역의 여러 모델도 더 공부할 수밖에 없었다. 소외층을 위한 정의와 자비 시행의 중요성을 써 나가는 켈러의 여정에 클라우니도 동참했다.[25]

켈러는 자신이 제시한 집사 훈련 일부를 웨스트호프웰교회에서 처음 시행했다.[26] 그러나 그의 책 《여리고 가는 길》(Ministries of Mercy)에 반영된 전체 프로그램을 본격적으로 시행한 것은 나중에 그가 뉴욕시의 리디머교회에 있을 때였다. 켈러의 목회학 박사 논문은 또 그를 웨스트민스터신학교 실천신학 겸임 교수와 PCA 북미선교부 긍휼 사역 총책이라는 두 직책으로 떠밀었으며, 이를 계기로 그는 1984년에 호프웰을 떠나게 된다.

함께 성장한 부부

팀이 PCA에서 안수받은 지 25년째이고 뉴욕에서 리디머교회가 한창 성장하고 있을 때, 그와 캐시는 호프웰을 다시 찾아 그들의 친구 로리 하월이 마련한 만찬에 참석했다. 교인들이 켈러의 사역에 대해 고마운 점을 회고하는 순서가 있었는데, 설교를 언급한 사람은 단 한 명도 없었다. 그가 설교할 때 했던 말은 아무도 인용하지 않았지만, 상담과 심방 때 따로 들었던 말을 떠올린 교인은 여럿이었다.

로리 하월은 "교인들은 그가 자신들을 돌본다는 것을 아는 만큼만, 딱 그만큼만 강단에서 하는 그의 말에 관심을 보였습니다"라고 말했다.[27]

켈러는 이 경험을 회고하면서 사역 정황의 중요한 차이점 하나를 설명했다. 호프웰 같은 정황에서는 목양을 잘해야 교인들이 설교에 귀를 열지만, 뉴욕시 같은 정황에서는 일단 설교로 신임을 얻어야 상담도 하고 회중을 이끌 수 있다.[28]

많은 사람의 결론에 따르면 켈러는 "누구나 알아들을 수 있게 말하는" 법을 호프웰에서 배웠다. 호프웰의 블루칼라 회중 덕분에 그가 어렵고 복잡한 개념을 그리스도인과 비신자가 똑같이 이해할 수 있게 다듬어야만 했다고 해도 과언은 아니다.[29] 만일 신학교에서 곧바로 고학력자 위주의 회중에게로 건너뛰었다면, 그는 결코 널리 대중적인 작가나 설교자가 되지 못했을 것이다. 의욕적으로 배우려는 이들에게 도전하면서도 나머지 모두의 덕을 세우는 글이나 설교를 내놓지 못했을 것이다.

그러나 시간 순서대로의 그림은 이렇듯 나중에 되돌아볼 때와는 또 좀 다르다. 켈러는 어디서든 목회의 기본을 배워야 했는데 마침 호프웰이 그곳이었다. 신학교를 졸업할 때 그는 결혼식과 장례식을 집전하는 법도 몰랐고, 수련회와 노인 요양원과 기독교 학교 채플에서 뭐라고 말해야 할지도 몰랐다. 자신이 보기에 그는 사역의 귀재도 아니었고, 하나님이 남부의 이 소도시에 주신 선물도 아니었다. 그냥 젊은 목사이자 젊은 남편이자 젊은 아빠일 뿐이었고, 이런 새로운 역할 중 어느 하나에도 완전히 자신감에 차 있지는 않았다. 켈러 부부는 호프웰에서 함께 성장했다.

캐시는 세 자녀를 낳던 기간에도 교회 리더로 다양하게 활동했다. 우선 자연스럽게 중고등부를 이끌었는데, 로리 맥칼럼(훗날의 로리 하월)도 열다섯 살 때 그 모임에 들어갔다. 로리는 "캐시는 도전적이었어요. 그런 주일학교 교사나 중고등부 리더는 처음 봤어요"라고 회고했다.[30] 켈러 부부는 리고니어밸리연구소에서 경험한 잡담 모임 개념을 차용하여 웨스트호프웰교회의 주일 저녁 예배 후에 자기네 집에서 밤에 모임을 열었다. 젊은이들에게 권하여 간식도 가져오고 교회 안팎의 친구들도 데려와 팀에게 아무거나 물어보게 했다. 무엇을 물어야 할지 모를 경우에 대비해 팀은 가능한 질문을 수십 가지나 적어서 나누어 주었다.

팀이 이미 아침저녁으로 두 번이나 예배를 인도하며 설교한 후인데도 잡담 모임은 장장 3시간 반까지 이어지는 날도 있었다. 어떤 때는 첫 질문에 답하는 데만도 한 시간이 걸렸다. 이 모임은 켈러에게 신학적 사고와 명쾌한 변증을 연마하는 기회가 되었다. 팀이 답변할 때 캐시도 자주 동참했고, 그것이 훗날 리디머에서 예배 후 질의응답 시간으로 되살아났다.

질문은 이론적인 것만 아니라 실생활과 관계된 것도 있었고, 아주 개인적인 질문도 자주 나왔다. 로리는 사랑하는 사람들이 지옥에 있을 텐데 어떻게 자기만 천국에서 행복할 수 있느냐고 물었는데, 정확한 답변 내용은 잊었지만 나중에 팀이 식탁으로 따라와 따로 말해 주던 기억이 남아 있다.

캐시의 뜻이 강경하지 않았다면 팀은 잡담 모임을 더 밤늦도록 지속했을 것이다. 캐시가 일어나 방에 들어가 잠옷을 입으면 다들 그 밤의 잡담 모임이 끝난 줄을 알았다. 다시 나온 그녀는 모두에게 "이렇게 힌트를 주었으니 이제 집에 가세요!"라고 공표하곤 했다.[31]

세 아들을 기르는 일은 팀에게나 캐시에게나 쉽지 않았다. 호프웰에서 데이비드(1978년)와 마이클(1980년)과 조너선(1983년)이 차례로 태어났는데, 팀이 설교와 교육과 심방과 상담으로 일이 워낙 많다 보니 가족들의 희생이 따랐다. 팀과 캐시에게는 결혼보다 자녀 양육이 더 큰 변화였다. 다행히 세 아들에 대한 책임은 팀을 일중독으로 치닫는 최악의 성향에서 구해 주었다. 아빠가 되고 보니 삶을 통제하려는 자신의 욕구와 이기심이 더 잘 보였고, 부모 노릇을 하려면 희생과 절제가 요구되었다.[32] 트럼펫 불기 같은 팀의 취미 활동 시간은 점점 불가능해졌다. 교회에서 조금만 걸어가면 나오는 오락실에 팀이 즐기던 게임인 1978년 출시작 스페이스 인베이더가 있었는데, 캐시는 팀이 퇴근길에 거기에 들러 게임하는 것을 딱히 좋아하지 않았다. 그래도 다들 동전을 잔뜩 들고 오락실에 가서 그레이엄 하월의 총각 파티를 열 때는 그녀도 조금은 느슨해졌다.[33]

아직 아이들이 어린 켈러 가정에는 시간만 아니라 돈도 빠듯했다. 부임 초 그의 연봉은 8,000달러에 사택이 딸려 나왔다. 100명 이하이던 교회 출석자가 약 300명으로 늘어난 그의 마지막 해에는 연봉이 지금으로 치면 3만 달러 정도에 해당하는 12,000달러였다. 교회 예산에 도서 수당은 없었다. 그래서 그는 캐시와 친척들에게 크리스마스 선물로 책을 사 달라고 해서 그 10-20권을 1년 내내 읽곤 했다.

그는 리처드 러블레이스가 권해 준 배너오브트루스 출판사가 펴낸 책들을 탐독했는데, 주로 토머스 브룩스와 존 오웬과 찰스 스펄전 같은 저자들의 책이었다. 스펄전에게서는 가슴에 호소해야 한다는 말을 받아들였다. 호프웰 시절에 읽은 책들은 팀의 후기 저서에까지도 언급된다. 수십 년 후에 췌장암 진단을 받은 켈러는 존 파이퍼에게, 천국을 사모하는 자신에게 존 오웬의 작품이 특히 격려가 되었다고 밝혔다.[34] 하나님이 어떻게 고난을 통해 우리의 죄를 죽이실 수 있는지를 오웬의 고난이 예시해 주었다.[35]

켈러에게 존 오웬보다 더 큰 영향을 미친 청교도는 없지만, 그의 사고를 형성해 준 청교도가 결코 오웬만은 아니었다. 호프웰에서 전도사들을 훈련할 때 켈러는 리처드 십스의 《내가 어찌 너를 버리겠느냐》(The Bruised Reed)를 함께 통독했다. 그중 하나였던 존 핸퍼드는 켈러가 호프웰을 돌아다닐 때 자동차 핸들에 배너오브트루스에서 나온 청교도 문고판을 올려놓고 운전하던 모습을 기억한다. 켈러는 리처드 십스와 존 플라벨과 스티븐 차녹의 책을 두루 섭렵했다. 이런 작품들은 설교보다 목회 상담에 도움이 되었다. 아우구스티누스 계열인 그들의 "마음" 심리학 덕분에 그는 치료자의 자아를 중시하는 당시 유행하던 심리학을 멀리할 수 있었다. 예컨대 토머스 브룩스의 《사탄의 책략 물리치기》를 통해 켈러는 비난과 유혹과 영적 고갈과 냉담함으로 고생하는 그리스도인들을 성경과 복음으로 치료하는 법을 배웠다.

그가 제1차 대각성 운동의 전도자 조지 윗필드의 설교 70편을 우연히 접한 것도 호프웰 시절이었다. 이 탁월한 웅변가는 켈러의 설교와 특히 전도에 영향을 미쳤다. 켈러는 "3년에 걸쳐 윗필드가 내 속으로 들어와 내게 새로운 담대함을 주었습니다. 놀랍게도 그는 두려움을 몰랐거든요"라고 회고했다.[36] 윗필드가 아니었다면 켈러는 감히 뉴욕에 교회를 개척할 생각을 품지 못했을 것이다. 사역에 대한 켈러의 모든 이론적 연구는 전도로 세상을 바꾸어 놓은 윗필드의 사례(그의 창의력과 혁신과 지칠 줄 모르는 듯한 추진력)를 역사적 모형으로 삼았다. 1979년과 1980년에 잇따라 나온 아놀드 델리모어의 윗필드 전기 두 권과 해리 스타우트의 더 학문적으로 쓴 윗필드 평전을 읽으면서 켈러는 천둥과 번개처럼 내리치는 하나님의 임재를 느꼈다.[37]

그러나 윗필드는 1970년대로 쉽게 전환되지 않았다. 특히 그가 노예 제도를 어떻게 장려했는지를 나중에 켈러도 알게 되었기 때문이다. 호프웰에서 청교도에 깊이 몰입하다 보니 켈러는 자칫 17-18세기의 대변자가 될 위험이 있었으나, 두 가지 이유로 그런 동화(同化)를 물리쳤다. 우선 십스와 오웬을 제외하고는 켈러가 보기에 죄책감을 중시하면서 죄인이 의롭다 하심을 받고 누리는 자유는 경시하는 청교도가 많았다. 또 현대와 정통을 융합한 신칼뱅주의 관점에 이미 헌신한 켈러에게 일부 청교도는 현학적이고 고루해 보였다.

그가 찾아낸 더 현대적인 사역 모델은 역시 청교도에 의지한 20세기의 설교자 마틴 로이드 존스였다. 둘의 성격이 워낙 판이하므로 켈러가 로이드 존스를 흉내 내고 싶을 리는 없었다. 그래도 이 열정적인 웨일스 사람이 켈러에게 깨우쳐 준 것이 있었다. 본문을 정확히 해석하는 것과 신자와 비신자를 공히 주님의 임재 안으로 초청하는 것, 이 둘 중에서

군이 하나를 택할 필요가 없다는 사실이었다. 로이드 존스는 개혁신학을 타협하지 않으면서도 사람들을 깊은 영적 체험으로 이끈다는 점에서 켈러에게 현대판 조지 윗필드와 조나단 에드워즈처럼 보였다. 로이드 존스처럼 켈러가 원한 것도 사람들에게 삶을 변화시키는 방법만 말해 주고 마는 게 아니었다. 그는 성령께서 그 순간 그 자리에서 그들을 변화시켜 주시기를 원했다.

새로 얻은 이 담대함을 켈러는 D. 제임스 케네디가 플로리다주 포트로더데일의 코럴리지장로교회(Coral Ridge Presbyterian Church)에서 처음 개발한 전도 폭발 프로그램을 통해 웨스트호프웰교회에 전수했다. 전도 폭발은 그리스도인들을 훈련하여 몇 명씩 함께 이웃을 찾아다니며 복음을 전하게 하는 프로그램이었다. 1980년의 호프웰 지역에는 '무교'로 간주될 만한 사람은 많지 않아서 전도 폭발을 통해 새로 믿은 사람은 매년 20-30명이었고, 그 회심자들 중 절반가량이 교회에 나오기 시작했다. 전도 폭발은 하나님, 내세, 죄, 성경의 권위를 누구나 믿는다고 전제했는데, 그때만 해도 그게 걸림돌이 되지 않았고 변증이 따로 필요 없었다. 전도의 은사가 있는 테드 파워즈가 웨스트호프웰에 부교역자로 부임하여, 1975년에 본래 90-100명이던 교회 출석자가 켈러가 떠날 즈음에는 250-300명으로 늘어났다.

그러나 켈러는 그만한 성장에 만족하지 않았다. 버크넬에서 목격했고 리처드 러블레이스에게 부흥의 역사를 배우면서 읽었던, 영적 능력과 급증하는 회심을 고대했던 것이다. 켈러가 필라델피아 외곽에 위치한 잭 밀러의 뉴라이프장로교회(New Life Presbyterian Church)와 연결되었을 때,

그 교회에서 웨스트호프웰의 영적 각성을 촉진하고자 한 팀을 파송하기도 했다. 그러나 부흥은 끝내 임하지 않았다.

평범한 일상, 목회자로서의 분투

많은 사람들이 팀 켈러를 뉴욕의 유명한 목사요 작가로만 알겠지만, 그의 학자 같은 스타일이라든지 질문의 답을 생각하느라 시선이 실내 위쪽 구석으로 향하는 버릇 등은 웨스트호프웰교회 시절에도 똑같았다. 소도시의 정황이 대도시로 바뀐 뒤로도 그의 몸에 밴 습성과 태도는 달라지지 않았다. 누구나 알아볼 만한 그의 특징이 또 있는데, 바로 교회의 신앙과 전도가 현상 유지에 안주해서는 안 된다는 소신이다. 그의 이런 열망에서 몇 가지 뜻밖의 결과가 나왔다.

켈러가 웨스트호프웰에서 보낸 마지막 해부터 교단 내 많은 목사에게 그의 설교가 유포되었다. 또 그가 고든콘웰 시절에 딱히 유명하지 않았는데도 모교 학생들이 그의 버지니아 사역에 주목하기 시작했다. 존 핸퍼드도 그런 학생 중 하나였는데, 역시 고든콘웰에 다니는 그의 절친이 켈러의 친구 데이비드 미드우드 밑에서 사역한 적이 있었다. 고든콘웰 학생 회장으로 선출된 핸퍼드가 졸업 후 실습 장소를 물색할 때 미드우드가 그를 호프웰로 보내 켈러에게 배우게 했다. 전도사로 있던 1년 동안 그는 켈러네 집에서 살았다. 마침 캐시는 셋째이자 막내아들인 조너선을 임신한 상태였다. 캐시가 달가워하지 않는데도 핸퍼드가 두 아들의 취침 시간

직전까지 함께 난리 법석을 떠는 통에 아이들이 잠들기가 더 힘들어졌다.

핸퍼드는 정신없는 켈러 가정의 사택 생활의 면면을 엿볼 수 있었다. 그즈음 세계적으로 팩맨이라는 게임 열풍이 불었는데 팀도 집에서 텔레비전으로 그 게임을 즐겼다. 주일 오후에 그는 종종 한쪽 눈으로는 풋볼 시합을 보면서, 다른 쪽 눈으로는 연구하려고 앞에 펼쳐 놓은 세 권의 주석을 보곤 했다. 매주 세 편의 설교를 준비하다 보니 몇 가지 일을 동시에 할 수밖에 없었던 것이다.

호프웰에 머물던 그해에 핸퍼드의 소명이 바뀌었다. 전 세계의 박해받는 교회를 돕고 싶은 부담감이 점점 차올랐는데, 그가 이 마음을 맨 처음 털어놓은 대상이 켈러였다.[38] 켈러는 그에게 이 새로운 소명을 따라갈 것을 권했다. 워싱턴에 핸퍼드의 연줄이 있어 그 일에 특히 적임이기도 했다. 핸퍼드의 고모 엘리자베스는 1976년 제럴드 포드 대통령의 부통령 후보였던 미국 상원의원 밥 돌의 아내였다.

훗날 핸퍼드가 이끄는 팀에서 입안한 국제종교자유법이 1998년 클린턴 대통령의 서명으로 발효되었다. 조지 W. 부시 대통령 때 핸퍼드는 미국의 제2대 국제종교자유 대사가 되어 2002년부터 2009년까지 재임했다. 호프웰은 존 핸퍼드를 신앙 때문에 박해받는 무수한 그리스도인의 삶은 물론이고 미국의 외교 정책까지 바꾸어 놓을 궤도에 올려놓았다.[39]

마찬가지로 호프웰은 팀 켈러를 남편과 아버지와 목사로서 겪게 될 앞날의 수많은 도전에 준비시켜 주었다. 그가 호프웰을 떠나려 할 때 한 친구가 그의 설교와 강연을 전부 복사해도 되겠느냐고 물었다. 아직 서른네 살이던 그때 켈러는 이미 1,500편 이상 되는 설교로 성경의 약 4분의 3을 다루었다. 그가 9년 동안 한 설교의 양은 대부분의 많은 목사가 평생 할양 만큼이나 방대했다. 영감이 필요할 때면 그는 책장에서 찰스 시미언이나 알렉산더 맥클라렌이나 찰스 스펄전의 설교를 들춰 볼 수 있었고, 주일 오후 2-4시에 저녁 예배 설교를 준비할 때면 마틴 로이드 존스의 상세한 로마서와 에베소서 강해에 의지할 수 있었다.

켈러네 다섯 식구가 짐을 꾸려 호프웰을 떠날 즈음, 팀은 외부 도움에 의지하지 않고도 대부분의 성경 본문을 설교할 수 있었다. 남부의 화학공업 중심지에서 불 시험을 견뎌 냈던 것이다. 이제 그는 다음 세대 목회자들을 훈련하는 평생의 사역에 들어설 준비가 되어 있었다.

12

전개되는 드라마

Edmund P. Clowney

팀 켈러는 고든콘웰신학교에 다닐 때 설교학 과목에서 C학점을 받았다. 그런 그를 호프웰교회에서 빼내 필라델피아로 데려간 것은, 바로 그가 유일하게 개인적으로 가까이 지낸 한 스승의 후임으로 설교학 교수가 되어 달라는 초빙이었다.

팀 켈러를 루이스버그 버크넬대학교의 미숙한 학창 시절부터 뉴욕시 리디머교회라는 대형 교회 목회 시절까지 쭉 알면서 그의 가까이서 개인적으로 영향을 미친 사람은 아내 캐시를 제외하고는 에드먼드 P. 클라우니뿐이다. 클라우니의 생이 다할 무렵에는 그와 켈러가 함께 강단에서 가르쳤다. 이러한 둘의 동역은 단순히 켈러가 신학교의 한 친구를 만나러 간 데서 시작되었다.

팀 켈러와 캐시 크리스티는 고든콘웰에서 첫 학년을 마친 1973년에 파인브룩 성경 콘퍼런스(Pinebrook Bible Conference)에 참석하고자 펜실베이니아주 포코노산맥으로 향했다. 웨스트민스터신학교 총장으로 재직 중이던 에드먼드 클라우니도 마침 필라델피아에서 차를 몰고 그곳에 와 있었다. 팀과 클라우니는 구면이었다. 팀이 버크넬대학교에 다닐 때 클라우니가 전도 집회 강사로 와서 카뮈를 언급했고, 얼마 뒤 IVF 수련회에서 교회에 대해 강해했다. 고든콘웰에서도 팀과 캐시는 1973년 그해 봄에 모든 성경에서 그리스도를 설교하라는 클라우니의 강연을 들었다.

그러나 그들은 이번 만남이 자신들의 삶을 바꾸어 놓으리라고는 예상하지 못했다. 팀이 집에 돌아갈 때는 자신의 "신앙의 아버지" 중 한 명을 이제 막 새로 만난 상태였다.[1]

팀은 버크넬에 다닐 때는 개혁주의 쪽이 아니었으므로 웨스트민스터 진학을 고려하지 않았다. 클라우니도 그에게 고든콘웰을 대안으로 생각해 보라고 권했었다. 그때 클라우니의 학교에 가지 않겠다고 딱 잘라 거절했기 때문에 켈러는 파인브룩에서 그에게 다가가기가 약간 어색했다. 그런데 클라우니 쪽에서 먼저 산책을 청하여 둘은 함께 음료수를 마시며 삶과 사역과 미래에 대해 대화했다. 켈러는 그 호의에 깊이 감동했고,[2] 나눈 대화에서 소스라칠 만큼 충격까지 받았다.[3]

　　그때 이후로 클라우니는 켈러에게 삶과 사역의 전환기마다 각별한 도움을 베푼 유일한 스승이 되었다. 세상이 켈러에 대해 가장 잘 알고 있는 부분의 태반(특히 구약에서 그리스도를 설교하는 것과 누가복음 15장의 두 아들에 대한 해석)은 클라우니에게서 처음 배운 것이다.

설교의 아버지들

　　클라우니는 제1차 세계대전이 한창이던 1917년 7월 30일 외동으로 태어나 아버지가 서랍장을 짜던 필라델피아에서 자랐다. 휘튼칼리지(Wheaton College)에서 첫 학사 과정을 밟고 제2차 세계대전 중인 1942년에 웨스트민스터신학교에서 두 번째 학사 학위를 받았다. 그해 정통장로교(Orthodox Presbyterian Church; OPC)에서 안수를 받는데, 이 교단은 북부의 장로교 정통 싸움에서 근본주의가 패한 후 J. 그레셤 메이첸이 1936년에 설립한 교단이다. 클라우니는 코네티컷주의 교회에서 섬기는 동안 예일대학교 신학부(Yale Divinity School)에서 쇠얀 키에르케고어를 연구하여 신학 석사 학위를 받았다. 그 후 뉴저지주와 일리노이주에서 교회를 이끌다가 베트남전이 계속 고조되던 1966년에 모교 휘튼칼리지에서 명예 신학 박사 학위를 받았다.

클라우니는 무려 1952년부터 웨스트민스터신학교에서 실천신학을 가르쳤고, 1966년에 학교 측에서 그를 초대 총장으로 선출했다. 학교가 미국신학교협회(Association of Theological Schools; ATS)의 공식 인가를 받기 위해서는 기존에 없던 총장직을 반드시 신설해야 했다.[4] 클라우니가 총장으로 재직하다 은퇴한 1984년, 웨스트민스터는 버지니아주 호프웰교회의 젊은 목사 팀 켈러를 임용하여 클라우니가 가르치던 설교학과 목회 리더십 과목을 이어받게 했다.

이른바 그리스도 중심 설교는 대부분 클라우니의 공적일 테지만, 클라우니는 개혁주의 언약신학의 유산과 특히 게하더스 보스의 저작에 의지했다. 보스는 신구약을 아우르는 하나님의 구속 사역에서 여러 연관성을 보았다.[5] 1892년, 프린스턴신학교 최초의 성경신학 교수로 임명된 보스는 메이첸이 웨스트민스터를 설립할 때 동참을 거부하고 1932년에 은퇴했다. 2년 후 보스의 대표작 《성경신학》이 출간되자 클라우니는 보스의 통찰을 자신이 웨스트민스터에서 가르치던 학생들과 목사들에게 적용했다.

클라우니는 그것을 "전개되는 드라마" 내지 신비, 성경 전체의 줄거리라 불렀다. 성경 속의 많은 개별적 이야기를 배우며 자란 그리스도인도 정작 성경 이야기를 그리고 그 모두가 서로 어떻게 들어맞는지를 모를 수 있다.[6] 우리는 삼손을 만화책의 슈퍼맨처럼 생각하고, 다윗을 용감한 소년이자 삶의 거인들을 퇴치하는 법의 모본으로 본다. 그러나 이런 이야기를 "전개되는 (구속) 드라마"의 제자리에서 떼어 내면, 회개하며 믿음으로 부르짖는 자기 백성을 구해 주시는 하나님의 속성을 놓치고 만다.[7]

신학자 J. I. 패커는 에드먼드 클라우니가 그리스도에 대한 구약의 설교를 구출하는 데 일조했다고 평가했다. 이전 세대가 구약 중 그리스도와 직결되지 않는 부분에까지 임의로 그분을 욱여넣었다면, 이후 세대는 아예 구약에서 그분을 찾을 생각조차 하지 않았다.[8] 물론 구출에 나선 사람은 클라우니만은 아니었다. 성경신학 연구에서 켈러에게 영향을 미친 또 다른 중요한 인물로 알렉 모티어가 있다. 켈러는 버크넬과 고든콘웰 중간기 여름에 모티어의 강연을 들었다. R. C. 스프로울이 그 주의 잡담 모임에 모티어를 리고니어밸리연구소로 초빙했던 것이다. 당시 아직 신앙이 어렸던 켈러는 구약을 어떻게 보아야 할지 몰랐다. 읽어도 재미가 없다는 것만 알았다.

그 잡담 모임에서 스프로울은 모티어에게 구약의 이스라엘과 지금의 교회에 대해 질문했다. 성경신학의 핵심은 신구약의 연속성과 불연속성을 찾아내는 것이다. 모티어는 예수님 이전과 이후의 하나님 백성의 구원 간증에서 연속성을 도출했다. 아일랜드 억양이 섞인 말로 그는 히브리인의 전형적 간증이 어떤 내용이었을지 제시하면서, 청중에게 그리스도인인 그들 자신의 간증과 다른 점이 있다면 찾아보라고 도전했다.

우리는 외국 땅에서 사망 선고를 받고 속박되어 있었습니다.
그런데 우리와 하나님을 맺어 주는 중보자가 우리에게 와서 해방을 약속했습니다. 우리는 하나님의 약속을 믿고 어린양의 피 아래로 피했고, 그분은 우리를 이끌어 내셨습니다. 이제 우리는 약속의 땅으로 가는 중입니다. 물론 아직 도달하지 않았지만 우리를 인도하는 율법이 있고, 또 피 제사를 통해 그분이 우리 가운데 임재하십니다. 이렇게 그분은 우리가 본국의 영원한 집에 다다를 때까지 우리 곁에 계실 것입니다.[9]

켈러는 들으면서도 믿어지지 않았다. 믿음으로 부르는 신약과는 반대로 구약의 신자들이 죄에서 구원받은 것은 율법에 순종해서라고 늘 생각했기 때문이다. 그래서 그는 이렇게 썼다. "이 작은 사고 실험이 내게 단번에 보여 주었듯이 이스라엘 백성도 은혜로 구원받았고 그때도 하나님의 구원은 속죄의 희생과 은혜로 말미암았으며, 거꾸로 거룩함과 순례와 순종과 깊은 공동체의 추구는 우리 그리스도인의 특성이기도 해야 한다."

켈러는 이를 비롯한 다른 많은 통찰을 모티어와 클라우니의 공로로 돌리면서 그들을 "내 설교 사역의 아버지들"이라 칭했다.[10]

그 여름에 모티어의 통찰이 켈러에게 번갯불처럼 내리쳤다면, 클라우니의 강연은 이듬해 봄에 뇌우처럼 그를 강타했다.

인생 강좌

1973년, 고든콘웰은 명망 있는 스테일리 강좌에 왜 에드먼드 클라우니를 강사로 초빙했을까? 웨스트민스터의 역사를 보면 그 이유의 중요한 실마리가 풀린다.

고든콘웰도 캘리포니아의 풀러신학교처럼 초교파 복음주의 환경에서 학생들을 교육하려 했고, 실제로 많은 졸업생이 주류 개신교회에서 사역했다. 본래 찰스 풀러의 1947년 비전은 1930년대(J. 그레셤 메이첸이 웨스트민스터를 설립한 시대)에 떨어져 나간 주류 개신교회를 되찾는 것이었다. 그런데 머잖아 풀러도 성경의 권위에 대한 주류의 일부 관점 쪽으로 벗어나기 시작했고, 이에 좌절한 메이첸은 OPC를 발족했다. 고든콘웰도 마찬가지로 캐시 크리스티 같은 주류 학생들을 교육했다. 팀 켈러가 신약학 교수들의 부실한 해석에 반론을 제기한 것은 고든콘웰도 풀러가 직면한 일부 논란에 똑같이 직면해 있었기 때문이다.

일각에서 보기에 고든콘웰신학교는 메이첸이 웨스트민스터신학교를 설립해서 막아 내려 한 몇 가지 문제를 그대로 안고 있었다. 웨스트민스터의 많은 교수는 OPC의 미래 지도자들을 양성할 작은 학교를 선호했고, 그래서 클라우니가 부임할 때는 학생 수가 60여 명에 불과했다. 그러나 클라우니의 비전은 더 컸다. 그가 내다본 웨스트민스터는 개혁주의 정통의 최고 학자들이 초교파 학생들을 끌어모으던 19세기 전성기의 프린스턴신학교를 계승할 학교였다. 그래서 그는 웨스트민스터를 키우기 시작했고, 마침 예수 운동이 이에 호응했다. 학생 수는 빠르게 증가하여 클라우니의 재임 초기에 300-400명에 이르렀고 말기에는 600명에 육박했다.[11] 1973년 어바나에서 그가 15,000명의 젊은 그리스도인들 앞에 강사로 선 것도 당연히 도움이 되었다. 같은 해 고든콘웰에서 그는 모든 성경에서 그리스도를 설교하라고 강연했다.

그 강좌는 1학년생 팀 켈러와 캐시 크리스티에게 강렬한 인상을 남겼다. 그들이 감탄한 것은 클라우니의 역동적인 전달이 아니었다. 성경신학의 모든 가닥을 한데 엮는 그의 강연을 들으면서 그들은 할렐루야를 외쳐야 할지 울어야 할지 몰랐다.[12] 당시 한창 빚어지는 중이던 켈러의 사역 철학에서 적어도 서너 가지 주요소는 이 강좌의 산물이었다. 무수히 많은 그리스도인이 팀 켈러를 통해 읽고 들었듯이, 의지만 건드리는 훈계조 설교와는 달리 그리스도 중심의 설교는 마음을 변화시킨다. 이런 차이점을 그가 1973년의 그 주를 기점으로 클라우니에게 배웠다는 사실을 아는 사람은 많지 않다.[13]

2021년까지 클라우니의 그 강좌는 테이프에 녹음된 채로 고든콘웰 문서 보관소에서 잠자고 있었다. 그런데 이 책을 집필하는 과정에서 고든콘웰이 그것을 디지털화하여, 켈러 부부도 스물두 살 때 이후로 처음으로 다시 듣게 되었다. 1990년대에 클라우니가 켈러와 함께 리폼드신학교의 목회학 박사 과정 학생들에게 한 설교학 강의는 많은 사람이 들었다. 그러나 스테일리 강좌에서는 그의 목소리가 더 활기차고 팔팔하며, 그의 비범한 열정을 제외하고는 거의 믿기 힘들 정도로 배우 돈 노츠와 비슷하다.

하나님의 맹세

클라우니에 따르면 구약에서 도덕적 영웅을 찾으려 하면 긍정적인 사례조차 우리를 교란한다. 삼손의 자살에서 무엇을 배울 것인가? 우리도 저주의 시편으로 기도해야 하는가? 여호수아의 여리고 정복을 본받아야 하는가?[14] 구약을 도덕적으로 풀면 그런 문제가 생긴다. 신앙의 위대한 영웅들을 보면 하나님을 기쁘시게 하기란 불가능해 보이고, 구약의 진도가 나갈수록 하나님의 약속들은 점점 더 실현 불가능해 보인다. 아브라함에게 아들을 주시겠다고 한 약속 하나만 생각해 보라. 약속에서 실현까지 장구한 세월이 걸렸다. 그래도 하나님은 약속을 지키셨다.

클라우니는 "터무니없이 불가능해 보일 때 그분은 약속을 지키셨습니다!"라고 힘주어 말했다. 결국 켈러는 이 성경신학을 J. R. R. 톨킨이 복음 이야기를 즐거운 파국이라 표현한 것과 연결시켰다. "그 더딘 시간과 긴장, 그것이 언제나 신앙의 아득한 간극이었습니다. 하나님의 약속은 인간이 생각하는 실현과는 절대로 양립할 수 없으니까요. 도저히 실현 불가능해 보일지라도 약속을 받은 시점과 약속의 실현 사이에서 살아가는 것, 그것이 지금도 신앙에 요구되는 인내입니다."

유다가 포로로 잡혀갈 때도 하나님은 똑같이 역사하셨다. 그분의 영은 마른 뼈 더미에서 막강한 군대를 일으키셨다. 클라우니가 학생들에게 말했듯이 구원 역사의 전체 구조는 하나님이 불가능한 일을 이루신다는 것이다. 처녀에게 그녀가 그분의 독생자를 낳으리라고 말씀하신 분도 그분이다. 진정한 "부조리"라면 카뮈는 하나님께 상대도 되지 않는다. 그분은 친히 오셔서 자기 백성을 구원하여 약속을 지키신다.

클라우니의 강의에는 성경신학과 역사신학과 조직신학과 실천신학이 뚜렷한 구분 없이 결합되어 있었다. 세세한 성경과 신학으로 꽉 들어찬 강의는 슬슬 달아오르다가 마침내 그리스도의 성취에 이르면 그 성량과 강도로 볼 때 그야말로 지글지글 끓었다.

하나님 자신에게 저주를 발하시는 그분의 맹세에 대한 그의 강의는 선택받고 사랑받는 약속의 아들 이삭의 이야기로 시작되었다. 창세기 22장에서 하나님은 아브라함에게 명하여 아들을 제물로 바치게 하셨다. 아브라함이 순종하자 그분은 수풀에 걸린 숫양을 은혜로 공급하셨고 그것을 대체물로 받아 주셨다.

이어 클라우니는 역시 제물에 대한 본문인 창세기 15장으로 돌아가, 자신을 저주하면서까지 맹세하시는 하나님의 고조되는 약속을 예시했다. 아브라함은 동물들을 쪼개 땅 위에 벌여 놓았다. 그러자 타는 횃불이 쪼갠 고기 사이로 지나갔다. 이는 하나님 자신의 가시적 모습이었다.

그 의미를 알려면 예레미야 34장 18-19절을 보아야 한다. 이런 방식의 맹세는 양측에게, 약속을 어길 경우 죽어야 한다는(이 동물들처럼 쪼개져야 한다는) 구속력을 띤다. 클라우니는 이렇게 설명했다. "이제 하나님은 언약으로 자신을 아브라함에게 구속(拘束)하셔서, 유독 생생한 이 방식으로 맹세를 친히 짊어지십니다. 아브라함에게 주신 약속의 성취에 이를테면 자신의 목숨과 존재를 거신 것입니다."

여기서 클라우니는 모세가 반석을 치는 출애굽기 17장으로 넘어가, 설교자들이 마땅히 이 이야기에 더 주목해야 한다고 역설했다. 모세가 호렙산의 반석을 칠 때 하나님이 모세 앞에 서리라고 약속하셨기 때문이다. 그것이 왜 중요할까? 하나님이 사람 앞에 서셨다는 말이 여기 말고는 구약 어디에도 없기 때문이다. 클라우니는 이를 하나님이 위약(違約) 혐의로 고발되었다는 뜻이라고 강조했다! 그는 "C. S. 루이스가 표현한 대로, 하나님이 피고석에 서신 것입니다. 대신 피고가 되신 것입니다"라고 말했다.

그러니 나중에 백성이 또 목마르다고 불평해서 모세가 두 번째로 반석을 쳤을 때 그것이 그토록 큰 문제가 된 것이 이상한 일인가? 하나님은 반석에서 물을 내는 묘기를 선보이신 게 아니라 구약 전체의 어쩌면 가장 중요한 요점을 예시하신 것이다. 다시 클라우니의 설명이 이어진다.

이 본문에서 하나님은 자신을 백성의 죄와 동일하게 여기십니다. 달리 설명할 방법이 없습니다. 어떻게 하면 정의가 이루어지겠습니까? 백성은 법정 소송을 원합니다. 어떻게 정의의 하나님을 고발하고도 무사할 수 있을까요? 정의는 이루어져야 합니다! 지팡이로 쳐서 선고를 내려야 합니다! 그래서 하나님은 자신이 지팡이로 맞으시고, 대신 이스라엘을 방면하여 살리십니다. 그래서 나는 여기서 구약의 한 가지 주제를 봅니다. 자주 울려 퍼지는 아주 심오한 그 주제는 바로 하나님이 자신을 자기 백성과 동일하게 여기신다는 것입니다. 어떤 의미에서 그들이 치는 대로 그분이 맞으시는 거지요.

이사야 63장 9절을 가리키며 그는 예수 그리스도의 환난의 틀이 구약에 나와 있다고 말했다. 아들, 어린양, 심지어 피고석의 하나님 등이 나오는 은유에서 그분의 고난을 볼 수 있다.[15]

이 강좌에 감화를 입은 켈러도 이후에 하나님의 자기희생을 수많은 설교의 정점(頂點)으로 제시했다. 삶을 변화시키는 진정한 사랑은 대신하는 희생뿐이라고 역설하기까지 했다.

> 바로 이 부분에서 성경의 하나님은 옛 원시 신들과 가장 극명하게
> 대비된다. 신이 노한다는 개념, 정의의 개념, 빚과 불가피한 형벌의
> 개념은 옛날 사람들도 알았다. 그러나 그들은 하나님이 오셔서
> 빚을 친히 갚으실 줄은 몰랐다. 십자가에서 그분은 몸소 우리를
> 대신하셨다. ……
> 하나님이 세상을 순식간에 창조하신 과정은 아름다웠지만,
> 십자가에서 세상을 재창조하신 과정은 끔찍했다. 본래 그런 법이다.
> 대상을 진정으로 변화시켜 구원하는 사랑은 언제나 대신하는
> 희생이다.[16]

클라우니는 설교자들이 구약에 총천연색으로 증언된 그리스도를 감지해야 하는데 그 근처에라도 가는 사람이 별로 없다며 개탄했다.[17] 많은 설교자가 단순히 구약의 배경을 충분히 잘 모른다. 켈러의 여러 설교와 후기 저작에 캘리포니아대학교(University of California) 버클리 캠퍼스의 로버트 알터가 자주 등장한다. 문맥 속에서 이스라엘의 일부 신비를 푸는데 그가 도움이 되었다. 그래서 켈러는 알터에 힘입어 히브리어 성경의

전후 문맥을 설명한 뒤 그리스도의 구원의 성취로 넘어가곤 했다.

클라우니는 아무거나 가져다가 어떻게든 예수님과 연관시키려 하는 설교자들을 우려했다. 그럴 게 아니라 구원 역사의 사건과 구조를 애써 구체적으로 살펴서 그것이 어떻게 절정이자 성취이신 예수님, 믿음과 은혜의 통합체이신 예수님을 가리켜 보이는지를 설명해야 한다. 그는 창세기 22장이 요한복음 3장 16절의 준비 과정임을 설교자들과 설교를 듣는 모든 그리스도인이 보기를 원했다. 그래야 하나님이 아버지로서 아들의 희생을 값으로 치르셨음을 우리가 깨달을 수 있기 때문이다.

켈러는 아버지께 버림받으신 그리스도의 고난을 자주 전했는데, 그럴 때면 고든콘웰에서 클라우니에게 들은 시편 22편에 대한 가르침이 거기에 묻어났다. 숨을 거두실 즈음 그분의 입에서 새어 나온 말은 "나의 하나님, 나의 하나님, 어찌하여 나를 버리셨나이까"였으니, 그 어떤 고난도 그리스도께서 겪으신 일에 비할 수가 없다.

클라우니는 이렇게 말했다. "우리 주님은 하나님의 선하심과 자비를 완전히 다 아셨고 완전히 신뢰하셨는데도 하나님께 완전히 처참하게 버림받으셨지요. 이것은 누구에게서도 볼 수 없는 대비입니다. 예수 그리스도만이 참으로 하나님을 신뢰하셨습니다. 단절과 흠과 치우침 없이 정말 신뢰하신 분은 그분뿐이잖아요. 그런데 유일하게 신뢰하신 그분이 철저히 버림받으신 겁니다."[18]

클라우니는 자신이 난해한 교리를 가르친다고 비난받을 수 있음을 알았다. 하지만 신학적 논쟁이라면 그도 알 만큼 알았다. IVF 수련회에 강사로 갈 때면 그는 밤늦도록 학생들과 함께 선택론에 관해 토론하며 마치곤 했다. 고든콘웰 학생들에게도 그는 교리를 이해하려면 하나님 앞에 무릎을 꿇어야만 한다며 예정론을 경건과 융합했다. 기도하다 보면 우리 마음에 들지 않는 부분도 찬송의 제목이 될 수 있다는 것이다. 그는 이렇게 설명했다.

> 여러분, 여러분은 하나님의 구원 계획을 수정해 드리려고 그분께 가는 게 아닙니다. 제안을 들고 가는 게 아닙니다. 하나님의 영원한 지혜는 분과위원회에 위임되지 않았어요. 이것은 주님께 속한 일입니다! 그분이 자신의 목적과 설계대로 이루고 계십니다. 그분의 일이니 그분이 하십니다. 그분만이 구원의 왕이십니다![19]

그는 학생들에게 그리스도를 설교하는 데 전문가가 될 것을 당부했다. 새롭고 무난하고 솔깃한 유행에 빠지지 말 것을 경고했고, 전개되는 드라마를 찾아낼 것을 촉구했다. 그러면서 그리스도의 충만하심은 무한하다고 말을 맺었다.[20]

클라우니는 기본적으로 그리스도를 설교하라고 고든콘웰 학생들에게 말했다. 창세기부터 요한계시록까지 그분을 찾아내라. 분명히 그분이 거기에 계시기 때문이다. 그런 요소가 구약에 있다면 그것이 구원 역사에 대해 뭔가를 말해 줄 것이고, 구원을 말해 주기 때문에 또한 우리에게 그리스도를 보여 준다.

"그게 보이면 모든 것이 달라집니다"라고 클라우니는 말했다.[21]

팀 켈러가 산 증인이다.

참되시고 더 나으신 분

에드먼드 클라우니는 또 학생들에게 성경에 접근할 때는 자신의 죄로 인해 심령이 상해야 하고 자신의 위선을 겸손히 인정해야 한다고 도전했다. 다른 학생들은 그의 너그러운 마음을 증언하곤 했는데, 이는 그가 그리스도를 사랑한 덕분이었다.[22] 클라우니는 하나님을 경외하면 지혜로워진다면서, 세상 욕심에 결코 굴하지 않으신 예수님이야말로 참된 솔로몬이라고 말했다.[23] 고든콘웰 학생들에게 그는 창세기부터 요한계시록까지 두드러진 메시지가 무엇인지 잘 보라고 권했다. 성경 이야기의 관건은 어떻게 우리가 솔로몬처럼 될 수 있느냐가 아니다. 관건은 하나님이다! 그분의 능력만이 구원할 수 있다.[24]

훗날 켈러가 출처를 클라우니로 밝히면서 표현했듯이, 성경의 핵심은 우리가 해내야 할 일이거나 예수님이 이미 이루신 일이거나 둘 중 하나일 수밖에 없다.[25] 2007년에 TGC에서 첫 공개 강연을 할 때도 켈러는 스물두 살 때 클라우니에게 배운 내용을 골자로 거기에 살을 입혔다.

"여러분은 성경의 관건이 기본적으로 여러분 자신이라고 믿습니까, 아니면 그분이라고 믿습니까?" 시카고 북쪽에 자리한 트리니티복음주의신학교(Trinity Evangelical Divinity School) 채플에서 그는 500명의 교회 지도자들에게 그렇게 물었다.

> 다윗과 골리앗 이야기에서 관건은 여러분입니까? 여러분이 어떻게 다윗처럼 될 것인지가 핵심입니까? 아니면 기본적으로 이것은 우리를

진짜로 죽일 수 있는 거인들을 완전히 물리치셔서 그 승리를 우리에게 전가해 주신 예수님에 대한 이야기입니까? 정말 누가 핵심입니까? 그것이 근본적인 질문입니다. 이 질문으로 시작하면 그때부터 성경이 새롭게 보입니다.[26]

켈러는 신약학자 D. A. 카슨과 함께 TGC를 설립하고 10년 넘게 부대표로 섬겼다. 복음 중심 사역에 대한 그의 TGC 강연은 한 반복 어구를 유행시켰고, 그것이 새로운 세대에게 자신들도 켈러가 클라우니에게 배운 대로 설교해야겠다는 감화를 불러일으켰다. 하나님의 구속 계획에서 아담, 아벨, 이삭, 요셉, 다윗, 에스더, 욥 등 누구와 비교해도 예수님이 "참되시고 더 나으신" 성취라는 그 어구를 켈러는 2001년에 리디머교회에서 처음 썼다. 그때 그는 "모든 것이 예수님을 가리킵니다"라고 말했다.[27] "참되시고 더 나으신"이라는 반복 어구를 그는 2004년에 리디머교회에서 되풀이해 사용했고, 그 후 2007년 TGC 강연에서 교회 지도자들 앞에 내놓았다.

켈러는 강연과 달리 설교는 그리스도를 가리키는 모든 것을 볼 줄 알아야 한다면서, 그러면 그분이 찬송을 자아내신다고 설명했다. 특히 모세에 대한 부분은 확연히 클라우니의 고든콘웰 강좌를 연상시킨다.

예수님은 참되시고 더 나으신 아담입니다. 그분은 훨씬 더 힘든 동산에서 시험에 통과하셨고, 그분의 순종은 우리에게 전가됩니다. 예수님은 참되시고 더 나으신 아벨입니다. 그분은 죄 없이 죽임당하여

핏소리로 호소하시되 우리를 정죄하기 위해서가 아니라 사면하려고
호소하십니다.

예수님은 참되시고 더 나으신 아브라함입니다. 그분은 하나님의
부르심에 응하여 모든 편안하고 익숙한 것을 떠나 허공 속으로
들어가시되 갈 바를 알지 못하고 가셨습니다.

예수님은 참되시고 더 나으신 이삭입니다. 아버지께서 산에서
그분을 제물로 바치셨을 뿐 아니라 실제로 그분은 우리 모두를
위해 희생되셨습니다. 하나님이 아브라함에게 "네가 네 아들 네
독자까지도 내게 아끼지 아니하였으니 내가 이제야 네가 하나님을
경외하는 줄을 아노라"라고 말씀하셨듯이, 이제 우리는 십자가
밑에서 하나님께 이렇게 고백할 수 있습니다. "하나님이 그
사랑하시는 독자까지도 제게 아끼지 아니하셨으니 제가 이제야
하나님이 저를 사랑하시는 줄을 압니다."

예수님은 참되시고 더 나으신 야곱입니다. 그분은 씨름하시다가
마땅히 우리가 맞아야 할 정의의 철퇴를 대신 맞으셨고, 덕분에
우리는 야곱처럼 은혜의 상처만 받고 깨어나 연단됩니다.

예수님은 참되시고 더 나으신 요셉입니다. 그분은 왕의 오른편에
앉으셔서 자신을 배반하고 팔아넘긴 자들을 용서하시고 자신의
권한으로 그들을 구원하십니다.

예수님은 참되시고 더 나으신 모세입니다. 그분은 새 언약의
중보자로서 백성과 하나님을 맺어 주십니다.

예수님은 참되시고 더 나으신 모세의 반석입니다. 하나님이 정의의

지팡이로 그분을 치셔서 이제 그분은 광야에서 우리에게 물을
주십니다.

예수님은 참되시고 더 나으신 욥입니다. 그분은 참으로 무고히
고난당하셨고, 이제 미련한 친구들을 위해 기도하여 그들을
구원하십니다.

예수님은 참되시고 더 나으신 다윗입니다. 그분의 백성은 승리를
이루고자 직접 돌 하나 들지 않았는데도 그분의 승리는 그들의 승리가
되었습니다.

예수님은 참되시고 더 나으신 에스더입니다. 그분은 땅의 왕궁을
잃고자 한 정도가 아니라 하늘의 최고 왕궁을 잃으셨고, 죽음의
위험을 무릅쓴 정도가 아니라 실제로 목숨을 내주셨으며, "죽으면
죽으리이다"라고만 하신 게 아니라 "죽어서 내 백성을 구원하리라"
말씀하셨습니다.

예수님은 참되시고 더 나으신 요나입니다. 그분이 풍랑 속으로 던져진
덕분에 우리는 안으로 들여질 수 있습니다.

예수님은 진정한 유월절 어린양입니다.

예수님은 참되신 성전, 참되신 선지자, 참되신 제사장, 참되신 왕,
참되신 제물, 참되신 어린양, 참되신 빛, 참되신 빵입니다.[28]

클라우니의 눈으로 예수님을 보니 켈러에게도 어디서나 구주가
보였다. 켈러의 친구 트렘퍼 롱맨은 성경 읽기는 영화 〈식스 센스〉(The
Sixth Sense)를 보는 것과도 같다고 말한다. 영화가 끝나면 되돌아가 모든

것을 새롭게 보게 된다. 다른 눈으로 처음부터 다시 보는 것이다.

《탕부 하나님》 비하인드 스토리

팀 켈러의 여러 사상의 기원을 더듬기는 어렵지 않다. 그러나 그는 결코 다른 사람들의 말을 반복하는 데서 그치지 않는다. 그런 사상이 그의 설교와 저서에 등장할 때는 확장과 변주를 통해 독창성을 띤다. 그런 경향이 가장 잘 드러나 있는 예는 에드먼드 클라우니에게 헌정된 2008년 베스트셀러 《팀 켈러의 탕부 하나님》에 나오는 아마도 그의 가장 사랑받는 메시지일 것이다. 켈러는 누가복음 15장의 해당 비유에 대한 이 해석이 자신의 독창적 해석인 양 행세한 적이 없다. 1973년 고든콘웰의 스테일리 강좌에서 클라우니에게 그 해석을 처음 들었음을 분명히 밝혔다.

클라우니는 설교자들이 예수님의 모든 비유에서 그분을 찾아야 하며, 그렇게 하면 흔히 탕자의 비유로 알려진 누가복음 15장 비유의 초점이 동생이 아니라 형임을 알게 된다고 가르쳤다. 예수님의 이 이야기의 진짜 대상은 바리새인들과 서기관들이다. 그들도 비유 속 형처럼 아버지의 자비를 모르기 때문이다. 이 형은 동생이 집을 나가도 찾지 않을 뿐 아니라 동생의 귀환을 함께 기뻐하지도 않는다. 은혜와 자비는 그의 정의감에 어긋난다.

그렇다면 예수님은 이 이야기를 왜 하실까? 클라우니는 그분이 자신을 '진정한 형'으로 계시하셨다고 설명했다. 그분은 세리들과 죄인들로 더불어 음식을 드셨고, 잃어버린 자를 찾고자 부정한 돼지우리로 가셨다. "그분이 잃어버린 자를 찾아 구원하러 오셨기 때문이고, 양을 찾으시는 선한 목자이기 때문이며, 동생을 집으로 데려오시는 형이기 때문입니다."[29]

다시 말해서 이 비유의 관건은 사람이 어떻게 구원받는가가 아니라고 클라우니는 역설했다. 핵심은 형다운 형과 그렇지 못한 형이다. "돼지우리에서 집으로 돌아온 사람치고 실제로 그 어깨에 이 형의 팔이 둘려 있지 않았던 사람은 이제껏 아무도 없기 때문입니다."

이 메시지를 들었을 때 켈러는 "기독교의 은밀한 심장을 들여다본" 느낌이었다. 누가복음 15장의 이 비유로 설교하면서 지금까지 그가 본 바로는, "다른 어떤 본문보다 이 비유의 참 의미를 설명해 주었을 때 거기서 격려와 깨달음과 도움을 얻는 사람이 가장 많았다."[30]

클라우니도 1998년에 뉴욕을 방문했을 때 켈러가 누가복음 15장의 이 비유로 설교하는 것을 직접 들었다.[31] 으레 그렇듯이 켈러는 클라우니의 기본 통찰에 다른 스승들에게서 받아들인 요소를 잘 녹여 넣었다. 클라우니가 고든콘웰을 방문하기 한 학기 전에 팀은 리처드 러블레이스의 영적 역학 과목에서 부흥 신학에 눈떴다. 그가 공부해 보니 교회가 복음을 되찾고 부흥을 구가할 때마다 자신의 도덕성을 자랑하는 소위 착한 사람들은 모욕감을 느끼고 교회를 떠난다. 반면 소외층은 몰려들어 은혜의 메시지를 듣는다. 예수님은 늘 포주와 창녀보다 바리새인에게 더 엄하셨다. 누가복음 15장에서도 그분은 동생보다 형에게 더 엄하셨다.

켈러는 "이 이야기는 그저 형도 동생만큼이나 잃어버린 자라고 말하는 게 아니라 오히려 형이 동생보다 더 잃어버린 자라고 말합니다"라고 설교하면서, 자신의 친구이자 피츠버그의 조나단 에드워즈 학자인 존 거스트너가 한 이 말을 인용했다. "정말 우리를 하나님과 갈라놓는 것은 우리의 죄라기보다 빌어먹을 선행이다."

켈러는 우리가 그리스도인인 이유는 하나님의 뜻에 순종해서가 아니라 그분 뜻에 바른 동기로 순종해서이며, 우리가 하나님을 사랑하는 이유는 그분이 먼저 우리를 사랑하셨기 때문이라고 설명했다. 조나단 에드워즈의 영향으로 켈러는 단순히 본문을 설명하고 적용을 제시하면서 그리스도인들에게 하나님의 도움으로 특정한 방식으로 살라고 권면하는 설교 방식에서 벗어났다. 에드워즈와 클라우니에게 배운 대로 그는 우리의 실패와 대비되는 예수님의 신실하심을 드러냈다. 그리스도를 믿는 믿음으로 우리는 그분의 아름다움을 보고 마음에서 우러나 그분의 율법에 순종한다. 일차적으로 죄의 결과가 두려워서 순종하는 게 아니라 사랑하는 구주를 슬프시게 하고 싶지 않아서 순종하는 것이다.

켈러는 이렇게 말했다. "여러분의 선(善)이 여러분을 비참하게 만듭니다. 그 선이 모든 문제의 핵심입니다. 스스로 옳다고 여기는 독선이 인종차별과 편견의 원인입니다. 독선이 수많은 가정 붕괴의 원인입니다."[32]

켈러에 따르면 교회가 영적으로 정체되는 원인도 거기에 있다. 예수님은 아웃사이더를 끌어들이고 인사이더의 심기를 불편하게 하셨는데, 오늘날의 교회는 반대로 하는 경향이 있다. 스스로 옳다고 여기는 반듯한 사람들은 자신이 교회 안에 있어야 함을 알지만, 망가진 소외층은 환영받는다고 느끼지 못하고 있다. 《팀 켈러의 탕부 하나님》에서 그는 그 의미가 하나뿐이라고 결론지었다. 즉 우리가 설교하는 메시지가 예수님이 누가복음 15장에서 전하신 메시지와 같지 않다는 것이다. 우리는 예수님이 그렇게 되어서는 안 된다고 경고하신 그 형처럼 되었다.[33] 뉴욕 리디머교회에서 이 메시지를 전하면서 켈러는 그들에게 그리스도 안에서 기쁨을 찾을 것을 권면했다.

> 이거야말로 우리에게 복음의 전체 의미를 알려 주는 가장 온전하고 경이로운 이야기입니다. …… 여러분의 삶에 춤이 없고 음악이 없고 기쁨이 없다면 그 이유는 둘 중 하나입니다. 여러분도 탕자처럼 자신의 죄에 막혀 하나님께 가지 못하거나 아니면 바리새인처럼 자신의 선에 막혀 그분께 가지 못하기 때문입니다. 그 둘 중 하나의 방식으로 그분을 통제하려는 것이지요. 여러분이 얼마나 종교적인지는 중요하지 않습니다. 기쁨과 춤이 없다면 아직도 핵심을 놓치고 있는 겁니다.[34]

훗날 어느 목회학 박사 과정에서 클라우니와 함께 설교학을 가르칠 때 켈러는 스테일리 강좌가 자신에게 누가복음 15장을 풀어 주었다고 설명했다. 하지만 그는 스승의 것을 그대로 표절한 게 아니다. 클라우니는 자신이 생각하지 못했던 여러 적용을 켈러의 공으로 돌렸다. 켈러와 클라우니의 차이점을 분간할 때 눈에 띄는 것은 적용이다. 클라우니는 청중에게 인간의 죄와 하나님의 은혜를 대비하면서 그분이 필요하다는 전반적인 인식을 남겼다.[35] 반면 러블레이스의 영향을 받은 켈러는 부흥의 영적 역동이 작용하는 것을 보았다.

나중에 켈러는 클라우니의 성경신학에 대한 자신의 적용에 또 다른 차원을 덧입혔다. 클라우니의 실천 사역부 후임으로 필라델피아로 이주한 켈러는 성경적 상담과 특히 기독상담교육재단(CCEF) 소속 데이비드 폴리슨의 활동을 더 잘 알게 되었다.[36] 제이 아담스가 설립한 기독상담교육재단 사무실은 웨스트민스터 길 건너에 있었다. 결국 켈러는 폴리슨과 그의 기독상담교육재단 동료 에드 웰치가 속해 있던 글렌사이드의 뉴라이프교회 당회에 합류했다. 1970년대에 잭·로즈 마리 밀러 부부가 세운 교회였다.[37]

클라우니가 켈러에게 본문에서 그리스도를 찾는 안목을 길러 주었다면, 폴리슨은 그에게 영적 의사로서 복음을 적용하는 데 필요한 도구들을 주었다. 켈러가 청교도 저작에서 읽은 목회 상담의 대부분이 폴리슨의 획기적인 기사 "마음의 우상들과 '허영의 시장'"에 압축되어 있었다.[38] 이런 상담이 문화의 우상과 마음의 우상을 들추어내려는 그의 설교 속으로 파고들었다.

진기한 조합

에드먼드 클라우니는 2005년 3월 20일에 세상을 떠났다. 그로부터 3년 후에 쓴 책에서 켈러는 클라우니가 "신학적으로 건전하고 철저하게 정통이면서도 동시에 한결같이 은혜로운 상태가 가능하다는 것"을 가르쳐 주었다면서 자신이 유일하게 개인적으로 가까이 지낸 스승을 기렸다. "이는 진기하고 귀한 조합이다."[39]

리디머교회 초창기에 켈러는 오래전 클라우니에게 누가복음 15장을 배우면서 꿈꾼 것과 비슷한 부흥을 겪었다. 그의 설교는 영적 구도자들과 회복 중인 바리새인들에게 똑같이 가닿았다. "동생"과 "형"에게 동시에 도전을 준 것이다. 리디머 초창기 멤버인 스티브 아르치에리는 이렇게 말했다. "리디머는 회복 중인 그리스도인들을 위한 교회가 되었습니다. 자신의 꿈이 무산되었음을 깨달은 사람들이었지요. 우리는 진정한 신앙을 찾고 있었고, 그런 우리에게 팀은 모든 설교를 통해 기독교를 다시 설명해 주었습니다."[40]

클라우니가 고든콘웰에 다녀간 뒤로 수십 년 동안 켈러는 다른 사람들의 영향을 수용해 설교에 더욱 내실을 기했다. 마틴 로이드 존스는 그에게 설교 하나로 덕도 세우고 전도도 해야 함을 확증해 주었고, 조나단 에드워즈는 머리만 아니라 생생한 예화로 가슴에 다가가도록 도와주었으며, 존 스토트는 본문을 현대 문화에 적용하는 법에서 본보기가 되었다. 그는 또 딕 루카스의 설교를 어찌나 많이 들었던지 캐시가 그에게 그러다 앵무새가 되겠다며 조심하라고 했을 정도다.[41]

켈러는 특유의 독서 습관이 있어 (루카스 같은) 새로운 설교자의 설교나 책을 접하면 거기에 완전히 몰입했다. 어찌나 심한지 주제와 말투까지 과도히 따라 할 정도였다. 루카스만 아니라 윗필드와 로이드 존스와 스프로울에게도 마찬가지였다. 새로 몰두할 대상으로 넘어가면 그는 그 사람 최고의 통찰을 자신의 설교 레퍼토리에 영구히 추가했다. 루카스의 성경 강해 방식도 그중 하나였다. 뉴욕으로 갈 때쯤에는 그에게 위대한 설교자들의 영향이 워낙 켜켜이 쌓여 있어, 새로운 설교자들은 이전만큼 전폭적인 형성의 효과를 내지는 못했다. 뉴욕에서 그의 설교가 독특한 목소리를 낸 것은 이런 다양한 영향이 통합된 결과였다.

1961년부터 37년 동안 런던의 세인트헬렌스비숍게이트(St Helen's Bishopsgate) 목사로 재직한 딕 루카스는 강해 설교를 증진하고자 1986년에 프로클러메이션 트러스트(Proclamation Trust)를 설립했다. 자칭 친영파(親英派)인 켈러에게 13세기로 거슬러 올라가는 교회에서 하나님의 말씀을 강해하는 영국 설교자보다 더 좋은 것은 없었다. 이 교회의 아치형 구조물은 모두 1480년에 지어졌으니 영국에 종교개혁이 동트기 반세기도 더 전의 것이다.

랭엄 플레이스 올소울즈교회의 존 스토트에게서 그랬듯이 루카스에게서도 켈러는 역사적 기독교 정통에 충실하면서도 많은 열매를 맺는 도심 사역의 모델을 보았다. 세인트헬렌스비숍게이트는 런던탑에서 채 2킬로미터도 떨어져 있지 않고, 템스강변의 런던 다리까지는 다섯 블록 정도에 불과하다. 루카스와 스토트는 물론이고 로이드 존스까지도 지금껏 미국의 설교자들이 상대했던 것보다 더 많은 비신자 청중을 상대했고, 그래서 켈러는 뉴욕의 비신자들을 상대하려고 준비하는 과정에서 그들의 설교를 다른 미국인들의 설교보다 선호했다.

켈러는 또 루카스와 스토트가 실천한 렉시오 콘티누아('연속 독서' 즉 통독을 뜻한다-옮긴이) 방식을 받아들여, 성경 속 짧은 책들은 모든 구절을 설교하고 긴 책들은 일부 장을 정선해서 설교했다.[42] 이런 사람들의 영향이 합해져 켈러가 모든 본문에서 그리스도를 설교하고, 모든 독특한 문화 정황 속의 개인적 필요에 맞추어 복음을 구체적으로 적용하며, 정보전달보다 영적 변화를 더 추구하는 데 길잡이가 되어 주었다. 켈러가 보기에 모든 위대한 설교자의 공통점은 겸손히 온유한 사랑을 실천한다는 것과, 거기에 하나님의 능력에 근거한 영적 권위에서 배어 나오는 큰 용기가 곁들여져 있다는 것이다.

팀 켈러의 설교에 영향을 미친 사람이 이토록 많고 다양했지만, 그래도 그에게 에드먼드 클라우니처럼 다가간 설교자는 없었다. 누구보다 클라우니야말로 자상한 관심을 품고 켈러에게 교회를 이끌 수 있다는 자신감을 심어 주었다. 성경에서 예수님을 찾도록(창세기부터 요한계시록까지 살피면서 그분을 한없이 부조리한 우리의 모든 희망의 참되시고 더 나으신 성취로 보도록) 다음 세대를 훈련하는 법을 클라우니보다 더 잘 켈러에게 몸소 보여 준 사람은 없었다.

13

복음으로 빚어지다

Westminster Theological Seminary

팀 켈러는 가족과 함께 1984년 여름, 호프웰에서 필라델피아로 이사했다. 두 가지 직업을 시간제로 병행하는데도 켈러에게는 안식년처럼 느껴졌다. 실제로는 둘 다 거의 전임에 더 가까웠다. 그는 주중에는 웨스트민스터신학교에서 에드먼드 클라우니의 뒤를 이어 설교학과 목회 리더십 과목을 가르쳤고, 주말에는 PCA 소속 교회들을 다니며 집사 직분으로서 긍휼 사역을 하는 법을 훈련했다. 업무량이 많긴 했지만, 매주 세 번씩 설교하고 10-20명을 심방하거나 상담하던 이전의 직무에 비하면 가볍게 느껴졌다.

그런데 이 두 가지 직업의 수입으로도 '켈러 부부가 평생 처음이자 유일하게 구입한 주택'의 융자 월부금을 감당하기는 힘들었다. 그래서 캐시가 OPC 본부와 같은 건물을 쓰는 그레이트커미션 출판사에서 주일학교 교재를 만드는 시간제 편집자로 일해야 했다. 캐시가 출근하면서부터 아이들을 먹이고 입히고 학교에 데려다주는 일은 팀의 몫이었다. 호프웰에서는 그 정도로 육아에 동참할 시간이 없었다. 켈러 가정이 필라델피아로 이사할 당시 세 아들은 각각 여섯 살, 네 살, 한 살이었다.

그러나 신학교에서 가르치면서 팀은 아이들과 함께 지낼 시간만 더 많아진 게 아니라 엄청난 해방감도 맛보았다. 주일마다 두 편의 설교로 누군가의 삶을 변화시켜야 한다는 중압감이 사라진 것이다. 학생들을 지도하고 상담하는 일도 호프웰에서 감당하던 막중한 전도와 위기 상황 개입에 비하면 가볍게 느껴졌다. 또 담당 과목들이 매년 똑같다 보니 그만큼 시간과 정신적인 여유가 생겨 교회 리더십, 목회 상담, 전도, 설교 등 다양한 분야의 책을 숙독할 수 있었다. 학교 측에서 교수 업무를 잠시

쉬면서 독서할 것을 요구하기까지 했는데, 팀에게는 굳이 필요 없는 말이었다.

목회 사역을 떠나온 켈러의 해방감에도 불구하고 웨스트민스터는 그가 휴식을 누릴 만한 곳은 아니었다. 불길한 해였던 1929년에 J. 그레섬 메이첸이 설립한 이후로 이 학교 문화에는 특히 교수진 사이에 논쟁을 불러일으키는 뭔가가 있는 것 같았다. 켈러가 캠퍼스에 부임한 때는 학교가 노먼 쉐퍼드의 논란의 칭의론을 둘러싼 심각한 내분에서 겨우 벗어난 직후였다. 다행히 1984-1989년은 학교 역사상 가장 평화로운 시기에 속했고, 그런 분위기는 켈러가 이 학교 이사회에서 섬기며 계속 가르치던 1992년까지도 이어졌다. 켈러는 구약학의 트렘퍼 롱맨과 브루스 월키, 신학의 싱클레어 퍼거슨과 리처드 개핀, 신약학의 모이세스 실바와 번 포이트레스 등 웨스트민스터의 여러 존경받는 교수와 두루 친해졌다.

팀을 이 시기로 이끈 궤도는 사실 그가 아직 버크넬대학교 학생이던 거의 20년 전에 그의 스승 에드먼드 클라우니를 통해 설정되었다.

복음으로 새롭게 되는 길

그때는 주먹을 꽉 쥐었는데, 지금은 고개를 숙인다.

클라우니의 표현으로, 설립자 J. 그레섬 메이첸 때의 초창기 웨스트민스터신학교가 다음 세대인 1969년 5월 제40회 졸업식 때는 그렇게 변해 있었다. 이 중대한 40주년을 맞아 마틴 로이드 존스가 졸업식 축사를 했고, 그 뒤 그는 계속 캠퍼스에 남아 6주 동안 설교학 과목을 가르쳤다.

클라우니는 1966년에 웨스트민스터신학교 총장이 된 후로 학교의 신학 노선에 일절 변경을 허용하지 않았다. 그러나 그가 학생들에게 한 권면의 말속에 1969년의 분위기가 반영되어 있다. 그는 복음이 나이 든 수구파와 젊은 혁신파에게 공히 도전을 가하므로 복음을 설교해야 한다고 말했다.

> 앞으로 웨스트민스터는 점점 더 그리스도의 복음으로 빚어져야
> 합니다. 그 밖에 어떤 노선도 현명하거나 안전하지 않습니다.
> 그러려면 적극적으로 복음에 새롭게 복종해야 합니다. 복음을
> 드러내지 않고 오히려 화석화하는 인간의 모든 전통을
> 웨스트민스터는 멀리해야 합니다. 복음보다 우리 자신을 더 진지하게
> 대할 위험은 항상 존재합니다. 학문 공동체는 전통주의와 교만에 특히
> 더 취약합니다.[1]

그래서 클라우니의 최고 급선무는 성경신학에 우선순위를 두어 학교 교육 과정을 개정하는 것이었다. 성경신학은 "내용만 아니라 형식도 성경의 구조에서 나옵니다. 성경신학을 빚어내는 것은 시대별 구속사이며 그 중심은 그리스도입니다. 이렇게 접근하면 조직신학도 설교학도 성경적 배경이 더 풍부해집니다."[2] 클라우니는 성경신학의 시원을 프린스턴신학교와 게하더스 보스에게로 거슬러 올라갔다. 웨스트민스터 창립 교수 중에도 보스에게 배운 사람이 여럿 있었다.

클라우니에 따르면 복음으로 웨스트민스터를 쇄신하기 위한 다음 단계는 공부에 경건이 어우러지게 하는 것이었다. 학교에 가장 필요한 것은 성령을 통한 부흥인데 이거야말로 어떤 프로그램으로도 불가능하다고 그는 보았다. "더 깊이 회개하고, 더 간절히 신뢰하고, 그리스도의 명령에 더 충실히 순종해야 합니다. 우리 시대를 능력 있게 섬기려면 그 길로 가야 합니다."[3]

클라우니는 또 "복음을 우리 시대에 참신하고 시급하게 적용할 것"을 주문하면서 "우리의 과제는 복음의 메시지를 제시하고 복음의 메신저를 양성하되 그 일을 현대 세상 속에서 하는 것입니다"라고 설명했다.[4] 그래서 그는 D. 클레어 데이비스 교수가 독일 세속 신학의 사회적 배경을 설명하는 것을 긍정적으로 보았고, 영미 문학과 그것이 어떻게 전도자들이 현대인의 지성을 끌어들이는 데 도움이 되는지를 공부하는 잭 밀러 교수의 저녁 수업도 좋게 평가했다.[5]

복음으로 쇄신한다는 이 3단계 구상을 클라우니는 웨스트민스터 신학교 총장으로서 1984년까지 추진했다. 그가 은퇴하자 학교는 예산을 절감하고자 그가 담당했던 과목을 두 교수에게 나누기로 했다. 그래서 교회 과목은 1972년 웨스트민스터 교수진에 합류한 하비 칸이 넘겨받았고, 설교학과 목회 리더십 과목은 팀 켈러의 몫이 되었다. 나중에 목회할 때 켈러는 복음으로 웨스트민스터를 쇄신하려 한 클라우니의 비전을 이어받아, 자신이 공동 설립한 교회 네트워크 기관 두 곳에 적용했다. 덕분에 클라우니의 우선순위는 리디머 CTC와 TGC를 통해 클라우니의 웨스트민스터 시절을 모르는 후대에까지 퍼져 나갔다. 클라우니는 과거를 저버리지 않으면서도 미래를 내다보았다.

> 우리는 충실한 청지기들을 통해 우리의 필요를 채워 주실 주님을
> 의지합니다. …… 웨스트민스터는 말씀의 무오성을 옹호해 왔습니다.
> 이제 미래를 내다보면서 우리는 교육 과정을 말씀 안에서 더욱더
> 견고히 다지려 합니다. 웨스트민스터는 개혁주의 신앙 즉 소중한
> 은혜의 교리들을 옹호해 왔습니다. 이제 미래를 내다보면서 우리는
> 주권적 은혜의 복음으로 더 온전히 빚어져 성령의 열매인 경건을
> 예증하려 합니다. (여러분의 기도가 필요합니다!) 웨스트민스터는 모더니즘
> 교회와 악한 세속주의의 횡포에 맞서 그리스도의 나라를 옹호해
> 왔습니다. 이제 미래를 내다보면서 우리는 이 시대의 온갖 망상에
> 맞서 그리스도의 진리를 최대한 선명히 드러내려 합니다.[6]

클라우니는 처음에 자유주의 신학과 싸우려고 꽉 쥐었던 주먹들이
이제 서로 맞잡고 부흥을 위해 기도하기를 바랐다. 이 비전은 웨스트민스
터에서 성공했든 그렇지 않든 팀 켈러의 마음과 생각에서 떠난 적이 없다.

상황화의 주요 걸림돌

D. 클레어 데이비스는 웨스트민스터에서 자신의 그룹에 배정된
학생 15명이 겨우 5-6명으로 줄었으나 개의치 않았다. 어차피 다른 교수

들에게도 같은 일이 벌어졌기 때문이다. 반면 팀 켈러의 그룹은 학생이 60명 이상으로 불어났다. 주목받는 데 당황한 켈러는 데이비스에게 사과했는데, 공연한 수고였다. 데이비스가 "다른 교수도 다 같은 처지니 아무렇지도 않습니다"라고 말했던 것이다.[7]

데이비스는 조나단 에드워즈 계승자들의 신학을 가르쳤다. 그와 켈러와 동료 교수 트렘퍼 롱맨은 서로 감독해 주는 그룹을 맺어 꾸준히 모였다. 켈러와 데이비스는 1974년 잭·로즈 마리 밀러 부부가 펜실베이니아주 글렌사이드에 개척한 뉴라이프교회 교인이기도 했다. 롱맨과 데이비스에 더하여 기독상담교육재단의 데이비드 폴리슨과 에드 웰치도 1984-1987년에 이 교회에 적을 두었다.[8]

잭 밀러가 개혁주의 사상의 경건주의 진영에 미친 영향은 본래 교리주의와 문화주의 진영에 걸쳐 있던 웨스트민스터의 전통적 범위를 넓혀 주었다. 창립 교수 존 머리는 교리주의 지류를 대표했고, 또 다른 창립 교수 코닐리어스 밴 틸은 문화주의 지류를 대표했다. 켈러가 부임했을 때 신학의 싱클레어 퍼거슨과 교회사의 리처드 갬블은 영국과 스코틀랜드의 교리주의 입장에 서 있었다. 리처드 개핀, 번 포이트레스, 하비 칸, 데이비드 클라우니, 나중에 온 변증학의 빌 에드거는 대륙의 신칼뱅주의 쪽이었다.

웨스트민스터 교수진 사이의 이런 긴장이 켈러에게도 보였다. 으레 그렇듯이 그는 이 모두가 성숙한 성경적 교회에 기여한다고 믿었으므로 각 그룹의 통찰을 수용했다. 또 어떤 견해에 더 마음이 기우는지는 사역의 정황, 은사, 정서적 기질 등에 따라 그리스도인마다 다르다는 것도 알았다. 켈러는 경건주의와 문화주의 전통에 더 동질감을 느꼈으나 웨스트민스터의 교리주의 쪽 동료 교수들과도 일부러 더 친하게 지냈다.[9]

이들 동료 교수 중 여럿을 그는 웨스트민스터에서 목회학 박사 과정을 공부할 때 이미 만났다. 그때 그가 쓴 학위 논문은 그 학교에서 가장 긴 논문 중 하나였다. 밀러에게 전도를, 칸에게 선교와 문화를, 폴리슨에게 상담을 배우면서 그는 19세기 스코틀랜드 에든버러와 글래스고의 토머스 차머스와 장로교 집사 직분 그리고 암스테르담과 제네바의 비슷한 개혁주의 봉사에 대해 썼다.

켈러가 웨스트민스터 교수진에 합류했을 때 그의 실천신학부 부장은 하비 칸(한국명 간하배-옮긴이)이었다. 켈러의 호프웰에서의 경험은 칸이 겪은 이력과는 극과 극으로 달랐다. 한국에서 12년간 선교사로 사역하고 미국으로 돌아올 때 칸은 동시대인 레슬리 뉴비긴이 서구 선교사 훈련의 쇄신을 부르짖은 것과 똑같은 긴박감에 차 있었다. 웨스트민스터의 대다수 교수는 필라델피아 교외에 살았으나 그는 도심에 정착하여 미국에 부상 중이던 탈기독교의 미래를 직접 보았다. 1982년에 나온 그의 책 *Evangelism: Doing Justice and Preaching Grace*(정의를 시행하며 은혜를 전하는 복음 전도)는 서구의 통상적 신학교 교육을 비판했다는 점에서 교수이자 설교자인 켈러에게 지대한 영향을 미쳤다.[10]

칸은 이렇게 썼다. "이 교육 모델이 강화해 주는 소통 방식이 있는데, 그 방식의 효과를 측정하는 기준은 주로 미리 포장된 정보 덩어리를 소화하는 데 있다. 정보의 목표 대상은 다분히 앵글로 색슨계 백인이다. 그래 놓고 10년 후에 동창회에서 만나면 왜 우리의 교회들이 신도시의 앵글로 색슨계 백인 교회인지 서로 의아해한다.'"[11]

선교사 경험을 바탕으로 칸은 복음의 메시지를 각기 다른 문화의 가치관 및 우상과 연결시키는 데 우선순위를 두었다. 선교사는 서구 사상의 우선순위와 범주를 획일적으로 퍼뜨려서는 안 된다.[12] 그가 웨스트민스터의 '상황 신학'(contextual theology; 또는 상황화 신학) 과목에서 강조했듯이 복음은 생각과 정신 그 훨씬 이상까지도 변화시킨다. 예수님의 복음은 사회와 문명 전체를 변화시키며, 그 안에 권력과 경제와 예술 등 모든 것이 함축되어 있다.[13]

칸은 웨스트민스터 신앙고백이 틀렸다고 주장하지 않았지만 그것을 영원하거나 초월적인 것으로 간주하지도 않았다. 한국의 정황에서 활동한 그가 예를 들어 요점을 지적했듯이, 17세기 영국의 이 신앙고백은 그리스도인이 부모와 조부모와 조상을 어떻게 대해야 하는지에 대해서는 말이 없다. 그러나 한국인을 예수님의 제자로 훈련시키려면 조상 제사 같은 문제를 반드시 다루어야 한다. 웨스트민스터 신앙고백은 틀리지 않을지 몰라도 모든 시대와 지역에 충분하지는 못하다.[14] 그것을 엄격히 고수해야 한다고 변호하거나 요구하는 것은 선교사의 마음을 지닌 교사가 오로지 우선해야 할 일은 아니다.

켈러가 강조하는 상황화에 비판자들과 지지자들이 공히 주목하곤 했다. 비판자 쪽에서 보기에 그는 복음 전달 과정에서 너무 많은 것을 양보했지만, 지지자 쪽에서 보기에는 과거에 얽매이지 않으면서 과거에 충실할 수 있는 길을 제시했다. 켈러도 상황화가 너무 심할 때와 너무 미진할 때의 위험을 모두 보고《팀 켈러의 센터처치》에 이렇게 썼다. "선교의 큰 과제는 새로운 문화에 복음의 메시지를 제시하되, 메시지를 필요 이상으로 그 문화에 이질적으로 보이지 않게 하면서도 성경의 진리가 자아내는 반감과 거부감을 없애거나 흐려 놓지 않는 것이다."[15]

이런 선교 관점에서 보면 서구 문화는 특권적 지위를 잃는다. 문화마다 옳은 부분도 있고 틀린 부분도 있다. 모든 문화는 각종 우상에 굴하면서 또한 하나님에 대해 뭔가를 말해 준다.[16] 서구를 포함한 어떤 문화도 그리스도의 명백하고 신성한 계시가 없이는 우리를 구원의 복음으로 인도할 수 없다. 켈러는 이렇게 썼다. "복음을 받아들이는 데 선결 조건으로 필요한 의식 구조를 완비한 문화는 없다. 복음이란 하나님이 거룩하셔서 죄를 벌하셔야 하지만 또한 그분은 사랑이시므로 죄 때문에 우리를 벌하기를 원하지 않으시며, 그래서 그리스도께서 우리 대신 죽으셔서 자기의 의로우심을 나타내시고 또한 믿는 자를 의롭다 하신다는 것이다."[17]

상황화의 주요 걸림돌은 바로 우리 자신의 맹점이다. 우리 문화의 강점과 약점이 우리에게는 충분히 보이지 않는다.[18] 자신이 사는 도시에 어떻게든 다가가려고 과열된 목사들은 흔히 상황화가 지나쳐 신학적 기반을 잃는다. 반면 다원주의 환경 속에서 살아남으려는 다른 목사들은 상황화에 인색하여 이미 생각이 같은 부류만 끌어들이는 데 만족한다.[19]

하비 칸이 이런 문제를 해결해 주지는 못했지만 칸의 도움으로 켈러는 이 작업에 필요한 여러 도구를 찾아냈다. 처음에는 직접 도심 사역자로서 그랬고, 나중에는 전 세계 많은 도시에 교회를 개척할 사람들을 길러 냈다.

도시의 성장에 교회가 쓰임받는다면

하비 칸은 켈러에게 최신 선교의 주안점인 상황화 교육을 소개함으로써 웨스트민스터를 향한 에드먼드 클라우니의 비전 중 한 측면을 성취했다. 그리고 성경신학을 도시에 적용함으로써 또 한 측면도 성취했다. 1990년대부터 2000년대가 다하도록 켈러의 사역은 사실상 도시 사역과 특히 교회 개척의 동의어가 되었다. 그는 이것을 대부분 칸에게서 배웠다. 칸은 도시 사역만 전담하는 유일한 학술지 *Urban Mission*(도시 선교)을 창간했고, 빌 크리스핀이 운영하는 도시신학연구소(Center for Urban Theological Studies; CUTS)에 도시 사역 전공의 목회학 박사와 신학 석사와 일반 석사 과정을 개설했다. 거기서 양성된 도시 사역자들이 필라델피아의 여러 빈곤 지역에서 활동했다.

크리스핀과 켈러는 분기마다 함께 애틀랜타에 가서 PCA 북미선교부의 해당 위원회 회의에 각각 참석했는데, 켈러는 인종차별과 불의와 도시 사역에 대한 흑인 이사들 도시신학연구소 학생들의 소수 의견을 크리스핀에게서 전해 듣고 충격을 받았다. 켈러의 실천신학 동료 교수 중에 로저·에드나 그린웨이 부부는 CRC(기독개혁교회) 선교사로 사역하다가 웨스트민스터를 거쳐 CRC 교단으로 돌아가 세계 선교회를 이끌었다. 그들의 후임으로 온 매누엘 오르티즈는 칸의 가까운 협력자였다.

칸이 켈러의 관점에 미친 영향은 도시 사역에 국한되지 않는다. 칸은 저서 *Eternal Word and Changing Worlds*(영원한 말씀과 변천하는 세계)를 통해 켈러에게 타협 없는 상황화의 비전을 제시했고, 지식에 대한 신칼뱅주의의 전제(前提)주의 접근을 통해서는 그에게 비기독교 사상을 존중하는 법을 보여 주었다.

도시에 대한 칸의 신학적 고찰은 켈러의 이후 사역에 몇 가지 가장 확실한 궤도를 설정해 주었다. 칸은 그리스도께서 세상을 에덴동산 본래의 전원(田園)으로 되돌리실 거라고 보는 가정을 뒤집으려 했다. 새 예루살렘을 고대하는 그리스도인들은 사적인 영역에서 전도와 제자 훈련만 하는 게 아니라 하나님을 영화롭게 하는 전체 문명 또는 도시를 세움으로써 창세기 1장 28절의 문화 명령도 성취한다.[20] 칸은 때로 이를 "도시 명령"이라 칭했다. 인간의 일의 범위가 농경과 축산에서 도시 계획으로까지 확장되었기 때문이다(창 4:17).[21] 일부 성경 해석자는 도시를 가인이 동생을 살해한 이후 출현한 타락의 한 징후로 보지만, 칸은 거기서도 구속(救贖)의 증거를 보았다. 매누엘 오르티즈와 공저하여 칸의 사후에 출간된 《도시목회와 선교》(Urban Ministry)에서 그는 이렇게 역설했다.

> 물론 가인이 의지한 도시는 자신과 후손을 하나님의 저주로부터
> 지키는 안전과 안정의 상징이 된다(창 4:17). 그러나 도시는 또한 인간
> 성취의 장, 문화 혁신의 중심지가 된다. 예술과 공업 기술(수금과 통소의
> 발명, 구리와 쇠 기구의 제작)은 도시의 성벽 안에서 발달하기 시작한다(창
> 4:20-22). 도시의 이미지는 안전에서 이동성, 새로운 방법, 새로운
> 아이디어, 새로운 생활 방식 쪽으로 변화한다. 삶이란 변하는 것이며,
> 도시에서는 더 빨리 변한다.[22]

켈러가 2015년 리폼드신학교의 뉴욕 캠퍼스 개교에 일조한 것은 25년간 자신이 도시 교회 리더들을 양성하며 겪었던 고충에 대응한 것만이 아니라 칸과 오르티즈가 2001년 저서에 제시한 도시 리더십의 비전을 실현한 것이었다. 도시가 요구하는 훈련은 전통적인 신학교들이 제공하는 것과는 다르다. 자격과 경험을 갖춘 지도자들의 감독 아래 이론과 실천을 통합해야 한다. 리더들을 길러 낼 때 도시의 상황화를 구체적으로 다룰 뿐 아니라 또한 교사들에게 문화 지능(CQ)을 구사해서 성경을 읽는 법을 가르쳐야 한다.[23]

켈러에게 이는 리더들을 훈련하여, 교회를 혐오스러운 도시로부터 도피하는 곳으로 볼 게 아니라 도시의 영적 필요와 물리적 필요를 채워 주는 법을 배우는 장으로 보게 한다는 뜻이었다.[24] 도시를 이용하는 "교회 성장" 모델을 버리고 "도시 성장" 모델에 교회가 쓰임받아 모두를 잘되게 한다는 뜻이었다.[25]

하비 칸의 성경적 도시 신학과 상황화 선교 접근에 힘입어 켈러는 이전 몇 세대의 뉴욕 교회들을 좌절시킨 두 가지 위험을 피하려 했다. 20세기 초의 "진보 복음주의"는 뉴욕의 전문직과 예술가 계층에게 성경을 전부 믿으라 하면 그들이 불신에 빠질 거라고 우려했다. 그래서 사회 개혁을 통해 그리스도와 교감하려 했다.[26] 반면 20세기 초의 보수 복음주의와 근본주의는 뉴욕을 온갖 득실거리는 유혹으로 신앙인을 노리는 현대판 바벨론으로 보았다. 켈러가 세우려 한 교회는 도시 안에서 도시와 구별되면서 도시를 사랑하는 회중이었다. 도시의 영적 곤경에 늘 초점을 맞추면서도 물리적 필요 또한 채워 줄 수 있는 교회 말이다.

긍휼 사역의 역사를 연구하면서 켈러는 집사가 하는 일을 복음주의 도시 사역의 돌파구를 여는 열쇠로 보게 되었다. 1985년에 그의 첫 저서 *Resources for Deacons*(집사를 위한 자료)가 PCA를 통해 나왔다.[27] 4년 후 뉴욕으로 이주한 그는 역시 긍휼 사역에 대한 책인 《여리고 가는 길》을 써서 캐시에게 헌정했다. 오래전 캐시가 당시 나와 있던 C. S. 루이스 책을 모조리 독파하고 나서 처음으로 읽은 책이 데이비드 윌커슨의 《십자가와 칼》이었는데, 그 후에 그녀가 세운 인생 계획이 있었다. 목사가 되어 뉴욕으로 가 갱단을 상대로 사역한다는 것이었다.

아직 신학생이던 1973년 여름, 캐시는 저먼타운에 있는 한 교회를 통해 필라델피아 장로교 노회에서 봉사했다. 그녀가 열두 동네를 집집마다 돌아다니며 준비한 각 동네의 거리 파티에서 사람들은 이웃과 교인들도 만나고 전도 영화도 보았다. 그녀는 이렇게 회고했다. "도심으로 깊숙이 들어가 보니 백인이라곤 온종일 나밖에 없더군요. 그 경험이 내게 정말 깊은 영향을 미쳤습니다. 그 전까지는 아는 흑인이 하나도 없었고, 그렇게 위험한 환경에서 사는 사람을 본 적도 없었거든요." 팀도 저먼타운으로 캐시를 방문했을 때 도시 생활의 첫맛을 보았다.[28]

팀 켈러는 자신의 빈약한 도시 사역 경험을 보완하고자 하비 칸을 지켜보고 그의 책을 읽고 그와 대화했다. 칸은 도시 특히 대도시의 성장 속도는 복음주의자들이 이미 견고하게 교회 네트워크를 구축한 지역들보다 훨씬 빠르다는 것을 알았다.[29] 또 그는 복음주의자들이 도시를 두려워한다면 교회를 개척하지 않으리라는 것과 교회를 개척한다 해도 전도로 그쳐서는 안 된다는 것도 알았다.[30] 그 시대의 가장 용감한 복음주의자

중 하나이자 켈러의 역할 모델인 마이클 그린은 이전 몇 세대의 복음주의 와 자유주의가 그랬던 것처럼 교회가 전도를 긍휼 사역과 떼어 놓아서는 안 된다고 보았다. 켈러가 뉴욕으로 가는 도중에 읽은 책 《현대 전도학》 (*Evangelism through the Local Church*)에서 그린은 이렇게 썼다. "사회의 필요를 힘써 채워 주는 교회는 성장하지만 자신을 위해 사는 교회는 혼자 죽는 다. …… 우리의 전도가 효과를 내려면 교회가 관심을 갖고 주위의 필요 를 채워 주어야 한다."[31]

첫 비공식 모임이 있은 지 3년도 안 된 1992년에 리디머교회는 호 프포뉴욕(Hope for New York)이라는 비정부 기구를 출범했다. 기금을 마련하 고 자원봉사자를 모집하여, 도시의 물리적 필요를 채워 주는 여러 기관에 조달하기 위해서였다. 교회가 이 일을 하지 않으면 도시의 비웃음을 사 마땅하다고 켈러는 경고했다.[32] 빈민을 위한 정의를 중시하는 것만큼 이나 강해 설교도 똑같이 중시하는 교회, 세상은 이런 교회에 익숙해 있지 않다. 그러나 리디머교회에서는 이 두 가지 목표가 신학적으로 불가분의 관계다.[33]

클라우니와 칸이 가르쳐 준 대로 켈러도 진정한 기독교 신앙은 삶의 모든 분야에 영향을 미쳐야 하며, 그렇지 않으면 성경적이고 역사 적인 최선의 기독교는 아니라고 역설했다.[34] 늘 복음에 충실하려면 교회 가 고정관념을 깨뜨려야 한다.

《팀 켈러의 센터처치》에서 그는 이렇게 주장했다.

선교적 교회는 긍휼과 사회 정의의 행위에 전통적 근본주의 교회보다 더 깊고도 실제적으로 헌신하고, 전도와 회심에 전통적 자유주의 교회보다 더 깊고도 실제적으로 헌신한다. 이런 교회는 지켜보는 미국인의 직관에 완전히 어긋나므로, 아무도 더는 이것을 진보나 보수로 분류할(그래서 일축할) 수 없다. 이런 교회만이 비기독교 서구에서 조금이라도 가망이 있다.[35]

대담한 발언이지만 1999년에 세상을 떠난 하비 칸도 생전에 충분히 했을 법한 말이다. 켈러는 정의를 시행하는 것이 전도에 쏟아야 할 관심을 흩뜨린다고 보지 않았다. 오히려 이런 활동 덕분에 교회 바깥의 이웃들에게 예수님의 복음이 개연성을 띠게 된다. 회심자들이 희생적으로 이웃의 필요를 채워 주지 않는 한 회심자의 증가는 권력의 축적처럼 보인다. 이웃이 예수님을 믿는 사람이든 그렇지 않든 그들의 필요를 채워 주면, 하나님의 심판과 은혜가 이 세상의 정의의 기초임을 비신자들도 볼 수 있다.[36]

클라우니와 칸은 웨스트민스터신학교의 일부 장기 후원자들을 불안하게 만들었다. 미국의 전통적 개혁주의 강단을 채울 목사들만 길러 낸 게 아니기 때문이다. 하지만 그들의 제자 켈러에게는 그게 바로 핵심이었다. 양쪽을 통합하여 성경적 균형을 갖춘 교회가 전 세계 많은 도시에 우후죽순처럼 돋아나기를 그는 원했다. "말씀 사역과 실천 사역의 균형, 인간의 문화를 인정하면서도 거기에 도전하는 균형, 진리에 헌신하되 다른 신념의 사람들도 너그러이 품는 균형, 전통적 실천과 혁신적 실천의 균형" 등이다.[37] 많은 보수 장로교회가 양자택일을 원할 때 이 "센터처치"의 비전은 양쪽의 통합을 요구했다. 그런 교회라면 에드먼드 클라우니도 성경신학, 개인 경건, 상황화 적용이라는 세 가지 면 모두에서 "복음으로 빚어진" 교회라 인정했을 것이다.

다시 《팀 켈러의 센터처치》의 한 대목이다.

> 안에서부터 바깥으로 변화시키는 대속의 측면 때문에 교회는 개인의 회심, 은혜로 새로워지는 체험, 전도, 봉사 활동, 교회 개척을 크게 강조한다. 그래서 복음주의적 은사주의 교회처럼 보인다. 위아래를 뒤집어 놓는 하나님 나라와 성육신의 측면 때문에 교회는 긴밀한 공동체, 소그룹이나 가정 교회, 자원의 철저한 드림과 나눔, 영적 훈련, 인종 간 화해, 빈민과 더불어 사는 것을 크게 강조한다. 그래서 재세례파의 '평화' 교회처럼 보인다. 앞뒤를 허무는 하나님 나라와 회복의 측면 때문에 교회는 도시의 복지, 동네 주민 활동과 시민 활동, 문화 참여, '세속' 직업에서 기독교 세계관으로 일하도록 사람들을 훈련하는 것을 크게 강조한다. 그래서 주류 교회나 어쩌면 카이퍼 계열의 개혁교회처럼 보인다. 이 모든 사역과 강조점을 통합하는 교회나 교단이나 운동은 거의 없다. 그러나 나는 성경적 복음을 종합적으로 보면(안에서부터 바깥으로의 변화와 위아래의 뒤집힘과 앞뒤의 해체를 낳는 복음의 여러 측면을 깨달으면) 이 모두를 옹호하고 계발하게 된다고 믿는다. 이것이 우리가 말하는 센터처치의 의미다.[38]

이런 균형에 힘쓰는 중에도 켈러는 전도에 우선순위를 두었다. 노숙인을 돌보는 일은 비신자도 할 수 있지만 노숙인을 영생으로 초대하는 일은 그리스도인만이 할 수 있다. 어떻게 하면 교회가 정의를 시행하면서도 늘 전도에 초점을 맞출 수 있는지를 켈러는 자신에게 가장 큰 영향을 미친 사람 중 한 명에게서 배웠다.[39]

미래를 위한 사역 전략

20세기 초 근본주의와 모더니즘의 분열로 태어난 웨스트민스터신학교가 월터 라우센부시 같은 이들에게 주먹을 꽉 쥐고 휘두르는 일쯤은 전혀 어려울 게 없었다. 라우센부시는 1880년대 뉴욕시 맨해튼의 우범 지대에서 사역한 독일인 침례교 목사였다. 흔히 사회 복음의 창시자로 지목되는 그는 영혼만 구원하고 배를 채워 주지 않는 그리스도인들을 비난했고, 결국 성경의 무오성과 예수님의 대속까지 논박하면서 그분을 그저 가난한 소외층을 어떻게 사랑해야 할지를 보여 주신 모본으로 기술했다. J. 그레셤 메이첸은 기독교와 대조되는 이런 자유주의를 맹비난했다.

그런데 켈러는 더 멀리까지 거슬러 올라갔다. 이야기를 자유주의 이전의 식민지 시대 미국과 조나단 에드워즈로까지 훌쩍 되돌린 것이다. 거기서 그는 충실한 교회의 다른 모델을 만났다. 그가 인용한 에드워즈의 설교 "기독교의 자비: 빈민에게 자비를 행할 의무"에 이런 대목이 나온다. "성경에서 가난한 사람에게 베풀라는 명령보다 더 강경한 표현으로 더 단호하고 긴박하게 제시된 명령이 도대체 어디에 있습니까?"[40]

성경신학은 정의를 가로막지 않는다. 오히려 켈러의 말마따나 에드워즈는 "빈민을 돌보는 일과 성경의 전통적 교리가 떼려야 뗄 수 없이 맞물려 있다고 보았다."[41] 오늘날에는 아마 보기 드문 모습이라고 켈러도 시인했다. 그러나 《팀 켈러의 정의란 무엇인가》라는 책을 그는 "에드워즈가 본 것(즉 그리스도께서 우리에게 해 주신 일을 성령이 능히 깨닫게 해 주시면 그 결과 빈민을 위한 정의와 긍휼의 행위에 우리 삶을 쏟아붓게 된다는 것)을 아직 보지 못하는 사람들을 위해" 썼다.[42] 《신앙과 정서》(Religious Affections)를 연상시키는 전형적인 에드워즈 방식으로 켈러는 "빈민을 위한 정의 시행에 쏟아붓는 삶이야말로 참되고 진정한 복음 신앙의 필연적 징후다"라고까지 역설했다.[43]

켈러가 뉴욕으로 이주했을 때 리디머교회 초창기 멤버들은 그의 설교에서 이 강조점을 보았다. 스티브 프레스턴은 "팀은 젊은 전문직 뉴요커들의 마음에 가닿게 말하는 독특한 재주가 있었습니다"라고 말했다. 젊은 전문직 종사자끼리 짝지어 가정을 이루던 그즈음 스티브와 그의 아내 말리는 리디머에서 만나 결혼한 첫 번째 부부였다. "그는 예리했고, 꼭 나한테 설교하는 것 같았고, 복음을 통해 신학을 봉사와도 연결시키고 영성 형성과도 연결시켰습니다. 전도 또는 봉사가 아니라 둘을 합친 겁니다. 섹스와 싱글 생활을 포함해 모든 이슈를 다루었고요."[44] 프레스턴은 조지 W. 부시 대통령 때 주택도시개발부 장관이 되었고, 그 후에는 비영리단체 굿윌인더스트리(Goodwill Inderstries)의 CEO로 활동했다.

켈러의 뉴욕 교회 개척을 소개하는 안내서에는 에드먼드 클라우니와 하비 칸의 이름은 나오지 않지만 웨스트민스터의 영향이 확연히 드러나 있다. "뉴욕시: 미래를 위한 사역 전략"이라는 제목으로 안내서를 제작했고 캐시 켈러가 총괄했다. 그레이트커미션 출판사의 아트 디렉터가 자원해서 도왔는데, 그는 대량 제작 시에 비용이 절감되는 갈색과 연두색을 골랐다. 하지만 캐시의 생각은 달랐다. 그녀는 우편으로 받은 은행 광고지를 그에게 보여 주며 광택 처리된 초록색과 회색을 골랐다. 그는 비싸게 먹힌다며 난색을 표했지만 캐시가 밀고 나가 결국 비용을 더 치르기로 했다. 뉴욕에는 그게 걸맞았기 때문이다.

안내서에는 팀 켈러가 IVF 부회장 출신으로 호프웰에서 사역하던 9년 동안 대서양 연안 중부 여러 주 스물네 개 교회 개척을 감독했으며, 그의 교회 교인 수가 세 배로 늘었다고 소개되어 있었다. 그의 필라델피아 사역은 사업가와 동성애자와 무슬림 전도에서부터 학부생과 대학원생과 유학생은 물론 도심에 사는 싱글들을 대상으로 한 제자 훈련에 이르기까지 광범위했다. 또 켈러는 필라델피아의 에이즈 환자들을 돕는 텐스장로교회(Tenth Presbyterian Church; 십장로교회) 사역의 운영위원회 회장직도 맡았었다.[45]

안내서에는 세계무역센터 쌍둥이 빌딩 사진이 두 장 실려 있는데, 하나는 앞쪽에 자유의 여신상이 있고 또 하나는 전체에 브루클린브리지가 있다. 안내서는 방문객들에게 교회를 소개하는 용도로만 아니라 기금 마련을 위해서도 배부되었다. 다음 문장은 하비 칸이 예비 기부자들에게 이 교회는 물론 뉴욕에 이런 교회가 수백 개는 더 필요하다고 설득하기 위해 썼을 법한 글이었다. "어느 남부 사람에게, 애틀랜타와 마이애미와 휴스턴과 내시빌과 리치몬드와 뉴올리언스와 올랜도와 워싱턴 DC의 메트로폴리탄 인구가 모두 뉴욕 메트로폴리탄 지역에 넉넉히 수용되고도

로어노크와 몽고메리와 그린빌 시민이 더 들어갈 자리가 있다고 말한다면, 그의 눈빛이 멍해질 것입니다." 안내서에 설명된 대로 뉴욕은 도쿄보다 큰 금융의 중심지고 보스턴과 워싱턴 DC에 맞먹는 교육과 정치의 주무대다. 문명의 문화적 본산으로 자처하는 파리의 주장에 반기를 든 뉴욕의 예술가가 10만 명을 넘어섰다. "이 모든 분야에서 고루 뛰어난 단일 도시는 세상에 다시없습니다!"라고 안내서는 단언했다.

리디머의 비전은 교회 이름을 짓기도 전에 설정되어 있었다. 그 비전은 에드먼드 클라우니와 하비 칸이 웨스트민스터에서 가르친 비전과 놀랍도록 비슷했다. 1980년대에 켈러 부부는 이미 다음 세기를 내다보았다.

기독교 교회가 21세기에 영향을 미치려면 뉴욕시에 주목해야 합니다. 초대 기독교가 빠르게 확산되며 로마 문화를 변화시킨 것은 상당 부분 도시 신앙이라는 특성 때문이었습니다. 선교사 바울은 전략적 도시들에 메시지를 전했고, 거기서 교역로와 이민 길을 따라 복음이 퍼져 나갔습니다. 도시 주민은 시골 주민보다 더 변화에 마음이 열려 있었고 기동성이 높았습니다. 도시는 무역과 공예의 중심지였으므로 입소문 전도만으로도 한 직종 전체가 그리스도께 돌아왔습니다.

안내서에 제시된 교회는 백인 장로교인들만의 교회가 아니라 1995년까지 40만 명에서 80만 명으로 배가할 것으로 추산되던 뉴욕의 아시아계 인구를 위한 교회이기도 했다. 또 이 비전은 딱 한 교회로 끝나지 않고 훨씬 멀리 뻗어 나갔다. 이 새로운 사역은 서인도 제도와 중남미 출신 이민자들에게 그들의 언어와 방식으로 다가가기 위한 교회 개척의 구심점이 될 터였다. "이 모든 사람에게 예수 그리스도의 복음을 자기네 문화의 사람이 목회하는 교회들에서 각자의 언어로 들을 기회가 주어진 다면 어떻겠습니까?" 일찍이 칸과 뉴비긴이 지적한 대로 많은 나라가 이 도시에 모이다 보니 해외 선교와 국내 선교의 전통적인 장벽이 허물어졌 다. 미국 국내의 필요도 최소한 해외의 많은 선교지만큼 절실했다.

이렇듯 리디머 CTC의 비전은 처음부터 이미 가동되었다. 또 켈러 부부는 PCA를 교회 개척의 동력원으로, 즉 남부 지역 그리스도인들이 전 국 복음화에 기여할 수 있는 통로로 내다보았다. 교회 안내서에 클라우니 가 언급되지는 않지만, 이로써 그가 1969년 웨스트민스터에서 천명한 꿈이 실현되었다.

> 전국에서 두 번째로 큰 장로교단인 PCA는 창의적 사역과 연대 지원
> 둘 다에 헌신되어 있습니다. PCA는 주류 교단도 아니고 근본주의
> 교단도 아닙니다. 그보다 우리는 역사적 기독교 신앙을 바탕으로
> 현대 생활과 우리 시대의 제반 이슈를 다루는 데 헌신되어 있습니다.
> 뉴욕시에서 우리의 목표는 복음주의와 개혁주의의 다른 교회 및 사역
> 단체와 협력하여 사람들의 필요를 채워 주고 그리스도 안의 은혜를
> 증언하는 것입니다.

안내서가 PCA에 대해 뉴요커들을 설득하려는 것인지 아니면 로

어노크, 몽고메리, 튜펠로 등 남부의 경우와는 사뭇 다를 교회 개척의 새로운 비전에 대해 PCA를 설득하려는 것인지는 분명하지 않다. 그중 어느 쪽이든 앞에서 말한 두 가지 목표는 다 이루어졌다. 리디머는 진정한 PCA로 남아 있으면서도 뉴욕의 독특한 정서와 세계적 비전을 잃지 않았다. 켈러가 《팀 켈러의 센터처치》에 썼듯이 "우리는 전 세계 도시들의 도심 사역이 21세기 교회의 최고 우선순위라고 믿는다."[46] 2021년 현재 리디머 CTC는 이사장이자 공동 설립자인 팀 켈러의 지도하에 전 세계 75개가 넘는 도시에 748개의 교회를 개척했다.

리디머교회 담임목사직을 내려놓기 전에 켈러는 미래의 세속 도시에서 형통할 만한 교회의 특징을 이렇게 제시했다.

> 뉴욕시의 리디머는 선구적 사역이었는데, 하나님이 계속 복을 주셔서
> 우리를 쓰신다면 지금도 우리가 해야 할 이런 일은 얼마든지 많다.
> 우리는 예로부터 내려온 복음의 메시지를 전하되, 시대의 망상을
> 거부하면서도 이웃들의 선한 열망과 희망에 공명을 일으켜야 한다.
> 그것은 몇 가지를 의미한다. 세속주의의 자기 서사와 특히 '포용성'의
> 주장에 대항한다는 의미다. 세속 세계관에 들어맞지 않는 인간
> 심연의 직관(도덕적 진리, 인간의 가치, 사랑과 아름다움의 실재 등에 대한 직관)에
> 호소한다는 의미다. 교회도 사랑과 관용으로 행동하지 못했음을
> 겸손히 인정하는 가운데, 번영과 권력을 우상으로 떠받드는 세속
> 문화를 폭로한다는 의미다. 역사적으로 교회가 성경의 제반
> 원리(하나님의 형상인 모든 인간의 존엄성, 원수를 사랑함, 고난당하는 이들을 무조건

돌봄, 약자를 위한 정의)를 실천하지 못했음을 고백한다는 의미다. 이런 정당한 비판의 근거 자체가 기독교 진리임을 지적하는 것과는 별개로 말이다. 또 사회를 지배하거나 사회와 담을 쌓는 게 아니라 도발하면서 섬긴다는 의미다. 복음의 진리를 타협 없이 제시하면서도 설득력 있고 무장을 해제하는 방식으로 인간의 가장 절실한 의문들에 알맞게 답하는 법을 배운다는 의미다. 사람들에게 고난이 앗아 갈 수 없는 삶, 하나님의 사랑에 철저히 뿌리내려 세상의 압력에 흔들리지 않는 정체성, 현세의 벽을 초월하는 희망을 제시한다는 의미다. 교리적으로 견고하되 분파하지 않고, 시민으로서 활동하되 당파에 치우지지 않으며, 예술에 헌신하되 진리를 주관주의로 보지 않는다는 의미다.[47]

하비 칸은 전 세계에 교회를 개척하려는 이 운동의 출범을 살아생전 보지 못했지만, 웨스트민스터에서 함께 지내던 시절 자신이 켈러에게 전수한 비전이 실현되었음을 그도 인정할 것이다.

해박한 지성이 도시의 거리로 나서다

뉴욕으로 이주하기 전에 필라델피아를 거친 덕분에 켈러는 거기서 칸의 도움으로 도시 사역을 사랑하는 법을 배웠다. 그러나 클라우니가 웨스트민스터에 임용한 또 다른 중요 인물이 아니었다면 리디머교회는 아마 존재하지 않았을 것이다.

켈러 부부가 잭 밀러가 목회하는 글렌사이드 뉴라이프교회에 몸 담았던 기간은 1984년부터 1989년까지 5년에 불과했다. 그러나 호프웰 에서 9년을 밤낮 쉬지 않고 사역하다 온 켈러 부부는 그 5년간 교회의 운 영 방식에 대한 또 다른 비전을 함께 배웠다. 당시 팀은 탈진하기 직전이 었으므로 그냥 설교를 들으며 하나님 말씀을 섭취할 수 있는 교회가 필요 했다.[48] 일찍이 리처드 러블레이스가 고든콘웰신학교에서 그들에게 부흥 을 가르쳤지만, 복음으로 새롭게 되는 문화가 사회 정의와 예배와 전도와 선교에 적용되는 것을 그들이 직접 경험한 곳은 뉴라이프교회였다.

예수 운동이 낳은 다른 많은 회심자처럼 팀도 교회를 벗어나 기숙 사 방에 복음을 전하는 것을 부흥의 일부로 보았었다. 형식적 무대는 복 음의 진전에 방해가 된다고 인식했다. 그러나 밀러의 영향으로 그는 어떻 게 교회에 부흥이 필요하고 부흥에 교회가 필요한지를 깨달았다. 부흥 없 는 교회는 영적 생명력과 전도의 긴박성을 잃지만, 교회 없는 부흥은 교 리의 정확성과 개인의 거룩함을 약화시킨다.[49] 켈러는 뉴라이프교회 장 로로서 맨 앞줄에 앉곤 했는데, 밀러 목사는 긴급한 상황이 발생하면 두 번 생각할 것도 없이 성인 주일학교를 취소하고 한 시간 동안 전 교인 합 심 기도에 돌입하는 사람이었다. 켈러가 설교한 어느 주일에는 한 장로가 스스로 앞에 나와 공개적으로 죄를 회개하고는 온 회중에게 자신을 감시해 줄 것을 부탁했다. 그러니 캐시의 여동생이 방문해서 "나는 이 교회에 다닐 자신이 없어. 너무 진짜 기독교라서!"라고 말한 것도 무리는 아니다.

무엇보다 잭 밀러는 팀 켈러에게 모든 성경 본문으로 은혜를 설교하는 법을 가르쳐 주었다.[50] 리디머 초창기에 켈러는 핵심 그룹 전원에게 밀러의 책 *Outgrowing the Ingrown Church*(내부 지향의 교회에서 벗어나라)를 읽게 했다. 1991년 4월에 잭 밀러는 켈러의 초청으로 리디머에서 설교한 데 이어 아내 로즈 마리와 함께 교회 수련회도 인도했다. 수련회 후에 켈러는 에베소서 5장 1-2절을 본문으로 하나님의 사랑을 받는 자녀에 대해 설교하면서, 이것이 밀러 부부의 중심 주제라고 밝혔다.

> 하나님이 그들에게 주셔서 사람들에게 알리게 하신 것은 바로
> 이것입니다. 즉 여러분이 자신을 하나님의 사랑을 받는 자녀로
> 생각해야 하며, 그렇지 않고는 절대로 그리스도인으로서 살아갈 수
> 없다는 것입니다. 자신이 사랑받는 자녀라는 개념에 지배당하지
> 않고는 삶이 불가능합니다. 여러분은 가족의 사랑을 받도록
> 지어졌습니다. 본래 그런 존재입니다. 아버지의 사랑, 부모의 사랑을
> 받도록 지어졌습니다. 자신이 본래 그런 존재임을 모르면 하나님을
> 본받아 살 수 없습니다.[51]

잭 밀러의 전기 작가에 따르면 "자녀의 신분"으로 알려진 이 메시지는 "역사적으로 등한시된 개혁 교리인 칭의와 입양과 하나님의 아버지 되심에 초점을 맞추면서, 그리스도인이 어떻게 성령과 협력하여 그리스도 안에서 자신의 것으로 주어진 영적 자유와 능력을 늘 받아 누릴 수 있는지를 강조했다."[52]

리즈 카우프먼과 남편 딕이 켈러 부부를 처음 만난 것은 웨스트호

프웰교회에 부흥이 시작되도록 돕고자 잭 밀러와 함께 그곳에 갔을 때였다. 그 후 필라델피아와 뉴욕에서 오랜 세월을 함께 지내면서 리즈 카우프먼이 팀 켈러에게서 본 모습은 일부 학계가 드러낸 교만과 자만심과는 대비되었다. 켈러는 사람들이 보복당할 두려움 없이 켈러 자신을 비판할 수 있는 교회 문화를 힘써 장려했다. 그녀는 이것을 에드먼드 클라우니와 특히 잭 밀러에게 받은 영향으로 더듬어 올라간다. "잭 밀러는 늘 자신의 교만을 물리치려 애썼고, 늘 우리 모든 부교역자에게도 다른 사람들의 겉으로 보이는 죄에만 집중할 게 아니라 그런 내면의 죄를 다루도록 도와주었습니다."[53]

잭 밀러는 또한 켈러에게서 담대한 전도를 이끌어 냈다. 자신이 그렇게 대담해질 수 있음을 켈러도 몰랐다. 밀러는 어떤 대가를 치르더라도 사람들을 신앙으로 인도하는 모범을 보였다. 히치 하이킹을 청한 사람을 자기 집에 입주하게 한 적도 있다.

카우프먼은 "사사로운 우려 따위는 복음을 위해 제쳐 두라고 잭은 우리 모두를 그렇게 지도했습니다. 위험할 때도 있었지요. 그때는 우리가 제정신이 아니었어요. 70년대였잖아요!"라고 말했다.

뉴라이프교회가 펜실베이니아주 드레셔에 개척한 교회에서 성찬식을 하던 중에 캐시는 온 가족이 뉴욕으로 이주하는 데 대한 우려를 떨쳐 냈다. 밀러 부부와 함께 지내면서 그녀는 안전과 안락보다 복음이 더 중요함을 실감했다.

잭 밀러와 팀 켈러는 여러 가지로 달랐다. 켈러는 전혀 밀러만큼 과감하지 못했다. 영어 교사 출신인 밀러는 그에 걸맞게 곱슬머리에다 옷이 늘 구겨져 있었다. 신앙에 붙들린 그는 두려움을 몰랐고 비판을 받아도 끄떡없었다. 오랜 친구들은 젠킨타운 길모퉁이에 서서 오토바이 갱단과 마약 중개상에게 말을 걸던 그를 기억한다. 그 무리 중 다수가 그리스도께 돌아왔고, 심지어 그중 한 명은 밀러의 딸과 결혼해 신학을 공부한 뒤 그의 후임자가 되었다.

이와 대조적으로 켈러는 스승 에드먼드 클라우니처럼 더 학구적이고 얌전한 스타일이다. 그래도 필라델피아 시절의 오랜 친구들에게는 밀러와 클라우니 두 사람 다 켈러에게 어떤 영향을 미쳤는지가 확연히 보인다. 카우프먼은 "뉴욕에서 그가 사역에 임한 방식을 보면 그 두 성격이 합쳐져 있는 것 같아요"라고 말했다.[54]

밀러의 전기 작가는 클라우니가 품었던 웨스트민스터의 비전을 밀러보다 더 잘 실현한 사람은 없다고 밝혔다. 밀러는 고개를 숙이는 경건한 기도와 주먹을 꽉 쥐는 담대한 전도를 통합했다. 1960-1970년대에 코닐리어스 밴 틸의 노방 설교에 합류함으로써 웨스트민스터 창립 세대와 계승 세대를 잇는 다리 역할을 하기도 했다.[55] 웨스트민스터 재학 시절과 교수 시절에 켈러는 최고 수준의 해박한 지성이 도시의 거리로 나서는 모범을 여러 사람에게서 본 셈이다.

복음 중심 사역

잭 밀러가 켈러에게 미친 영향이 어찌나 깊은지 독자들은 자신이 가장 즐겨 인용하는 말들이 둘 중 누구의 것인지 잘 가려내지 못할 때도 있다. "여러분은 감히 상상하던 것보다 더 악한 죄인이지만 감히 바라던 것보다 더 사랑받는 존재이니 힘을 내십시오!" 흔히 켈러가 한 말이라고 인용되지만 이는 본래 밀러가 한 말이다.

켈러는 러블레이스에게 처음 배운 부흥의 역학을 밀러에게서도 똑같이 보았다. 밀러의 "자녀의 신분" 프로그램은 영적으로 빈사 상태에 빠진 많은 교회와 그리스도인을 치유해 주었다. 그들은 은혜의 복음을 놓치고 점차 율법주의 아니면 반율법주의 쪽으로 미끄러져 내리는데, 둘 다 영적 생명력을 죽인다.

켈러에게 율법과 복음의 구분을 처음 도와준 사람이 밀러는 아니었다. 켈러는 이미 마르틴 루터의 갈라디아서 주석 서문에서 그 역동을 보았다. "조직신학에서만 아니라 설교와 목회와 결국 우리 마음속에서 행위와 은혜, 율법과 복음의 관계를 바로 설정하는"[56] 이 문제를 장로교 전통 내에서는 18세기 스코틀랜드의 "매로우 맨"들이 다루었다(에드워드 피셔의 《개혁 신앙의 정수》(*The Marrow of Modern Divinity*)를 둘러싼 율법주의 관련 논쟁에서 그 책의 입장을 지지한 목사들이 "매로우 맨"이라 불렸으며, 교단 총회 측은 그들의 입장을 반율법주의로 몰아갔다-옮긴이). 그래도 (1970년 버크넬의 학생 시위 시절 싹튼) 부흥에 대한 켈러의 열정은 밀러를 통해 더 무르익었다. 켈러가 보기에 밀러는 18세기 웨슬리와 윗필드와 에드워즈의 전통을 잇는 20세기 부흥사였다. 밀러와 뉴라이프교회의 영향이 없었다면 켈러의 "탕부 하나님"이라는 메시지는 결실하지 못했을 것이다.[57]

많은 부분 켈러 덕분에 그리고 나중에 그가 한 세대의 목회자들에게 미친 영향 덕분에 2005-2010년에 "복음 중심" 사역에 대한 언급이 폭발적으로 늘었다.[58] 그러나 이미 1988년부터 잭 밀러는 글렌사이드의 뉴라이프교회에서는 물론이고 나중에 명칭이 서지(Serge)로 바뀐 제휴 사역 단체 월드하비스트미션(World Harvest Mission)에서도 은혜 중심과 복음 중심의 삶에 대해 설교하곤 했다.[59]

으레 그렇듯이 켈러는 이런 개념을 빌려다가 거기에 자신의 변주를 더했다. 밀러는 "복음 중심"이라는 말을 우리의 죄에도 불구하고 하나님의 사랑을 경험한다는 심리학적 의미로 썼고, 특히 종교적 죄책감을 안고 자란 그리스도인들의 공감을 얻어 냈다. 켈러는 이 용어를 더 신학적 의미로, 즉 비신자 청중을 상대로 자신의 가르침을 한편으로 율법주의와 구분하고 다른 한편으로 반율법주의와 구분하는 변증에 활용했다. 리디머교회가 뉴욕의 근본주의 교회나 자유주의 교회와는 같지 않다는 말을 그는 그렇게 표현한 것이다.[60] 켈러의 복음 중심 사역은 사회 정의, 목회 상담, 신앙과 소명, 집사 직분, 교회 내 리더십과 권력 등에 두루 적용되었다.

21세기 초반 수십 년에 걸쳐 복음 중심 사역에 대한 관심이 급증한 것은 상당 부분 켈러가 D. A. 카슨과 함께 TGC를 공동 설립한 덕분일 수 있다. 복음주의 목사들을 불러 초교파 모임을 열려는 그들의 첫 발상은 2001년 9·11 테러 직전에 싹텄다. 그 후 2005년 5월에 켈러와 카슨은 성공회, 남침례교, 장로교, 미국성공회, 복음주의자유교회, 독립교회 등의 목사 수십 명을 미국 전역에서 초대했다. 이 모임이 결국 TGC가 되었고, 목표의 일환으로 확실히 강조된 것은 예수님이 다른 의제에 밀려나 당연시되거나 등한시되지 않도록 사역의 구심점을 '복음'에 둔다는 것이었다.

카슨은 "우리가 세우고 싶은 교회들과 목사들의 공동체는 복음이 핵심인 곳, 복음 때문에 살맛이 나서 아침에 일어나는 곳이었습니다"라고 말했다.

카슨과 켈러는 명백히 복음을 자신들이 공유한 폭넓은 개혁주의 유산에 비추어 해석했고, 이신칭의와 형벌 대속을 강조했다. 또 성경 교육의 주안점도 복음을 기준으로 정하고자 했다. 다시 카슨의 설명이다. "복음 중심을 이렇게 이해하면 거기에 함축된 해석학적 의미와 기독론적 의미가 우리의 설교 방식, 성경을 종합하는 방식, 예컨대 사회 정의의 여러 관심사를 십자가 및 부활과 제대로 연계하는 방식에까지 영향을 미칩니다."[61]

어렵지 않게 볼 수 있거니와 이런 취지는 웨스트민스터신학교를 복음으로 쇄신하려던 에드먼드 클라우니의 1969년 비전과 겹쳐진다. TGC 설립 당시만 해도 켈러는 복음주의 진영에서 아직 잘 알려져 있지 않았다. 2005년 카슨이 그를 다른 목사들에게 소개할 때 그는 비교적 무명이었고, 그 가장 큰 이유는 그가 그만큼 리디머교회에 몰입했기 때문이었다. 리디머 교인 수가 4,400명을 넘은 2006년에 켈러가 〈뉴욕 타임스〉에 실릴 때도 그는 뉴욕시 바깥에서는 아직 폭넓게 주목을 끌지는 못했다. 아직 그의 베스트셀러가 나오기 전이었고, TGC 제1차 전국 콘퍼런스도 1년 후인 2007년 5월에야 개최되었다. 켈러는 주로 동료 교회 개척자들과 PCA에만 알려져 있었다.[62] 카슨은 우상숭배에 대한 켈러의 설교를 암시하며, 켈러가 포스트모던 청중에게 죄를 소통하는 데 특히 능하다고 평했다.

TGC를 시작할 무렵 켈러는 이미 교단을 뛰어넘어 협력한 지 수십 년째였다. IVF에서 자라고 고든콘웰에서 공부한 그에게는 초교파 환경이 편하게 느껴졌다. 리디머를 시작할 때 그는 다른 복음주의 목사들과 경쟁할 마음이 없었다. 그가 리디머 CTC를 통해 교회 개척자들에게 늘 가르치듯이, 하나님은 많은 종류의 교회를 통해 한 도시 전체에 다가가신다. 《팀 켈러의 센터처치》에서 그는 탈기독교 정황에서 선교하려면 그리스도인들이 연합에 힘써야 한다고 썼다.

> '누구나 다 그리스도이던' 기독교 세계에서는 교회가 자신을 주로 다른 교회들과 대비하여 규정짓는 게 유용했을 수 있다. 그러나 오늘날에는 교회가 자신을 세속 문화 가치관과 대비하여 규정하는 게 훨씬 더 명료하고 유익하다. 우리가 다른 종류의 교회를 비난하고 헐뜯느라 여념이 없다면, 우리는 그저 기독교인은 누구나 관용할 줄 모른다는 흔한 공격에 놀아나는 것이다. 교회가 자신의 특성을 많이 공유하는 교단에 속하는 거야 옳지만, 지역 차원에서는 마땅히 현지의 다른 교회 및 사역 단체에 다가가 서로 협력하고 지원해야 한다.[63]

그럼에도 켈러가 많은 복음주의 교회에서 본, 복음에서 떨어져 나간 사람들은 TGC를 결성하는 그를 비난했다. 2005년 5월 17일 오후에 누가복음 5장 12-13절 본문으로 말씀을 전하면서 그는 존 스토트와 프랜시스 쉐퍼로 대변되던 이전 세대에 비해 복음주의가 퇴조하고 있는 현실에 개탄했다. 세상에 참여하되 세상과 같아지지 않으려 했고 교단을 초월하여 선교에 협력하려 했던 스토트와 쉐퍼의 열망을 그는 TGC가 되살리기를 원했다. 그래서 동료 목사들에게 이렇게 물었다. "왜 우리에게는 이런 것들을 함께 짜서 하나의 온전한 옷을 짓는 리더와 교사와 설교자들의 단체가 없습니까? 왜 이런 일을 하는 사람들의 모임이 없습니까?"

이런 물음에 대한 켈러의 답을 보면 켈러에 대해서는 물론이고, 효과적인 목회에 대한 켈러의 관점에 조나단 에드워즈가 미친 영향에 대해서도 많을 것을 알 수 있다. 역사가 마크 놀의 말을 인용하여 그는 에드워즈가 신학적 정통성과 경건과 문화 참여를 고루 갖추었다고 칭송했다. 그런데 에드워즈 사후에 그의 추종자들은 세 그룹으로 갈라졌다. 프린스턴 신학자들과 그들을 계승한 웨스트민스터는 신학적 정통성이라는 꽉 쥔 주먹을 강조했고, 조나단 에드워즈 주니어는 문화에 맞는 변증을 고수했고, 찰스 피니는 부흥의 "새로운 척도"를 내세웠다. 조나단 에드워즈가 제1차 대각성 운동 때 그랬듯이, 켈러에게 TGC는 이 세 요소를 지역 교회들에서 도로 한데 모으는 통로가 되었다. 역시 클라우니가 품었던 웨스트민스터의 비전이 켈러를 통해 흘러나오는 것을 볼 수 있다.

그러나 TGC를 통해 21세기에 그 일을 이루려 하면서 켈러가 염두에 둔 또 다른 모델이 있었다. 그가 버크넬에서 IVF를 통해 그리스도인이 되었을 때 영국의 복음주의자들이 그에게 정통성과 경건과 문화적 식견을 겸비하는 법을 보여 주었다. 미국 교계가 근본주의와 모더니즘으로 갈라지는 바람에 넓게 벌어진 괴리를 I. 하워드 마샬, 존 스토트, J. I. 패커, 마틴 로이드 존스, C. S. 루이스 같은 작가들이 메워 주었다. 목사들을 소집하여 복음 중심 사역의 필요성을 제고함으로써 켈러는 미래 세대의 기독교 지도자들에게 자유주의와 근본주의 사이에 설 자리를 열어 주고자 했다.

켈러는 예수님의 복음이 어떻게 그리스도인에게 모든 일의 길잡이인지를 설명하는데, 그가 한 이 말속에서 사역이 "복음으로 빚어져야" 한다고 호소하던 클라우니가 보인다.

> 복음은 그리스도인의 삶의 기초가 아니라 전부다. 비신자는 복음으로 구원받지만 그리스도인은 성경의 원리대로 살려고 열심히 애써야 성숙에 이른다고 생각한다면, 그것은 오산이다. 복음을 믿어 구원받은 후에도, 이어지는 삶 속에서 복음을 점점 더 깊이 믿어 생각과 마음과 삶이 구석구석까지 다 변화된다는 말이 더 정확하다.[64]

이어 그가 《팀 켈러의 센터처치》에서 잭 밀러의 말을 인용하여 설명했듯이 복음의 능력은 두 방향으로 전진한다. "복음은 우선 '나는 생각보다 더 흠 많은 죄인이다'라고 말한 뒤 재빨리 '나는 감히 바라던 것보다 더 수용되고 사랑받는 존재다'라고 덧붙인다. 전자는 반율법주의의 허를 찌르고 후자는 율법주의를 배격한다. 이 양극단을 '동시에' 경계하는 것이야말로 가장 큰 도전 중 하나다."[65]

그 도전에 부응하려면 그리스도인에게 '신학적 비전'이 필요하다.

신학적 비전을 개발해야 한다

복음 중심 사역에 우선순위를 둔 것 외에도 켈러에게 TGC는 신학적 비전이라는 개념을 대중화하는 장이 되었다. 그가 리처드 린츠의 *The*

Fabric of Theology(신학의 직물)를 읽은 것은 뉴욕에 온 지 4년째가 되어서였다. 이 책에서 감화를 받아 그는 10년 후 TGC 기초 문서의 일부인 북미 교회 사역의 신학적 비전을 전부 직접 작성했다.[66]

린츠가 가르친 신학적 비전의 개념은 하비 칸이 역설한 상황 신학과 비슷하다. 린츠는 "하나님의 백성은 주위의 역사적·문화적·이성적 필터들을 인식하는 게 중요하다. 그래야 거기에 지배당하지 않을 수 있다"라고 썼다.[67] 《팀 켈러의 센터처치》에 설명되어 있듯이, 신앙고백 진술은 문화를 분석하거나 역사와 인간 이성에 어떻게 접근해야 할지를 규정하지는 않는다. 그런 주제에 대한 우리의 입장이 사역의 형태를 결정짓는데도 말이다. 또 그리스도인들은 다른 교회의 어떤 결정이 자신들과 다르면 이를 신앙고백에서 벗어난 것으로 판단한다. 하지만 그들이 지적하는 교리의 타협은 때로 신학적 비전의 차이에 불과하다.[68] 신학적 비전이 확립된 교회는 문화에 대응하는 정도가 아니라 문화에 도전할 수 있고, 복음을 소통할 때 실제로 변화를 낳는 방식으로 할 수 있다. 교회 간 협력도 가능해진다.[69]

린츠에게서 받은 감화로 켈러는 신학적 비전을 신앙고백 신학이라는 '하드웨어'와 사역 프로그램이라는 '소프트웨어' 사이의 '미들웨어'로 설명한다. 자신들의 신학을 알고 프로그램을 옹호하는 일은 교회마다 대개 잘하는 편이다. 그런데 자신들이 사는 지역과 시대에 맞게 그 둘을 연결하지를 못한다.

다시 켈러의 설명이다. "이것은 교리적 신념보다는 더 실제적이지만, 특정 사역을 수행하는 '단계별 방법'보다는 훨씬 더 신학적이다. 이 비전과 그에 따른 강조점과 가치관이 정립되어 있으면, 이를 바탕으로 교회 지도자들은 도시든 교외든 작은 마을이든 각자의 사역 현장에서 예배, 제자 훈련, 전도, 봉사, 문화 참여 등의 방법을 잘 결정할 수 있다.”[70]

켈러는 책 *The Fabric of Theology*(신학의 직물)에 나오는 네 단계로 신학적 비전을 개발할 것을 권한다. 린츠가 선보인 첫 단계는 클라우니와 같다. 즉 성경을 경청하여 교리적 신념을 도출한다. 다음 단계는 칸과 같다. 즉 그리스도인이 배격해야 할 것과 수용해야 할 것을 성경에 근거하여 정하되 문화를 반영한다. 이어 린츠에 따르면 신자들은 비신자들에게서 예상되는 복음에 대한 합리적 이해가 어느 수준인지를 파악해야 한다. 그래야 복음을 어떻게 제시할지를(요컨대 개혁주의 전통 중 대륙 쪽을 따를지 영국 쪽을 따를지를) 알 수 있다. 끝으로 결론은 신학적 전통에 달려 있다. 즉 그리스도인이 이전 세대들의 신념과 실천을 얼마나 존중할 것이냐에 따라 달라진다.

켈러는 TGC 같은 초교파 단체를 결집하려면 신학적 비전이 필요하다고 보았다. 성공회와 침례교와 장로교 목사들이 신학적 신앙고백에 99퍼센트 동의한다 해도, 신학적 비전을 정해 두지 않으면 그들은 자신들이 왜 서로 삐걱거리는지를 잘 모를 것이다. 문화와 이성과 전통에 대한 상이한 관점이 자신들의 공통된 신앙고백을 밀어내도 이를 알아차리지 못할 것이다.[71]

신학적 비전은 웨스트민스터신학교를 평가하는 데도 유용한 관점이 되어 준다. 클라우니와 켈러가 둘 다 그곳을 떠난 지 수십 년 후에까지도 말이다. D. 클레어 데이비스, 잭 밀러, 하비 칸 등과 더불어 클라우니와 켈러도 복음주의의 불안정성을 수용했다. 복음주의는 워낙 문화에 잘 적응하기 때문에 교육 수준이나 민족을 초월하여 복음을 대중이 알아듣기 쉽게 전할 수 있다. 하지만 이런 적응력 때문에 자칫 교리를 타협할 수도 있다. 복음의 메시지를 온전히 수호하기 위해 주먹을 꽉 쥐고 문화에 저항해야 할 때도 그러지를 못하는 것이다. 그래서 클라우니를 비판하는 일부 사람들은 개혁주의 사역이 교리의 정확성에 우선순위를 두기를 원했다. 사역의 문화적 형태는 이전 수십 년이나 심지어 이전 수 세기의 것 그대로 바뀌지 않아도 괜찮다는 것이다. 그들은 복음에 관심을 보이는 사람을 외면하지는 않지만, 그렇다고 일부러 상대에게 맞추어 주지도 않는다. 성령께서 그 사람에게 예수님의 진리를 보여 주실 때까지 기다리는 것이다. 그러나 클라우니와 켈러는 개혁주의에 이미 동의하는 이들에게만 말씀을 전하는 데 결코 만족하지 않을 것이다.

지난 세월 비판자들은 켈러가 순응의 압력에 굴한 목사들과 더불어 초교파적으로 제휴한다며 그를 흠잡았다. 그러나 그는 언젠가는 교회 운동이 출현하여 혁신적인 전도와 교리 설교, 개인의 거룩함과 예술적 탁월성, 자원의 철저한 공유와 굳건한 신앙과 행동의 일치 등이 서로 결합되리라는 희망을 버리지 않았다. 고개를 숙여야 한다는 에드먼드 클라우니의 비전을 그는 결코 버리지 않은 것이다.

2007년에 켈러는 TGC 사역의 신학적 비전에 이렇게 썼다. "무엇이 복음 중심 교회 운동을 무르익게 할 수 있을까? 궁극적인 답은 하나님이 그분의 영광을 위해 자기 백성의 간절하고 비상하며 편만한 기도에 응답하여 부흥을 보내셔야 한다는 것이다."[72]

PART 4

뉴욕에서
전 세계로

1989년-현재

14

우주의 지배자들 사이
둥지를 틀다

New York City

키티 제노비스.

1964년에 발생한 그녀의 사건을 아는 세대의 미국인에게 이 이름은 분명하면서도 섬뜩한 경고를 불러일으킨다.

아니, 그들은 과연 제대로 알긴 했을까?

사연은 이렇다. 강도가 20분 넘게 제노비스를 칼로 찌르는데도 20명이나 넘는 뉴요커가 구경만 했을 뿐 나서서 돕기는커녕 신고조차 하지 않았다. 그녀가 비명을 지르며 죽어라 내달려서 길을 건넜다가 도로 왔는데도 아무도 돕지 않았다.

팀 켈러가 리디머교회를 개척하기 2년 전인 1987년, 레이 바키는 이렇게 썼다. "이 사건은 미국인들을 완전히 충격에 빠뜨렸고, 이웃이 처한 곤경에 냉담한 도시 현상을 두고 여러 연구가 시작되었다. 사람이 살해당하고 있는데 어떻게 우리는 개입하지 않고 수수방관할 수 있을까?"[1]

당시 뉴욕 퀸즈에서 38명이 제노비스의 죽음을 구경했다고 전했던 〈뉴욕 타임스〉는 2016년이 되어서야 원래 보도가 정확하지 않았음을 마침내 시인했다. 사실은 한 용감한 이웃이 달려가 제노비스를 도우면서 이웃들에게 경찰을 불러 달라고 외쳤고, 앰뷸런스가 도착할 때까지 그녀의 난자당한 몸을 안고 있었다.[2] 하지만 이미 부상이 너무 심한 상태였다. 도시는 이제 폭력 범죄의 동의어가 되었다.

글렌 클라인크넥트는 인디애나주에 있는 퍼듀대학교(Purdue University)를 졸업한 뒤 1976년에 뉴욕으로 이주했다. 그때는 그 도시가 바닥을 치던 시기 중 하나였다. (샘의 아들로 더 잘 알려져 있는) 데이비드 버코위츠가 1976-1977년에 뉴욕시에서 여섯 명을 살해한 뒤로 그의 이름이 온 국민의 뇌리에 박혔다. 클라인크넥트는 1963년에 나온 데이비드 윌커슨의 《십자가와 칼》을 읽고 나서 뉴욕으로 갔다. 그 책에서 받은 감화로 많은 열정적인 젊은 복음주의자가 윌커슨의 모본을 따라 브루클린 등 낙후 지역에 사는 갱단에게 예수님을 전했다. 클라인크넥트는 1970-1980년대에 그리스도인이 여는 파티에서 뉴욕을 언급하는 사람은 유명 인사가 되었다고 회고했다. 실내에 정적에 흐르면서 누군가는 꼭 범죄에 대해 묻곤 했다. 그러나 클라인크넥트는 위험을 떠벌려서는 안 된다는 교훈을 얻었다. 본의 아니게, 뉴욕으로 이주하려던 한 친구가 그의 말을 듣고 생각을 바꾸었던 것이다.

그 시기에 뉴욕에 살았던 사람이라면 다른 사람에게 들려줄 만한 범죄 사건 한두 가지쯤은 누구나 있는 것 같다. 1971년에 거의 1,840만 주민으로 정점을 찍은 뉴욕 광역권 인구가 1988년에는 1,790만 명 이하로 줄었다. 1965년에서 1990년 사이에 뉴욕시의 폭력 범죄는 거의 네 배로 늘었다. 1965년에 836건이던 살인 사건이 1990년에는 2,605건으로 증가했고, 같은 시간에 강간과 강도 사건도 각각 두 배와 네 배로 뛰었다.[3]

당시 뉴욕대학교(New York University)는 캠퍼스의 지리적 위치를 숨길 수 없었으나 컬럼비아대학교(Columbia University)는 그것을 시도했다. 1970년대 대부분과 1980년대 초반에는 뉴욕에 사는 사람조차 뉴욕을 (그곳의 상징인 하트 무늬를 써서) "사랑하는지" 확실하지 않았다. 1989년에 헤드라인을 장식한 한 여론조사 결과, 기회만 있다면 그 도시를 떠나겠다는 뉴요커가 대부분이었다.[4]

그리스도인은 염려할 문제가 하나 더 있었다. 그리스도를 따르는 다른 신자들과 연결되기가 어렵다는 점이었다. 로라 개스턴은 1980년대 중반에 월스트리트에 취업하여 뉴욕으로 이주했는데, 눈에 띄는 기독교 공동체를 하나도 찾을 수 없었다. "85세 이하로는 내가 뉴욕시의 유일한 그리스도인인 것처럼 느껴졌어요!"[5]

물론 그리스도인이 그녀만 있었던 것은 아니다. 하지만 개신교와 가톨릭, 유대교 지도자들이 적어도 1975년부터 보고해 왔듯이, 그들은 뉴욕 주류 사회에서 소외당한 기분이었다. 더는 미국의 가치관을 대변한다고 자처할 수 없었고, 연예계와 정계에서 정말 영향력 있는 사회 인사들에게 어쩌면 미미하게 기여하는 정도였다. 〈뉴욕 타임스〉는 뉴욕의 백인 개신교회가 수적으로 훨씬 많은 흑인 교회와 잘 협력하지 못하고 생존에 급급한 지경이라고 진단했다.

뉴욕현대미술관(Museum of Modern Art; MoMA)에서 한 블록 떨어진 5번가장로교회(Fifth Avenue Presbyterian Church)의 목사 브라이언 커클랜드 박사는 "이 도시는 대부분 종교를 버렸다"라고 〈뉴욕 타임스〉에 말했다. 특별한 예외가 더러 있긴 했지만, 이전 세대들의 주류였던 백인 개신교는 1975년까지 뉴욕 엘리트 사회에서 거의 완전히 자취를 감추었다.[6] 그 특별한 예외는 1979년에 5번가장로교회 길 건너에 트럼프 타워를 건축한 주류 개신교 엘리트였다. 이 건물 개발업자가 나중에 미국 대통령이 될 줄 아무도 몰랐듯이, 1980년대 후반의 맨해튼에 새로운 복음주의의 물결이 밀려오는 것도 거의 그만큼이나 가능성이 희박한 일이었다.

누가 여피족을 전도할 것인가

19세기 중반에만 해도 뉴욕은 미국 복음주의의 중심지였다. 강단에서 하나님의 말씀이 선포될 때 벌어질 수 있는 일을 그보다 더 잘 예시해 주는 곳은 없었다.[7] 이 도시의 성공회와 네덜란드개혁교회(Dutch Reformed)의 근엄한 역사는 복음주의의 열기에 밀려났다. 1739년, 성공회 교회들이 전도자 조지 윗필드를 배척했을 때 제일장로교회는 그를 환영했다. 평신도 전도자 제러마이어 랜피어가 로어 맨해튼의 펄튼가에서 기도회를 인도한 1857년에는 북네덜란드교회(North Dutch Church)마저 부흥에 합류했다. 뉴욕시에 경제 공황이 불어닥치기 불과 몇 달 전이었다.

미국 역사상 1857-1858년에 일어난 기도회 부흥에 맞먹는 규모의 대각성 운동은 지금까지 없었다. 그 후로 뉴욕은 1876년의 드와이트 무디를 비롯한 모든 세대의 유수한 전도자가 겨냥하는 목표가 되었다. 이 도시의 복음주의 토양에서 전도지선교회(Mission and Tract Society)와 미국성서공회(American Bible Society) 같은 영향력 있는 선교 단체가 출연했다. 역사가 매튜 보우먼은 이렇게 기술했다.

> 1880년대에 복음주의는 뉴욕시 지배 계층 사이에 잘 정착되어 있었다.
> 북유럽 혈통의 중산층이 19세기 중반 뉴욕의 침례교와 장로교와
> 감리교와 복음주의성공회의 성장을 주도했다. 맨해튼의 특정
> 지역들과 특히 센트럴 파크 주변 근대화 구역에서 복음주의 개신교는
> 우세한 신앙으로 탄탄히 입지를 다졌다. 복음주의 교회에 속한

사람이 미드타운 5번가의 상류층 거주지에서 인구의 3분의 1가량을 맴돌았다.[8]

그런데 그 후로 쇄도한 소수 민족과 가톨릭 신자의 이민이 뉴욕의 개신교 엘리트층을 몰아냈다. 개신교회는 전도와 긍휼 사역의 관계, 성경의 권위와 무오성 등의 문제로 분열했다. 교회의 감소는 외곽 지역구들보다 1950-1960년대에 백인 인구가 썰물처럼 빠져나간 맨해튼에서 더 심하거나 빨랐다. 인근 코네티컷주와 뉴저지주로 떠나지 않은 노동자 계급을 포함해서 뉴욕시 전역의 복음주의자들은 점포 교회에서 민족 단위로 모였다. 브루클린태버내클교회(Brooklyn Tabernacle)가 1980년대 초반부터 성장하긴 했지만, 95번가 남쪽의 맨해튼에는 이렇다 할 변화가 없었다. 어쨌든 세 복음주의 교회에 목사가 새로 부임하면서 생명의 징후가 나타날 때까지는 그랬다. 그들은 캘버리침례교회(Calvary Baptist Church)의 짐 로즈, 트리니티침례교회(Trinity Baptist Church)의 고든 맥도널드, 올애인절스교회(All Angels' Church)의 마틴 민스였다.

대대적 변화를 겪는 도시에서 복음주의자들의 눈에 늘 문제로 비친 것은 바로 무상함이었다. 톰 울프가 1987년의 베스트셀러 1위작《허영의 불꽃》(The Bonfire of the Vanities)에 당시의 풍조를 잘 담아냈다. 팀 켈러도 필라델피아에서 뉴욕으로 이주하기 전에 그 책을 읽었다. 책을 펴면 어퍼 이스트 사이드의 파크가에 사는 셔먼 맥코이가 등장한다. 앵글로 색슨계 백인 개신교인인 그의 공동주택 호화 아파트는 천장이 3.6미터 높이인 데다 두 가구용이어서 주인집 외에 하녀들이 사는 곁집도 딸려 있다.[9] 죄책감에 시달리는 맥코이는 자신의 외도와 이로 인해 아내와 딸에게 입힌 피해를 합리화한다. 어디까지나 그는 "우주의 지배자", 즉 월스트리트에서 거래 한 건에 5만 달러의 커미션을 주무르는 300-500명 남자 중 하나다.[10]

　　맥코이는 아내와 그 친구들을 "사회적 엑스레이"라 부르며 그들에게 별로 공감을 보이지 않는다. 조경과 실내 장식에 대한 요령을 주고받는 그들은 너무나 얄팍해서 그들의 뼈를 통과해 등불이 훤히 보일 정도다.[11] 맥코이의 눈에 거슬려 보이기는 우주의 다른 지배자들도 마찬가지다. 예컨대 그의 동료인 사립고등학교 동창은 "마흔 살밖에 되지 않았는데 지난 20년간 쉰 살처럼 보였다."[12] 그들 모두는 "96번가 이남의 파크가에 사는 모든 주민의 두개골 밑바닥에 도사리고 있는 깊은 불안"을 똑같이 가지고 있으며, 이 주민들이란 곧 "멀대 같은 키에, 팔다리가 길고, 흰 스니커즈를 신은 흑인 청년층"을 가리킨다.[13]

　　조던 벨포트는 울프의 소설이 선풍적 인기를 끈 지 20년 후에 자칭 회고록을 쓰면서 시대 배경을 똑같이 1987년으로 했다. "우주의 지배자들"이라는 울프의 표현까지 차용했다. 그의 책이 역사 기록인지 아니면 《허영의 불꽃》과 똑같은 이카로스(밀랍 날개로 태양에까지 바짝 날아갔다가 날개가 녹아 추락사한 그리스 신화 속 인물-옮긴이)의 환상 속 삶인지 잘 분간이 안 된다. 벨포트는 1987년의 뉴욕을 이렇게 묘사했다.

> 월스트리트는 미친 듯이 상승장을 이어 갔고, 갓 태어난 백만장자가
> 흔해 빠지게 쏟아져 나왔다. 돈값이 싸졌고, 마이클 밀켄이라는

사람이 소위 "정크 본드"〔신용등급이 낮은 기업이 발행하는 투기성 고수익 채권 – 옮긴이〕를 만들어 내는 바람에 미국 재계의 기업 방식이 달라졌다. 고삐 풀린 탐욕의 시대, 무절제한 과잉 시대였다. 바야흐로 여피족의 시대였다.[14]

여피족〔도시의 젊은 전문직 종사자들을 뜻하는 약어 – 옮긴이〕을 복음화할 수 있는 사역의 시대라는 뜻이기도 했다. 이 우주의 지배자들을 누가 우주의 진정한 지배자께로 인도할 것인가?

드모스 하우스 사역

통신판매 보험업으로 수백만 달러를 번 아트 드모스는 1979년 테니스장에서 심장마비로 세상을 떠났다. 그리고 6년이 흘렀다. 그때부터 그의 아내 낸시 드모스는 이 우주의 지배자들과 그들의 상류층 동료를 불러 모아 고급 만찬을 대접했다. 이 무리가 더는 교회에 나가지 않으려 하니 그녀가 예수님의 메시지를 들고 그들에게 가기로 한 것이다.

1988년 5월에 그녀는 닉슨 보좌관 출신으로 거듭난 척 콜슨을 700명의 무리와 함께 저녁 식사에 초대했다. 루스재단(Henry Luce Foundation) 총재이자 매디슨가장로교회(Madison Avenue Presbyterian Church) 장로인 헨리 루스 3세도 1987년에 드모스가 초대한 저녁 식사에 참석했다.

루스는 〈뉴욕〉(New York)에 "종교에 대한 새로운 접근이다. 세련된 메트로폴리탄 사람들에게 신앙을 대규모로 홍보하는 것이다. 틀림없이 근본주의지만 딱히 성경 인용이나 신학적 해설은 거의 없었다"라고 밝혔다.[15] 흥미롭게 주목할 점은 1857-1858년에 일어난 기도회 부흥도 똑같은 방식으로 추동되었다는 것이다.

일곱 아이를 둔 어머니인 드모스가 직접 호소한 전도의 말이 〈뉴욕〉 기사에 이렇게 실려 있다.

> 제 남편 아트는 뉴욕 역사상 최악의 방탕한 사람 중 하나였지만
> 기독교의 한 거목이 되었습니다. …… 9년 전에 남편을 사별한 것이
> 제게는 배움의 진정한 시작이었어요. 그러다 아들이 교통사고로
> 죽었고, 자매와 어머니마저 잃었지요. 하지만 제 생각에 저는 세상
> 최고의 행운아 중 하나랍니다. 모든 지각에 뛰어난 온전한 평강이
> 제게 있는데, 그 무엇도 그 하나님의 평강을 앗아 갈 수는 없거든요.
> 이것은 제 개똥철학이 아니라 하나님의 계획입니다. 여러분도 마음이
> 끌리는 게 느껴지나요?[16]

사역은 식사만으로 끝나지 않았다. 드모스 하우스(DeMoss House)는 1986년에 매입한 100년 된 맨션으로 어퍼 이스트 사이드의 이스트 73번가에 있었다. 간사들은 저녁 식사 전에 성경 공부를 개최했는데 최상급 메뉴보다 참석자 무리가 더 다양했다. 전혀 격식 없이 꾸며진 장소에 재계, 패션계, 금융계, 광고업계, 방송계, 법조계 사람들이 아주 폭넓게 모였다. 화요일 밤이나 수요일 밤에 이뤄진 성경 공부에 참석한 인원은 최

고 150명에 달했다. 주제는 예컨대 "굳이 예수가 필요한가?", "성경을 정말 믿을 수 있나?" 등이었다. 언론에서는 이 초교파 사역을 "부담 주지 않는 부드러운 근본주의"라 칭했지만[17] 드모스 하우스 간사들은 "역사적 기독교나 성경적 기독교"라는 표현을 선호했다.[18] 그곳의 대화는 영원한 심판을 경고하는 한편 불안과 목적에 대한 의문에도 답해 주었다.

드모스 하우스에 지부를 둔 경영인선교회(Executive Ministries)는 CCC(현재의 '크루') 산하 단체이자 드모스 집안의 재정을 후원받는 수혜자 중 한 군데였다. 경영인선교회 대표 론 프레이저의 말마따나 아무리 성공해서 부자가 된 뉴요커에게도 영적으로 필요한 게 있다. 그들이 그리스도를 알게 되면 많은 영향력 있는 친구에게 신앙을 전할 수 있다.[19]

이렇듯 드모스와 경영인선교회는 뉴욕의 신흥 여피족이 편안한 친목 분위기에서 기독교를 탐색할 수 있는 길을 찾아냈다. 그런데 빠진 게 하나 있었다. 여피족을 어느 교회로 인도해야 할지를 몰랐던 것이다.

동산에서 도시로

남편 데이브와 함께 드모스 하우스 운영을 돕던 다이앤 벌치는 팀 켈러가 자신들의 목사가 되어야 함을 켈러 본인도 깨닫게 해 달라고 기도했다.[20] 그들에게는 켈러가 필요했고 한시가 급했다.

드모스 하우스에 모여든 여피족은 다른 복음주의 교회들에도 가 보았다. 하지만 1980년대의 뉴욕을 사랑한 그들은 더 진짜 뉴욕다운 교회를 원했다. 문화에 참여하고 현대와 고전이 공존하며 깊은 신학과 복음적 봉사 활동과 영적 쇄신에 두루 헌신한 교회, 친구들을 데려올 수 있는 교회를 원한 것이다. 밀워키나 채터누가에 옮겨 놓아도 무방한 교회는 싫었다. 그들은 그런 곳이 편안하게 느껴지지 않아 떠났고 뉴욕에 와서야 활기를 얻었기 때문이다. 필라델피아에 있던 팀 켈러는 드모스 하우스의 경영인선교회에 처음 강사로 갔을 때부터, 동산에서 시작해 도시(도성)에서 끝나는 성경 이야기로 젊은 여피족을 매료시켰다. 그것은 하나님이 뉴욕이란 도시를 사랑하신다는 뜻이며, 따라서 그들도 그래야 한다는 뜻이 된다.

리디머가 탄생할 때 이들 드모스 하우스에 있던 그리스도인 40여 명이 중추를 이루었고, 그중 일곱 명은 크루의 전임(專任) 간사로서 개인 전도와 새 회심자의 전도 훈련을 맡고 있었다. 그들이 초대한 친구들이 떼 지어 교회를 방문했다. 토박이 뉴요커나 새로 유입된 주민에 비해 드모스 하우스 일파는 친한 비신자 친구가 훨씬 많았다. 리디머교회 창립 2-3년 만에 참석자의 50퍼센트를 이전에 교회에 다녀 본 적이 없는 사람들이 차지한 데는 그런 이유가 크게 있었다.

펜실베이니아주에서 성장하고 사역 경력을 대부분 버지니아주에서 쌓은 켈러는 드모스 하우스에서 선호할 만한 목사일 리가 없었다. 그렇다고 그가 뉴욕에 걸맞은 문화 감각을 타고난 것도 아니다. 버크넬 동창 브루스 헨더슨은 켈러를 뉴욕에서 처음 보던 날을 기억한다. 기온이 35도까지 오른 1969년 8월 어느 날, 뉴욕 브롱크스 출신인 친구 밥 파스미뇨가 IVF 수련회에서 만난 여자와 스패시니 할렘에서 결혼했다. 그런데 신부의 케이크 윗부분을 도둑맞는 바람에 결혼식이 몇 시간이나 지연되었다. 예식이 다시 시작되기를 기다리며 다들 밖에서 서성이고 있는데, 헨더슨의 눈에 서쪽으로 한 블록 거리에서 193센티미터의 팀 켈러가 초록색 정장 차림으로 큼직한 선물 상자를 들고 오는 모습이 포착되었다. 기차를 잘못 타는 바람에 할렘의 서쪽까지 갔고, 실수를 깨닫고는 할렘에서 가장 험한 구역을 가로질러 거기까지 걸어온 것이었다. 들고 있던 커다란 결혼 선물은 물론이고 인종과 복장과 큰 키 때문에도 그는 한눈에 확 띄었다.

켈러는 뉴욕에 교회를 개척할 마음도 없었거니와 설령 그것을 원했다 해도 그의 배경으로 보아 앞길은 분명 오르막이었다. 예의와 겸양과 배려를 경멸하는 뉴욕 문화를 그가 어떻게 상대할 것인가? 일하기 위해 사는 사람들(세계 무대에서 자신의 직업적 가치를 입증하려고 사는 사람들)을 위한 교회를 그가 어떻게 시작할 것인가? 뉴욕으로 이사한 첫 달에 그가 대화한 동성애 성향의 사람이 그 전 5년간 필라델피아에서 만난 동성애 성향의 사람보다 더 많았다. 월스트리트 사람들이 버는 돈의 규모는 그의 상상을 초월했고, 심지어 직장 초년생의 수입도 어마어마했다. 뉴욕에서는 그의 설교에 대한 피드백도 신속하고 과격했다. 그것도 그의 점잖은 질문에 대한 답변이 아니라 자발적인 반응이었고, 그의 감정을 보호해 줄 필터도 없었다. 이런 비판 덕분에 그의 적응이 빨라진 면도 있다.

하비 칸에게 배우던 시절 그는 힘든 전환을 예상하라는 경고를 들었다. 칸은 사역을 위해 도시로 떠나는 지도자들 앞에 놓인 도전을 이렇게 기술했다.

도시 현장은 이 지도자들의 생활 방식과 사역 방식에 낯설고 이질적이다. 그들은 대개 다른 사회 경제 계층을 대변하는 동질적 공동체 출신이다. 그들이 도시의 필요를 인식하고 도시로 마음이 끌리는 것은 주님의 부르심을 느꼈기 때문이다. 새로운 정황에 적응하려면 시간과 훈련이 필요하다.[21]

필라델피아에서 뉴욕으로 이주하려면 타 문화권 선교사와 같은 마음가짐이 필요하다. 이런 선교사는 언어 등 문화의 일부를 공유한다는 이유만으로 안심해서는 안 된다. 그들에게 이해의 괴리는 차라리 해외로 나갈 때보다 더 클 수도 있다.[22] 학업이나 직장을 목적으로 남부와 중서부에서 뉴욕을 거쳐 가는 사람들을 위한 교회라면 팀 켈러도 시작할 수 있을지 모른다. 하지만 다른 데서 산다는 것은 상상할 수도 없는 본토박이 뉴요커들에게 그가 어떻게 다가갈 수 있겠는가?

1987년 3월, PCA 북미선교부 대표인 테리 가이거가 그에게 뉴욕에 교회를 개척할 것을 생각해 보라고 처음 권한 뒤로, 그는 몇 가지 반론을 끌어모았다. 우선 팀의 의욕이 10퍼센트도 되지 않았는데, 캐시는 그만큼까지 이 제안을 심각하게 생각하느냐며 오히려 놀랐다. 또 웨스트민스터신학교와의 계약 기간이 아직 1년 남아 있는 데다 뉴욕에 이렇다 할 연줄도 없었고, 그를 지원해 줄 기부금도 없었다. 어느 목사는 그에게, 교회가 15년 이상 살아남을 수 없으며 그만큼이라도 오래가려면 교단에서 재정을 지원해야만 한다고 경고했다.[23]

가이거와 그의 동료 몇 사람을 제외하고 켈러가 뉴욕시에 교회를 개척하는 것을 좋게 보는 사람은 별로 없었다. 그들은 켈러에게 그 진보적이고 불안한 도시에서는 교회가 성장할 수 없다고 조언했다. 교회는 중산층 가정에 의존하는 법인데, 바로 그 계층이 수십 년째 뉴욕에서 빠져나가고 있었다. 이로 인한 인종 및 경제의 양극화는 톰 울프가 묘사한 대로였다. 뉴욕은 부자와 빈민의 도시, 비판적이고 냉소적인 사람들의 도시가 되었다. 여피족은 싱글 생활의 콩고물을 즐기기에 바빠 교회에 신경 쓸 여유가 없었다. 뉴욕의 기존 교회들도 1970-1980년대 내내 간신히 명맥을 유지한 정도였다.[24]

도심 교회는 교외로 뻗어 나갈 수 있지만 그 반대로는 안 된다는 가이거의 생각은 옳았다. 다만 그 일을 맡을 사람을 찾을 수 없었다. 드모스 하우스가 성공해 절호의 기회가 열렸는데도 말이다. 코네티컷주에서 자란 스킵 라이언은 아내가 장애인 딸을 낳은 직후라서 아무래도 무리였다. 조 노벤슨은 트리니티침례교회의 공석을 메우기로 이미 내정된 상태라서 남부에 남기로 했다.

그러나 뉴욕으로 이주한다는 발상에 대한 단연 최대의 반론은 친구나 동료에게서 오지 않았다. 정작 팀과 캐시 본인들이 갈 마음이 없었다. 그들은 살기 좋은 필라델피아 교외가 좋았고, 팀은 이제 막 웨스트민스터 전임 교수로 승진했다. 그들은 몸담은 교회와 화기애애한 신학교 공동체를 사랑했고, 팀은 목회에서 물러난 평온한 상태를 즐겼다. 가이거가 원하는 뉴욕시 전역으로 뻗어 나갈 새 교회에는 누군가 다른 사람이 가야 했다. 그 다른 목사를 물색하는 가이거를 팀도 열심히 도왔다. 그래서 그는 드모스 하우스의 데이브·다이앤 벌치 부부, 론·팻시 프레이저 부부 등 경영인

선교회의 모든 팀원에게 기도와 기다림에 대한 편지도 계속 썼다.

PCA 북미선교부 최북단의 임원으로서 켈러는 미래의 교회 개척을 위해 뉴욕을 조사하기로 동의했다. 뉴욕 플러싱의 PCA 목사 샘 링이 켈러를 히어즈라이프(Here's Life)의 글렌 클라인크넥트, 경영인선교회의 다이앤 벌치와 론 프레이저 등 여러 핵심 리더와 연결해 주었다. 1987년 10월 13일 저녁 식사 자리에서 링과 켈러와 북미선교회 동료 짐 해치는 뉴욕에 PCA 교회를 개척할 것을 공식 건의하기로 합의했다.

켈러는 스킵 라이언을 다시 설득해 보았으나 성과가 없었다. 딕 카우프먼은 이 개척의 이상적인 후보로 보였다. 뉴저지주에서 자라 하버드 경영대학원(Harvard Business School)에서 경영학 석사 학위(MBA)를 취득한 그는 아서 앤더슨 회계법인의 공인회계사이기도 했다. 노련한 경영인인 만큼 우주의 지배자들의 기지와 야망에 필적할 터였다. 하버드에서 그와 아내 리즈는 80세까지의 일생을 계획해 놓았다.

카우프먼은 아파트를 신청하고 아들에게 중학교 배치 고사를 치르게 하기까지 했다. 켈러는 적임자를 찾은 줄로 알고 영국으로 떠나 21일 동안 열아홉 번 설교했다. 영국에서 돌아오니 카우프먼이 자동 응답기에 남겨 놓은 메시지가 있었다. 사흘간 금식 기도를 했는데 지금의 임지를 떠나도 좋다는 하나님의 인도하심이 느껴지지 않았고, 교회 장로들도 보내지 않으려 한다는 것이었다. 그래서 그 문은 닫혔다.

그때부터 켈러는 남아 있는 대안이 자신뿐이라고 느껴졌다. 무엇보다도 더 그를 저지한 것은 자신의 기도 생활과 영적 삶으로는 그런 중대한 사명을 감당할 수 없으리라는 자각이었다. 필요성은 그에게도 똑똑히 보였고 지금이 적기라는 것도 느껴졌다. 웨스트민스터에 근무하는 중에도 그는 두 시간 반에서 세 시간씩 운전하여 격주로 뉴욕에 다니며 현지 상황을 평가했고 나중에는 매주 다녔다. 그 도시에 내재된 다양성과 오만은 그에게 위협으로 느껴지지 않았고, 완고한 세속주의와 영적 황량함도 그를 겁주어 쫓아내지 못했다.[25] 오히려 부흥에 유리한 조건이라 느껴졌는데, 그것은 20년 전 그가 예수 운동 때 대학생으로서 향유한 조건과 똑같았다.

하나님의 임재가 피부로 느껴질 듯했고, 그분 나라의 진전이 필연으로 다가왔다. 게다가 이제 켈러의 교회관은 복음을 통한 쇄신을 강조하는 뉴라이프교회, 당당히 도심을 지키는 텐스교회, 신칼뱅주의 국제 공동체로서 복음을 전하는 라브리, 온 도시를 사랑하는 도시신학연구소 등에서의 경험과 공부를 통해 이미 초점이 잡혀 있었다. 요컨대 켈러는 다른 사람들을 설득해서 보내려다가 자신이 설득당했다.

그의 마음과 생각이 바뀐 것은 뉴욕에 대한 영화와 책과 음악 때문이 아니라 영적 성찰의 산물이었다. 자신을 보면 암담했지만, 그래도 그는 이 일을 맡으라는 데이브 벌치의 단도직입적인 권유를 거절할 명분이 없었다. 재능만으로는 뉴욕에서 버틸 수 없음도 알았고, 자신의 영적 약점이 다 드러나리라는 두려움도 있었다. 결국 켈러에게 이 부르심에 응하는 데 필요한 결정적 감화를 준 것은 한 청교도였다. 그는 윌리엄 거널의 《그리스도인의 전신갑주》(The Christian in Complete Armour)에서 이런 대목을 읽었다. "그리스도인답게 하나님께 충실히 순종하려면 지휘관이 군대를 호령할 때보다 더 많은 용기와 큰 기백이 필요하다."[26] 켈러에게 이는 더는 겁쟁이가 되어서는 안 된다는 뜻이었다. 어느 쪽으로 결정하든 그는 더 용감하게 살아야 했다. 그래서 뉴욕에 가는 게 더 낫겠다고 결론지었다. 그러자 즉시 그의 기도 생활에 돌파구가 열렸다.

기도의 사투

뉴욕시로 이주하려는 최종 결정을 앞두고 켈러는 난공불락처럼 느껴지는 마지막 장애물에 부딪쳤다. 그는 벌치 등에게 아직 언질을 주지 않고 충분히 오래 기다렸다. 캐시가 당시 각각 열 살, 여덟 살, 네 살이던 세 아들을 뉴욕이라는 도시에서 키우고 싶어 하지 않았기 때문이다. 오래 전 데이비드 윌커슨의 《십자가와 칼》은 C. S. 루이스의 책을 제외하고는 캐시가 처음 읽은 기독교 서적이었고, 그때 그녀는 뉴욕에 가서 갱단을 상대로 사역하기로 결심했다. 그런데 그 사이에 결혼과 가정이 끼어드는 바람에 본래 계획에 몇 가지 단서가 붙었다.

그녀는 돈에 쪼들리는 목사 가정이 세 아이를 데리고 뉴욕식 단칸방 아파트에서 비좁게 살다가 부부 사이마저 위태로워졌다는 무서운 사연들을 들었다. 이제 그녀도 아이들에게 찻길에 나가 재미있게 놀라고 말해야 할까? 그녀가 보기에 뉴욕에는 아이들에게 필요한 공간과 안전이 없었다. 자신의 자유방임형 양육 방식을 감안하더라도 그랬다. 그녀의 양육 철학은 맏이를 막내처럼 길러야 하고, 아무도 죽거나 감옥에 가지 않았으면 잘 지은 자식 농사라는 것이었다.[27] 그녀는 아이들이 어느새 그녀의 표현으로 "형편없는 양육의 피해자"가 되어 뉴욕의 반면교사 사례로 등장할 것 같아 두려웠다.

　　주저하는 아내를 배려하여 팀은 그녀가 싫다면 가족은 데려가지 않겠다고 강변했고, 캐시도 복받쳐서 "그 결정을 나한테 강요하지 마요! 당신은 이 집의 가장이에요. 하나님이 당신을 뉴욕으로 부르신다면 나도 그분과 씨름하겠어요"라고 말했다. 씨름은 필라델피아의 뉴라이프교회에서 성찬식 도중에 벌어졌다. 하나님이 자신에게 해 주신 모든 일 앞에서 그녀는 깨달았다. '뉴욕에서 자녀를 키우라는 그분의 요구가 정말 내게 그토록 지나친 요구인가?' 결론은 '그럼 가야겠구나!'였다.[28]

　　그런데도 팀은 결단하기가 좀 망설여졌다. 그래서 버크넬 동창 브루스 헨더슨에게 전화하여 속내를 털어놓았다. 헨더슨은 "그는 마음이 편치 않았습니다. 그 일을 맡는 게 부담으로 느껴진 거지요"라고 회고했다. 켈러는 아이들을 뉴욕으로 데려갔다가 망치는 것은 아닌지 걱정되었다. 헨더슨은 "좋은 지역에 살 수 있을 만큼 보수가 충분해? 그렇다면 가"라고 말했다.[29]

　　켈러가 처음에 이 사명에 적합한 다른 사람을 찾다가 점차 자신이 가야 함을 깨닫는 동안, 필라델피아의 친구들은 몇 달째 그를 위해 기도하고 있었다. 마침내 그는 그 모임에 가서 "제가 가야겠습니다"라고 말했다.[30]

　　캐시가 보기에 그 결정은 남편의 평생에 "진짜 가장 '남자다운' 일 중 하나"였다.[31] 그는 이주하기가 두려웠지만 하나님의 부르심이 느껴졌다. 그 결단의 열매가 역동적으로 성장하는 대형 교회가 될 줄을 그가 알았을 리는 만무하다. 교회가 실패로 끝난다 하더라도 그냥 믿음으로 다음 걸음을 내딛었을 뿐이다.

켈러 부부가 뉴욕시로 이사한 때는 교회가 이미 시작된 후인 1989년 6월이었다. 그들은 글렌·캐럴 클라인크넥트 부부가 이미 두 자녀를 기르고 있던 루스벨트섬에 살면서 양쪽 세계에서 가장 좋은 것을 취했다. 루스벨트섬은 교외가 아니다. 켈러 부부는 엄연히 그 도시의 일부였다. 일찍이 하비 칸을 통해 배웠듯이 이것은 그의 목회 리더십에서 중요한 요소였다. 다만 그들이 정착한 그곳은 뉴욕 시내긴 하지만 상업 지역에서 떨어진 주거지였다. 켈러 부부는 승낙을 받아 나란히 붙어 있는 아파트 두 채를 얻었다. 한 채에는 그들 가족이 살고, 다른 한 채는 팀의 사무실 겸 소그룹 모임 장소로 썼다. 필요시 50명까지 수용 가능했으므로 집회 공간이 따로 없이도 교회 개척에 착수하는 데 도움이 되었다.

켈러 가정은 1989년에 뉴욕에 들어간 뒤로 지금까지 이사한 적이 없다. 책은 양쪽 아파트의 모든 방에 흩어져 있다. 리디머교회가 공간을 임대한 후에도 켈러는 계속 집을 서재로 쓰면서 거기서 설교를 작성했다. 말린 헉스는 첫날 켈러 가정을 도와 이삿짐을 아파트로 옮겼는데, 그녀가 기억하는 1989년의 루스벨트섬은 커다란 고층 아파트 네 동이 전부였다. 딴 세상 같은 적막에 싸여 있던 그곳은 나머지 다른 시내보다 속도가 훨씬 느렸다. 그녀가 어퍼 웨스트 사이드에서 거기까지 가는 데 전차와 기차와 버스와 도보로 90분이 걸렸다.[32] 켈러 부부는 도시에 완전히 속하지 않았을지는 몰라도 도시 안에 있었다.

뉴욕시에서 이전의 교회 개척들이 실패로 돌아간 것은 현지인들의 저항 외에도 자금 부족 때문이었다. 뉴욕에서 교회를 시작한다는 것은 사우스캐롤라이나주 그린빌에서 교회를 분가하는 것과는 달랐다. 그래서 PCA는 작정하고 리디머교회와 켈러 부부에게 재정을 지원했다. 팀이 긍휼 사역을 담당할 때 PCA에 기금 마련 네트워크를 구축해 놓은 것도 도움이 되었다. 해마다 PCA 여성회에서 특별 헌금을 모아 교단 내 선교부 중 한 곳에 전달했다. 리디머교회가 시작된 그해의 수혜자는 켈러가 속했던 부서이자 테리 가이거를 통해 그를 뉴욕으로 파송한 북미선교부였다. 리디머가 이 장로교 여성회에서 받은 후원금은 거의 9만 달러로, 개척을 위해 모금된 총액의 약 3분의 1에 달했다.

그들의 지원은 단번의 헌금으로 그치지 않았다. 본인도 시인하듯이 캐시가 그 여성들에게 쓴 "기도 편지들은 그때까지 누군가에게 쓰거나 받은 것 중에서 가장 자기연민에 젖어 징징거리는" 내용이었다.[33] 캐시가 보기에 그 여성들은 자기네가 살벌한 대도시에서 세 아들을 길러야 하는 캐시의 입장이 아닌 것만으로도 감사해했다! 그녀가 받은 헌금 중에는 어떤 가정에서 푼돈을 모아 켈러 가정의 맥도널드 외식용이라고 따로 표시한 12달러도 있었다. 지금도 그녀는 이 여성들을 놓고 하나님께 감사를 드린다.

캐시 켈러는 이렇게 말했다. "그들은 기도의 사투를 벌였어요. 그래서 처음 몇 년 동안 우리가 잘못된 결정을 내리지 않았던 것 같아요. 교회 개척을 위해 이렇게 많은 사람과 특히 여성들이 기도한 적은 사도 바울과 초대 교회로까지 거슬러 올라가도 결코 없었다고 확신합니다."[34]

그 여성들 모두가 뉴욕에 아는 청년, 즉 예수님이 필요한 친척이나

친지가 있었던 것 같다. 뉴욕에 교회를 개척한 사람은 첫날 무엇을 할까? 뉴욕에서 팀의 비서로 자원봉사를 한 재키 아서는 "팀은 끈기 있고 성실하게 그들 한 사람 한 사람에게 연락했습니다"라고 말했다. 버크넬 3학년 때 그랬듯이 말이다. "이름과 전화번호를 받아 쓴 종이쪽지들을 주머니에서 꺼내 전화를 걸기 시작했지요. 정말 놀라운 시작이었습니다."[35]

리디머 초기 자금 중 3분의 1은 교회 개척에 가장 적극적인 PCA 회중 가운데 하나인 스패니시리버교회(Spanish River Church)에서 제공했다. 그 교회 목사 데이비드 니컬러스는 액츠29(Acts 29)라는 교회 개척 네트워크를 공동 설립했다. 니컬러스가 맨해튼에 있는 다른 세 복음주의 교회에서 이제 막 목사를 새로 임용했다는 말을 듣고 우려를 표하자, 켈러는 아직도 많은 사람에게 맨해튼의 새 교회가 필요하다며 그를 안심시켰다.

켈러는 시내에 있던 기존 복음주의자들을 끌어들일 마음이 없었고,[36] 오히려 지독한 세속 도시에 라브리 같은 지역 교회를 재창조하고 싶었다. 리디머의 그리스도인들에게는 비신자 친구를 데려올 것을 권장했다. 그는 이 친구들을 주중에 만나서 그들의 반론을 경청한 후 다음 주 설교 때마다 그런 반론을 통합했고, 상담학에서 배운 통찰을 더해 질문의 배후 이슈까지 분별했다.[37] 짐 피처트는 "그는 알아듣거나 캐물어서 기어이 사람들의 진짜 의문을 파악하는 재주가 있었습니다"라고 말했다.[38] "당신의 영혼은 평안합니까?"라는 말로 대화의 물꼬를 틀 때가 많았다.[39] 켈러가 59번가 다리와 2번가 교차로에 있는 트램웨이 식당에서 사람을 어찌나 많이 만났던지 캐시는 마치 팀의 사무실인 양 그곳 주방으로 전화하곤 했다. 식당 측도 개의치 않았다. 팀이 하루에 서너 명씩을 거기서 만

나 꾸준히 매상을 올려 주었기 때문이다.[40]

　　각양각색의 사람을 만난 덕분에 켈러는 설교의 악순환(똑같은 청중에 게만 집중하느라 설교를 통해 가닿을 수 있는 대상의 폭이 좁아지는 현상)을 면할 수 있었 다. 리디머교회 교인인 재키 아서가 본 켈러는 경청의 대가였다.[41] 베스트 셀러 책을 쓰기 오래전부터 그는 예수님에 대한 반론이라는 반론은 다 들 었고, 그런 질문에 더 잘 답하고자 집에 돌아가서 책을 뒤졌다. 질문에 답 하다 보니 반복을 통해 그의 기억력도 향상되었다.[42]

　　뉴요커들은 어떻게 그가 자신들의 생각을 정확히 아는지 신기해 했다. 글렌 클라인크넥트는 "그의 설교는 가장 출중한 법정 변론과도 같 았습니다"라고 말했다.[43] 복음을 문화에 더 접목시켜 이해하고자 그가 얼 마나 많은 시간을 말하기보다 듣기에 할애하는지를 사람들은 몰랐다.[44]

　　이 경청과 배움의 선순환 덕분에 5년 후 리디머교회는 이스트 87번가의 파크가와 렉싱턴가 사이에 있는 [당시 리디머가 건물을 빌려 쓰고 있던] 애드벤트호프교회(Church of the Advent Hope)보다 더 커졌다. 1994년에 헌터 칼리지(Hunter College) 강당으로 교회를 옮기면서 집회 공간과 아이들을 돌 보는 공간이 추가되었다. 강당이 낡고 허름하긴 했지만 결국 파크가에서 한 블록 동쪽으로 어퍼 이스트 사이드 68번가에 있는 그 대학 강당으로 수천 명이 몰려들었다. 리디머교회의 가장 큰 모임 장소가 우주의 지배자 들 사이에 둥지를 튼 것이다.

　　《허영의 불꽃》이 나온 지 20년 후, 브롱크스가 불타는 일은 더는 없었다. 키티 제노비스의 사연도 더는 관광객이나 전국 최대의 무대에서 성공하기로 작정한 젊은 전문직 종사자를 겁주어 쫓아내지 않았다. 우주의 지배자들도 이제 자신들이 이해할 수 있는 말로 복음을 들었다. 낸시 드모스가 모범을 보였던 방식대로 그들에게 복음이 들어간 것이다. 셔먼 맥코이와 조던 벨포트도 복음을 들을 수 있었다면, 낸시가 저녁 식사 후 전도의 말을 호소할 때 둘 다 최적의 예화로 등장했을 것이다.

5만 달러의 커미션으로도 충족할 수 없는 희망을 찾으라. 어퍼 이스트 사이드에 있는 호화 아파트가 줄 수 없는 평안을 얻으라.

15

'예스Yes'의 나라

Redeemer Presbyterian Church

리디머교회 초창기 리더들이 기억하는 그 교회는 "예스(yes)의 나라"였다.

리디머의 긍휼 사역 단체인 호프포뉴욕의 초대 리더였던 이본 소여는 "리디머에는 교회로서는 보기 드문 기업가적 사고방식이 있었어요"라고 말했다.[1] 그녀는 여러 도시를 다니며 다른 교회들이 긍휼 사역을 어떻게 수행하고 있는지를 배웠다. 나중에 그녀가 팀 켈러 등 리디머의 다른 리더들과 더불어 난상토론을 벌이고 나면, 회의 중에 나온 거의 모든 제안이 실제로 시행되었다. "팀은 다른 사람들의 은사에 날개를 달아 주었어요."[2]

켈러는 도시 전체와 교회에 대한 비전(교회는 신자가 비신자 이웃보다 낫다는 도덕적 우월감을 부추겨서는 안 된다)을 제시했고, 안전장치를 세워 교회의 초점인 복음을 수호했다. 나머지 자세한 실행은 다른 사람들에게 맡겼다. 교회의 모든 일을 그가 통제할 필요가 없었다. 리디머 초창기 멤버이자 〈월스트리트 저널〉(The Wall Street Journal) 투고란을 편집하는 수십 년 차 베테랑 언론인인 팀 레머는 "그는 늘 다른 사람들의 말을 기꺼이 들었습니다"라고 말했다.[3]

리디머 페이스앤워크센터(Center for Faith and Work)를 설립한 캐서린 L. 알스도프는 "꼭 학생 사역 단체 같았어요. 거기서는 모든 신자가 제사장이잖아요"라고 말했다.

그것은 의도한 바였다. 언젠가 한 예리한 방문자가 이 교회를 "어른을 위한 영라이프"라 칭했는데, 이는 청년 비중이 유난히 높다는 의미만은 아니었다. 켈러는 설교도 영라이프의 달력에 맞추었다. 가을에는 변증에 초점을 맞추어 특히 구약으로 하나님의 속성에 대해 설교했고, 겨울부터 예수님의 생애로 넘어가 성금요일과 부활절 때 십자가와 부활로 절정에 이르렀고, 봄과 여름에는 구원을 풀어 나가면서 그것을 그리스도인다운 삶에 적용했다.[4]

켈러는 영라이프에서 썼던 전도 전략도 도입했다. 리디머는 사랑과 환대로 비신자를 반기는 기독교 공동체를 지향했다. 예배와 제자 훈련이 전도와 별개로 진행되지 않았다. 리디머에서는 신자에게 쓰는 용어와 비신자에게 쓰는 용어가 서로 다르지 않았다. 기독교 공동체 자체가 교회의 전도 프로그램이었다.[5] 켈러는 영라이프와 라브리에서 보았던 이 방식으로만 젊은 세대에게 다가갈 수 있다고 믿었다. 다른 모든 전략은 문제에 봉착한다. '구도자 교회' 모델은 전도를 공동체와 분리했다. 사영리나 전도 폭발 계통의 개인 전도는 교회 자체가 전도에 주력하지 않는 한 도움이 되지 않았다. 아는 그리스도인이 초대하지 않는 한 유명 설교자의 설교를 들으러 갈 사람도 별로 없다.

켈러는 여러 선교 단체에서 직접 보고 경험한 최고의 통찰을 지역 교회에 접목했다. 리디머는 율법주의와 상대주의를 둘 다 배격했고, 개인과 문화의 각종 우상을 자력 구원의 벼랑 끝이라고 지적했으며, 그리스도인의 덕을 세움과 동시에 비신자에게 전도했다.

켈러의 일생에서 리디머교회를 세우고 초창기 몇 년만큼 치열했던 시절도 없었다. 그만큼 행복하면서도 체력 소모가 많았다. 그는 뉴욕에 필요한 교회를 개척할 만한 명백한 후보자는 아니었을지 몰라도, 하비 칸에게 상황화를 배워서 알고 있었다. 또 신개발 교외 지역의 복음주의 교회에 통한 전략을 똑같이 써먹어서는 안 된다는 것도 뉴요커들에게 배웠다. 켈러는 예배를 그 도시의 언어로 계획했고, 음악도 토요일 밤을 심포니 홀이나 극장에서 보낸 사람들에게 맞추었다.[6] 미국 어느 도시고 전임으로 활동하는 전문 오페라단이 끽해야 하나뿐이던 그 당시 뉴욕에는 그런 오페라단이 열 개나 있었다. 리디머의 음악은 오전엔 클래식, 오후엔 재즈와 포크로 그 도시 속 대규모 예술계 사람들에게 문호를 개방했다. 다른 복음주의 교회들을 기피했던 그들에게 말이다. 전국의 다른 복음주의 목사들은 예수 운동이 낳은 다수의 젊은 회심자처럼 평상복을 입기 시작했지만, 켈러는 오전 예배 때는 정장을 차려입었다. 그 도시의 일반 엘리트층은 더 나이도 있고 격식도 갖추는 편이었다. 그의 이런 결정은 잠시 머무는 젊은 층 주민보다 토박이 뉴요커들을 더 우선시하려는 노력이었다.

켈러의 상황화는 무엇보다도 그의 설교와 교육에 나타났다. 죄에 대해 말할 때면 그는 맨해튼의 오랜 주민 다수가 자신들이 경험한 직장 일과 돈에 비추어 알아듣게끔 말했다. 그가 말하는 구원에는 더 나은 도시를 꿈꾸는 그들의 희망과 동경이 반영되어 있었다. 그가 성경으로 설교하는 방식은 아테네 아레오바고의 바울과 비슷했다(행 17:16-34). 청중에게 존경받는 예술가들과 사상가들의 말을 인용하여 성경적 결론을 떠받친 것이다.

그러나 도시를 쇄신하고 복음을 삶 전반에 적용한다는 신칼뱅주의의 모든 주안점도 진정한 영적 능력이 없었다면 용두사미가 되었을 것이다. 리디머의 독특한 점은 사회 참여에 대한 하비 칸의 비전(각자의 직업

288

속에서 신앙을 실천하고 정의와 자비 시행을 통해 이웃을 사랑하는 삶)이 켈러가 리처드 러블레이스와 잭 밀러에게서 배운 영적 쇄신과 한데 어우러져 있다는 것이었다. 켈러는 설교에서 율법과 복음의 차이를 강조하여, 오직 은혜로만 주어지는 구원을 비신자와 신자에게 똑같이 깨우쳐 주었다. 부흥을 공부한 덕분에 그는 체력 소모가 많은 리디머의 처음 몇 년이 부흥의 적기임을 감지했고, 존 플라벨과 조나단 에드워즈의 설교를 읽은 덕분에 영적 감수성도 충분히 깊어져 있었다.

그리스도인이 된 지 거의 20년 만에 켈러는 이 부흥의 한복판에서 자신에게 전도의 은사가 있음을 깨달았다.

설교자에게 전도의 은사가 있으면 교회가 대개 성장하고, 교회가 성장하면 설교자의 리더십 은사가 시험대에 오른다. 켈러도 성장하는 교회를 결집하는 과정에서 자신의 리더십이 시험대에 오를 것을 알았다. 라브리 성격의 공동체 안으로 비신자 친구들을 초대하는 데 크게 의존한 교회라서 특히 더했다.[7] 대학생 시절 그는 그리스도를 인격적으로 만나기 전부터 IVF에 드나들었는데, 그때 예수 운동에서 보고 경험한 삶은 인원수가 적을 때 더 쉽게 진척되었다. 그 통찰에 힘입어 그는 이런 생생한 공동체들을 재생산할 교회 개척 지원을 급선무로 삼았다.

리디머 초창기 리더들이 교회를 되돌아볼 때면, 마음속을 간파하던 켈러의 설교를 자주 떠올린다. 그러나 그 못지않게 공동체도 떠올린다. 그들은 켈러를 자신들 중 하나로 보았고, 교회 개척의 짐을 함께 졌다. 교회에 기도가 더 필요하다고 생각이 들면 누구든 먼저 친구 한두 명을 붙들어 곧바로 기도를 시작하면 됐다.[8] 켈러는 《팀 켈러의 센터처치》

에서 운동과 제도를 이렇게 비교했다.

> 그러나 운동의 역학이 작용하는 교회에서는 아이디어와 리더와
> 새로운 계획이 밑바닥에서부터 출현한다. 공식 전략 회의보다 친구
> 사이의 격의 없는 대화에서 아이디어가 더 많이 나온다. 일하는
> 동기가 보상과 자신의 이익에 있다기보다 불가항력의 비전을 위해
> 기꺼이 함께 희생하려는 데 있다 보니 이런 교회에서는 교인과 교역자
> 사이에 자연스럽게 우정이 싹튼다.[9]

이것은 1990년대 리디머가 성장할 때의 이야기지만, 결국 켈러의
약점을 노출시킨 리더십 위기에 대한 이야기이기도 하다.

뉴욕 한복판, 부흥의 바람이 불다

뉴욕은 잠들지 않는 도시다. 그런데 아침 7시만은 예외다. 아무리
시내 최고의 베이글이 제공된다 해도 아침 7시 기도회는 대개 9시가 넘
어야 출근해서 하루 종일 일하는 전문직 종사자들에게 만만찮은 요구다.
그러나 입에 묻은 버터를 닦으며 기도한 그 젊은 그리스도인들은 1980년
대 말 리디머의 그 숱한 아침을 평생 잊지 못할 것이다.

리디머 초창기에 봉사 활동을 이끈 로레인 제크먼은 "다들 하나님
이 뭔가 일을 준비하고 계심을 강하게 느꼈어요. 우리 가운데서 역사하시

는 성령이 생생히 느껴졌습니다"라고 말했다. 이 아침 기도회를 그녀는 마음이 뜨거워지는 회심 경험에 비유했다.[10] 역시 리디머 리더였던 레인 아서는 1990년대 뉴욕의 범죄율 감소를 도시의 평화와 형통에 초점을 맞춘 그 기도회 덕분으로 보았다.[11]

복음주의 교회에 출석하는 맨해튼 주민은 불과 한 세대 만인 1989년에서 2019년 사이에 9,000명에서 8만 명 이상으로 늘었다.[12] 이 정도의 교회 성장은 조나단 에드워즈가 제1차 대각성 운동 때 역설했던 "비상한 기도"가 없이는 대개 일어나지 않는다. 켈러도 그런 담대한 기도를 독려했다. 이 땅에 하나님 나라를 진척시킬 교회의 연합을 그분께 간구해야 한다는 것이다.[13]

리디머 초창기 시절 가장 많이 읽힌 책 중 하나는 *Outgrowing the Ingrown Church*(내부 지향의 교회에서 벗어나라)인데, 저자 잭 밀러는 "최전방" 기도와 "유지용" 기도를 대비시켜 설명했다. 대다수 사람이 아는 기도회는 유지용일 뿐이다. 이때는 그리스도인들이 나누는 기도 제목이 아는 교인의 건강 문제 정도다. 그러나 최전방 기도는 죄를 자백하고, 겸손을 구하고, 잃어버린 자를 위해 씨름하며, 간절히 하나님을 대면하여 알고 그분의 영광을 보려 한다.[14]

바로 이런 기도에 떠밀려 리디머 교인들은 20세기 초 한국의 부흥회 모델에 기초한 철야 기도회를 제1차 이라크 전쟁 중에 시작했다. 일부 교인들이 몇 달 동안 금요일 밤 9시부터 토요일 아침 6시까지 함께 중보 기도를 한 것이다. 켈러도 그 기도회에 쭉 참석했지만 그를 언급한 교인은 없다. 그가 유능한 목사인 줄이야 다들 알았지만 그들은 역사하시는 하나님께 집중했다.[15] 켈러 부부도 리디머를 그렇게 보았다.

캐시 켈러는 "교회 개척에 성공하는 법을 알고 싶은가요? 하나님이 부흥을 시작하고 계신 곳을 알아내서 한 달 전에 그리로 이사하면 됩니다"라고 말했다.[16]

켈러 부부 등 리디머 초창기 리더들이 말하길, 대체로 그들은 하나님이 그 교회에 복을 내리고 계신 쪽으로 따라갔을 뿐이다. 그렇게 말하면 팀 켈러가 세운 의도적인 전략이 퇴색될 수 있지만, 그 말속에는 그가 생각한 리더십 즉 기꺼이 질문하고 책임을 분담하는 자세도 반영되어 있다. 리디머교회라는 이름도 켈러 부부의 작품이 아니다. 캐시가 사서함을 개설하려니 교회 이름이 필요했다. 켈러 부부는 "그리스도 왕"이라는 이름을 제안했다. 훗날 팀은 실제로 *Jesus the King*(예수 왕)이라는 제목의 책을 썼다(한국에서는 《팀 켈러의 왕의 십자가》라는 이름으로 역간되었다-옮긴이).

그들이 제안한 이름에 대한 반응은 반대 일색이었다. 그 도시에 더 오래 산 교인들이 보기에 그 이름은 호전적이리만치 정복의 냄새를 풍겼다. 대안이 필요했는데 결국 말린 헉스의 제안이 뽑혔다. 이 교회의 개척 계획을 그녀는 1988년 12월에 뉴욕으로 이사해서야 전해 들었다. 잭 밀러가 설립한 세계추수선교회 소속으로 아일랜드에서 섬기다가 귀국한 지 얼마 되지 않았을 때였다. 팀 켈러는 루스벨트섬으로 이사하기 전 필라델피아에서 통근하던 당시, 1989년 1월부터 6월까지 매주 그녀를 만나 함께 커피를 마시며 선교와 뉴욕시와 리디머교회에 대해 질문했다. 당시 20대이던 헉스에게는 자신에게서 배우려는 켈러의 열의가 뜻밖으로 느껴졌다.

헉스가 한 말이다. "여성을 대등한 협력자로 대하기는커녕 자신도 모르게 낮추보는 남자들이 있잖아요. 그런데 나는 여자라는 이유로 내 은 사나 영향력을 접어야 한다고 느낀 적이 한 번도 없습니다."

팀 켈러 가정이 뉴욕으로 이사한 뒤로 그녀는 18개월 동안 월요일 마다 저녁을 그들의 집에서 함께 먹었다. 켈러 부부에게서 그녀는 양쪽 모두가 상대를 존중하는 결혼 생활의 모범을 보았다.[17]

그전에 헉스가 노스캐롤라이나주 윈스턴 세일럼에서 다니던 장로 교회가 리디머였다. 그 교회 이름은 성령의 인도하심을 신중히 분별해서 공들여 지은 것이었다. 헉스가 뉴욕 모임에서 그 이름을 불쑥 꺼내자 장 황한 설명이 필요 없이 금세 합의가 이루어졌다.

켈러의 지성과 영성은 그의 호기심 덕분에 다양한 출처에서 도움 을 받아 형성되었다. 그 성격이 리디머교회의 빠른 성장에도 일조했고, 각자의 몫을 중요하게 여긴 평신도 리더들도 열심히 협력했다. 출석 교인 은 30개월도 못 되어 0에서 1,000명으로 늘었다.[18]

처음에 리디머는 주일 오후마다 데이브·다이앤 벌치가 사는 아파 트에 모여서 기도하고 비전을 나누다가 1989년 4월 종려주일 오후 6시 30분에 400석 규모의 애드벤트호프교회에서 창립 예배를 드렸다. 위치 는 어퍼 이스트 사이드에 있는 헌터칼리지 북쪽으로 요크빌 지역의 파크 가 근처였다. 그로부터 반년 만인 1989년 말에는 약 250명이 참석했다. 예비 모임부터 함께했던 열두 명의 적은 무리에게는 이미 변화의 속도가 일취월장으로 느껴졌다.[19] 1991년에 리디머는 지출 예산 694,000달러로 재정 독립을 이루었다(자체 교역자를 안수하여 세웠다). 출석 교인이 1,000명을 넘어선 1992년에는 그 수치가 100만 달러 이상으로 뛰었으며, 초창기인 이때부터 이미 리디머는 예산의 15퍼센트를 선교에 배당했다.[20] 장차 선교적 교회 네트워크로 확장할 기초를 착착 다진 것이다.

성장의 여파로 다들 눈코 뜰 새 없이 바빠진 켈러 주위의 리더들은 인간의 전략만으로는 이루어 낼 수 없는 일을 하나님이 행하고 계심을 느꼈다. 헉스는 이렇게 말했다. "은혜가 충만했고, 여기서 벌어지는 일이 다 우리 손이 아니라 하나님의 손에서 나온다는 확신으로 충만했습니다. 그때는 정말 그분이 하시는 대로 뒤에서 따라가는 것 같았어요. 일은 그분이 이미 준비해 두셨고 우리는 그냥 따라가는 거지요."[21]

그야말로 부흥이었다. 그것을 누구나 다 알았는데, 이는 평소에 켈러가 그들에게 기도로 부흥을 구하도록 촉구한 때문이기도 했다. 리디머 교인들은 남은 평생 그런 부흥이 다시 임하기를 사모할 것이다.

바버라 오노는 이렇게 말했다. "그때가 우리의 형성기였습니다. 리디머교회에 있다가 세상으로 나갈 때면 마치 나니아(C. S. 루이스의 《나니아 연대기》에서 천국을 상징하는 세계-옮긴이)나 캐멀롯(아서왕의 전설에 나오는 왕궁 도시-옮긴이)을 떠나는 것처럼 다들 가슴이 아려 왔어요. 하나님이 우리를 부흥에 동참하게 해 주셨습니다. 이 놀라운 일을 그분이 하셨어요."[22]

덕을 세우는 동시에 전도하다

리디머의 성장에 당황한 것은 뉴욕의 일반 언론계만이 아니라 남부의 PCA 지휘부도 마찬가지였다.

캐시 켈러는 언론부장 역할을 맡았다. 지난 세월 많은 주류 언론인이 이 교회에 대한 기사를 썼고, 그중에는 리디머 교인도 꽤 있었다. 한번은 캐시가 어느 기자에게 이렇게 말했다. "수많은 20-30대 고학력 젊은이가 혼외 섹스를 삼가라고 가르치는 교회에 다니려 한다면 뜻밖이지요." 그러자 기자는 "예, 그렇다면 뜻밖이겠네요"라며 웃었다. 캐시가 "그게 아니고, 우리가 정말 그렇게 가르친다니까요"라고 지적하자 기자는 어안이 벙벙해서 눈만 깜빡거렸다.

1991년 가을에 팀 켈러는 9주 동안 결혼에 대해 설교했다. 리디머의 많은 초창기 멤버가 이 시리즈를 지금도 기억하고 있는데, 그중 대부분은 당시 싱글이었다. 이 교회의 역대 콘텐츠 중 가장 다운로드 횟수가 많은 것도 이 설교다.[23] 켈러는 섹스라는 주제를 피할 수 없음을 알았다. 리디머 사역을 통해 신앙을 고백한 수많은 사람이 한 남자와 한 여자의 결혼 바깥에서 이루어지는 섹스를 금하는 성경의 명령 앞에서 떨어져 나갔기 때문이다. 대다수 뉴요커에게 순결이란 아예 이해할 수 없는 것이었다. 많은 사람이 성경의 성 윤리를 비웃었고, 일부는 그것이 심리적으로 해롭다고 진단했다.

1990년대에 남부의 많은 PCA 지도자도 이런 도전 속에서 교회가 성공한 비결을 알아내고자 리디머를 방문했다. '어쩌면 이 교회는 음악의 새로운 장르를 발견했는지도 몰라. 〈프렌즈〉(Friends)와 〈사인필드〉(Seinfeld) 같은 뉴욕을 배경으로 한 시트콤이 인기 정상을 달리던 시대이니 어쩌면 인기 텔레비전 프로그램의 영상물을 한 토막씩 활용하는지도 모

르지. 어쩌면 연극과 뮤지컬의 본산인 브로드웨이의 도시에서 최고의 전
도용 연극을 여럿 제작했는지도 모르고.'

그러나 그들이 리디머교회에서 본 것은 전혀 그런 게 아니었다.
16세기 칼뱅의 제네바 교회를 본뜬 수수한 전통식 예배는 전국의 다른
PCA 교회들과 비슷했다. 스코틀랜드에서 방문한 사람이 〔사람들을 유인하는
기발하고 재미있는 미끼가 있겠거니 생각하고〕 켈러에게 춤추는 곰〔새끼 때부터 길들여서
공연용으로 쓰는 야생 곰을 이르는 말-옮긴이〕을 어디 두었느냐고 물었을 때 켈러는
어떻게 반응해야 할지 몰랐다. 이 교회는 겉으로는 다른 PCA 교회와 하
나도 달라 보이지 않았다. 그러나 그 안에는 교회로서는 보기 드문 문화
가 있었다.

한 예술가는 리디머의 문화를 역설과 애정과 겸손이라는 말로 표
현했다. 켈러는 이렇게 설명했다.

> 그들은, 다른 교회들에는 고도로 감상적인 잘난 체하는 말투가 있어
> 왠지 감정을 조종당하는 기분이었는데 리디머에는 그게 없다고
> 말했다. 오히려 리디머 사람들은 다른 사람을 대할 때 수줍음과
> 자기 비하라는 역설을 보였다. 그뿐만 아니라 여기서는 신앙고백을
> 품는 태도에도 애정과 겸손이 배어 있어, 리디머의 일부 신앙고백에
> 동의하지 않는 맨해튼 사람들도 자신이 수용되고 환대받는다고
> 느낀다. 무엇보다 그들은, 리디머의 교육과 소통이 지적이고 절묘하며
> 자신들의 민감한 부분을 민감하게 배려한다고 말했다.[24]

리디머에 대한 예술가들의 인상을 설명한 말이지만, 켈러에 대한 말로도 손색없을 것이다. 그는 교회 행정의 모든 절차를 통제하지는 않았으나 인격과 소통의 기조를 정한 것만은 분명하다.

기조를 정할 때 당연히 그는 교회사의 도움을 받았다. 자신의 호프웰교회 시절을 돌아보며 거기서 무종교 부류에게 다가갈 도심 교회의 성공적인 모델을 찾을 수는 없었으니 말이다. 켈러가 뉴욕으로 옮길 당시 스스로 "무교"라고 답한 미국인은 6퍼센트에 불과했는데, 맨해튼은 그 비율이 무려 30퍼센트였다(현재는 미국인의 약 24퍼센트로 얼추 개신교 복음주의나 가톨릭의 수치와 맞먹는다[25]).

그래서 켈러는 근래의 영국 교회사로 시선을 돌렸다. 영국은 세속화 면에서 미국 전체에 가깝기보다는 뉴욕시에 더 가까웠다. 그는 버크넬에서 처음 이름을 들었던 마틴 로이드 존스에게로 돌아가 그의 책《설교와 설교자》를 다시 읽었고, 1939년부터 자신의 대학 입학 연도인 1968년까지 로이드 존스가 런던의 웨스트민스터교회에서 전한 수백 편의 설교를 들었다. 로이드 존스는 오전 설교로는 신자들을 세우고 저녁 설교로는 비신자들에게 다가가려 했다. 그러나 양쪽 설교 모두에서 예수 그리스도의 복음에 초점을 맞추어 성경과 신학의 통찰로 청중에게 도전했다.

로이드 존스는 신자들에게 양쪽 예배에 다 참석할 것을 권했고, 특히 저녁 예배에 친구들을 데려오기를 바랐다. 그러면서도 양쪽 청중을 너무 칼같이 구분하는 데는 반대했다. 양쪽 다 복음을 다시 들어야 했고 영적 깊이가 필요했다.[26] 로이드 존스는 설교자가 신자만을 대상으로 하면 신자들이 엄하고 냉담해지며 자만에 빠진다고 경고했다. 설교를 통해 전

도하지 않는 설교자는 바리새인들을 낳는다는 것이다.[27]

리디머교회를 시작하고 나서 7년 정도 켈러도 로이드 존스의 방침을 따랐다. 다만 아침과 저녁을 바꾸어 아침에 비신자들을 상대로 성경의 이야기 부분을 더 많이 설교했다.[28] 로이드 존스에게 배운 대로 켈러는 절대로 청중이 다 신자라고 예단하지 않았고, 신자라 해서 복음이 더는 필요 없다고 단정하지도 않았다. "덕을 세우면서 전도하고, 전도하면서 덕을 세우라."[29] 그는 저녁 예배 후에 남아서 설교에 대한 질문에 답하곤 했는데, 비신자가 이의를 제기하면 이를 신자들에게 회의론자를 대하는 시범을 보여 줄 좋은 기회로 삼았다.

초창기 리디머 교인들이 켈러에게 전한 말이 있다. 교회에 친구를 데려왔다가 난처해질 일이 없었으면 좋겠다는 것이었다. 마이클 그린이 쓴 《현대 전도학》도 리디머 초창기에 단골로 읽게 했는데, 이 책은 목사들에게 "인사이더" 언어를 쓰지 말고 비신자에게 불쾌감을 주는 헌금 얘기를 하지 말라고 경고했다. 그는 교회가 기대감을 품고 기도하고 방문자들을 따뜻하게 환영하면 그리스도인들이 친구를 데려오고 싶어진다고 말했다.[30] 켈러의 설교는 세 가지 요점으로 이루어져 있었고 〈비즈니스 위크〉(Business Week)에 실린 여느 기사만큼이나 단순 명료했다.[31] 그는 C. S. 루이스부터 마돈나까지, 조나단 에드워즈부터 우디 앨런까지 모든 사람의 말을 인용했다.[32]

방문자들은 리디머교회를 기존 교회 범주로 분류해 보려 했으나 소용없었다. 켈러가 셰익스피어와 〈빌리지 보이스〉(The Village Voice; 2017년에 폐간된 뉴욕 기반의 대안 주간 신문)를 인용하면 진보 쪽 사람들은 그를 자기네

편이라 생각했다. 하지만 그런 그들을 켈러는 모든 보수 복음주의자의 사기를 북돋울 만한 십자가에 대한 설명으로 혼란에 빠뜨렸다. 존 오웬, 마르틴 루터, 조나단 에드워즈, 장 칼뱅의 신학에 뿌리박고 있으면서 〈빌리지 보이스〉, 〈월스트리트 저널〉, 〈뉴욕 타임스〉, 〈퍼스트 씽스〉(First Things; 뉴욕 기반의 에큐메니컬 종교 월간지), 〈더 네이션〉(The Nation; 뉴욕 기반의 진보 시사지), 〈위클리 스탠더드〉(The Weekly Standard; 네오콘 정치 주간지), 〈와이어드〉(Wired; 정보기술 월간지), 〈뉴요커〉(The New Yorker)를 함께 읽는 사람이 하는 설교를 그들은 들어 본 적이 없었다.

켈러는 설교에서 리디머의 개혁주의 소신을 희석하기는커녕 오히려 이런 폭넓은 독서를 활용하여 이를 부각시켰고,[33] 책을 동시에 넓고 깊게 읽지 않으면 자신의 설교가 진부한 반복으로 변한다는 것을 깨달았다. 대개 그는 인용문을 인쇄한 종이를 옆의 보면대에 올려놓고 설교했으며, 회중을 "친구들"이라 불렀다. 그의 설교는 전형적인 설교라기보다 좋은 친구가 소그룹에서 가르치는 것처럼 들렸다. 원고를 보지 않고 외워서 말하다가 정확히 인용할 때만 종이를 보았다. 리디머의 오랜 직원 크레건 쿠크는 "그의 태도는 누구에게나 친근감을 주었습니다"라고 말했다.[34]

20세기의 마지막 10년 동안 뉴욕에 임한 그런 부흥은 로이드 존스도 으레 사모하던 것이었다. 로이드 존스는 "설교자의 삶에서 가장 감격스러운 경험 중 하나는 다들 그리스도인인 줄로만 알았던 사람이 갑자기 회심하여 진짜 그리스도인이 될 때다. 그런 사람이 많아지면 이보다 더 교회 생활에 위력적인 영향을 미치는 것은 없다"라고 말했다.[35]

켈러는 예측을 불허하는 영적 쇄신의 역동을 성경에 나오는 지역

교회의 질서와 통합하면서, 이를 지칭할 "교회론적 부흥사"라는 표현을 지어냈다.[36] 가슴에 설교하면서 머리를 교육한 것이다. 그는 교인들에 대한 기대치가 높았다. 그가 생각한 부흥에는 늘 훈련 내용을 가득 적은 여러 권의 대형 바인더가 포함되어 있었다. 명색이 전직 신학교 교수가 아니던가. 마코 후지무라는 월요일 저녁 공부반을 소중한 시간으로 기억한다. 뉴저지주에 살던 그가 저녁 7-9시에 하는 이 훈련에 매주 참석한다는 것은 큰 헌신이었다. 그는 "정말 신나게 다녔습니다. 대가에게 배우는 것 같았거든요"라고 말했다.

매주 켈러가 준비한 내용은 공책으로 50여 페이지에 달했다. 후지무라는 뉴저지 집으로 가는 밤 10시 반 기차 안에서 교재를 자세히 복습했다.[37] 사역에 대한 켈러의 열정이 이런 의욕적인 젊은 리더들을 길러 냈다.[38]

특이한 결혼식 설교

리디머에 대한 켈러의 비전에서 묘하게 일맥상통하는 영라이프와 라브리와 로이드 존스의 전도 전략은 탈기독교를 선도하던 세계적 도시 속 신생 교회에 잘 맞았다. 그러나 그는 자신이 목회학 박사 과정에서 연구한 개혁주의 교회의 집사 직분으로 다시 돌아가 또 하나의 핵심 요소를 추가했다.

연구와 경험을 통해 그는 리디머가 교회 밖 이웃들에게 실제적 필요를 채워 줌으로써 그 도시를 섬겨야 함을 알았다. 뉴욕시의 거리로 눈길만 돌려도 1980년대 말과 1990년대 초의 현실을 대략 알 수 있었다. 그를 비롯한 리디머 교인들은 선한 사마리아인이라면 동네에 가득한 마약 중독자와 노숙인과 빈민을 어떻게 대할지를 서로 물었다.

그는 당시 제임스 몽고메리 보이스가 이끌던 필라델피아의 텐스교회에서 하나의 모델을 보았다. 리디머가 출범했을 때 보이스는 예배 시간에 리디머교회 개척을 광고하면서, 졸업하고 북쪽의 뉴욕시로 이주할 학생들에게 그 교회에 나갈 것을 권유했다. 켈러가 보기에 텐스교회는 뉴욕에 이민이 급증해 시 정부의 지원만으로는 역부족이던 19세기 말에 복음주의에서 세웠어야 할 그런 교회였다.

텐스교회에 나가기 전까지만 해도 켈러는 '도심' 교회 하면 주로 빈민이 떠올랐다. 도심 교회의 다양한 얼굴을 몰랐던 것이다. 그런데 보이스가 켈러에게 전수한 비전은 빈민을 섬기면서 동시에 젊은 전문직 종사자들에게 전도하는 도심 교회였다.

저명한 도널드 그레이 반하우스의 후임으로 그 교회에 부임한 보이스는 교인들이 탁월한 설교에 이끌려 멀리서 다니던 교회를 시내의 바로 인접한 이웃들과 부대끼는 교회로 서서히 전환했다. 그리스도인들에게 전략적 사역을 위해 시내로 이사할 것을 권하기까지 했다. 도시 안에서만 아니라 정말 도시를 위해 사역하기 위해서였다. 그래서 범죄율이 높던 1970-1980년대에 텐스교회의 젊은 부부들이 필라델피아로 이사해 빈민 사역을 시작했고, 무슬림과 대화했으며, 텐스교회가 위치한 바로 그 블록에서 섹스 상대를 물색하던 게이들에게도 다가갔다. 그때 팀과 캐시는 게이 집단을 섬기는 하비스트 사역원의 임원으로 함께 봉사했다. 가족은 계속 뉴라이프교회에 나갔지만 팀은 텐스교회에서 공식 직함을 맡아 1년에 일곱 차례씩 보이스 대신 설교했다. 성장의 여파로 몸살을 앓던 그 교회는 1986년 가을 켈러에게 자문했다. 켈러가 이듬해 봄에 제출한 100페이지짜리 보고서에 열두 가지 권고 사항이 담겨 있었는데, 그중 다수는 채택되었고 예배 회중을 나누어야 한다는 것만 제외되었다.

켈러가 리디머의 모델로 삼은 도심 교회는 텐스교회만이 아니었다. 존 스토트도 런던의 도심 교회가 강해 설교 못지않게 긍휼 사역에도 힘쓸 수 있음을 보여 주었다. 리디머는 20년 만에 뉴욕에 도심 교회를 100개 가까이 세웠고, 이로써 칭의와 속죄를 가르치는 것만큼이나 정의와 자비의 행위에도 똑같이 헌신하는 사역의 기초를 다졌다.[39]

켈러의 비전을 실현한 여성은 1992년에 호프포뉴욕 초대 전임 직원이 된 이본 소여였다. 이 기관은 여러 교회에서 자원봉사자를 모집하고 기금을 조성하여, 뉴욕 전역의 빈민과 소외층을 섬기는 비영리 산하 단체들을 지원한다. 그녀의 활동이 어찌나 리디머에 없어서는 안 될 만큼 중요했던지 1998년 그녀와 릭 소여의 결혼식은 주일 아침 예배 도중에 거행되었다. 이본은 그날 하루가 온통 머릿속에서 하얘져서 정작 설교 내용을 기억하지 못한다.

그러나 이 설교를 기억하는 사람이 많다. 켈러의 모든 설교를 통틀어 아마도 가장 잊지 못할 설교였기 때문이다.

교회에 젊은 층이 많다 보니 켈러는 결혼하기 원하는 싱글들에게 낙심이 될 만한 주례 설교를 하고 싶지 않았다. 그래서 이번 결혼식에서는 종말에 있을 더 나은 혼인과 결코 우리를 실망시키지 않으실 배우자에 대해 설교했다. 마침 그는 창세기를 쭉 가르치다가 라반의 딸인 "아무도 원하지 않았던 여인" 레아를 새로 만난 참이었다. 레아는 우리에게 그리스도를 가리켜 보인다. 그분도 거부당하셨다. 또한 그녀는 자신의 후손으로 오실, 야곱보다 참되시고 더 나으신 배우자를 고대했다.[40]

전형적인 주례사는 아니었다. 지금까지도 그 메시지가 수많은 사람에게 소중히 남아 있는 이유가 그래서인지도 모른다. 켈러는 가정의 가치에 대한 통념과는 반대로 성경에는 결혼에 대한 감상이 별로 없다고 설명했다. "성경은 독신 생활이 얼마나 힘든지에 대해서도 지극히 현실적이고, 결혼 생활이 얼마나 힘든지에 대해서도 지극히 현실적입니다."[41]

켈러가 주일 예배와 결혼식을 함께 묶기는 그때가 처음이었고 그 후로도 없었다. 회중에게 그는 뉴욕시가 호락호락하지 않은 곳이라며 누구나 겉으로는 말짱해 보여도 사실은 값비싼 옷차림으로 절박감을 내비친다고 말했다. "그들은 '운명적인' 로맨스와 사랑이 없는 삶을 상상할 수 없습니다." 그렇게 말하면서 그는 이 표현의 출처가 퓰리처상을 받은 어니스트 베커임을 밝혔다.[42]

켈러가 자신이 가장 좋아하는 주석가 중 하나인 로버트 알터를 인용하여 말했듯이, 사기꾼 야곱이 사기를 당해 아침에 깨어 보니 동생 라헬 대신 레아가 곁에 있었다. 아버지를 속인 그가 이제 삼촌에게 속은 것이다. 알터의 표현으로, 시적인 응징이었다.[43] 2001년에 이 메시지를 다시 전할 때도 켈러는 야곱이 성욕을 참지 못해 재난을 자초했다는 알터의 말을 따왔다.[44] 야곱은 자신이 아리따운 라헬을 얻을 줄로 알았으나 막상

눈떠 보니 "시력이 약한" 레아였다. 계속해서 켈러가 한 말이다.

> 레아를 어떻게 처리할지 고민이던 라반에게 기회가 왔고, 그는 이때다 싶어 실행에 옮겼습니다. 그래서 이제 아버지가 원하지 않던 딸이 역시 자신을 원하지 않는 남편에게 넘겨졌습니다. 레아는 아무도 원하지 않았던 여인입니다.[45]

설교의 이 대목에서 켈러 앞에 서 있던 신랑 신부는 무슨 생각을 했을지 궁금해진다. 이야기의 요점이 무엇인가? 이 뒤틀린 줄거리에서 소위 '착한 사람'은 누구인가? 켈러도 이런 반론을 예상하고 말을 이었다. "아무것도 안 보입니다! 어떻게 된 일입니까?"

> 답은 이런 반응이 지극히 정상이라는 것입니다. 이제 여러분도 깨닫기 시작한 겁니다. 성경의 요점이 점차 보이는 겁니다. 이 말이 무슨 뜻일까요? 성경에 제시된 하나님은 도덕 사다리 맨 꼭대기에 서서 이렇게 말하는 신이 아닙니다. "훌륭한 행위와 착실한 이력으로 하나님께 도달한 사람들을 보고 너도 그들처럼 돼라!" 천만의 말입니다! 오히려 성경은 번번이 우리에게 한없이 연약한 사람들을 보여 줍니다. 은혜가 필요해도 구하지 않고 자격 없이 은혜를 거저 받는 사람들입니다.[46]

레아는 남편이 사랑해 주기를 바라며 아들을 연거푸 낳았다. 그러나 이것은 사랑 이야기가 아니다. 적어도 우리가 예상하는 그런 사랑은 아니다. 레아를 통해 우리는 더 큰 이야기와 더 깊은 사랑을 본다. 결국 레아가 낳은 감사와 찬양의 아들 유다의 혈통에서 예수님이 오신다. 야곱에게는 사랑받지 못했지만 레아는 하나님의 사랑을 알았고, 훗날 그분은 세상을 구원하려고 자신의 외아들을 보내신다.

결혼식에서 이 메시지를 전하던 바로 그 시기인 1990년대 말에 켈러는 평생의 스승 에드먼드 클라우니와 함께 올랜도의 리폼드신학교에서 일주일간 목회학 박사 과정을 가르쳤다. 그때 "아무도 원하지 않았던 여인"을 다시 설교했는데 다만 이번에는 그 대상이 설교자들이었다. 클라우니는 그 본문으로 설교한 적이 없었다. 그러나 만일 한다면 자신의 설교도 똑같을 것이라고 켈러에게 말했다. 팀에게는 "평생에 들은 가장 큰 위로와 격려가 되는 말 중 하나"였고,[47] 클라우니의 칭찬을 전해 들은 캐시도 팀에게 이제는 우리가 평안히 죽을 수 있겠다고 말할 정도였다.[48]

하나님이 정지 버튼을 누르실 때

호프포뉴욕 사역, 교회 개척, 목회학 박사 과정 강의, 세 아들을 키우는 일, 계속 성장하는 리디머교회의 온갖 정규 직무 속에서 켈러의 리더십 역량은 1990년대 중후반에 한계에 도달했다. 반대 증거가 보이는데도 켈러는 종종 자신이 훌륭한 리더가 아니라고 강변한다. 마코 후지무라는 그의 기업가적 리더십을 높이 평가했다. 그가 본 켈러는 같은 방향으

로 행진하면서 음악을 지휘하고 악대를 이끄는 고적대장이었다.[49]

그렇다면 켈러가 유능한 경영자(manager)였던 적이 없다는 말이 더 정확하다.[50] 리디머 초창기 장로였던 아서 암스트롱은 "팀은 모두의 행복을 지켜 주려는 쪽인데, 이끄는 기관의 규모가 커지면 모든 사람을 늘 행복하게 할 수는 없지요"라고 말했다.[51]

그 성장통의 시절에 장로들과 동역자들은 켈러를 강하게 밀어붙였으나 그는 교회 운영의 역학에 대해 사실상 아는 게 없었다. 2000년대 중반까지 그에게 계속된 교회 살림 운영의 고충에 대해 캐서린 알스도프는 "사람들이 좋아하지 않는 자신의 결점 때문에 그는 오랫동안 몹시 힘들어했습니다. 괴로움에 마음이 낮아져서 많은 시간을 무릎 꿇고 기도했어요"라고 증언한다.[52] 켈러 자신도 알스도프와 같이 쓴《팀 켈러의 일과 영성》(Every Good Endeavor)에서 충분히 인정했다. "때로 동역자들은 내 비전이 내 지도 능력이나 그들의 수행 능력에 비해 너무 속도가 빠르다고 항의했다."[53]

이전의 어떤 경험도 켈러를 복잡한 리디머 조직 안에서의 걷잡을 수 없는 맹습에는 준비시켜 주지 못했다. 주 90시간을 일에 매달리는 그로서도 역부족이었다. 1993년 말에 이미 그에게 탈진의 조짐이 나타났다. 개인적으로는 정리 정돈을 잘하는 켈러였지만, 리디머의 운영만은 대신 맡아 줄 더 나은 경영자가 필요했다.

1994년, 딕 카우프먼이 행정 목사로 부임했을 때 교역자들과 직원들은 혼돈에 빠져 있었다. '예스'(Yes)의 나라가 '오, 노'(Oh No)의 나라로 변해 있었고, 초창기에 교회에 온통 활기를 불어넣던 운동의 역학이 이제 전체 기관을 무너뜨릴 기세였다. 리디머교회를 더는 영세 기관처럼 운영할 수 없었다.[54] 카우프먼의 도움으로 켈러가 사역에서 손을 떼고 리더들을 이끌지 않았다면(모든 교역자와 직원을 준비시켜 자신을 따라오게 하지 않았다면) 리디머는 실패했거나 적어도 휘청거렸을 것이다. 즉시 모든 교역자와 직원은 카우프먼에게 보고했고 카우프먼만 켈러에게 보고했다. 일부 리더는 켈러를 직접 상대할 수 없어 속상했을 수 있지만, 켈러가 탈진을 면하려면 그 수밖에 없었다.

  잭 밀러의 영향을 함께 받은 카우프먼은 행정 리더로서만 기여한 게 아니라 깊은 영성으로 켈러에게 감화를 끼쳤다. 켈러가 기도에 대한 저서를 그에게 헌정했을 정도다. 더욱이 그가 리디머를 떠날 즈음에 제시한 비전은 결국 켈러의 교회 은퇴 계획이 되었다. 카우프먼은 첫째로 교회를 여러 위치로 분산할 것과, 둘째로 결국 독립 자매 교회들의 네트워크로 계속 배가할 것을 제안했다. 2017년에 교회에서 물러날 때 켈러는 1997년에 카우프먼이 입안한 그 계획을 따랐다. 현재 리디머 네트워크는 다섯 개 교회로 이루어져 다 다른 사역자들이 맡고 있으며, 그중 한 곳은 켈러의 아들 마이클이 이끌고 있다.

  직접 개척한 교회의 거의 모든 부분에서 손을 떼기란 팀과 캐시에게 쉽지 않은 일이었다. 그러나 어쩔 수 없었고, 특히 2000년대 초반에 캐시가 크론병을 앓고 9·11 테러 이후로 교회가 급성장하면서는 더했다. 리디머교회 미디어·통신 수석팀장 크레건 쿠크는 "하나님이 정지 버튼을 누르셨습니다"라고 말했다.[55] 2003-2004년에는 팀이 갑상선암으로 투병하느라 석 달간 설교하지 못했는데, 교회를 그렇게 오래 비우기는 그때가 처음이었다.

이전에 있던 많은 경영 문제가 9·11 테러 이후에 다시 불거졌다. 카우프먼은 샌디에이고에 교회를 개척하러 떠났고, 캐시는 수술을 수 차례나 받았으며, 후임 행정 목사인 테리 가이거는 리디머 CTC의 전신인 교회 개척 센터에서 일하기 시작했다. 2004-2006년에 켈러는 교역자들과 직원들의 지속적인 비판에 부딪쳤다. 이번에는 기도 응답으로 브루스 터렐이 행정 목사로 왔다. 그는 카우프먼이 10년 전에 했던 것처럼 교회 조직을 개편할 필요까지는 없었다. 다만 켈러는 리디머 운영을 믿고 맡길 만한 친구가 필요했다. 터렐은 켈러가 담임목사직을 내려놓은 2017년까지 최고운영책임자(COO)로서 자리를 지켰다.

개척한 교회가 성장하면 대개 안정된 기관으로 이행하기 힘든 변곡점에 도달한다. 교회를 개척한 목사 중 다수는 기관의 지도자로 변모하지 못한다. 켈러도 끝내 유능한 교회 운영자가 되지는 못했다. 리디머에서 은퇴할 때까지 그의 제자 훈련은 일대일 관계나 소그룹보다 설교를 통해 이루어졌다. 그러다 보니 때로는 가장 멀리 떨어져 사는 이들이 그를 가장 가까이서 따랐다. 이런 교회 지도자들은 그의 설교를 계속 반복해 들으면서, 성경을 해석하고 가르치는 그의 직관을 배웠다.[56]

켈러를 따르는 지도자들 중에 그를 우상화하는 사람은 없다. 그를 엉터리라고 생각해서는 아니다. 그보다 그들은 그의 약점을 알고, 상대의 비위를 맞추어 갈등을 피하려는 그의 성향도 안다. 그가 자신의 죄를 솔직히 인정하기 때문이다. 게다가 그의 가르침을 통해 그들은 대상이 누구든 또는 무엇이든 간에 우상화란 안전하지 못함을 안다.

그들이 존경하는 것은 그의 성품이다. 이본 소여는 "팀의 훌륭한 점은 겸손에 있습니다. 그는 자신이 무엇을 모르는지 알며, 가서 답을 찾아냅니다"라고 말했다.[57]

켈러도 기독교 지도자가 성공하는 비결은 곧 성품이라고 썼다. 설교하고 상담하고 이끄는 일을 동시에 다 잘하는 목사는 없다. 따라서 리더는 자신에게 부족한 은사를 성품으로 보완해야 한다. 켈러는 이렇게 설명했다.

> 장기적으로 유능한 기독교 사역자가 되는 관건은 자신의 은사와
> 재능의 한계를 어떻게 온전히 은혜에 힘입어 성품으로 보완하느냐에
> 달려 있다. 리더십 책들이 대체로 조언하는 내용은 자신의 약점과
> 부족한 은사를 파악하라는 것과 이를 보완해 줄 은사가 있는 사람들과
> 팀으로 사역하라는 것이다. 물론 그럴 수 있다면 현명한 처사지만,
> 그게 가능하다 해도 그것만으로는 부족하다. 본인의 경건으로
> 보완하지 않는 한 은사의 부족함이 당신을 무너뜨리기 때문이다.
> …… 으레 관찰하는 바지만 사역은 어느 쪽으로든 사람의 영적 성품을
> 증폭시킨다. 이전의 모습 그대로 두지 않는다. 이전보다 훨씬 나은
> 그리스도인이 되거나 반대로 훨씬 못한 그리스도인이 되게 한다![58]

지도자가 몰락하는 이유는 대개 가정에서 드러나는 성품 결함 때문이다. 그래서 디도서 1장과 디모데전서 3장에서 사도 바울은 가정 리더십에서 검증된 성품을 교회 리더십의 선결 조건으로 제시했다. 리디머 리

더들이 켈러를 신뢰한 것은 그의 가족들을 알았기 때문이기도 하다. 켈러 부부도 자기네 가족들을 사랑으로 대해 주는 교인들로 인해 리디머를 사랑했다.

팀 켈러의 세 아들은 예수 그리스도를 생생히 믿으며 자라났는데, 캐시는 그 요인을 종종 두 가지로 꼽았다. 그들은 강직한 성품과 사랑의 사람인 아버지를 존경했고, 또 리디머 교인들에 둘러싸여 성장했다. 리디머의 부흥을 통해 신앙을 갖게 된 많은 교인들은 켈러 가정의 자녀들이 10대일 때 20대 청년이었다. 배우와 연예 기획자와 오페라 가수로 일한 이 열정적인 그리스도인들이 팀 켈러 가정과 가까이 지내면서 세 아이에게 그 도시를 사랑하고 그 이상으로 예수님을 사랑하는 모본을 보였다.

전도에 미치는 공동체의 위력을 가르칠 때 켈러는 자신의 버크넬 대학교 학창 시절만 떠올린 게 아니라 세 아들을 염두에 두었을 수 있다.

> 제자가 된다는 것의 본질은 시쳇말로 자신이 가장 많이 어울려 지내는 사람들처럼 되는 것이다. 우리 삶을 형성하는 가장 중요한 경험이 단연 자신이 속한 가정이듯이, 우리가 은혜와 거룩함에서 자라 가는 주된 방법도 하나님의 가정에 깊숙이 개입하는 것이다. 기독교 공동체는 단지 지원 단체가 아니라 대안 사회다. 바로 이 대안 인간 사회를 통해 하나님은 우리의 성품과 행실을 빚으신다. …… 세상에서 효과적으로 열매 맺는 선교의 진정한 비결은 우리 공동체의 질에 있다.[59]

그는 또 자신의 동생을 가리켰을 수도 있다.

빌리가 받은 옷

교회가 성장하려면 그리스도인들이 숨지 말고 밖으로 나와야 한다.

수많은 교회가 전도에서 고전하는 이유에 대해 켈러는 그렇게 썼다. 그리스도인들은 자신이 예수님을 따르는 사람임을 공개적으로 알리기를 두려워한다. 이는 50년 전 게이 집단이 경험한 것과 비슷하다. 도시에 사는 많은 회의론자가 아는 사람 중에는 그리스도인도 있으련만 상대가 그리스도인인 줄을 알 길이 없다. 그러다 보니 그들은 언론에서 퍼뜨리는 고정관념에 계속 지배당한다.[60]

그 사이에 그리스도인 친구들은 슬그머니 교회로 피해 일요일의 졸음과 다과 속에 숨는다. 예수님을 찾아갈 때 야음을 틈탔던 니고데모처럼 말이다.

켈러가 한 이 비교는 경솔한 게 아니다. 1980년대에 필라델피아에서 에이즈 환자들을 섬길 때 그는 1990년대에 자신의 동생이 에이즈 합병증으로 사망할 줄은 꿈에도 몰랐다. 켈러는 공개석상에서 동생을 거의 언급하지 않았고 자초지종을 말한 적은 한 번도 없다. 자칫 동생 이야기를 이용해 자신의 신빙성과 의제를 내세우려는 것처럼 비치기 쉬웠고, 뉴욕은 LGBTQ+ 인구가 미국에서 가장 많은 도시라서 특히 더했을 것이다.

팀이 PCA 교단의 목사가 된 것도 펜실베이니아 본가에 충격을 안

졌지만, 1981년 빌리가 게이로 커밍아웃한 일은 비중의 차원이 달랐다.[61] 팀보다 여덟 살 어린 빌리는 더 오랜 기간을 복음주의회중교회에서 부모와 함께 지냈다. 예배 시간에 초청에 응해 앞으로 나간 적이 한 번도 없던 형과 누나와는 달리 빌리는 번번이 다 초청에 응했다. 그는 어찌나 어머니와 비슷해졌던지 누나 새런이 그의 아파트를 방문할 때면 부엌살림 하나하나의 위치를 그냥 다 알 정도였다.

빌리는 펜실베이니아주립대학교의 미술대학 기숙사에 살던 중에 자신의 게이 성향에 눈떴다. 팀의 사립대학교 학비를 대 준 부모님이 새런과 빌리에게는 주립대학교 진학만 허락했다. 그 학교에서 빌리는 게이의 삶을 수치스럽게 여기지 않는 환대와 수용과 박애의 공동체를 만났다. 1981년 그가 커밍아웃했을 때 부모님은 가장 가까운 친구들에게조차 그 사실을 비밀로 했다.

그가 에이즈에 걸린 것을 가족들은 1992년에야 알았다. 온 가족이 바닷가에 모여 어머니를 위해 사진을 찍을 때였는데, 이때 빌리는 가족들과의 관계를 회복하려 했다. 오두막 두 채를 빌려 그중 하나를 새런 가정과 빌리가 썼는데, 새런은 단도직입적으로 "너 에이즈에 걸린 건 아니지?"라고 물었다. 빌리는 속이려 했다. 그의 파트너 요아킴은 그를 만나기 전에 이미 예방 조치 없는 성관계를 통해 에이즈에 걸린 상태였다. 당시 빌리는 에이즈 예방법 강습반을 가르치고 있었다.

윌리엄 크리스토퍼 켈러는 1998년 5월 22일, 세상을 떠났다.

팀과 캐시도 남쪽으로 휴가를 갈 때마다 요아킴을 수없이 만났다. 으레 아이들과 함께 볼티모어에 들러 빌리와 요아킴으로 더불어 저녁 외식을 하곤 했다. 빌리가 죽음을 앞두고 있을 때도 그들은 볼티모어로 그를 찾아갔다. 빌리는 1997년 12월부터 호스피스에서 간호를 받았는데, 죽는 날까지 부모님이 매일같이 병상을 지키며 찬송도 불러 주고 쇠약해지는 그의 몸도 보살폈다.[62] 병균이 뇌까지 전이된 상태라서 의료진은 그의 살날이 얼마 안 남았다고 보았다. 볼티모어 지역에 사는 두 목사 프랭크 보스웰과 마크 고닉이 매주 그를 심방했다.

그들의 방문에 빌리는 놀랐다. 진정한 기독교 공동체를 처음 접한 것이다. 섀런은 "그때 빌리가 본 교회의 모습은 우리가 자랄 때는 경험하지 못했던 것이거든요"라고 말했다. 반면 빌리의 친구들은 그를 찾아오지 않았고, 그의 변호사는 여러 게이 활동에 분배하려고 그가 죽기도 전부터 그의 재산을 현금화했다.

팀과 캐시는 그를 찾아가서 복음에 대해 말했다. 빌리는 은혜를 잘 이해하지 못했고, 함께 기도하면서도 계속 자기가 잘하고 있느냐고 물었다. 팀은 은혜와 그들이 어렸을 때 겪었던 율법주의의 차이를 애써 강조했다.

팀 켈러는 1998년 6월 8일, 하나뿐인 남동생의 장례식에서 설교했다. 그 자리에는 35-45명이 참석했다. 그날 켈러가 정한 본문은 누가복음 15장 23-32절이었다.

팀의 삶은 예수님의 그 비유 속에 나오는 형과 동생의 성향 사이를 오갔다. 복음주의회중교회에 남으라던 어머니의 기대를 저버릴 때는 동생이었지만, 보이스카우트 때는 형처럼 책임감과 순종의 좋은 본을 보이려 했다.

동생 빌리가 집과 하나님을 멀리 떠났을 때도 그는 형으로서 동생을 찾아 나섰다.

장례식에서 팀은 살아 있는 사람들에게 힘이 되는 쪽으로 동생을 기리고 싶다고 말했다. 우선 동생을 연민과 융통성과 처세술과 이타심과 희생정신과 의리가 있는 사람으로 묘사한 그는 대다수 조문객이 알다시피 빌리가 거의 평생을 탕자로 살았다는 말도 했다. 장례식에서 왜 그런 말을 꺼냈을까? 팀은 탕자들이 예수님께 끌렸고 그분도 탕자들에게 끌리셨다고 설명했다. 이 비유가 전하는 전체 메시지는 아버지의 마음이 하나님께 늘 순종한 형보다 탕자인 동생에게 더 가 있었다는 것이다.

안타깝게도 탕자들을 환영하지 않는 교회가 많다고 팀은 시인했다. 본인들은 인정하지 않겠지만 그들은 형과 더 비슷하고 바리새인들과 서기관들에 더 가깝다.

> 자신의 수많은 친구처럼 빌리도 정통 기독교 신자들을 대체로
> 기피했습니다. 왜 그랬을까요? 자신의 견해가 그들과 달라서만이
> 아니라 그들에게 적잖은 비난과 단죄를 당했기 때문입니다. 여기서
> 우리가 배울 게 있습니다. 탕자들의 마음이 우리의 예의와 겸손과
> 이해심에 끌리지 않는다면 우리는 예수님을 닮지 않고 비유 속의
> 형을 닮은 겁니다. 그분은 그들을 받아들이셨는데 우리는 그렇지
> 않으니까요. 이 부분에서 우리는 겸손해져야 합니다. 그것이 빌리를
> 기리는 길입니다.

예수님은 율법을 지켜서는 하나님께 나아갈 수 없다는 말씀으로 세상의 범주를 깨부수셨다. 자아를 실현하려고 주관적 진리를 추구해서도 하나님을 만날 수 없다. 켈러가 설명했듯이 세상은 착한 사람과 못된 사람으로 이루어져 있지 않다. 겸손한 사람만이 하나님 나라에 들어가고 교만한 사람은 바깥에 남는다.

유산으로 받은 전 재산을 탕진한 탕자는 누더기 차림으로 절뚝절뚝 걸어서 집으로 돌아왔다. 그런데도 아버지는 그에게 제일 좋은 옷을 입히고 살진 송아지를 잡아 잔치를 벌였다. 그 살진 송아지는 형의 것이었다. 예수님의 비유에서 이 분개한 형은 바리새인들과 서기관들을 대변한다.

그렇다면 그 형은 어떻게 했어야 할까? 예수님이 하러 오신 일에 그도 동참했어야 한다.

> 진정한 형은 누구입니까? 참으로 아버지께 온전히 순종하신 분은
> 누구입니까? 참으로 자신의 옷을 벗어 우리에게 입혀 주신 분은
> 누구입니까? 바로 예수님입니다!

우리 힘으로는 지킬 수 없는 율법을 예수님이 우리 대신 온전히 성취하셨다. 다른 모든 종교에서는 우리가 순종하면 신이 복으로 갚아 주어야 한다. 그러나 기독교에서는 우리의 모든 것이 예수님의 온전한 이력에 빚진 것이다. 비유 속의 형은 이 은혜에 격노했다.

팀은 "사실 형이 아버지의 잔치에 들어가지 않은 것은 착함에도 불

구하고가 아니라 착하기 때문입니다"라고 설명했다. 반면 탕자들은 자신의 구원이 은혜로만 가능함을 알기에 약하고 깨어진 모습으로 겸손히 십자가를 의지한다.

빌리는 12월에 호스피스에 들어갔을 때 팀에게 말했다. "내가 영원에 들어서면 그리스도인 가족들도 게이 친구들도 곁에 없을 테니 내세가 어떤 곳인지 지금 알아야겠어." 둘은 긴 대화를 나누었다. 프랭크 보스웰 목사가 심방을 왔다. 빌리는 그리스도 안에서 의로워진다는 게 어떤 의미인지 골똘히 생각 중이라고 말했다. 그리스도인이 되려면 개과천선하고 스스로 의로워져야 한다는 게 평소 그의 생각이었다. 팀은 고린도후서 5장 21절을 보여 주었다. "하나님이 죄를 알지도 못하신 이를 우리를 대신하여 죄로 삼으신 것은 우리로 하여금 그 안에서 하나님의 의가 되게 하려 하심이라."

마침내 빌리에게 하나님의 사랑이 느껴졌고, 즉시 명백한 변화가 나타났다. 그는 변호사에게 전화하여 자신의 돈을 대신 마크 고닉의 사역을 위해 기부하라고 말하기까지 했다.[63]

팀은 조문객들에게 "다행히 빌리는 깨닫고 받아들였습니다. 그리하여 아버지의 잔치에 들어갔습니다"라고 말했다.

빌리도 아버지께 옷을 받은 것이다.

팀이 설명했듯이 옷을 받은 사람의 장례식에 참석하면 우리는 결국 슬퍼하지 않고 기뻐한다. 팀은 "오늘 빌리는 죽어 있을까요?"라고 물었다. "아니, 그렇지 않습니다!"

죽어 있는 상태란 구원을 얻어 내려 하거나 스스로 만들어 낼 때라고 그는 말했다. 죽어 있는 상태란 하나님이 해 주신 일로 인한 기쁨의 눈물이 전혀 없을 때다. 죽어 있는 상태란 하나님이 추상명사와 관념에 불과할 때다. 복음은 예수님이 십자가에서 이루신 일을 깨닫게 함으로써 우리를 낮추고 격려하고 녹인다. 죽어 있는 상태란 하나님을 상전이나 막연한 강자로만 알고 아버지로서는 모를 때다.

"빌리는 죽어 있었지만 지금은 살아 있습니다. 아버지께 옷을 받았으니까요. 우리가 그 옷을 받으면 죽음은 어떻게 될까요? 우리의 웃음거리가 되고 맙니다." 그 말에 이어 팀은 "죽음은 한때 사형집행인이었으나 복음 앞에서 한낱 정원사로 전락했다"라는 조지 허버트의 시구를 인용했다.[64]

그리스도인은 죽으면 잠드는 게 아니라 오히려 마침내 깨어난다. 팀은 빌리가 싸늘한 어둠 속으로 간 게 아니라 따뜻한 생명 안에 들어가 거기서 전체 오감으로, 아니 어쩌면 이 타락한 세상의 싸늘한 어둠 속에서는 가늠조차 할 수 없는 천 가지나 백만 가지 감각으로 하나님을 지각하고 있다고 말했다. 그래서 남아 있는 사람들은 빌리가 돌아오기를 바라는 게 아니라, 자신도 빌리처럼 장차 우리의 진정한 형과 함께 있도록 준비시켜 달라고 하나님께 기도해야 한다.

팀은 "우리도 새벽을 맞을 준비를 합시다. 그때에는 맑고 밝은 아침만이 영원히 계속됩니다"라고 말을 맺었다.

켈러 집안에 빌리의 죽음보다 더 가슴 아픈 일은 없었다. 그러나 모든 희망이 사라진 듯싶었을 때 하나님은 이 탕자를 집으로 맞아 주셨다.

16

누구나 예배한다

September 11 and The Reason for God

감각이 유린당한 그날의 기억은 모두에게 적막으로 남아 있다.

2011년 9월 11일, 아침 연료를 가득 채운 여객기 두 대가 세계무역 센터 쌍둥이 빌딩으로 돌진하던 그 순간보다 더 비참한 소리가 울려 퍼진 적은 미국 역사상 없었다. 뉴욕시 전역에서 로어 맨해튼으로 몰려드는 경찰차와 앰뷸런스와 소방차의 경적 소리에 공포의 불협화음은 더욱 고조되었다. 그러다 90층도 넘는 높은 곳에서 연신 쿵쿵 사람들이 떨어져 내렸다. 충돌 부위 위쪽 층들은 화염에 휩싸였으므로 더 비참한 죽음을 피하기 위해서였다. 마침내 고막을 찢을 듯한 굉음을 내며 두 빌딩이 차례로 주저앉아 흉측한 콘크리트와 철강 더미로 변했다.

그러고는, 적막이었다.

국내 모든 항공사에 비행 금지령이 내려져 민간 비행기는 하나도 다니지 않았고, 미국에서 인구 밀도가 가장 높은 도시에 차량 통행이 중단되었다. 재를 뒤집어쓴 생존자들만이 소리 없이 발을 질질 끌며 브루클린브리지 너머 집으로 향했다. 결국은 앰뷸런스도 더는 보이지 않았다. 뉴욕시의 세계적인 영향력을 상징하며 스카이라인을 지배하던 그 부피만큼의 잔해가 산더미처럼 쌓여 있으니, 그 속에 묻힌 수천 명의 운명을 돌이킬 수는 없었던 것이다.

뉴욕에 폭설이 내리면 짧은 시간 동안 택시의 바퀴 소리와 경적 소리가 눈발에 삼켜져 사방이 으스스하게 고요해진다. 뉴요커들이 그날의 적막을 비교할 수 있는 거라고는 이 경험밖에 없었다. 청명한 파란 하늘과 온화한 가을 기온을 즐기려던 계획들로 시작한 하루가 모두 안으로 모여들어 혹시 있을지 모를 다음 공격에 대비하는 것으로 끝이 났다.

켈러 부부는 9월 11일, 축구하다 골절된 막내아들의 다리를 수술하기 위해 병원에 갈 예정이었다. 하지만 그 수술은 물론이고 급하지 않은 수술은 모두 취소되었다. 병원마다 트라우마 환자가 워낙 많이 예상되다 보니 마취되어 있던 환자들까지도 깨웠을 정도다. 건물이 무너질 때는 사망자만 있고 부상자는 별로 없어 의료 수요가 당장 실감되지 않았다.

으레 아침 뉴스를 보던 주방의 그 자리에서 팀 켈러는 유나이티드 항공 175편이 세계무역센터 두 번째 빌딩을 들이받는 광경을 생중계로 보았고, 이후 시내에서 피어오르는 연기를 루스벨트섬에 있는 자신의 아파트에서 며칠 동안 지켜보았다. 교인들의 사망 소식에 귀를 기울이면서, 이 테러의 시대가 이 도시와 나라와 세계에 입힐지 모를 또 다른 참화에 촉각을 곤두세웠다.

공격은 끝났지만 악취는 몇 날 며칠이고 온 시내에 풍겼다. 뉴요커들은 왜 독특한 냄새가 나는지에 대해 말하지 않았고 알고 싶어 하지도 않았다.

사실 그들은 알고 있었다.[1]

전 세계에서 텔레비전으로 보았든 자기 집 발코니에서 이스트강 너머의 맨해튼을 내다보았든, 이 공격은 그것을 지켜본 모든 사람을 바꾸어 놓았다. 그 여파로 리디머교회는 수천 명의 방문자로 시작해 결국 출석 교인이 수백 명 늘었다. 팀 켈러와 교회는 식을 줄 모르는 국제적인 이목을 끌었다. 2000년대 후반에 베스트셀러 책까지 나오면서 켈러는 전 세계에서 기독교 신앙을 옹호하는 가장 눈에 띄는 선생 중 한 사람이 되었다.

떠나지 않은 사람들

이스트강에서 유엔 본부를 지키는 포함(gunboat)은 무심히 보아 넘길 만한 광경이 아니다. 켈러의 생각은 그 주 주일을 향해 내달렸다. 그는 구약의 요나 선지자 시리즈 설교를 중단하고 요한복음 11장 본문으로 나사로의 부활에 대해 설교하기로 했다. 주일 오전이 되자, 어떻게든 희망의 말을 들으려는 군중이 자리를 얻고자 길거리에 장사진을 이루었다. 공간이 턱없이 부족했다. 켈러는 수요에 부응하고자 오전 예배를 한 번 더 드리겠다고 광고했다. 평소 2,800명 안팎이던 리디머교회의 참석자는 2001년 9월 16일, 5,400명으로 치솟았다.[2]

켈러는 하나님이 뉴욕에 이 비극을 허락하신 이유를 답하려 하지 않았다. 다만 예수님은 친구 나사로의 죽음 때문에 우실 때 무력하지 않으셨고, 마리아와 마르다를 절망 속에 남겨 두지 않으셨음을 전했다. 그분은 그들의 곤경을 간과하지 않으셨다.

누군가 제게 "하나님이 우리의 고난을 알아주시는지 모르겠습니다. 아예 신경이나 쓰시는지 모르겠어요"라고 말하면 저는 "물론 그분께도 중요한 일입니다"라고 말합니다. 그러면 "그걸 어떻게 알아요?"라는 반문이 나오지요. 그래서 여기서 말씀드립니다. 다른 종교를 믿는다면 저도 뭐라고 말해야 할지 모르겠지만, 그분이 기꺼이 친히 고난을 받으셨다는 게 그 증거라고 분명히 말씀드릴 수 있습니다. 그분이 왜 아직 고난과 악을 종식시키지 않으시는지는

저도 모릅니다. 그러나 그분이 기꺼이 개입하려 하셨고 실제로
개입하셨다는 사실이야말로 그분께 그럴 만한 이유가 있다는
증거입니다. 그분은 우리를 돌보십니다. 우리에게서 멀리 떨어져
계시지 않습니다.[3]

켈러는 공격자들과 그 배후 세력에 대한 비난 외에는 비난을 삼
갔다. 그래서 9월 13일에 방송된〔기독교방송 CBN의 텔레비전 뉴스 쇼-옮긴이〕
〈700클럽〉(The 700 Club)의 제리 폴웰과 팻 로버트슨만큼 많은 헤드라인을
장식하기는커녕 그 근처에도 가지 못했다. 폴웰과 로버트슨은 미국이 낙
태와 타 종교와 페미니즘과 동성애를 용납해서 벌을 받은 거라고 말했다.
〈700클럽〉에서 리디머교회의 주일 아침 예배를 방송하려고 차량을 보냈
을 때 캐시 켈러는 취재진을 건물 밖으로 쫓아내며 다시는 오지 말라고
말했다. 로버트슨의 뉴스 프로그램은 트라우마를 겪은 뉴욕에서 널리 혐
오감을 불러일으켰는데, 캐시는 굳이 그 프로그램 때문에 리디머의 "홍보
지양" 정책을 어길 마음이 없었던 것이다.[4]

그러나 로버트슨과 폴웰이 기독교 리더들이 보인 전형적인 반응
을 대변한 것은 아니다. 켈러 부부는 몇 주 동안 친구들에게서 걸려 오는
기도와 위로의 전화를 받았다. 전 세계 교회에서 재정 기부가 쏟아져 들
어와[5] 리디머는 뜻밖에 생겨난 200만 달러를 장부에 정리하고 분배하느
라 회계사와 사회복지사를 고용해야 했다.[6]

준비되어 있었다고 말할 수 있는 교회가 있다면 바로 리디머였다.
실제로 긍휼 사역에 대한 책을 쓴 목사가 이끄는 교회가 아니던가. 9·11

테러로 교인 몇 명도 목숨을 잃었지만 리디머는 지원금을 분배할 때 교회 바깥으로도 시선을 돌렸다. 예컨대 크리스티나 레이 스탠턴은 두 번째 비행기가 빌딩을 들이받을 때 그 빌딩에서 불과 여섯 블록 떨어진 자신의 아파트 24층 발코니에 서 있다가 쓰러져 의식을 잃었다. 일단 맨해튼 최남단의 배터리 공원으로 후송된 그녀는 1940년 영국군의 유명한 됭케르크 철수보다 더 큰 규모의 해상 구조를 통해 맨해튼섬을 벗어났다. 시내 트라우마 구역에 있던 다른 많은 사람처럼 그녀도 몇 달 동안 자신이 살던 아파트로 돌아갈 수 없었다. 붕괴된 건물에서 날리는 분진을 들이마셨다가 건강을 해칠 우려가 있었던 것이다.

배터리 공원에 있으면서 스탠턴은 그 하루를 무사히 넘기고 살아남을 자신이 없었다. 그러자 자신의 얄팍한 신앙이 반성되었다. 그녀의 고백이다. "내가 죽는다면 어디로 갈지를 몰랐다. 하나님과 무관하게 지금까지 나만을 위해 살아 왔다는 게 뼈저리게 인식되었다. 인정하기 싫었지만, 평생 구주께서 두 팔 벌려 나를 부르시는데도 나는 한 번도 제대로 응하지 않았던 것이다."[7]

스탠턴은 친구에게서 리디머의 도움의 소식을 전해 듣고 교회 지원금을 받았다. 그녀와 남편 브라이언은 리디머 교인이 되었고 얼마 후 남편은 최고재무책임자로, 그녀는 선교부 대표로 둘 다 리디머교회 직원이 되었다.

1995년 폭탄 테러 때 상담 사역을 했던 오클라호마시의 한 목사는 켈러에게 뉴욕시의 정서적 회복이 생각보다 오래 걸릴 거라고 말해 주었다.[8] 교회에 새 회심자가 늘어난 것은 반가운 일이었지만, 켈러가 요나 시리즈를 재개할 때도 분위기는 착 가라앉아 있었다.[9] 9·11 테러 때 시내에 살았던 마코 후지무라는 켈러가 뉴요커들에게 이 도시를 떠나지 말라고 당부하던 것을 기억한다. 후지무라는 "하나님이 내게 주신 말씀이었습니다. 사랑에는 때로 희생과 고통이 수반되지요"라고 말했다.[10]

글렌 클라인넥트 등 리디머의 오랜 리더들은 이 교회가 대규모 뉴욕 탈출을 저지하는 데 일조했다고 믿는다. 돌아보면 이 순간을 위해 하나님이 로드니 스타크가 쓴 《기독교의 발흥》(The Rise of Christianity)을 통해 자신들을 미리 준비시키신 게 분명했다. 참사 이후로 뉴욕에서 이 책은 교회 성장의 패러다임처럼 되었다.

사회학자 겸 역사가인 스타크는 기독교가 로마제국에서 승리한 원인을 설명했다. 전환점이 된 100년 사이에 로마제국의 기독교 인구는 8퍼센트 미만에서 거의 50퍼센트로 급증했다. 스타크가 켈러에게 가르쳐 주었듯이 가장 큰 원인 중 하나는 AD 165-180년경과 AD 251-270년경에 제국에 닥친 두 차례의 재앙에 대한 기독교의 반응이었다. 사상자는 특히 도시들에서 많이 나왔다. 당시 로마시 인구는 100만 명이 못 되었는데, 두 번째 재앙으로 인한 사망자는 로마시에서만 매일 약 5,000명(매주 35,000명)이었다. 코로나19 발생 첫해의 뉴욕시 사망자보다 높은 수치다. 요컨대 로마제국 전체 인구의 최고 30퍼센트가 두 차례의 재앙 중에 목숨을 잃은 것이다.

병명이 천연두든 홍역이든 다른 무엇이든 간에 아무도 치료법을 몰랐다. 접촉을 통해 퍼진다는 것만은 분명했다. 그래서 의사들을 포함해 그 도시를 떠날 수 있는 사람은 다 떠났고, 가족까지 죽게 버려두었다.

"그러나 그리스도인들은 떠나지 않았습니다." 켈러는 1997년 리디머교회에서 그렇게 말했다. "그들은 각 도시에 남아 자신의 병든 가족을 돌보았을 뿐 아니라 활발하게 간호 활동을 펼쳤습니다. 밖에 나가 온갖 이교 환자를 데려다 보살핀 것입니다. 그러느라 아주 많은 그리스도인이 죽었습니다."

이교도들은 살려고 탈출하는데 왜 그리스도인들은 남아 있다가 죽었을까? 이교도들의 신념에 따르면 그들이 예상할 수 있는 내세는 반드시 좋지만은 않았다. 반면 그리스도인은 죽음이 자신을 예수님께 데려다줄 뿐임을 믿었다. 스타크의 말마따나 죽음을 무릅쓰고 환자를 돌보려면 이교도 쪽에 용기가 더 필요했을 것이다. 그리스도인이 이 세상을 더 나아지게 하고자 위험도 감수할 수 있었던 이유는 그보다 더 나은 세상이 임할 것을 내다보았기 때문이다. 사실 누군가가 먹여 주고 몸을 따뜻하게 해 주고 물만 주어도 환자의 병이 나을 확률은 50퍼센트쯤 되었다. 그러다 보니 남아서 서로를 돌본 그리스도인 쪽의 인구가 이교도보다 서너 배로 많아졌고, 그리스도인의 간호를 받은 많은 이교도 가정과 이웃까지도 예수님을 믿게 되었다.

켈러가 설명했듯이 그리스도인들이 그렇게 행동한 이유는 자신들의 인원수가 세 배로 늘어나 결국 로마제국을 전복시킬 것을 알았기 때문이 아니다. 그들은 구주가 가르치신 대로 행동했을 뿐이다.

켈러는 "알려진 바와 같이 그 결과 기독교는 생물학적으로나 회심을 통해서나 엄청난 급성장을 이루었습니다. 역설이지만 가장 비현실적인 행동이 곧 그리스도인들이 취할 수 있었던 단연 가장 현실적인 행동이

었습니다. 그들은 떠나지 않았던 겁니다"라고 말했다.[11]

9·11 테러가 있은 지 10년 후 리디머에서 1990년 이후를 돌아보며 복음주의 교회 출석자 증가 현황을 조사해 보니, 뉴욕시 인구의 1퍼센트에서 3퍼센트로 그 수치가 세 배 높아져 있었다.[12]

예외 없는 기도

리디머는 늘 뉴욕을 사랑할 것을 강조했다. 고전이 된 제인 제이콥스의 책 《미국 대도시의 죽음과 삶》(The Death and Life of Great American Cities)이 그녀의 활동과 더불어 이 교회에 두루 회자되었다. 리디머는 도시 전체를 섬기되 다양한 주민으로 구성된 지역별 독특성을 훼손하지 않으려 했다. 켈러는 이렇게 경고했다.

> 그러지 않으면 교회는 바로 옆에 사는 사람들에게 다가가는 법을 더는
> 모르는 출퇴근 교회가 될 수 있다. 그래서 도심 교회는 원근의 모든
> 이웃의 유익을 힘써 도모하는 단체로 지역사회에 알려져야 한다.
> 모든 주민과 기관이 이렇게 전인적으로 헌신해야 양질의 도시 생활이
> 유지될 수 있다. 이런 식으로 참여하지 않는 교회는 (당연히) 도시의
> 눈에 자기밖에 모르는 파당으로 비칠 것이다.[13]

9·11 테러 이후로 교인 분포가 원근 각처로 퍼져 나가자 켈러는 본

래의 우선순위와 새로운 현실 사이에서 균형을 이루려 했다. 이전부터 그는 바로 이 순간에 대비하여 교회를 떠밀어 왔다. 어퍼 이스트 사이드에 있는 헌터칼리지 강당이 리디머의 새 모임 장소로 떠오른 1993년에 마코 후지무라는 최연소 장로 중 한 명이었다. 유일한 문제는 그 강당이 당시 두 곳에서 모이던 리디머 참석자의 두 배도 넘는 2,200석 규모였다는 것이다. 그런 데로 옮긴다는 게 후지무라에게는 무모해 보였다. 그러나 시내에 있는 다른 장소를 다 물색해 보았지만 가능한 데는 그곳뿐이었다.

머잖아 교회는 빠르게 성장했고, 특히 아시아계 미국인이 늘었다. 후지무라는 "그때 팀이 우리에게 한 말이 있습니다. 기회는 한 번뿐이라는 거지요"라고 회상했다. 기꺼이 모험을 감행해 계속 교회를 기업가적 방식으로 떠미는 켈러의 모습은 화가 겸 작가로서 경력을 쌓고 있던 후지무라에게 감화를 끼쳤다.[14]

테러 공격의 여파로 2003년 리디머는 더는 백인 위주의 교회가 아니었다. 아시아계 미국인 교인 수가 전국 어느 교회보다도 많아졌다. 2012년 리디머에서 5,000만 달러를 들여 준공한 W83 사역센터는 맨해튼에 40년 만에 처음 들어선 신축 교회 건물이었다.

팀 켈러는 그 중대한 시점에까지 이르지 못할 뻔했다. 다들 씩씩한 척했지만 9·11 테러는 그 도시에 일종의 집단 우울증을 남겼다. 리디머는 하룻밤 사이에 교인이 800명 가까이 늘었으나 이어진 뉴욕의 공황 때문에 예산이 대폭 줄어 교회 역사상 처음으로 인력을 감원했다. 일은 늘었는데 자원은 줄었으니 그러잖아도 저하된 교역자와 직원의 사기가 더 떨어졌다. 동시에 건강 문제가 켈러 부부를 괴롭혔다. 캐시가 크론병 진단을 받은 때는 1991년이었지만, 이 병이 특히 고통스러운 타격을 입힌 것은 1990년대 말부터였다. 그녀는 한 해에 수술을 일곱 번이나 받았다. 그러다 2002년에 팀마저 갑상선암 진단을 받았다. 그때가 그들의 삶에서 가장 암울했던 시절 중 하나였다. 교회가 성장하는데도 팀은 캐시를 간호하기 위해 리디머와 사역에서 완전히 물러날 생각까지 했다.[15]

2020년 췌장암 진단을 받았을 때도 그랬듯이 팀은 하나님께 영적 쇄신을 구했다. 1999년에 시편을 쭉 공부한 이래로 그는 자신의 기도 생활이 더 깊어지고 굳건해져야 함을 알았다. 캐시가 매일 밤 예외 없이 함께 기도할 것을 제안했다. 그때 그녀가 한 말이 팀의 기억에 남아 있다.

> 당신이 죽을병 말기라서 매일 밤 취침 전에 특정한 약을 한 알씩
> 복용하지 않으면 의사 말대로 몇 시간 내로 죽는다고 가정해 봐요.
> 한 번이라도 빼먹으면 죽는 거예요. 그래도 당신은 잊어버릴까요?
> 건너뛰는 날이 있을까요? 아니죠, 너무 중요해서 잊지 않을 거예요.
> 한 번도 빼먹지 않을 거예요. 마찬가지로 이 모든 일이 우리 앞에
> 닥쳐왔는데도 함께 하나님께 기도하지 않는다면 우리는 이겨 낼 수
> 없을 거예요. 나는 절대로 못 해요. 그러니 우리는 기도해야 해요.
> 기도를 잊어버리면 안 돼요.

팀이 전 세계를 다니느라 마주 앉아 기도할 수 없을 때면 그들은 서로 다른 시간대에서 전화로라도 저녁 기도를 빼먹지 않았다.[16] 팀은 가톨릭 작가들의 책을 포함해 영성과 영적 훈련에 대한 고전을 조금 접해

보았으나 결국 믿고 읽는 작가들(특히 마틴 로이드 존스와 조나단 에드워즈)에게 돌아가 자신의 기도 생활을 심화해 나갔다. 역시 그들은 타의 추종을 불허했다. 기도가 깊어지는 데 가장 큰 도움을 준 사람은 "믿음으로 그리스도의 영광을 보게" 해 준 존 오웬이었다.[17] 또 리처드 백스터와 마르틴 루터에게서 묵상 훈련을 다시 배우면서 팀의 기도가 더욱 알차졌다.

그냥 꾸준히 시편을 더 접하고 기도 시간을 늘리는 거야말로 무엇으로도 대체할 수 없었다. 리디머에 계속 인력이 모자라고 건강의 위기도 그대로인데 캐시가 보기에 팀은 이전 어느 때보다도 행복했다. 하나님의 사랑과 임재가 새롭게 그를 압도했고, 리더로서 몇 번 실수하면서 더욱 겸손해져 있었다. 이제 그는 설교하고 비전만 제시해서는 안 되었다. 자신의 한계와 팀(team) 사역의 가치를 인식해야 했고, 항상 자신이 메인 리더가 될 필요는 없었다. 또 뉴욕으로 처음 이주할 때처럼 영적 삶에 활기를 되찾아야 했다.

켈러 부부는 처음에 절실히 깨달았던 것 이상으로 계속 기도로 하나님을 의지해야만 했다. 9·11 테러 직후에는 미처 몰랐지만 그들의 가장 큰 도전 중 다수가 아직도 눈앞에 놓여 있었던 것이다.

지성과 영성의 계발

9·11 테러 전까지만 해도 미국의 원형적인 적은 무신론자였다. 즉 대개 소련이나 그 동맹국 출신의 공산주의자였다. 그런데 9·11 테러 이후

로 특히 조지 W. 부시 대통령의 2004년 재선 운동과 재임 기간에 접어들면서 적이 바뀌었다. 이제 많은 미국인이 보수적인 종교 신자들을 최대 위협으로 보았다. 탈레반 같은 이슬람 근본주의자나 알카에다 같은 테러 단체는 물론이고, 신앙을 충분히 중시하여 사생활과 공적인 생활이 신앙으로 빚어져야 한다고 믿는 사람까지도 적으로 간주한 것이다.

2000년대의 각종 베스트셀러 목록을 점령한 신(新)무신론자들은 종교가 도시 생활의 새로운 재앙이라고 경고했다. 리처드 도킨스, 샘 해리스, 대니얼 데닛, 크리스토퍼 히친스는 종교를 불법화하려 하지는 않았다. 거기까지 간다면 법적 또는 정치적 지지를 받을 수 없었다. 대신 그들은 종교가 유해하여 온 인류의 최대 위협이라고 선전했다. 종교를 믿거나 실천하는 부류에게 창피를 안겨 줄 수만 있다면 굳이 종교를 금할 필요까지는 없었던 것이다.[18] 신무신론자들은 전 세계의 환호하는 군중과 독자에게 종교 대신 "과학을 믿으라"라고 말했다. 진화 덕분에 종교는 누구에게도 더는 필요 없다는 것이었다.[19]

그러나 신무신론자들의 도서 매출을 다 합해도 댄 브라운에는 미치지 못했다. 2000년대에 8,000만 부가 팔린 통속 소설 《다빈치 코드》(The Da Vinci Code)로 그는 아류 회의론자들에게 AD 325년 니케아종교회의 이후로 로마제국에서 성장한 기독교의 배후 "실화"를 자신이 안다고 납득시켰다. 2003년에 출간된 그 책을 지지한 〈보스턴 글로브〉(The Boston Globe)는 가톨릭의 학대 은폐를 보도하여 모든 제도 종교에 대한 전반적인 반감을 확산시켰다. 2004년 12월 인도양의 지진 해일로 25만여 명이 사망하자 신정론에 대한 여러 논평을 통해 하나님에게 비난이 퍼부어졌다.

2008년에 책을 쓰면서 켈러는 달라진 기류에 주목했다. "20여 년 전 내가 뉴욕시에 처음 왔을 때 더 자주 들은 반론은 모든 종교가 똑같이 진리라는 것이었다. 그런데 이제 모든 종교가 똑같이 허위라는 말을 들을 소지가 더 높아졌다."[20]

그의 첫 베스트셀러 《팀 켈러, 하나님을 말하다》가 출간된 2008년까지 그는 기독교에 대한 많고 흔한 비평을 경청하고 거기에 답한 지 이미 수십 년째였다. 호프웰에서 가졌던 잡담 모임이 뉴욕에서 예배 후 질의응답 시간으로 발전했다. 《팀 켈러, 하나님을 말하다》에서 그는 "리디머교회 교인들과 리더들, 특히 지난 세월 거기서 만난 많은 질문자와 고뇌자와 비판자에게 감사하고 싶다. 이 책은 내가 그들에게서 배운 내용을 기록한 것에 불과하다"라고 썼다.[21]

그 책을 통해 켈러는 기독교와 과학 사이에 신무신론자들이 헐어 버린 다리를 다시 놓으려 했다. 그는 친구이자 《신의 언어》(The Language of God)의 저자인 프랜시스 콜린스의 말을 인용했다. 켈러처럼 콜린스도 1950년생이며 중요한 시점에 C. S. 루이스의 《순전한 기독교》를 읽고 나서 예수님을 믿었다. 2009년 오바마 대통령이 그를 미국 국립보건원 원장으로 지명한 뒤로 그는 트럼프 대통령과 바이든 대통령 때까지 그 자리에서 일했다.

《팀 켈러, 하나님을 말하다》에서 켈러는 과학에 근거한 반론만이 아니라 역사에 대한 질문과도 씨름했다. 지난 세월 그는 지주가 될 만한 "중요한 책들"을 끊임없이 더해 자신의 지성과 영성을 계발했다. 변증에 대한 책도 닥치는 대로 다 읽었고, 2002년 갑상선암 치료를 받던 중에는 거기에 N. T. 라이트의 수상작인 800페이지짜리 변증서 《하나님의 아들의 부활》(The Resurrection of the Son of God)을 추가했다. 그때로부터 10년이 더 지난 뒤에도 켈러는 예수님의 역사적 부활을 옹호한 라이트의 책을 아무도 능가할 수 없다고 보았다.[22]

켈러는 이렇게 썼다. "그 책은 나의 신학적 이해에 아주 큰 도움이 되었을 뿐 아니라, 상황이 상황인 만큼 죽음을 한층 실감하던 내게 용기와 힘을 북돋아 주었다. 예수님이 죽음을 이기셨으니 나의 죽음 또한 정복될 것이라는 확신을 일깨워 주었다."[23]

켈러에게 지성과 영성의 계발은 서로 불가분의 관계였다. 양쪽이 함께 끓다가 넘쳐서 회의론자와의 대화와 설교와 결국 책에까지 스며들었다. 《팀 켈러, 하나님을 말하다》에 힘입어 전 세계 그리스도인들은 9·11 테러 이후로 새로운 동력을 얻은 여러 반론에 답할 수 있게 되었다.

두 가지 변화

《팀 켈러, 하나님을 말하다》를 통해 수십만 독자가 그를 만났다. 그 책은 그의 오랜 관심사들을 담아내면서 그의 변증의 새로운 접근 방향을 예고했다. 9·11 테러 이전에 켈러는 리디머의 소그룹 리더들에게 변증을 가르쳤는데, 그중에 저작권 에이전트로 일하던 니콜 다이아몬드도 있었다. 그녀의 부모는 둘 다 무신론자에 심리학자였고, 그녀는 예일대학교에서 그리스도인이 되었다. 켈러에게 그 변증학 강론을 책으로 펴낼 것을 처음 권한 사람이 다이아몬드였다.

그녀가 로스앤젤레스로 이주하여 결혼한 뒤로 켈러는 교회를 통해 또 다른 저작권 에이전트와 연결되었고, 그의 주선으로 펭귄(Penguin) 출판사와의 계약이 이루어졌다. 이 복된 출발 이후로 펭귄 측은 켈러에게 해마다 책 한 권씩을 청탁했다. 50대 중후반이던 그즈음 켈러는 엄청나게 빨라진 출판 속도의 덕을 보아 자신이 쓸 책의 주제(기도, 고난, 결혼, 우상숭배, 신앙과 일 등)에 대한 독서량과 지식을 늘렸다. 이미 연구해 둔 정도로 안주한 게 아니라 지적으로 새로워진 것이다.

2010년 이전까지는 예배 후에 앞으로 나와서 켈러에게 말을 건 사람 대부분이 뉴요커와 그 교회 교인이었다. 각 예배가 끝난 뒤 그는 한 시간씩 전도나 목양 성격의 대화를 나누었다. 그런데 2000년대 말에 두 가지 변화가 눈에 띄었다. 첫째로, 질문이 과학과 역사에서 도덕과 가치관으로 바뀌었다. 회의와 불신이 분노와 비난으로 바뀌었다. 신무신론자들은 기독교가 여성과 소수 인종을 탄압한다고 모함했다.[24] 켈러가 보기에 복음 메시지와 특히 지옥과 심판이라는 주제는 자신이 처음 설교하던 1975년에 비해 100배쯤 더 인기가 없어졌다.

그러나 그를 더 곤란하게 한 것은 그의 눈에 띈 또 다른 변화였다. 《팀 켈러, 하나님을 말하다》가 〈뉴욕 타임스〉 베스트셀러 목록에서 논픽션 부문 7위에 오른 뒤로 질문을 던지는 주체가 달라졌다. 그중 다수는 뉴욕을 방문한 관광객이었고, 그들은 그가 책에 사인해 주고 사진을 함께 찍어 주기를 원했다. 20년 가까이 뉴욕의 회의론자들에게 다가가는 데 헌신한 목사로서 그는 이 변화가 싫었다.[25] 결국 켈러는 크레이그 엘리스라는 비서를 영입했다. 점점 잦아지는 외부의 요구를 거절하는 것도 엘리스의 일 중 하나였다. 더 이상 팀 켈러는 그저 뉴욕의 목사일 수 없었다. 그런데 엘리스가 보기에 그는 이 귀찮은 명성을 얻은 뒤로도 달라지지 않았다. "내가 팀에게 해 줄 수 있는 최고의 칭찬이 있습니다. 강단에서 보는 그의 모습이 실제로 그라는 것입니다."[26]

우상 중독자

전 세계 그리스도인 사이에 켈러의 인기가 높아지면서 리디머를 통한 그의 뉴욕 사역은 위태로워졌다. 그가 가까이하고 싶은 사역 대상은 회의론자들이거나 적어도 대부분의 시간을 비신자와 함께 보내는 그 도시의 갓 믿은 그리스도인들이었다. 변증학은 본래 빠르게 변하는데, 격동의 2000년대에는 특히 더했다. 그 10년은 미국 역사상 최악의 테러 공격으로 시작되어 대공황과 미국 최초의 흑인 대통령으로 끝났다.

테드 터노는 웨스트민스터신학교에서 목회학 석사 학위와 철학 박사 학위를 받았고 켈러에게 수학했다. 그가 정의한 변증학에 켈러가 설교와 집필을 통해 이루려는 목표가 잘 포착되어 있다.

이렇듯 변증학의 초점은 이중적이다. 한 눈으로는 우리의 희망을 보면서 거기에 충실해야 하고, 다른 눈으로는 듣는 이에게 가닿을 말을 즉 갈망의 눈높이에서 상대와 통하는 부분을 (조종하지 않고)

보아야 한다. 변증의 임무는 희망과 비신자 사이에 다리를 놓는 것이다. 이 다리 놓기에는 "사실들"과 좁게는 논리적 논증도 포함되지만, 들 수 있는 "근거들"의 범위에는 우리가 품고 있는 희망(그것의 아름다움이나 선함이나 정당성이나 자비로움이나 생명력이나 평화로움)에 대한 논거도 포함될 수 있다. 주변 사람들의 세계관 정황에 적절하게 가닿을 만한 말이면 무엇이든 활용할 수 있다.[27]

켈러는 신의 존재 입증을 비롯한 철학적 변증보다는 문화적 변증 쪽에 더 탁월했다. 그는 문화를 매개로 하여 예수 그리스도의 복음을 삶 전반에 접목하려 했다. 터노가 정의한 문화란 "인간이 하나님의 창조 세계(계시)에 내재된 의미에 참여하고 반응으로써 하나님의 공동체와 교제와 창의성을 상상하는 것이며, 그 목표는 의미를 공유하는 '세계들'을 창조해 하나님을 영화롭게 하고 타인을 사랑하고 전체 창조 세계를 돌보는 것"이다. 간단히 말해서 문화란 "본래 종교적 추구"다.[28]

하나님을 영화롭게 한다는 목표에서 벗어난 문화는 우상숭배를 낳는다. 켈러는 오래전부터 우상숭배를 현대 회의론자들과의 중요한 접촉점으로 보고 2009년에 출간한 《팀 켈러의 내가 만든 신》의 초점을 거기에 두었다. 그는 죄가 하나님을 노엽게 하는 율법 위반이라고 통상적으로 설명하기보다는, 자신의 감화력을 다양하게 구사하여 우상숭배에 대해 더 많이 말했다. 아우구스티누스의 《고백록》(Confessions)에 나오는 "질서 잃은 사랑"을 인용하기도 했는데, 이는 하나님에게서 나지 않은 감정에 우리를 속박하는 위력이 있음을 표현한 말이다.[29] 아우구스티누스 수도회 수사였던 마르틴 루터는 켈러의 리디머 초창기 설교에 조나단 에드워즈 다음으로 가장 자주 등장한다.[30] 루터는 누구든 살인이나 도둑질이나 탐심을 금하는 계명을 어기는 사람은 먼저 우상숭배를 금하는 계명부터 어길 수밖에 없다고 말했다.[31] 껄끄러운 루터교인이었던 쇠얀 키에르케고어는 죄를 하나님 아닌 다른 것 위에 정체성을 쌓아 올리는 것이라 표현했다.[32]

어니스트 베커의 도움으로 켈러는 이 신학을 우리 시대에 적용했다. 《죽음의 부정》(The Denial of Death)에서 베커는 미국인들이 추구하는 '의미'의 출처가 하나님과 가정과 국가에서 로맨스로 옮겨 갔다고 역설했다. 그러나 연애 관계를 우상화하면 그 결말은 부모나 국기(國旗)를 숭배할 때보다 하등 나을 게 없다. 베커는 이렇게 썼다.

> 사랑의 대상을 신의 지위로 격상시킬 때 결국 우리가 원하는 바는 무엇인가? 다름 아닌 구원이다. 자신의 흠과 의무감을 없애고 싶은 것이다. 우리는 상대를 통해 내가 옳았고 내가 지어낸 삶이 헛되지 않았음을 인정받기 원한다. …… 말할 것도 없이 이는 인간이 해 줄 수 없는 일이다.[33]

그런 관계가 지속되는 기간은 그것이 내 필요를 채워 준다고 생각될 때까지일 뿐이다. 직장이나 내 집이나 예술 전시회도 마찬가지다. 아무리 좋은 것도 우리가 거기서 충족을 얻으려 하면 다 우상으로 변한다. 직장에서 매주 90시간씩 일해야 한다면 결별의 고통이 뒤따르게 마련이다. 집 융자금을 갚을 수 없거나 예술 전시회에 부정적인 비평이 쏟아질 때도 마찬가지다. 좋은 것이 신으로 둔갑했음을 깨달으려면 때로 실패를 겪어야 한다. 터노는 "그런 집요한 갈망은 선물을 변질시켜 나쁜 용도로 오용한다. 우리에게 이는 습관이다 못해 강박 행위다. 우리는 우상 중독자다"라고 썼다.[34]

켈러는 루터와 아우구스티누스와 키에르케고어의 말을 설교에 자주 인용했다. 그러나 예수님을 따르지 않으면서도 기독교적 논지를 편 베커 같은 사람의 말을 인용할 때를 그는 특히 좋아했다. 같은 맥락에서 켈러는 2010년에 한 설교에서 소설가 데이비드 포스터 월리스를 처음 언급했다. 그가 2005년에 케니언칼리지(Kenyon College) 졸업식에서 한 축사는 우상숭배에 대한 켈러의 가르침을 더할 나위 없이 잘 예시해 준다.

월리스는 학생들에게 이렇게 말했다. "누구나 예배합니다. 무엇을 예배할 것인지가 우리 선택으로 남을 뿐이지요. 모종의 신이나 영적인 것을 예배 대상으로 선택하는 확연한 이유는 …… 다른 예배 대상은 거의 모두가 여러분을 산 채로 삼켜 버리기 때문입니다."

돈은 아무리 벌어도 부족하고, 우리 몸은 늙으면 고장이 난다. 권력은 부패하고, 우리는 두려움을 숨기려고 타인을 해친다. 지성도 쇠하고 시들어 결국 우리의 허위를 드러낸다. "그런데 이런 식의 숭배는 교활하게도 …… 무의식에서 설정된 기본값입니다." 이렇게 말한 월리스는 2008년에 자살했다.[35]

변증가로서 월리스와 베커 같은 사람의 말을 인용할 때 켈러는 웨스트민스터신학교 창립 교수인 코닐리어스 밴 틸 방식의 전제(前提)주의 논증을 활용했다. 이런 논증은 실재에서 출발하여 그것을 떠받치는 전제로 거슬러 올라간다. 현상의 배후 원인을 찾아내는 것이다.[36]

2001년 9월 11일 이후로 수많은 뉴요커가 방금 자신이 목격하고 냄새까지 맡은 현상의 배후 원인을 알고자 했다. 팀 켈러는 어떤 식으로든 확정해서 설명하지 않았다. 다만 전혀 예상하지 못한 기적을 행하시는 하나님을 가리켜 보임으로써 희망과 의미를 제시했다.

누구나 예배한다. 그러니 이왕이면 죽은 자들 가운데서 다시 살아나신 (또한 다시 살리시는) 하나님을 예배하는 편이 낫다.

17

《답이 되는 기독교》의 탄생
Dogwood Fellowship

변증서 《팀 켈러, 하나님을 말하다》가 출간되자마자 켈러는 그 내용이 이미 시대에 뒤떨어졌음을 감지했다. 서구 기독교에 대한 가장 흔한 반론들에 답하는 그 책은 성(性)이라는 주제에는 단 한 장도 할애하지 않았다.[1] 책이 출간된 2008년 이후로 성이야말로 많은 회의론자가 기독교에 대한 반론으로 논하려는 거의 유일한 주제였다. 하지만 그 책의 가장 큰 결점은 따로 있었으니, 곧 여러 반론에조차 기독교에 대한 인식과 관심이 어느 정도 전제되어 있다는 것이었다. 서구 전반에서 기독교가 빠른 속도로 쇠퇴하고 있는 상황인데 말이다.

켈러가 《팀 켈러, 하나님을 말하다》의 결점을 발견한 것은 하룻밤 사이에 책을 성공작이 되게 해 준 독자들과의 대화를 통해서가 아니었다. 다른 분야를 탐색하려고 2004년에 시작했던 연구와 독서를 통해 그는 스스로 문제점을 인식했다. 그해에 켈러는 버지니아대학교(University of Virginia)의 사회학자이자 헌신된 그리스도인인 제임스 데이비슨 헌터가 결성한 '도그우드 펠로십'에 가입했다. 멤버들의 동향(同鄕)인 버지니아를 기려 그런 명칭이 붙여졌다[도그우드 즉 산딸나무는 버지니아주의 공식 나무이자 꽃이다-옮긴이]. 2004년부터 2008년 공황 때까지 켈러는 제임스 데이비슨 헌터, 스킵 라이언 목사, 두 경영 지도자인 돈 플로와 짐 세네프와 함께 매년 약 네 차례씩 모였다. 헌터는 신학과 사회학과 경영학의 "교차 자산"을 한데 모아 교회가 시대와 문화에 어떻게 대응해야 할지를 모색하고자 그 모임을 조직했다. 헌터가 쓴 혁신적인 저서 《기독교는 어떻게 세상을 변화시키는가》(Change the World: The Irony, Tragedy, and Possibility of Christianity in the Late Modern World)는 그들의 대화가 낳은 산물이다. 2010년에 나온 그 책은 "도그우드에게" 헌정되었다.

이 모임에서 가진 토의를 통해 켈러는 웨스트민스터와 고든콘웰 이후로 지적으로나 영적으로나 가장 활기찬 교제를 즐겼다. 헌터는 미간행 유인물과 논문을 나누어 주곤 했고, 켈러는 이 네트워크를 통해 문화의 변화와 쇄신에 대한 비전을 얻었다. 늘 부흥을 공부하던 켈러는 이 모임이 18-19세기에 활동했던 클래펌파(노예제 폐지와 선교 활동에 힘쓴 영국의 복음주의 단체-옮긴이)와 비슷하게 느껴졌다.

헌터의 독서 목록을 곁눈질한 것이 켈러에게 중대한 경험이 되었다. 헌터는 자신이 이해하는 문화의 "심층 구조"를 가르쳤다. 헌터를 통해 켈러는 세속 모더니즘을 비판한 비평가 "4인방"을 알게 되었다. 그때 이후로 찰스 테일러, 알래스데어 매킨타이어, 필립 리프, 로버트 벨라는 켈러의 사상과 집필과 교육에서 빼놓을 수 없는 존재가 되었다.[2] 그들이 자극제가 되어 탈기독교 서구의 정치와 문화에 포진한 여러 문제에 대한 켈러의 분석도 더욱 깊어졌다.

《팀 켈러, 하나님을 말하다》를 포함해 아직도 기독교 변증은 많은 부분 계몽주의의 테두리 안에서 이루어진다. 그리스도인들은 성경의 사건과 주장에 대한 합리적 설명과 경험적 증거를 제시한다. 그러나 계몽주의의 용도가 다했다면 어찌할 것인가? 계몽주의가 서구 문화의 막다른 골목이어서 서구인이 계속해서 요구하는 의미와 정체성과 목적과 정의(正義)를 그것이 줄 수 없다면 어찌할 것인가?

서구 세속주의의 관용과 공정성이라는 가치는 기독교의 소산이며, 따라서 소위 객관적이고 경험적인 과학과 이성으로는 그런 도덕적 이상(理想)을 떠받칠 수 없다. 그런데 서구는 상대주의와 도덕이라는 두 마리 토끼를 잡으려 한다. 앞서 말한 비평가 네 명이 수십 년 동안 논증했듯이 그것은 다 부질없는 시도다.[3]

사회학자 크리스천 스미스는 계몽주의 이후의 딜레마를 신성한 선을 이루려는 영적 추구라 표현했다.

> 모든 것을 새로 고치고, 과거를 떨치고, 전통에 일절 구애받지
> 않고, 최대의 선택권을 누리고, 모든 제약에서 해방되고, 형편만
> 된다면 무엇이든 구입할 수 있고, 내 마음대로 사는 것, 바로 이것이
> 모더니즘의 영적 추구를 이끄는 비전이다. 이것이 (단지 이념적이거나
> 문화적이지 않고) 영적인 이유는 신성불가침의 영역, 궁극적 관심사,
> 개별적 삶을 초월하는 최고 가치의 비전을 호명하기 때문이다.
> 이것이 영적인 이유는 사람들의 가장 깊은 개인적 주관성, 가장
> 초월적인 선(善)의 비전, 그들이 정의하는 궁극적 충족에 호소하기
> 때문이다. 이것이 영적인 이유는 그것이 심층 문화 구조로서 현대
> 서구에서 차지하는 위상이 모더니즘에 의해 해체당하기 이전의
> 기독교 세계에서 중시되던 하나님 안에 있는 구원에 상응하기
> 때문이다. 이것이 영적인 이유는 그것을 위해 싸우다 못해 어쩌면
> 죽거나 죽여서라도 지키고 변호하고 수호하고 싶을 만큼 신성하기
> 때문이다.[4]

계몽주의가 기독교 자리에 이런 라이벌 영성을 대신 들어앉혀 놓

왔으니 이제 서구는 어떻게 복음으로 돌아올 것인가? 그것이 켈러가 지난 15년 동안 답하고자 천착한 질문이다.

옥스퍼드 선교대회

옥스퍼드기독학생연합(Oxford Inter-Collegiate Christian Union; OICCU)은 영국의 대표 대학촌인 옥스퍼드의 2만여 명의 학생에게 복음을 전하고자 3년 주기로 6일간 선교대회를 개최한다. 이 행사가 처음 시작된 때는 영국 전투(제2차 세계대전 중의 영국 본토 공중전-옮긴이)가 벌어지기 몇 달 전인 1940년이었다. 마틴 로이드 존스가 1943년과 1951년에 주 강사로 활동한 데 이어, 역시 켈러가 존경하는 존 스토트와 마이클 그린도 옥스퍼드 선교대회를 이끌었다.

켈러 부부는 이 선교대회에 처음 참석한 2012년 2월 초에 옥스퍼드대학교(Oxford University) 캠퍼스에서 북쪽으로 두 블록 떨어진 올드파스니지 호텔에 묵었고, 아들 부부인 마이클과 새라도 동행했다. 하루는 눈 내리는 밤에 일가족이 호텔로 돌아가는데 고풍스러운 가로등이 보였다. 옥스퍼드 주변에는 나니아의 마법이 감돌고 있었다(C. S. 루이스의 《나니아 연대기》에 가로등이 의미 있는 소재로 등장한다-옮긴이).

저녁마다 네 사람은 17세기의 벽난로에 둘러앉아 팀의 전도 강연에서 잘된 점과 보완할 점 그리고 학생들의 질문에 대해 대화를 나누었다. 2012년의 그 강연이 나중에 《팀 켈러의 인생 질문》(*Encounters with Jesus:*

Unexpected Answers to Life's Biggest Questions)으로 출판되었다. 그 책에 나오는 많은 주제는 《팀 켈러, 하나님을 말하다》, 《팀 켈러의 내가 만든 신》, 《팀 켈러의 탕부 하나님》 같은 이전 저서에서도 다루어진 바 있다.

2012년에 부탁받은 강연이 강해였던 데 반해, 2015년 선교대회에 다시 갔을 때는 켈러가 주제별 접근을 고집했다. 그는 사회 비평가들인 테일러와 리프와 매킨타이어와 벨라에게서 배운 내용을 시험해 보고 싶었다. 매일 점심나절 강연은 오스 기니스가 맡았고, 켈러는 저녁마다 의미와 정체성과 정의에 대해 강연했다. 프랜시스 쉐퍼와 라브리를 사랑하는 이 사이 좋은 두 친구는 매일 밤 랜돌프 호텔 난롯가로 자리를 옮겨 새벽까지 이야기꽃을 피웠다. 회의적인 학생들이 보인 반응이 켈러가 보기에 2012년에 비해 2015년에는 더 고무적이었다.[5] 켈러의 가장 인상적인 예화 중 하나는 두 번째로 참석한 그 선교대회의 질의응답 시간에 그에게 즉석에서 떠오른 것이다.

그때 그는 동성애를 보는 기독교적 관점에 관한 질문에 대답하던 중이었는데, 형세를 역전시켜 현대 서구의 정체성 개념을 비판하지 않고서는 답할 수 없음을 깨달았다. 그 여름, 그가 대화 중에 답한 내용이 나중에 《팀 켈러의 설교》에 소개되었다.

켈러는 옥스퍼드 학생들에게 AD 800년 영국의 앵글로색슨족 전사를 상상해 보게 했다. 이 전사의 내면에는 누구든 자신을 무시하는 사람을 죽이고 싶은 충동이 있다. 그게 수치와 명예 문화에서 요구하는 반응인지라 그가 그렇게 느낀 것은 당연했다. 그는 또한 성적으로 남성에게 끌리는데, 이 감정만은 행동으로 옮기지 않고 문화가 요구하는 대로 억누른다. 이번에는 우리 시대의 맨해튼 거리를 걷는 같은 나이의 남자를 생각해 보라. 그의 감정 역시 앵글로색슨족 전사와 똑같다. 누구든 자기를 째려보는 사람을 죽이고 싶고, 남성과의 성관계를 갈망한다. 우리 문화는 그에게 분노 조절 치료를 받게 한다. 그리고 그는 성적 성향을 공개적으로 자신의 정체성으로 삼을 것이다.

이 예화가 우리에게 가르쳐 주는 바는 무엇인가? 켈러는 이렇게 설명했다.

> 우선 이것은 우리의 정체성이 단순히 내면에서 비롯하지 않음을 보여 준다. 그보다 우리는 모종의 도덕적 해석이라는 잣대를 받아서 자신이 느낀 다양한 감정과 충동을 그 잣대에 비추어 걸러 낸다. 이 잣대에 힘입어 우리는 어떤 감정이 '나'이므로 표현되어야 하고 어떤 감정은 내가 아니기에 표현되어서는 안 되는지를 결정한다. 그러므로 우리의 정체성을 형성하는 것은 타고난 순수한 감정의 표현이 아니라 신념을 해석하는 이 잣대다. 많은 반론에도 불구하고 우리는 우리 내면의 심연이 우리의 길잡이가 되기에는 역부족임을 본능적으로 안다. 외부의 기준 내지 규정이 필요하다. 그게 있어야 우리 내면생활에서 서로 싸우는 충동을 처리할 수 있다.
> 그렇다면 이 앵글로색슨족 전사와 현대의 맨해튼 청년은 그런 잣대를 어디서 얻었을까? 각자의 문화, 각자의 공동체, 각자의 영웅담에서 얻었다. 사실 그들은 단순히 '나다워지기를 선택한' 게 아니라 자신의 감정을 걸러 내 취사선택한 것이다. 문화가 허용하는 자아를 선택한

것이다. 결국 독자적으로 자기 내면의 감정에만 기초한 정체성이란 불가능하다.[6]

이렇듯 켈러는 동성애에 관한 질문에 직접 답하기보다 서구 문화에서 말하는 정체성의 기본 전제로 방향을 돌렸다. 벨라는 그것을 "표현적 개인주의"라 칭했다. 1985년에 초간된 *Habits of the Heart*(마음의 습관)에서 벨라는 "표현적 개인주의에 따르면 사람마다 독특한 감정과 직관의 핵심부가 있어 이를 펼치거나 표현해야만 개성이 실현될 수 있다"라고 지적했다.[7] 개성이 목표일지는 몰라도, 켈러가 앵글로색슨족 전사의 은유로 예시했듯이 정체성은 공동체 안에서 형성된다. 우리의 정체성에 영향을 미칠 만한 가치관이 무엇인지를 공동체가 정한다. 아무거나 마음대로 할 수 있는 자유는 그 누구에게도 없으며, 세속성 관념을 정부가 법과 공교육으로 강요하는 지금은 특히 더하다. 정부는 사람마다 각자의 정체성을 표현하는 거라고 강변하지만, 사실은 모두가 획일화되고 있다.[8]

표현과 공동체 사이의 이 긴장이야말로 계몽주의를 안에서부터 파열시킨 다이너마이트다. 벨라와 그의 동료들은 그것을 서구 전역에서 동성 결혼이 합법화되기 오래전부터 내다보았다.

우리가 가장 우려하는 것이자 신세계의 출현을 계속 무산시키는 것이 있다. 더 진정으로 통합된 사회 공동체를 위해 개인의 성공이라는 꿈을 버린다면, 이는 곧 독립과 개성을 버리고 의존과 폭압에 굴하는 것이라는 생각이다. 우리가 잘 보지 못해서 그렇지, 정작 개성을 위협하는 것은 현대 세계의 지독한 단절이다. 독립과 개성의 가장 좋은 점인 인간의 존엄성과 자율성을 지키려면 오히려 새로운 통합이 필요하다.[9]

벨라에게서 영향을 받은 켈러의 2015년 옥스퍼드 강연은 그해 가을《팀 켈러의 답이 되는 기독교》의 출간으로 이어졌다. 이 책은《팀 켈러, 하나님을 말하다》에 비해 널리 읽히지는 않았지만, 그가 지금 아는 것을 그때 알았더라면 2008년에 썼을 법한 변증서다. 이 책의 취지는 기독교에 대한 여러 반론의 배후 가정을 드러내는 한편, 계몽주의의 실효성 있는 대안을 찾으려 부심하는 서구의 모순을 드러냄으로써 예수님에 대한 관심을 높이는 데 있다. 그러나 옥스퍼드 선교대회 같은 고도로 선별된 장 바깥에서는 지적 성향과 영적 개방성을 겸비한 독자층이 적어도 아직까지는 나타나지 않았다. 켈러는 2019년에도 그 선교대회에 참석했는데,[10] 그 전에 OICCU는 순서를 조정하여 본래 행사가 끝난 후에 시행하던 몇 주간의 소그룹 토의를 켈러의 강연 이전으로 옮겼다. 결과는 2015년보다도 더 고무적이었고, 이에 켈러는 미국 내 전도에도 이런 모델을 접목할 방도를 구상하기 시작했다.

줄다리기

캐나다의 철학자 찰스 테일러가 켈러의 리디머교회 설교에 처음 등장한 때는 켈러가 옥스퍼드 선교대회에 처음 참석한 후이자 테일러의 기념비적 작품인 *A Secular Age*(세속 시대)가 나온 지 5년 후인 2013년이었다. 리프와 벨라와 매킨타이어에게서 켈러가 본 세속주의와 모더니즘에 대한 많은 비판이 그 책에 요약되어 있었다. 켈러는 2년에 걸쳐 그 책을 한 줄도 놓치지 않고 두 번 읽었다. 테일러 덕분에 그는 수많은 골수 세속 인간이 전통적 전도와 변증에 반응하지 않는 이유에 점차 눈떴다. 테일러에 따르면 세속주의란 인간이 더는 하나님을 믿지 않는다는 뜻만이 아니다. 켈러가 시편 111편에 대한 설교에서 설명했듯이, 세속 시대인 지금은 하나님관이 얄팍해졌다. 그분은 멀리 계시며, 우리는 매 순간 그분께 순종하거나 그분을 의지할 필요가 없다. 계몽주의 이전 관점에서는 우리가 하나님을 위해 존재하며 그분을 섬긴다. 그러나 모더니즘 관점에서는 테일러의 말대로 우리의 유익을 위해서만 하나님이 존재한다.[11] 이 전환의 여파로 우리는 고난을 견디지 못한다. 하나님께 우리가 모르는 목적이 있다고는 믿을 수 없기 때문이다.

켈러는 테일러에 힘입어 세속주의의 자만심에 구멍을 내려 했다. 2014년 리디머에서 전도에 대해 강연할 때 그는 테일러가 말한 믿음과 의심 사이의 줄다리기를 소개했다.[12] 신의 존재를 절대로 의심하지 않는다는 사람도 있고, 신이 없음을 절대로 의심하지 않는다는 사람도 있다. 그러나 우리 대부분은 중간 어디 쯤에 해당한다. 하나님을 믿으면서 때로 의심하거나 하나님을 의심하면서 가끔은 믿는다.

불과 150년 전까지만 해도 신을 믿지 않는 사람을 여간해서 볼 수 없었고, 대개 사회마다 신에 대해 믿는 내용도 얼추 같았다. 지금은 하나님을 믿는 거의 모든 사람이 그분을 믿지 않는 사람을 알고 또 사랑한다. 신자들은 신에 대한 반론도 많이 알며, 그중 일부는 설득력 있어 보이기까지 한다. 그 반대도 사실이다. 12월에 쇼핑할 때 크리스마스 캐럴을 피할 수 있는 무신론자는 아무도 없다.

테일러의 줄다리기 개념을 통해 켈러는 회의론자와 신자 사이의 운동장을 평평하게 고르려 했다. 의심을 인정함으로써 믿음이라는 문을 열어젖힌 것이다.

> 여기 전제가 있습니다. 우리 중 누구도 자신의 가장 깊은 신념,
> 옳고 그름에 대한 가장 깊은 도덕적 확신, 인간이 어떻게 살아야
> 하는지에 대한 가장 깊은 확신, 신의 존재 여부에 대한 신념 등을
> 증명하거나 반증할 수 없기에 …… 우리는 하나님을 증명할 수 없고
> 완전히 반증할 수도 없습니다. 우리 모두에게는 자신이 증명할 수
> 없는 신념이 있으며, 그럼에도 불구하고 그런 신념 없이는 살아갈 수
> 없다는 뜻입니다.[13]

테일러 같은 사회 비평가들이 켈러에게 새로운 탄약을 주었지만, 그는 이미 그런 무기의 사용법을 알았다. 웨스트민스터신학교에서 전제(前提)주의 변증을 구사하는 법을 배웠기 때문이다. 이것을 그는 리폼드신학교에서 '포스트모던 세계에서 그리스도를 설교하기'라는 과목을 가르칠 때 이렇게 설명했다.

나는 이 전제주의와 성경신학(게하더스 보스와 에드먼드 클라우니와 존 프레임과
코닐리어스 밴 틸 등)을 오래전에 배웠습니다. 그때는 모두가 그것에 대해
'이게 뭐지?'라고 생각하던 때였지요. 1960-1970년대에는 그것이
복음주의 세계의 작은 지류에 불과했습니다. 조직신학, 부활의 증거,
신의 존재의 입증 같은 주제가 복음주의 세계를 온통 지배하던
때였으니까요. 그런데 지금은 그런 주제가 아예 믿지 못할 만큼
완전히 한물간 것처럼 보입니다.[14]

아마 한물갔을 것이다. 그런데 더 고전적인 변증인《팀 켈러, 하나
님을 말하다》가 전제주의 변증인《팀 켈러의 답이 되는 기독교》보다 더
많이 팔렸다. 한 가지 이유는 변증이 대개 회의론자를 설득하기보다 그리
스도인의 믿음을 굳게 다져 주는 경향이 있기 때문이다. 지금도 켈러는
가장 회의적인 청중과 독자(그들이 옥스퍼드에 있든 뉴욕에 있든)에게 다가갈 방
도를 꾸준히 모색한다.

맨해튼 거리의 불협화음에 귀를 막거나 옥스퍼드의 갓 쌓인 눈길
을 터벅터벅 걷는 회의론자에게 켈러는 연민을 보인다. 표현적 개인주의
에 입각한 정체성 형성이란 감당하기 버거운 일이다.[15] 그러나 그는 해법
도 제시한다.《팀 켈러의 답이 되는 기독교》에 그는 이렇게 썼다. "예수님
에 대한, 그분이 당신을 위해 무슨 일을 이루셨고 당신이 그분 안에서 어
떤 존재인가에 대한 복음의 모든 놀라운 주장을 믿으면, 이 세상에서 벌
어지는 어떤 일도 감히 당신의 정체성을 건드릴 수 없다. 정말 그렇게 믿
는다면 어떻게 될지 잠시 상상해 보라. 그때 찾아올 큰 변화를 생각해 보

라."[16] 예수님을 따르는 사람은 자신의 존재 가치에 대해 난공불락의 확신을 얻을 수 있다. 다만 그것을 얻으려면 대신 자신의 자율적인 독립을 내려놓고 우주의 중심이신 하나님을 섬겨야 한다.[17] "십자가를 믿으면 정체성의 새로운 기초를 얻는다. 그 정체성은 우리를 낮추어 이기주의에서 벗어나게 할 뿐 아니라, 사랑 안에 절대 오류가 없이 확고하다. 그 결과 우리는 나와는 다른 사람도 배제하지 않고 포용할 수 있다."[18]

켈러가 이해한 이 관용의 진리는 2017년에 시험대에 오른다.

탈기독교 사회를 선교적으로 대면하려면

카이퍼 상은 개혁신학과 공적 증언에서 탁월하게 기여한 사람에게 주는 상이다. 이 상을 받을 자격이라면 팀 켈러를 능가할 사람이 별로 없을 것이다. 그러나 그가 수상자로 선정되었을 때 프린스턴신학교의 많은 학생과 동문이 보인 반응은 왜 그가 《팀 켈러, 하나님을 말하다》에서 《팀 켈러의 답이 되는 기독교》로 접근법을 수정했는지를 알게 해 준다. 10년도 안 되는 사이에 서구 교육의 문화는 동성애를 용인하는 데서 누구든 동성애를 인정하지 않으면 무조건 그를 배척하는 데로 옮겨 갔다. 여성 안수와 동성애에 대한 켈러의 관점은 문화 전반과는 물론이고 프린스턴과 기타 주류 신학교들의 지배적인 규범에도 어긋난다. 그 기준으로 하자면 아브라함 카이퍼도 자신의 이름이 붙여진 이 상을 받을 자격이 없을 것이다. 결국 프린스턴 지휘부는 압력에 굴해 켈러의 수상을 취소했다.

카이퍼 계열의 여러 유수한 학자가 프린스턴의 취소 결정에 항의 했는데, 2007년에 카이퍼 상을 받은 리처드 마우도 그중 하나였다. 그는 〈크리스채너티 투데이〉에 이렇게 썼다.

> 우리 중 다수가 여성 안수에 대한 켈러의 입장에 동의하지 않지만, 그래도 우리는 그를 깊이 존경한다. 그가 뉴욕시의 리디머교회에서 펼쳐 온 사역은 카이퍼의 문화 신학을 그리스도인의 문화 참여(사업과 예술과 정치와 언론 등 많은 리더십 분야에 대한 참여)에 실제적으로 적용하는 면에서 풍성한 모범을 보였다. 이는 자주 인용되는 카이퍼의 표현으로 창조 세계의 "구석구석에까지" 미치는 예수 그리스도의 주재권에 순종하기 위해서였다.[19]

상을 받지는 못했어도 켈러는 강연에 쾌히 응했다. 그가 연단에 올라서자 한동안 열렬한 박수가 이어졌다. 프린스턴신학교 총장 크레이그 반즈는 강연 후 리셉션을 위해 무리를 해산하려고 돌아왔다가 메시지를 다시 받았다. 카이퍼 상 수여를 포함한 연례 카이퍼 학술대회 개최지가 2018년에는 프린스턴에서 캘빈대학교(Calvin University)와 캘빈신학교(Calvin Theological Seminary)로 옮겨진다는 것이었다.

카이퍼 학술대회는 20년 동안 광범위한 개혁주의 사상가들을 끌어들였다. 그러나 2017년에 켈러에게 퇴짜를 놓은 데서 드러났듯이 탈기독교 서구의 압력은 개신교를 더욱 분열시켰다. 강연에서 켈러는 1984년 레슬리 뉴비긴이 프린스턴의 워필드 강좌에서 했던 말을 인용했다. 그 강좌 내용이 나중에 《헬라인에게는 미련한 것이요》(*Foolishness to the Greeks: The Gospel and Western Civilization*)라는 책으로 나왔는데, 그때 뉴비긴은 탈기독교화한 서구 문화를 선교적으로 대면해야 한다고 역설했다. 멀리 갈 것도 없이 기독교 목사인 켈러가 기독교 신념을 품었다는 이유로 기독교 신학교가 그를 배격한 데서 그 전환의 증거를 볼 수 있다.

뉴비긴이 보기에 탈기독교 서구는 역사상 가장 저항이 세고 까다로운 선교 전선이다. 그래서 그리스도인의 그 어떤 통상적인 대응도 효과적인 선교 프로그램이 되기에 부족하다. 그리스도인은 아미시처럼 세상과 단절되어서도 안 되고, 일부 복음주의자와 근본주의자가 종교 우익을 통해 옹호하는 것처럼 정치적 탈환을 꾀해서도 안 되며, 주류 교회처럼 세상에 동화해서도 안 된다. 이런 범주는 제임스 데이비슨 헌터가 《기독교는 어떻게 세상을 변화시키는가》에서 말한 "적대"(종교 우익), "순응"(주류 교회), "분리"(아미시)에 각각 상응한다. 헌터는 더 나은 대안으로 "신실한 현존"을 제시했고, 켈러도 《팀 켈러의 센터처치》에서 이를 자신의 관점으로 삼았다.[20]

프린스턴신학교에서 켈러는 자신과 주류 개신교 소속인 뉴비긴의 차이점을 인정했으나, 그의 선교 정신은 뉴비긴에게 빚진 바가 크다. 거기에 다른 여러 사람의 영향이 어우러져 그만의 독특한 종합이 나왔다.

탈기독교화한 서구 문화를 선교적으로 대면하는 그리스도인은 문화와 연결된 상태에서 문화에 맞서야 한다. 그래야 회의론자를 회심시킬 수 있다. 그리스도인은 박해를 각오해야 하지만, 또한 베드로전서 2장 12절 말씀처럼 회심의 증가도 예상해야 한다. 그리스도인이 서구 문화의 우상인 과학주의와 개인주의와 소비주의를 비판하면 많은 사람이 격노하여 반격하겠지만, 감사의 눈물을 흘릴 사람들도 있다. 켈러가 프린스턴 신학교에서 설명했듯이, 탈기독교 서구를 위해 켈러가 고안한 선교 프로그램은 아브라함 카이퍼와 그 동류의 신칼뱅주의에 깊은 영향을 받았으며 일곱 단계로 이루어져 있다.

첫 단계는 예리한 공적 변증을 장려하는 것이다. 여기에 N. T. 라이트가 쓴 《하나님의 아들의 부활》 같은 고전 변증서가 도움이 된다. 우리 시대에 더 잘 맞는 책은 아우구스티누스의 《하나님의 도성》(City of God)이다. 사회적 열망과 전제에 호소하기 때문이다. 기독교가 더는 필요 없다는 회의론자들에게는 그들의 포용성이 어떻게 배타성으로 변했는지를 보여 주어야 한다. 그들은 종교를 떠나서는 옳고 그름이 구별될 수 없음을 알아야 한다. 켈러가 《팀 켈러의 답이 되는 기독교》에 역설했듯이, 그들은 과학 역시 신앙에 기초해 있음을 보아야 한다.

> 세속주의자가 인간의 고난을 없애고자 인간의 존엄성과 권리와
> 책임을 옹호한다면, 이는 모종의 초자연적이고 초월적인 실재를
> 신앙하는 행위다. …… 인간을 약육강식의 진화 과정의 산물일
> 뿐이라고 보면서 동시에 만인의 존엄성이 존중돼야 한다고
> 주장한다면, 이는 모든 반대 증거를 거스르는 엄청난 맹신이다.[21]

둘째로, 신앙의 수평적 차원과 수직적 차원을 통합해야 한다. 주류 교회는 사회 문제에만 신경 써서는 안 되고, 복음주의는 영혼 문제에만

신경 써서는 안 된다. 칭의가 정의로 이어져야 한다.

셋째로, 세속주의에 대한 비판은 세속주의 자체 내 기준으로 해야지 외부 기준으로 해서는 안 된다. 켈러는 대니얼 스트레인지가 쓴 표현을 빌려 이를 "전복적 성취"라 칭한다. 세 부분으로 이루어진 일종의 "능동적 상황화"다. 즉 문화 속에 들어가, 문화에 도전장을 날린 뒤, 복음에 호소하는 것이다.[22] 그가 한 설교에서 이 모델을 볼 수 있다. 켈러는 우선 이해하기 쉽거나 적어도 잘 정의된 어휘를 써서 회의론자들과의 접촉점을 찾는다. 자신의 견해를 뒷받침해 주는 명망 있는 권위자들의 말을 특히 교회 밖에서 찾아서 인용한다. 그다음 그는 기독교적 관점에 대한 반론을 인정한다. 그리스도인들과 교회가 이상(理想)에 미치지 못한다는 비판을 수용한다. 이어 그 비판의 자체 모순을 드러낸다. 복음을 떠나서는 회의론자들이 자신의 갈망을 실현할 수 없음을 보여 준다. 끝으로 그는 예수 그리스도의 복음만이 우리의 가장 간절한 희망을 이루어 줄 수 있고, 그 복음이 우리의 가장 거창한 꿈보다도 더 낫다는 것을 보여 준다.[23]

넷째로, 기독교 공동체는 문화의 사회적 범주를 교란시켜야 한다. 형통하는 공동체는 사람을 변화시키는 복음의 위력에 신빙성을 더해 준다. 켈러는 《처음으로 기독교인이라 불렸던 사람들》(Destroyer of the gods: Early Christian Distinctiveness in the Roman World)의 저자 래리 허타도가 한 말을 인용한다. 그 예리한 연구서에서 허타도는 박해받던 초대 기독교 공동체가 어떻게 유대인과 그리스인에게 반감만 준 게 아니라 매력도 풍겼는지를 보여 준다.[24] 그리스도인들은 낙태와 영아 살해에 반대하며 아이들을 입양했다. 복수하지 않고 용서했다. 빈민과 소외층을 돌보았다. 그들이 보인 엄격한 성 윤리는 여성과 아동을 보호하여 권리를 증진했다. 서로 대적하던 나라들과 민족 집단들도 기독교 교회 안에서는 연합했다. 예수님은 모든 부족과 언어와 나라의 하나님을 계시하심으로써 종교와 민족의 연결 고리를 끊으셨다. 예수님께 충성하는 교회에서는 지리와 국적과 민족의 벽이 허물어졌다. 그 결과 그리스도인들은 모든 문화를 비판할 수 있는 관점을 얻었고, 다양한 문화에 속한 동료 그리스도인들의 비판을 경청하는 법도 배웠다.[25]

다섯째로, 탈기독교 서구를 선교적으로 대면하려면 평신도가 신앙과 일을 통합해야 한다. 제자도는 사생활에만 국한할 게 아니라 공적인 생활로 퍼져 나가야 한다. 신앙이 낳는 일상생활의 차이를 비신자들이 볼 수 있어야 한다.

여섯째로, 지역 교회는 세계 교회로부터 배워야 한다. 이것을 가장 잘한 사람이 레슬리 뉴비긴이다. 그가 인도에서 경험한 일은 교회 안팎에서 벌어지는 문화적 변화를 보는 참신한 시각을 조국 영국에 열어 주었다. 켈러가 프린스턴에서 뉴비긴에게 화답하며 인정했듯이, 미국 보수 복음주의는 자신의 방법론을 과신한 나머지 미국의 국익을 떠나서는 하나님 나라를 잘 보지 못한다.

일곱째이자 마지막으로, 켈러는 프린스턴신학교에 종교의 차이를 놓치지 말 것을 권고했다. 켈러가 리처드 러블레이스에게 부흥을 공부할 때 처음 배웠듯이, 사회 변화를 낳는 선교적 대면은 종교 규정이 아닌 은혜에 달려 있다. 은혜만이 영적 변화를 가져온다. 우리는 무력하므로 성령을 떠나서는 이 타락한 세상에 영구적인 변화를 이룰 수 없다.[26]

카이퍼 상 사태 이전부터 켈러가 지적했듯이 세속 서구는 역사상 가장 도덕적인 문화 중 하나가 되었다.[27] 기독교의 과거 제약으로부터 벗어나는 관용의 피난처로 자처한 것이다. 그러나 세속 서구는 복음주의를 배척하는 위력을 휘두름으로써 적의를 고조시키고 문화적·정치적 양극화를 부추겼다.[28]

켈러는 《팀 켈러의 답이 되는 기독교》에 "정의에 열심인 사람은 압제자로 보이는 사람을 상대할 때, 독선적이고 냉혹해지는 경우가 많다"라고 썼다.[29] 복음만이 관용과 정의를 융합할 수 있다. "예수 그리스도의 복음에 제시되는 절대 진리는 압제하지 않는다. 그 진리는 우리를 상대주의와 이기적 개인주의에서 벗어나게 하는 외부 규범이지만, 그렇다고 다른 사람을 압제하는 데 쓰일 수는 없다."[30]

만일 켈러가 프린스턴의 운영진을 비난하며 자신의 강연을 취소했다면, 동료 보수 복음주의자들의 관심과 지지를 더 얻을 수 있었을 것이다. 그러나 그가 다년간 기독교 지도자들에게 가르쳐 왔듯이, 복음은 세속주의의 불관용과 종교의 당파성에 대한 대안을 제시한다. 《팀 켈러의 센터처치》에서 그는 "기독교의 복음은 사람들을 이기심과 독선에서 벗어나서, 원수를 위해 자신을 내주신 예수님처럼 다른 사람을 섬기게 한다"라고 썼다.[31]

그리스도인이 이웃에게 복음을 전하려면 상대를 무시하거나 비난해서는 안 되고, 복음이 어떻게 모든 것을 변화시키는지를 보여 주어야 한다. 켈러가 《팀 켈러의 탈기독교시대 전도》(How to Reach the West Again)에 썼듯이, 그리스도인이 예수님 안에서 얻는 것은 다음과 같다.

- 고난이 앗아 갈 수 없고 오히려 고난을 통해 더 깊어질 수 있는 삶의 의미.
- 환경에 좌우되지 않는 만족.
- 공동체와 관계를 얄팍한 거래로 전락시키지 않는 자유.
- 자신의 행위에 또는 타인을 배제하는 것에 기초하지 않은, 취약하지 않은 정체성.
- 원한이나 수치심을 남기지 않으면서 죄책감을 해결하고 다른 사람을 용서할 수 있는 길.
- 스스로 압제자가 되지 않으면서 정의를 추구할 수 있는 근거.
- 미래는 물론 죽음까지도 침착하고 평화롭게 맞이할 수 있는 비결.
- 자주 경험하는 초월적인 아름다움과 사랑에 대한 설명.[32]

시간을 아는 법을 잊어버리다

복음주의 진영에서 사회 정의가 초미의 논제가 된 2010년대 말경, 켈러는 제임스 데이비슨 헌터가 권해 준 또 다른 사회 비평가에게 도움을 받았다. 켈러에 따르면 정의에 대한 서구의 혼란을 알래스데어 매킨타이어보다 더 잘 설명하는 사람은 없다. 《덕의 상실》(After Virtue: A Study in Moral Theory)과 Whose Justice? Which Rationality?(누구의 정의인가? 어떤 합리성인가?)를 쓴 매킨타이어는 '성경적 정의관'과 '전통적 정의관'과 '계몽주의 정의관'을 인간의 본성과 목적, 실제적 합리성, 도덕성 등에 대한 각각의 철학에 기초하여 대비했다.[33] 데이비드 흄이 가르친 계몽주의 정의 이론이 실패한 이유는 도덕과 정의를 주관적 감정이 정할 수 없기 때문이다. 매킨타이어의 말마따나 손목시계의 용도가 시간을 알리는 것인지 못을 박는 것인지를 모르고는 좋은 시계인지 나쁜 시계인지 판단할 수 없다. 흄이 정의를 기독교에서 떼어 냄으로써 서구는 시간을 아는 법을 잊었다.

기독교의 도덕적 합의는 근래에 자체 붕괴한 서구 문명의 잔재로 여전히 건재하다. 이 세대든 미래의 어느 세대든 선과 악에 대해 합의를 이룰 근거는 무엇일까? 역사 속에 있는 수많은 대안을 두고 왜 기독교의 도덕을 선호해야 할까? 프리드리히 니체가 20세기 초에 인정했듯이 기독교가 없으면 평등한 권리와 인간 존엄성의 근거도 사라진다. 누구나 자신의 권리를 내세우고 빈민 등 타인의 권리를 옹호할 수야 있지만, 그 근거에 대한 사회적 합의는 일절 불가능하다. 그래서 켈러는 이렇게 역설했다.

> 인류가 아무런 목적도 없이 본질상 폭력의 과정을 통해 그냥 우주에 출현했다면, 권리나 옳고 그름에 대한 논의는 있을 수 없다. 세속 사상가들이 펼 수 있는 주장이라고는, 비용편익을 분석해 볼 때 사람을 죽이거나 빈민을 굶기는 것이 어떤 합의된 결과를 내기에 비실용적이라는 정도가 고작이다. 그런데 매킨타이어가 지적했듯이, 그런 관점을 옹호하는 사람들도 권리나 옳고 그름에 대한 논의를 아무도 비켜 갈 수 없다. 어쩔 수 없이 그들은 자신의 세계관으로 뒷받침될 수 없는 도덕과 덕의 어법을 '도용한다.' 이쯤 되면 그들도 깨닫는 바가 있어야 한다.[34]

그들이 깨달아야 할 것은 정의를 원한다면 그들에게도 예수님이 필요하다는 것이다. 그분만이 개인의 존엄성과 자유와 집단의 희생과 공동체 사이에 조화를 이루실 수 있다. 계몽주의 이후의 서구가 자꾸 엉뚱한 구멍에 박아 넣으려는 둥근 못을 그분만이 네모에 맞추실 수 있다. 켈러는 이 혼란을 2018년의 저서 《팀 켈러의 방탕한 선지자》에 이렇게 적시했다.

(우리 모두가 평등한 권리와 정의에 헌신해야 하지만 하나님이 주신 절대 도덕은 존재하지 않는다는) 모더니즘의 두 신념은 양쪽을 서로 무너뜨린다. 현대 세속 교육이 모든 아이에게 가르치는 것은 자신에게 충실하여 가장 깊은 갈망과 꿈을 직접 찾아내서 추구해야지, 가정이나 공동체나 전통이나 종교에 구애받아서는 안 된다는 것이다. 그래 놓고는 정의와 화해와 자선을 요구하는데, 이 모두는 앞서 말한 자기주장과는 모순되는 자기희생의 전형이다. 이렇듯 세속 교육은 사람들에게 상대주의를 가르치면서 윤리를 요구하고, 자신의 이익을 추구하라고 부추기면서 희생을 주문한다.[35]

이런 모순을 지적한 데 더하여 켈러는 세속 정의관에 현대 중산층 삶의 특권이 배어 있음을 매킨타이어의 도움으로 설파했다. 보스턴대학교(Boston University)의 하워드 서먼은 1947년에 하버드에서 "흑인 영가"에 대해 강연했는데, 그의 감화를 받아 켈러는 현실적 우환 없이 안전한 사람만이 하나님 없는 철학과 윤리를 논할 수 있다고 역설했다.[36]

19세기 초에 일단의 노예들 앞에 앉아 이렇게 말해 준다면, 얼마나
황당한 일일지 상상해 보라. "불의가 바로잡힐 심판 날은 없다.
당신들의 소원이 이루어질 내세와 사후의 삶도 없다. 이생만이
전부다. 죽는 날 당신들의 존재는 사라진다. 더 나은 세상에 대한
진정한 희망이라곤 사회 정책을 개선하는 길밖에 없다. 그 점을
염두에 두고 제자리로 돌아가, 고개를 꼿꼿이 쳐들고 용감하게
사랑하며 살라. 절망에 굴하지 말라."[37]

이런 사회 비평가들에 힘입어 켈러는 사회 정의의 기초를 흔들어
놓았다. 그러나 그는 성경적 정의의 기준에 못 미치는 교회를 또한 질책
했다. 그가 인정했듯이 많은 젊은 층 그리스도인이 세속적 정의로 돌아서
는 이유는 교회가 성경적 정의를 가르친 적이 없기 때문이다.[38] 이미《팀
켈러의 센터처치》때부터 그는 "교회가 소외층 편에 서지 않으면 결국 교
회가 소외당한다"라고 힘주어 말했다.[39]

켈러도 젊어서 한때는 그런 회의적인 그리스도인이었다. 민권운
동이 한창이던 그때 그는 자신이 아는 나이 든 백인 그리스도인들이 흑인
을 위해 긴박하게 정의를 추구하기는커녕 오히려 흑인들의 인권 쟁취 노
력에 반대하는 모습을 보며 교회에 마음을 닫았다. 그러다 1960년대 말
과 1970년대 초에 각종 불의에 신앙을 적용하는 그리스도인들을 만나면
서 그의 관점이 바뀌었다. 그래도 그는 하나님이 주권적 창조주로서 정의
를 요구하신다는 것과 선지자들을 보내 불의를 단죄하게 하셨다는 것을
몰랐다. 흑인 교회가 세속 대안들에 호소하기보다 정의의 성경적 근거에

더 호소했음을 그는 나중에야 깨달았다.[40]

켈러가 신학교에 입학할 당시, 다양화를 꾀하던 고든콘웰 주변에도 흑인의 정체성에 대한 논의가 휘몰아쳤다. 당시 학생이었고 팀과 캐시의 친구였던 엘워드 엘리스는 1980년에 IVF 간사가 되어 7년 동안 IVF 내 '흑인 캠퍼스 사역'의 초대 대표로 활동했다. 매사추세츠주에서 주방 식탁에 마주 앉아 그는 솔직히 말해 달라는 팀과 캐시에게 서슴없이 이렇게 속내를 밝혔다. "알고 보면 너희도 인종차별주의자야. 물론 그럴 의도도 없고 그러고 싶지도 않겠지. 하지만 어쩔 수 없어."

엘리스는 많은 백인이 백인의 문화적 전제를 모른다며 그들에게 이렇게 강변했다. "너희는 흑인이 특정한 방식으로 행동하면 '그게 너희 문화니까'라고 말하지. 그런데 백인이 특정한 방식으로 행동하면 '원래 이렇게 하는 거야'라고 말하거든."

켈러 부부는 부인할 수 없었다. 그들도 문화에 도덕을 덧입혀 다른 인종을 판단했던 것이다.[41] 다행히 그들은 교훈을 배웠다. 켈러가 《팀 켈러의 답이 되는 기독교》에 썼듯이, 구원이 선행으로 말미암는다면 능력과 특권을 더 갖춘 사람은 자신의 성취를 자랑할 수 있을 것이다. 그러나 순전히 은혜로 받는 구원은 보잘것없는 사람에게 유리하다. 예수님도 이 땅에 부유한 권력자로 오신 게 아니라 아직 결혼하지 않은 여인에게서 가난하게 태어나셨다.

이 모두가 뜻밖으로 다가온다면 당신이 그동안 완전히 잘못된 개념을 받아들였던 것일 수 있다. 도덕적으로 착하게 사는 사람이 그 결과로 천국에 가는 게 기독교라고 말이다. 반대로 성경 이야기 전체와 그 속에 있는 작은 이야기의 중심 주제 중 하나는, 아브라함과 다윗처럼 역사상 탁월했던 인물도 냉혹한 문화와 이기적인 본성을 초월할 수 없다는 사실이다. 그런데 하나님의 은혜가 도덕적 실패자에게 주어진다는 놀라운 약속을 붙들어 그들은 승리했다.[42]

2016년 대통령 선거 직전에 출간된《팀 켈러의 답이 되는 기독교》가 독자들에게 어떻게 받아들여질지 켈러는 알지 못했다. 그런데 그 선거 결과로 인해 복음주의에서 인종차별과 정의를 논하는 어조와 내용이 달라졌다. 오래전부터 켈러는 복음이 모든 사람을 낮추어 자신을 문제의 일부로 보게 한다고 역설했다. 2001년 여름에 리디머에서 한 설교가 좋은 예다.

복음이 여러분을 변화시키면 여러분은 다른 어디에 있는 어느 누구도 결코 적으로, 세상의 진짜 문제로 보지 않을 것입니다. 복음 덕분에 여러분은 사람들과 더 협력하여 공동 전선을 펼 수 있습니다. 결국 더 실용적으로 절충을 받아들여 선뜻 그들과 연대하는 것이지요. …… 다른 사람들을 보며 "저 사람들이 나쁘다. 진짜 문제는 그들이다"라고 말하는 것은 독선일 뿐입니다.[43]

2016년 이후로 비난에 비난으로 맞서는 정서가 많은 복음주의자를 지배했다. 캐시는 2021년에 쓴 글에서 사회 정의만 설교하고 복음을 전하지 않는 교회들을 많은 친구와 동료가 떠났다고 말했다. "그들은 복음을 진척시키고자 일부러 다인종 회중에 적을 둔 성숙한 그리스도인들이다. 장벽을 허무는 복음의 능력을 드러내려던 그들이 이제 교제와 대화를 막는 온갖 장벽에 부딪치고 있다." 동시에 캐시와 팀은 정의를 언급한다는 이유만으로 공격받는 목사들에게서도 연락을 받았다. 캐시의 글은 이렇게 이어진다. "그러므로 질문은 이것이다. 교회는 예수님이 명하신 대로 심령을 변화시키고 그분의 제자를 길러 내는 일을 잘 해낼 것인가, 아니면 특정한 방식에 서로 동의하는 이미 회심한 무리에게만 설교하여 복음을 사회 정책으로 전환할 것인가?"[44]

물론 문제는 미국에서 정의가 당파의 문제라서 민주당과 공화당 중 어느 쪽에 서느냐에 따라 완전히 달라진다는 것이다. 그리스도인들의 노선조차 복음이나 신학에 대한 관점보다는 정치 진영에 따라 갈렸다. 민주당 노선의 교회는 개인 회심의 수직적 차원을 무시하려 했고, 공화당 노선의 교회는 성경적 정의의 수평적 차원을 무시한 채 자기네 정파 너머로는 복음을 전하지 않으려 했다. 세상은 정의를 갈구하면서도 정의를 규명조차 못 하고 있건만, 함께 연합하여 이런 세상에 예수님을 전해야 할 미국 그리스도인들이 2020년 즈음에는 다분히 당파의 전선에 동조했다.[45]

그래도 켈러는 끊임없이 더 나은 대안들을 제시했다. 그는 2019년에 나온 톰 홀랜드의 책 《도미니언》(Dominion: How the Christian Revolution Remade the World)의 중요성을 아무리 강조해도 지나치지 않다고 말했다. 홀랜드도 켈러와 똑같은 다수의 출전에 근거하여, 사람들이 잘 인정하지 않아서 그렇지 현대 서구의 가장 뛰어난 위업들은 기독교의 산물이라고 역설했다. 교회에 대한 세상의 비판조차 기독교 신념에 기초해 있다. 세상이 그리스도인들에게 정말 바라는 게 더 온전히 그리스도인다워지는 것(진실하게 행동하고 빈민을 위해 정의를 추구하는 것)이라면, 그리스도인들은 너무 실망할 것 없다. 켈러는 서평에서 "양쪽 모두가 홀랜드의 쓴소리를 달게 받는다면, 미래의 대화는 훨씬 열매가 많을뿐더러 더 현실과 연계될 것이다"라고 썼다.[46]

켈러는 또 19세기 말과 20세기 초에 아브라함 카이퍼의 동료였던 네덜란드 신학자 헤르만 바빙크의 작품으로 다시 돌아갔다. 그가 바빙크의 책을 처음 읽은 것은 고든콘웰에서 로저 니콜의 과목들을 들을 때였다. 켈러는 그 경건과 신학적 깊이의 균형, 성경과 교리학의 미묘한 차이에 감탄했다.[47] 제임스 에글린턴이 2020년에 출간한 바빙크의 비평적 전기에서 켈러는 바빙크를 20세기의 가장 위대한 개혁신학자라 표현했다.[48]

바빙크는 미국인들이 칼뱅주의자가 되기에는 너무 완고하다고 보았을 수 있지만, 21세기에 켈러는 이 네덜란드 신학자에게서 사회 비평과 개혁 교리가 잘 어우러진 모델을 보았다.[49] 에글린턴은 바빙크에 대해 이렇게 썼다. "그에 따르면 서구 문화는 기독교 세계관에 너무 깊이 뿌리박고 있어 그것 없이는 생존할 수 없다. 그래서 바빙크는 서구 문화를 궁극의 탈기독교적 몰락에서 구해 내려면, 현대 생활의 모든 영역에 그리스도의 주재권이 영향을 미치게 해야 한다고 역설했다."[50]

니체와 동시대인인 바빙크는 허무주의 신학이 유럽을 불필요한 세계 전쟁에 빠뜨렸다고 보았을 수 있다.[51] 켈러처럼 바빙크도 양자택일보다 양쪽의 통합을 선호했다. 그래서 자기 교단의 전체 범위 중에서 한쪽 끝의 영원한 희망과 거룩함을 반대쪽 끝의 세상을 변화시키는 믿음과 융합했다.[52]

그러나 근래에야 영어로 번역된 네덜란드 신학자의 책을 누구나 다 읽지는 않을 것이다. 두꺼운 교리서에 인내심의 한계를 느끼는 이들이 있다면, 계몽주의 이후의 서구가 기독교 최고의 과거를 되찾는 일에 문학과 영화가 도움이 될 수 있다.

탈기독교시대, 새로운 도전 과제

당신도 〈바베트의 만찬〉(*Babette's Feast*)을 영화로 보았거나 책으로 읽었다면 아마도 팀 켈러의 권유를 받아서였을 것이다. 베스트셀러《팀 켈러의 탕부 하나님》의 결말을 그는 자신이 가장 좋아하는 영화 세 편 중 하나인 〈바베트의 만찬〉으로 맺었다.[53]

켈러가 1997년 리디머에서 했던 설교에 작품 줄거리가 자세히 소개되어 있다. 덴마크 작가 이자크 디네센이 쓴 그 이야기를 보면, 두 젊은 자매가 각각 노래에 대한 꿈과 결혼에 대한 꿈을 포기한다. 아버지의 뜻대로 유틀란트 서해안에 자리한 작은 마을에 남아 그의 기독교 종파를 이어받은 것이다. 자매는 그 종파의 고령의 신도들이 사는 작고 단조로운 세계에서 성장해 점차 나이가 들어간다. 아버지가 돌아가신 지 오랜 후의 어느 밤, 비탄에 빠진 바베트라는 한 여자가 그들이 사는 수수한 집 문간에 나타난다. 자매는 가정부를 고용할 형편이 못 되건만 바베트는 달리 갈 곳이 없다. 프랑스의 내란을 피해 도망쳐 왔기 때문이다. 두 자매 중 한 명에게 노래하는 법을 가르쳤던 오페라 가수는 바베트에게 유틀란트에서 그들과 함께 있으면 안전할 거라고 말했다. 두 자매는 바베트를 받아 주었고, 바베트는 여러 해 동안 요리하고 청소하며 두 자매의 소중한 친구가 된다.

어느 날 바베트는 자신의 프랑스 복권이 당첨되었다는 뜻밖의 소식을 받는다. 그런데도 프랑스에 살려고 돌아가지 않아 자매를 놀라게 한다. 잠시 고국을 방문해 성대한 잔치용 식재료만 사 왔을 뿐이다. 그녀는 덴마크의 그 마을 사람들을 대접하겠다고 고집한다. 두 자매는 이를 허락하면서 자기네 둘 사이에만 한 가지 조건을 붙인다. 자신들은 기독교의 신념에 따라 음식을 즐기지 않기로 한 것이다. 아예 맛도 보지 않기로 서로 다짐한다.

오래전 두 자매 중 한 명에게 구애했던 군 장교도 참석한 가운데, 이 기독교 종파의 신도들 앞에 상상을 초월하는 진수성찬이 차려진다. 음식을 보자 장교는 한때 파리에서 즐겨 찾던 식당을 떠올린다. 어떻게 유틀란트의 수수한 집에서 세계적 수준의 만찬을 맛볼 수 있는지 신기할 따름이었다. 결국 진미를 즐기는 그의 열정에 신도들도 점차 물든다.

나중에야 모두 알게 되지만 그 파리 식당의 주방장이 바로 바베트였다. 그리고 이 한 끼 식사에 그녀는 복권 당첨금 전액을 썼다.

바베트는 도망치던 자신을 받아 준 두 자매에게 보답하고 싶었고,

일생에 마지막으로 훌륭한 요리 명인으로 인정받고 싶었을 뿐이다. 그런데 결국 남은 것은 지저분한 그릇뿐이고, 다시 단조로운 식단인 생선과 빵으로 돌아가야 한다.

두 자매 중 한 명이 그 실망을 눈치채고 조심스레 바베트를 끌어안으며 말한다. "'그래도 이게 끝은 아니에요! 바베트, 끝이 아니고말고요. 낙원에 가면 당신은 하나님이 뜻하신 위대한 명인일 겁니다! 아!' 그리고 두 뺨에 주르르 눈물을 흘리며 이렇게 덧붙인다. '아, 천사들도 당신에게 반하겠지요!'"[54]

이 이야기는 켈러가 가장 중시하는 주제 중 둘을 짝지으면서, 21세기와 어쩌면 그 너머에 있는 교회에 앞으로 나아갈 길을 제시한다. 한편으로 디네센은 은혜의 복음과는 동떨어진 기독교적 순종에는 기쁨이 없음을 폭로한다. 본래 은혜란 우리를 영원히 죄에서 구원할 뿐 아니라 지금 여기서 하나님의 많은 선물을 누리게 해 준다.

어떤 면에서 진수성찬은 일종의 영적 부흥을 상징한다. 그래서 그 종파의 신도들도 주저하던 마음을 떨치고 하나님의 풍성한 창조 세계를 즐긴다. 음식과 포도주 덕분에 서로 더 솔직해져서 용서하고 화해하는 일이 일어난다. 거북이 수프를 먹는 사이에 해묵은 원한과 반목이 녹는다. 켈러는 1993년에 리디머에서 설교할 때 이렇게 설명했다. "메시지는 이것입니다. 좋은 잔치를 즐길 수 없다면 여러분은 하나님의 미래를 맞이할 준비가 되지 못한 겁니다. 장차 우리는 아브라함과 이삭과 야곱과 함께 앉아 먹고 마실 것입니다. 하나님은 물질 세계를 창조하셨고, 우리를 구원하시려고 물리적인 몸을 입고 오셨습니다."[55]

다른 한편으로 디네센은 영원을 떠나서는 기쁨도 덧없고 무상함을 보여 준다. 예수님이 부활하지 않으셨다면 그 식사는 최후의 성대한 니나노 판에 불과하고, 바베트가 맞이할 결말은 끝없이 허무한 죽음이다. 그러나 예수님이 부활하셨다면(그녀도 두 자매처럼 믿는다면) 어린양의 더 성대한 혼인 잔치가 기다리고 있다.[56] 그렇다면 새 하늘과 새 땅에서 바베트는 정말 하나님을 영화롭게 하며, 구원받은 무리 앞에서 천사들에게 선물을 나누어 줄 것이다.

디네센의 이야기는 19세기 덴마크의 실존주의 철학자 쇠얀 키에르케고어의 삶과 가르침에서 영감을 얻었다. 유틀란트에서 자란 키에르케고어는 아버지의 엄격한 기독교에 반감을 느꼈다. 어머니는 그가 어렸을 때 돌아가셨고, 집을 떠난 후로 그는 방탕하게 살면서 20대 후반에 약혼도 파혼했다. 작중에서 바베트의 만찬의 의미를 설명하는 장교가 키에르케고어의 목소리를 대변하는 듯하다.

켈러가 1997년에 리디머에서 설교했듯이 키에르케고어는 하나님 앞에서 사는 길을 세 가지로 보았다. 각각 탐미적·윤리적·영적인 길이다. 탐미적 접근은 "네 꿈을 따르라"라는 말로 압축할 수 있다. 바베트를 두 자매에게 보낸 오페라 가수가 이에 해당한다. 윤리적 접근은 "네 의무를 다하라"라고 말한다. 아버지의 뜻을 받들어 집에 남아 그 종파를 책임진 두 자매가 그렇게 살았다.

키에르케고어에 따르면 거의 모든 사람이 갈망 아니면 의무를 통해 행복을 추구한다. 둘 사이를 오갈 때도 있다. 켈러는 러시아의 소설가 레오 톨스토이를 탐미에서 윤리로 넘어간 사례로 보았고, 뉴욕시에는 그 반대 경우가 더 많다고 말했다. 윤리를 배우며 자란 많은 사람이 거기서 벗어나 아름다움을 찾고자 뉴욕에 온다.

그러나 키에르케고어는 둘 중 어느 쪽도 통하지 않는다고 경고했다. 탐미적인 헤롯 당원도 윤리적인 바리새인도 복음이 주는 영적 자유와 기쁨을 놓친다.[57] 좋은 잔치는 우리를 하나님께로 더 가까이 이끌어 주는 영적인 체험일 수 있다. 영원히 그분의 임재 안에서 누릴 삶을 거기서 미리 맛보기 때문이다.[58]

키에르케고어의 글은 쉽게 읽히지 않으며, 덴마크의 루터교 경건주의라는 정황을 모르면 특히 더하다. 그러나 하나님께 나아가는 그의 영적인 접근은 율법주의와 반율법주의에 대한 대안으로서 켈러의 공감을 불러일으켰다. 스탠포드 철학 백과사전(Standford Encyclopedia of Philosophy)에 따르면 키에르케고어는 이렇게 가르쳤다.

> 논리를 초월하는 속죄는 우리의 믿음을 요구한다. 즉 용서받지
> 못할 죄의 용서를 포함해, 하나님께는 불가능도 가능함을 믿어야
> 한다. 회개와 감사와 소망을 품고 하나님의 용서를 진심으로 내면에
> 받아들일 수 있다면, 우리 앞에 새 출발의 즐거운 가능성이 열린다.
> 이 기쁨을 막는 유일한 장애물은 우리가 하나님의 용서를 제대로
> 받아들이지 않고 거부하거나 저항하는 것이다.[59]

켈러가 세계 각 도시들에 선교적 대면이 필요하다고 주창하면서 바빙크와 키에르케고어 같은 작가들 쪽으로 끌린 이유는 그들이 기독교

세계의 쇠퇴와 계몽주의 회의론의 부상을 이미 답파했기 때문이다. 이 전환 앞에서 그들은 기독교가 특권을 잃었다고 한탄하지 않았다. 이는 자신들이 직접 율법주의를 겪어 보고 물리쳤기 때문이기도 하다. 대신 그들은 회의하는 세대에게 은혜의 경이로움을 창의적이고 충실하게 전했다.

오늘날에도 여전히 그것이 필수 과제다. 계몽주의가 서구의 불확실한 미래에 굴복하는 이때에, 그리스도인들은 어떻게 복음을 지적으로 설득력 있게 제시할 것인가?[60] 이제 서구 문화 전반이 공유하는 하나님, 도덕, 죄, 영원에 대한 전제가 없으니 그리스도인들은 거기에 의지할 수 없다. 오히려 탈기독교 세계는 새로운 도전을 내놓는다. 즉 불가지론에 만족하는 사람들에게는 구원이라는 개념 자체가 오히려 위협으로 느껴진다는 것이다.[61] 게다가 많은 교회 지도자가 아직도 과소평가하는 아마도 가장 큰 도전이 있다. 몇 시간 가르치고 찬송하고 다른 그리스도인들과 대화하는 정도로는 연중무휴 흘러넘치는 디지털 홍수를 당해 낼 수 없다는 것이다.

켈러는 이렇게 썼다. "신학을 정립하는 우리의 모델들은 성경적 교리를 확고히 수호해 주며, 이는 없어서는 안 될 부분이다. 그러나 그것이 문화의 신념을 해체하지는 못하며, 모더니즘 후기의 인간 내면에 고개를 쳐드는 여러 의문에 더 나은 기독교적 답을 제시하지도 못한다."[62]

켈러는 양자택일을 제안하지 않고 으레 그렇듯이 양쪽의 통합을 옹호한다. 성경적 교리와 문화 비평은 나란히 짝을 이룬다. 리디머교회 사역 마지막 10년 동안 켈러는 전도와 훈련을 위해 해마다 두세 차례씩 전 세계를 다녔다. 로마, 베를린, 파리, 홍콩, 베이징, 남아프리카공화국,

한국, 타이완, 폴란드 등 아주 다양한 도시와 나라에서 그는 《팀 켈러의 센터처치》의 DNA(성경의 무오성과 그리스도의 대속을 포함한)가 어떻게 사회적·문화적으로 각기 다른 결과를 낳는지를 보았다. 수십 년 동안 뉴욕에서 상황화에 힘써 온 그가 저서의 역간과 리디머 CTC의 확장을 계기로 열린 이런 기회를 통해 성경을 보는 눈이 새로워진 것이다.[63]

이런 통찰을 그는 자신을 뒤이을 리디머의 담임목사들을 훈련할 때 그대로 전수했다. 브루스 터렐이 이끈 2005년과 2009년의 모금 운동을 통해 리디머는 교회 위치를 분산할 준비가 되었고, 5-10년 후에 켈러가 은퇴하면 그것을 독립 교회들의 네트워크로 발전시키기로 한 바 있다.

2017년에 교회에서 은퇴하여 리디머 CTC에서 전임으로 사역하기 전까지, 켈러는 갈수록 더 적대적인 문화를 읽는 법을 그 목사들에게 훈련시키는 데 집중했다. 복음주의자가 명목상의 신자들이 보내 주던 지지의 덕을 보는 시대는 지났다. 과거에는 그들이 열심히 믿지는 않아도 기독교인으로 자처했었다. 뉴욕시만 아니라 서구 세계 전역에 있는 그리스도인들은 '역사적 신앙'에 대한 비판이 고조되어 그리스도와 성 윤리와 성경 전반이 완전히 배제될 것에 대비해야 한다. 이 목사들을 비롯한 많은 리더들에게 켈러는 '기독교에 묻다'라는 시리즈를 통해, 이성적 이해의 공유를 가정하지 않는 변증의 모본을 보였다.

그러나 사회 비평에 힘쓸 때조차 켈러는 대학생 때 자신을 사로잡았던 종교개혁의 본질에 대한 인식을 새롭게 했다. 2018년에 마이클 호튼의 두 권짜리 책 *Justification*(칭의)이 출간되었을 때, 많은 젊은 층의 기독교 지도자는 개혁주의자들이 지나치게 개인주의적이라는 N. T. 라이트의 비평에 이미 설득되어 있었다. 켈러는 1990년대와 2000년대에 고조된 "새 관점"〔개신교의 전통적 칭의관이 잘못되었으며 바울이 말한 칭의를 당시 유대교의 역사적 특수성을 살려 재해석해야 한다는 다양한 관점-옮긴이〕 논쟁에 깊이 개입하지 않았지만, 개혁주의에 대한 여러 대안에서 미묘한 율법주의를 감지했다.[64] 그는 호튼의 책들을 자주 추천했다. 호튼은 칭의에 대한 여러 개혁주의 관점의 주경(註經)적·역사적 배경을 제시하면서 라이트를 비롯한 다른 사람들의 비평에 답변한다.

호튼의 책들을 읽기 불과 얼마 전에 켈러는 계획대로 장 칼뱅의 《기독교 강요》(Institutes)를 한 주에 5일을 밤마다 하루 6-7페이지씩 읽어 나가 12개월 동안 통독했다. 배우는 시간일 뿐 아니라 하나님을 향한 경이에 젖어 깊이 예배하고 찬양하며 감동하는 시간이기도 했다. 개혁주의 목사로서 익히 알던 책이었지만, 이때 다시 체계적으로 읽으면서 그는 성경과 교회 교부들을 인용하는 칼뱅의 논증에 감탄했다. 그에게 비친 칼뱅은 차가운 합리주의자가 아니라 영적 체험의 필요성을 열렬히 주창한 사람이었다.

그는 또 칼뱅을 다양한 개혁주의 학파의 수원으로 보았고, 그런 여러 갈래를 통합하는 데 자신의 사역을 바쳤다. 칼뱅을 통해 얻은 자원으로 그는 개혁주의 교회가 경건과 부흥을 문화 참여와 선교에서 떼어 낼 때 발생하는 무력하고 허약한 영성을 물리쳤다. 이런 교회의 신학적 비전에는 공동체와 성례 못지않게 죄 고백과 역사(history)도 필요하다.

우리에게 문화 비평이 더 필요하다고 주장하는 그리스도인도 있고 복음을 더 전해야 한다고 역설하는 그리스도인도 있으나 매번 켈러는 양쪽 다 필요하다고 답했다. 그가 《팀 켈러, 하나님을 말하다》의 성공을 통해 배웠듯이 이후 여러 세대의 기독교 변증가들과 설교자들은 사회 비평 속으로 더 깊이 뛰어들어야 한다. 그렇지 않으면 그들이 아무리 세상에 대고 말해 봐야 세상은 자기네가 들어야 하는 줄도 모를뿐더러 하나님의 말씀을 들을 귀도 없다.

18

삶과 사역의
나이테

Conclusion

팀 켈러의 저서 중 자서전에 제일 가까운 책은 2008년에 나온《팀 켈러의 탕부 하나님》이다. 뉴욕에 교회를 개척할 때 그는 가정과 교회와 제약적인 공동체를 떠나 스스로 더 좋은 길을 찾을 수 있다고 생각하는 많은 청년을 만났다. 격동의 1968년에는 켈러 역시 그렇게 느꼈다. 종교와 인종과 성(性)에 대해 가정과 교회에서 배운 내용에 회의가 들었던 것이다.

기독교 공동체에 대한 불신이 그를 위기로 이끌었다면, 그를 신앙으로 이끈 것 또한 기독교 공동체였다.《팀 켈러의 탕부 하나님》에서 그는 이렇게 썼다. "다른 신자들의 공동체에 깊이 동참하지 않고는 당신은 결코 영적으로 성장할 수 없다. 일단의 그리스도인 친구들이 없이는 그리스도인의 삶을 살아갈 수 없다. 반드시 신자들의 가족에 속해야만 한다."

이 책에서 나는 독자에게 켈러의 공동체인 여러 책과 사람을 소개했다. 우리는 함께 그의 삶과 사역이라는 나무를 잘라 나이테를 살펴보았다. 2014년에 D. A. 카슨과 존 파이퍼와 대화하는 자리에서 켈러는 다양한 사람에게 영향을 받는 게 왜 중요한지를 다음과 같이 설명했다.

> 단지 사람 수가 많아야 한다는 뜻이 아니라 원천이 다양해야 한다고
> 봅니다. 예컨대 청교도 작가의 진가를 전혀 모르는 사람은 그만큼
> 부실한 겁니다. 훌륭한 청교도 작가들이 있으니까요. 그런데 제가
> 아는 사람 중에는 청교도밖에 모르는 것 같은 이들이 있습니다.
> 그들은 청교도의 숲에 들어가서 나온 적이 없지요. 그쪽 책만
> 읽습니다. 말하거나 설교할 때마다 고어가 튀어나올 정도입니다.

C. S. 루이스와 조나단 에드워즈는 너무 달라서 서로 잘 지내지 못할 게 거의 확실한데, 당신(파이퍼)과 저는 그 둘 다에게서 정말 아주 많은 것을 배웠지요. 그것이 많은 부분에서 저를 바로잡아 주었습니다. 제가 둘 중 하나에 너무 빠져들면 다른 하나가 와서 "아니, 그가 유일한 길은 아니지"라고 일깨워 주거든요. 마치 사람을(예컨대 훌륭한 목사를) 나무처럼 자르면 나이테가 많아야 하는 것과 같습니다. 그래야 그 목사만의 독특한 목소리가 생겨나고, 하나님이 자신을 어떤 목사가 되라고 부르시는지도 어쩌면 정말 잘 들릴 테니까요. 반면에 한두 가지 원천이나 아예 한두 사람의 영향만 받으면 사실상 거의 복제품이 되고 맙니다.[2]

켈러는 대학 시절에 듣고 회심한 복음을 나이테의 중심으로 삼아, 통찰을 얻을 수 있다면 어디로든 가지를 뻗어 나갔다. 존 스토트의 현실 참여적 설교와 헤르만 바빙크의 내세적 세계관을 수용했고, 제인 제이콥스의 새 도시론과 쇠얀 키에르케고어의 실존 철학을 붙들었다. 웬만큼 명성을 얻기 오래전부터도 그의 나이테는 자라나 케네디 스마트 같은 덜 알려진 목사들은 말할 것도 없고 잭 밀러와 R. C. 스프로울, 엘리자베스 엘리엇과 바버라 보이드, 리처드 러블레이스와 하비 칸을 품었다.[3] 켈러는 반정립보다 종합을 선호했다. 그래서 나이테를 새로 더할 때 이전의 나이테를 빼지 않았다.

전체 비전이 통합되어 리디머교회에서 소그룹, 직업 훈련, 전도 설교, 긍휼 사역 등으로 나타났다. 이 교회의 지향점은 지적이면서 경건하고, 개혁주의를 고수하되 종파로 흐르지 않는 것이었다. 켈러의 세대 중에서 복음주의를 미래의 세계화와 다문화와 도시를 위해 준비시키고자 켈러보다 더 많이 힘쓴 사람도 없다. 이 중심 주제 때문이 아니라면 그가 행여 〈뉴욕 타임스〉 부고란에 실릴 이유도 없다. 가장 가까운 유례는 이전 세대의 존 스토트다. 그런데 생애의 절반에 이르는 시간 동안 켈러는 세계화 사역이나 다문화 사역이나 도시 사역을 거의 전혀 몰랐다. 비교적 사역 후반부인 50대 때에야 그는 널리 인정받았다. 지금의 젊은 세대도 주님을 사모하며 인내하는 가운데 나이테를 키워 나가는 게 최선이다.

우리가 켈러의 나이테를 추적할 수 있는 이유는 오직 그가 자신에게 영향을 준 출처를 즉각 인정하기 때문이며, 여기에 그의 비상한 기억력도 한몫한다.[4] 수많은 사람을 인용하다 보니 그는 자신이 독창적 사상가가 아니라는 인상을 남긴다. 켈러의 사상 중 다른 누구에게로 추적해 올라갈 수 없는 것은 거의 없다. 켈러를 알려면 그의 저서에 달린 각주를 읽으면 된다. 거기서 그가 원전과 씨름하며 정리하는 과정을 볼 수 있다. 그가 사람들에게 자신의 공헌을 과소평가하게 만드는 또 다른 이유는 그의 이야기(신학과 관계와 성품 모두)에서 단절보다 연속성이 더 많이 보이기 때문이다. 다양한 영향을 받아 나이테가 늘어 갔지만 그에게 지도받은 버크넬 후배들은 지금도 그의 특징을 알아본다. 고든콘웰 친구들은 그가 가르치는 방식을 알아보고, 호프웰 교인들은 부흥에 대한 그의 열정을 알아보며, 리디머 초창기 멤버들은 복잡한 생각을 간단히 정리하는 그를 알아본다.

켈러의 독창성은 종합에서 나타난다. 그는 여러 출처를 한데 모아 뜻밖의 통찰을 이끌어 낸다. 당신의 영웅이 한 명뿐이라면 그를 모방하는 것에 불과할 테지만, 영웅이 100명이라면 그만큼 당신이 온 세상을 다니며 가장 맑은 우물들을 찾아내 깊이 마셨다는 뜻이다. 서로 다른 원전을 통합해서 사람들에게 통찰을 나누어 주는 켈러의 재능은 하나님이 주신 것으로, 대학 시절부터 그를 아는 거의 모든 사람 눈에 띄었다. 그는 거장들에게로 안내하는 길잡이다. 그들이 내린 최고의 결론에 자신의 독특한 변주를 더해 우리에게 전달한다. 리디머 초창기 장로였던 아서 암스트롱은 "그게 팀의 비범한 면 중 하나입니다. 한없이 깊고 복합적인 복음과 말씀을 현대인이 소화할 만하게끔 단순하게 설명하지요"라고 말했다.[5]

목사들은 공인이자 지식인치고 대개 인용문의 출처를 언급하지 않는 편이다. 실제로 신학교에서 그들에게 출처의 언급을 대놓고 말리는 경우가 많다. 기억하지도 못할 저자 이름과 책 제목으로 회중을 산만하게 할까 우려해서다. 그런데 켈러는 그 틀을 깬다. J. R. R. 톨킨부터 찰스 테일러와 에드먼드 클라우니와 하비 칸에 이르기까지 그는 출전을 밝혀서 우리도 우리 자신의 공부를 이어 가게 한다. 미래 세대가 켈러를 더 잘 기리려면 그의 말을 인용하기보다 그가 소개한 책들을 읽으면 된다.

그토록 다양한 지류를 하나로 모은 목사가 고독한 강이 되어 세월 속을 흐른다면 얼마나 앞뒤가 맞지 않겠는가.

이 책을 쓰려고 3년에 걸쳐 팀 켈러를 인터뷰하는 동안 무엇보다 돋보이는 주제가 하나 있었다. 팀은 결코 멈추지 않고 하나님의 은혜를 더 깊이 체험하려 애썼다. "나는 암과 싸우는 게 아니라 내 죄와 싸우고 있습니다." 췌장암 치료를 받던 중에 그가 내게 한 말이다. 그는 부활의 소망을 기뻐하는 가운데 그리스도 안에서 안식하고자 했다. 17세기 신학자 존 오웬이 죽음을 앞두고 쓴 《그리스도의 영광》(The Glory of Christ)에서 팀이 본 게 그것이었다.

팀은 또 내게 과도한 애착을 물리치려던 존 뉴턴의 싸움에 대해서도 말했다. 18세기의 그 영국 목사는 우리에게 내세를 사모하지 않을 정도로 우리가 현세에서 너무 중시하는 게 무엇인지를 돌아보게 한다. 팀에 따르면 캐시에게는 그것이 휴가다. 즉 그들이 방문했던 곳들, 특히 사우스캐롤라이나주와 영국이다. 팀의 경우는 사역의 수행이 거기에 해당한다. 그는 이렇게 고백했다.

요전번 밤 우리가 이런 말을 했어요. '정말 우리는 이 세상을 천국으로 만들려고 하네요.' …… 그 모든 결과로 우리는 늘 불행했습니다. 영국에 남을 수는 없고 집에 와야 하니까요. 사우스캐롤라이나에 남아 있을 수는 없잖아요. …… 한편 저는 늘 내일을 생각하느라 하루도 즐거웠던 적이 없습니다. 할 일이 산더미 같은데 늘 뒤처져 있으니까요. …… 우리가 지상천국을 만들 수는 없습니다. 그런 천국은 사라지게 마련입니다. …… 실제로 천국을 천국으로 삼으면 이 땅의 기쁨도 이전보다 짜릿해집니다. 참 신기하지요. 이전 어느 때보다도 하루가 즐거워지는 겁니다.[1]

팀은 고난이 자신의 개인적 부흥에 일조하리라는 기대감이 있었다. 친구들과의 정서적 교감, 성화와 초점, 기도 생활 등이 고난을 통해 깊어질 것을 내다보았다. 2013년에 쓴 고난에 대한 책에서 그는 이렇게 말했다. "성경의 주된 가르침 중 하나는 고난이 없이는 거의 아무도 크게 자라거나 하나님을 찾지 않는다는 것이다. 고통이 후자극제(의식을 잃은 사람을 냄새로 깨어나게 하는 약)처럼 우리 삶 속에 들어와 우리를 삶의 온갖 실상과 자신의 마음에 깨어나게 해야 한다. 우리는 눈멀어 자신의 마음조차 보지 못하기 때문이다."[2]

2020년 5월에 켈러 부부의 삶은 특히 사생활 면에서 달라졌다. 세상이 코로나19로 장기 봉쇄에 대비하던 무렵이었다. 그들이 경험한 고립은 지금까지 사람들에게 에워싸여 있던 삶과는 전혀 달랐다. 처음에는 뉴욕시에 급속히 확산된 팬데믹 때문이었고, 다음에는 면역력이 떨어진 팀의 건강 때문이었다. 루스벨트섬에서 그들은 친구들과 동료들이 1960년 대 말에서 1970년대 초까지와 비슷한 사회 정치적 분열 속에서 교회들을 이끄느라 애쓰는 것을 지켜보았다.

이 시기에 켈러 부부는 기본으로, 즉 지금의 자신들이 되기까지 영향을 미친 다양한 요소들로 돌아갔다. 보스턴 노스쇼어에서 둘의 우정이 마침내 로맨스로 피어나던 그 시절 이후로 가장 많은 시간을 함께 보냈다. 디트리히 본회퍼의 고전에 담긴 공동체 의식을 품고 공동생활을 했다. 팀은 계속 책을 읽었다. 죽음을 앞둔 상황인데도 이전 어느 때보다도 독서량을 늘려, 혹여 탈고하지 못할지도 모를 미래의 여러 저서를 준비했다. 하나님이 허락하실 남은 수명이 한 달이든 10년이든 그는 의지적으로 젊은 층 리더들과 소통하며 그들을 섬기기를 원한다. 이전에 더 바쁜 시절에는 하지 못했던 일이다.

무엇보다 팀 켈러는 기도로 하나님께 돌아갔다. 믿음으로만 보던 그분을 직접 뵐 그 날을 더 길고 깊은 기도로 준비하고 있다.

〔 후기 〕

　　이 전기는 주인공 팀 켈러가 미친 영향보다 그가 입은 영향을 더 탐
색한 책이다. 그러다 보니 전기 분야에서 이 책에 상응하는 선례를 찾을
수 없었다. 분명 미래의 전기 작가들은 리디머교회, TGC, 리디머 CTC, 저
서, 설교 등을 통한 그의 지속적인 영향력에 천착할 것이다. 그런 작가들
에게 장차 이 책이 아주 유익하고 정확한 원재료가 되기를 바란다.

　　이 책을 썼지만 나는 팀 켈러와 똑같은 사람은 아니다. 다만 그를
깊이 존경했고 지금도 존경한다. 그와의 관계는 2007년으로 거슬러 올라
간다. 나는 팀 켈러가 공동 설립한 TGC에서 2010년부터 지금까지 일하고
있다. 우리는 다른 점이 많지만 내가 보기에 그의 사역은 대단하다. 나는
그의 아들뻘 나이인 데다 장로교인도 아니며, 미국 문화의 분수령을 이
루는 그 반대쪽이자 바이블 벨트〔개신교 영향이 강한 미국 남부 지역을 일컫는 말-옮
긴이〕의 버클쯤에 해당하는 앨라배마주 버밍햄에 살고 있다. 켈러 집안과
친한 친구 사이도 아니고, 뉴욕시 리디머교회에도 그가 설교하던 때에 두
번밖에 가 보지 못했다.

2007년 이후로 나는 팀 켈러가 무엇을 읽고 있고 무엇을 배우고 있는지에 대해 전화로, 이메일로, 뉴욕에서, 또 TGC 국내외 행사에서 그와 수없이 많은 대화를 나누었다. 감사하게도 이제 독자들도 이 책을 통해 그 대화들을 듣고 감화를 얻어 각자의 친구 공동체, 각자의 장서, 21세기 사역을 위한 각자의 신학적 비전을 구축할 수 있게 되었다.

〔 감사의 말 〕

"책을 쓰는 데 얼마나 오래 걸렸나요?"

언제 들어도 답하기 어려운 질문이다. 이 책의 경우는 어떨까? 어
떤 면에서 25년이 걸렸고, 내가 팀 켈러를 만난 때로부터 적어도 16년은
걸렸다. 존더밴 출판사에게서 집필 의뢰를 받고 나서 집중한 기간은 3년
이다. 이 프로젝트를 이끄는 긴 여정 가운데 나를 지원해 준 내 오랜 편집
자이자 친구인 라이언 패즈더에게 고마운 마음을 전한다.

자신들의 이야기를 내게 맡겨 준 켈러 부부에게 감사드린다. 자료
를 조사하고 집필하는 내내 나는 무거운 책임감을 느꼈고, 팀의 건강이
좋지 않아서 특히 더 그랬다. 친구들과 가족들을 섭외해 준 것도 감사드
린다. 이 책에 담긴 내용이 켈러 부부가 섬기는 하나님을 영화롭게 하고,
그들 서로 간에 그리고 공동체와 나누는 사랑에 부합하기를 바란다.

많은 사람이 적시에 요긴한 도움으로 협력해 주었다. 본인들은 몰
랐지만 기도 응답이었다. 고든콘웰 시절에 쌓인 소중한 기록물을 모아 건
네준 루이즈 미드우드에게 감사한다. 크레이그 엘리스는 내게 바른 방향

을 가리켜 주었고, 빌리 켈러의 장례 예배 메시지를 찾아 주었다. 제이크 페티는 켈러의 리디머 설교에 인용된 원전들을 분석해 주었다. 고든콘웰 신학교가 이번에 에드먼드 클라우니의 1973년 스테일리 강좌를 찾아내 디지털화했으니 이제 그것이 후대에 길이 감화를 끼치리라 믿는다. 이본 소여는 리디머 초창기 멤버들과 리더들이 모이는 자리에 나를 초대해 주었다.

기도로 지원해 준 TGC 동료들에게 특별한 감사를 전하고 싶다. 줄리어스 김의 리더십이 아니었다면 이 프로젝트는 출간까지 가지 못하고 안건에 머물렀을 것이다. 그 말은 꼭 필요할 때 조언을 베풀어 준 미셸 불럭에게도 똑같이 해당한다. 표지와 책날개에 쓸 사진을 찾아 준 브래넌 맥앨리스터에게 고맙다.

하나님이 내 제2의 고향 앨라배마에 주신 아름다움(특히 마틴 호수와 멘톤)은 집필에 가장 몰입하던 몇 주 동안 내게 영감을 주었다. 너그럽게 자택을 쓰게 해 주신 장인어른과 장모님(폴·아일린 솔터)에게, 그리고 너그럽게 사무실 공간을 쓰게 해 준 비슨신학교(Beeson Divinity School)에 감사를 전한다. 내가 태어난 사우스다코타주에서는 부모님(랜디·줄리 핸슨)이 내게 힘과 지구력을 주시도록 하나님께 기도하셨다. 40년 넘게 사랑으로 희생하신 보람을 이 책에서 조금이나마 느끼셨으면 좋겠다.

이 책뿐만 아니라 사역의 모든 시기마다 아내 로렌만큼 나를 꾸준히 격려해 준 사람은 없다. 이번 집필 과정에서 많은 조언을 해 주고 실제적으로 도와주었으며, 그 와중에 아내는 셋째 아이를 낳았고 우리 교회 여성 사역도 섬기기 시작했다. 한결같이 내 곁에서 모든 일을 함께 겪어 주는 아내에게 감사한다. 우리 아이들 폴 카터, 엘리자베스 오웬, 윌리엄 크리스토퍼에게서 아내의 아름다움과 기쁨이 보인다.

웨일스 부흥 시절의 말투로 내게 신앙의 유산을 물려주고 돌아가신 내 할아버지 윌리엄 오웬 대니얼 주니어에게 이 책을 헌정한다. 그의 이름을 딴 윌리엄 크리스토퍼 핸슨이 그를 본받기를 기도한다.

〔 주 〕

프롤로그

1. 2021년 1월 15일 콜린 핸슨이 크레이그 엘리스를 인터뷰했다.

2. 2021년 2월 12일 콜린 핸슨이 글렌 클라인크넥트를 인터뷰했다.

part 1.

신에게
솔직히

1. 완벽주의 엄마와 외로움

1. 다음 책을 참조하라. Timothy Keller with Kathy Keller, *The Meaning of Marriage: Facing the Complexities of Commitment with the Wisdom of God* (New York: Dutton, 2011), 259-260, 4장, 주17. 팀 켈러, 캐시 켈러, 《팀 켈러, 결혼을 말하다》(두란노 역간).

2. 다음 책을 참조하라. Timothy Keller with Kathy Keller, *Meaning of Marriage*, 151. 팀 켈러, 캐시 켈러, 《팀 켈러, 결혼을 말하다》(두란노 역간).

3. 2021년 1월 27일 콜린 핸슨이 재닛 에시그를 인터뷰했다.

4. Timothy Keller, *Walking with God through Pain and Suffering* (New York: Dutton, 2013), xi. 팀

켈러, 《팀 켈러, 고통에 답하다》(두란노 역간).

5. 2021년 1월 29일 콜린 핸슨이 루이즈 미드우드를 인터뷰했다.

6. 2021년 1월 7일 캐시 켈러가 콜린 핸슨에게 이메일을 보내왔다.

7. 2021년 1월 13일 콜린 핸슨이 섀런 존슨을 인터뷰했다.

8. 2021년 1월 13일 콜린 핸슨이 섀런 존슨을 인터뷰했다.

9. 2021년 2월 16일 캐시 켈러가 콜린 핸슨에게 이메일을 보내왔다.

10. Timothy Keller, *The Reason for God: Belief in an Age of Skepticism* (New York: Dutton, 2008), xi. 팀 켈러, 《팀 켈러, 하나님을 말하다》(두란노 역간).

11. 2022년 5월 20일 콜린 핸슨이 팀 켈러를 인터뷰했다.

2. 부조리한 인간

1. 2022년 5월 20일 콜린 핸슨이 팀 켈러를 인터뷰했다.

2. Thomas J. J. Altizer & William Hamilton, *Radical Theology and the Death of God* (Indianapolis: Bobbs-Merrill, 1966).

3. John Robinson, *Honest to God*, 50주년 기념판 (London: SCM Press, 2013), 뒤표지. 존 로빈슨, 《신에게 솔직히》(대한기독교서회 역간).

4. 다음 책을 참조하라. Timothy Keller, *Hope in Times of Fear: The Resurrection and the Meaning of Easter* (New York: Viking, 2021), 2-4. 팀 켈러, 《팀 켈러의 부활을 입다》(두란노 역간).

5. 다음 책을 참조하라. Timothy Keller, *The Reason for God: Belief in an Age of Skepticism* (New York: Dutton, 2008), xii. 팀 켈러, 《팀 켈러, 하나님을 말하다》(두란노 역간).

6. Timothy Keller, *Generous Justice: How God's Grace Makes Us Just* (New York: Dutton, 2010), xv-xvii. 팀 켈러, 《팀 켈러의 정의란 무엇인가》(두란노 역간).

7. 다음 책을 참조하라. Keller, *Reason for God*, 81-82. 팀 켈러, 《팀 켈러, 하나님을 말하다》(두란노 역간).

8. 다음 책을 참조하라. Keller, *Hope in Times of Fear*, 2. 팀 켈러, 《팀 켈러의 부활을 입다》(두란노 역간).

9. 다음 책을 참조하라. Keller, *Reason for God*, 97-98. 팀 켈러, 《팀 켈러, 하나님을 말하다》(두란노 역간).

10. 2022년 5월 20일 콜린 핸슨이 팀 켈러를 인터뷰했다.

11. 다음 책을 참조하라. Keller, *Reason for God*, xii-xiii. 팀 켈러, 《팀 켈러, 하나님을 말하다》(두

란노 역간).

12. Timothy Keller, *Jesus the King: Understanding the Life and Death of the Son of God* (New York: Penguin, 2013), xx. 팀 켈러, 《팀 켈러의 왕의 십자가》(두란노 역간).

13. Keller, *Jesus the King*, xxi. 팀 켈러, 《팀 켈러의 왕의 십자가》(두란노 역간).

14. 2022년 5월 20일 콜린 핸슨이 팀 켈러를 인터뷰했다.

15. 2021년 1월 21일 콜린 핸슨이 브루스 헨더슨을 인터뷰했다.

16. 다음 책을 참조하라. Keller, *Reason for God*, xiii. 팀 켈러, 《팀 켈러, 하나님을 말하다》(두란노 역간).

17. Keller, *Hope in Times of Fear*, 19-20. 팀 켈러, 《팀 켈러의 부활을 입다》(두란노 역간).

18. 2021년 1월 21일 콜린 핸슨이 브루스 헨더슨을 인터뷰했다.

19. 2021년 1월 27일 콜린 핸슨이 재닛 에시그를 인터뷰했다.

20. 2021년 1월 27일 콜린 핸슨이 재닛 에시그를 인터뷰했다.

21. 2021년 1월 28일 콜린 핸슨이 수 피처트를 인터뷰했다.

22. 2021년 1월 28일 콜린 핸슨이 짐 피처트를 인터뷰했다.

23. 2021년 1월 27일 콜린 핸슨이 재닛 에시그를 인터뷰했다.

24. Timothy J. Keller, "The Girl Nobody Wanted," 출전: *Heralds of the King: Christ-Centered Sermons in the Tradition of Edmund P. Clowney*, Dennis E. Johnson 편집 (Wheaton, IL: Crossway, 2009), 54, www.monergism.com/girl-nobody-wanted-genesis-2915-35. 데니스 존슨 편집, 《모든 성경에서 그리스도를 설교하라》(부흥과개혁사 역간).

25. Timothy Keller, "His Wonderful Light" (설교, Redeemer Presbyterian Church, New York City, 2010년 9월 19일).

26. 2021년 1월 21일 콜린 핸슨이 브루스 헨더슨을 인터뷰했다.

27. 2021년 1월 28일 콜린 핸슨이 수 피처트를 인터뷰했다.

28. A. Donald MacLeod, *C. Stacey Woods and the Evangelical Rediscovery of the University* (Downers Grove, IL: IVP Academic, 2007), 19.

29. 2021년 1월 21일 콜린 핸슨이 브루스 헨더슨을 인터뷰했다.

30. 2022년 5월 20일 콜린 핸슨이 팀 켈러를 인터뷰했다.

31. 2021년 1월 23일 팀 켈러가 콜린 핸슨에게 이메일을 보내왔다.

32. 2021년 3월 4일 콜린 핸슨이 마코 후지무라를 인터뷰했다.

33. 딕 메릿은 켈러가 버크넬에 입학하던 1968년에 38세였다. 장신에 약간 과체중인 그는 목사 특유의 목소리로 듣는 이들을 빨아들였다. 아내 플로렌스(모두에게 플로시로 통했다)와 함께 교회 바로 옆 목사관에 살았다. 군인처럼 일과가 늘 일정하면서도 재즈 음악에서 속구 소프트볼과 멜 브

룩스 영화(《영 프랑켄슈타인》을 특히 좋아했다)에 이르기까지 관심사의 폭이 넓었다. 폭우가 쏟아지지 않는 한 매일 네 블록을 걸어가 석간신문을 사 왔는데, 짧은 거리인데도 인구 5,700명가량의 이 대학촌에서 하도 많은 행인과 대화를 나누느라 60-90분씩 걸렸다. 메릿은 소속 노회에서는 인기가 덜했다. 그래서 정통장로교(OPC)에서 그를 설득하여 더 보수적인 자기네 교단으로 영입하려 했다.

34. 2021년 1월 21일 콜린 핸슨이 브루스 헨더슨을 인터뷰했다.

35. 2021년 1월 22일 브루스 헨더슨이 콜린 핸슨에게 이메일을 보내왔다.

36. 2021년 1월 15일 브루스 헨더슨이 콜린 핸슨에게 이메일을 보내왔다.

3. 성경을 읽고 공부하는 법

1. 2021년 1월 27일 콜린 핸슨이 재닛 에시그를 인터뷰했다.

2. 2021년 1월 27일 콜린 핸슨이 재닛 에시그를 인터뷰했다.

3. 2021년 1월 27일 콜린 핸슨이 재닛 에시그를 인터뷰했다.

4. 2021년 1월 22일 캐시 켈러가 콜린 핸슨에게 이메일을 보내왔다.

5. Keith Hunt & Gladys Hunt, *For Christ and the University: The Story of InterVarsity Christian Fellowship of the U.S.A./1940-1990* (Downers Grove, IL: InterVarsity, 1991), 256.

6. Hunt, *For Christ and the University*, 265.

7. Timothy Keller, "Joshua and the General" (설교, Redeemer Presbyterian Church, New York City, 1996년 9월 22일).

8. 2022년 5월 20일 콜린 핸슨이 팀 켈러를 인터뷰했다.

9. Peter Krol, "The Bible Study Tim Keller Never Forgot," Knowable Word, 2014년 12월 10일, www.knowableword.com/2014/12/10/the-bible-study-tim-keller-never-forgot.

10. 2021년 2월 10일 재닛 에시그가 콜린 핸슨에게 이메일을 보내왔다.

11. 바버라 보이드가 패트리샤 그라만과의 인터뷰 중에 한 말, Oral History Project, 2011년 4월 7일, CD 007, InterVarsity Christian Fellowship Records, Collection 300, Billy Graham Center, Wheaton College, Illinois.

12. 2021년 1월 27일 콜린 핸슨이 재닛 에시그를 인터뷰했다.

13. 2021년 1월 27일 콜린 핸슨이 재닛 에시그를 인터뷰했다.

14. 바버라 보이드가 패트리샤 그라만과의 인터뷰 중에 한 말.

15. Hunt, *For Christ and the University*, 208.

16. A. Donald MacLeod, *C. Stacey Woods and the Evangelical Rediscovery of the University* (Downers Grove, IL: IVP Academic, 2007), 12.

17. Hunt, *For Christ and the University*, 265.

18. Hunt, *For Christ and the University*, 264.

19. 2021년 1월 7일 캐시 켈러가 콜린 핸슨에게 이메일을 보내왔다.

20. Hunt, *For Christ and the University*, 303.

21. Hunt, *For Christ and the University*, 279.

22. Hunt, *For Christ and the University*, 303.

23. MacLeod, *C. Stacey Woods and the Evangelical*, 102-103.

24. MacLeod, *C. Stacey Woods and the Evangelical*, 161.

25. Timothy Keller, *Center Church: Doing Balanced, Gospel-Centered Ministry in Your City* (Grand Rapids: Zondervan, 2012), 79. 팀 켈러, 《팀 켈러의 센터처치》(두란노 역간).

26. Timothy Keller, "Tim Keller speaks at John Stott's US Memorial" (조사, College Church, Wheaton, IL, 2011년 11월 11일), www.youtube.com/watch?v=n3WkROLPCxM.

27. Keller, "Tim Keller speaks at John Stott's US Memorial."

28. Hunt, *For Christ and the University*, 302.

29. Hunt, *For Christ and the University*, 272.

30. Hunt, *For Christ and the University*, 291.

31. 2021년 5월 6일 팀 켈러가 콜린 핸슨에게 이메일을 보내왔다.

32. Gordon Govier, "InterVarsity alumni: Tim Keller," InterVarsity Christian Fellowship, 2009년 10월 6일, https://intervarsity.org/news/intervarsity-alumni-tim-keller.

4. 용감한 캐시

1. Lyle W. Dorsett & Marjorie Lamp Mead 편집, *C. S. Lewis Letters to Children* (New York: Touchstone, 1995), 105.

2. Dorsett & Mead, *C. S. Lewis Letters to Children*, 109.

3. Dorsett & Mead, *C. S. Lewis Letters to Children*, 112.

4. Dorsett & Mead, *C. S. Lewis Letters to Children*, 113.

5. Nate Guidry, "Obituary: Henry R. Kristy /WWII pilot, Westinghouse Power exec,"

Pittsburgh Post-Gazette, 2005년 5월 30일, 16.

6. 2021년 2월 16일 캐시 켈러가 콜린 핸슨에게 이메일을 보내왔다.

7. 2021년 1월 29일 콜린 핸슨이 루이즈 미드우드를 인터뷰했다.

8. Gary Scott Smith, *A History of Christianity in Pittsburgh* (Charleston, SC: History Press, 2019), 64.

9. Sarah Pulliam Bailey, "C. S. Lewis's Pen Pal, Kathy Keller," Religion News Service, 2013년 11월 22일, www.christianitytoday.com/ct/2013/november-web-only/cs-lewiss-penpal-kathy-keller.html.

10. 2021년 1월 28일 콜린 핸슨이 수 피처트를 인터뷰했다.

11. 2021년 1월 29일 콜린 핸슨이 루이즈 미드우드를 인터뷰했다.

12. 다음 책을 참조하라. Timothy Keller with Kathy Keller, *The Meaning of Marriage: Facing the Complexities of Commitment with the Wisdom of God* (New York: Dutton, 2011), 40. 팀 켈러, 캐시 켈러, 《팀 켈러, 결혼을 말하다》(두란노 역간).

13. 2021년 5월 5일 캐시 켈러가 콜린 핸슨에게 이메일을 보내왔다.

14. 2021년 5월 5일 캐시 켈러가 콜린 핸슨에게 이메일을 보내왔다.

15. 2021년 5월 5일 캐시 켈러가 콜린 핸슨에게 이메일을 보내왔다.

16. 2021년 1월 13일 콜린 핸슨이 섀런 존슨을 인터뷰했다.

17. 2021년 5월 5일 캐시 켈러가 콜린 핸슨에게 이메일을 보내왔다.

18. Keller, *Meaning of Marriage*, 10. 팀 켈러, 캐시 켈러, 《팀 켈러, 결혼을 말하다》(두란노 역간).

19. 다음 책을 참조하라. Keller, *Meaning of Marriage*, 30. 팀 켈러, 캐시 켈러, 《팀 켈러, 결혼을 말하다》(두란노 역간).

20. Keller, *Meaning of Marriage*, 216. 팀 켈러, 캐시 켈러, 《팀 켈러, 결혼을 말하다》(두란노 역간).

21. 2021년 2월 4일 캐시 켈러가 콜린 핸슨에게 이메일을 보내왔다.

22. 2021년 1월 29일 콜린 핸슨이 루이즈 미드우드를 인터뷰했다.

23. Keller, *Meaning of Marriage*, 6장, 주28. 팀 켈러, 캐시 켈러, 《팀 켈러, 결혼을 말하다》(두란노 역간).

24. Timothy Keller, *Walking with God through Pain and Suffering* (New York: Dutton, 2013), 4. 팀 켈러, 《팀 켈러, 고통에 답하다》(두란노 역간).

25. 다음 책을 참조하라. Keller, *Meaning of Marriage*, 186-187. 팀 켈러, 캐시 켈러, 《팀 켈러, 결혼을 말하다》(두란노 역간).

26. Timothy Keller, *Counterfeit Gods: The Empty Promises of Money, Sex, and Power, and the Only Hope That Matters* (New York: Dutton, 2009), 209. 팀 켈러, 《팀 켈러의 내가 만든 신》(두란노 역간).

27. 2021년 1월 29일 콜린 핸슨이 루이즈 미드우드를 인터뷰했다.

28. 2021년 1월 28일 콜린 핸슨이 짐 피처트를 인터뷰했다.

29. 2021년 3월 11일 콜린 핸슨이 리즈 카우프먼을 인터뷰했다.

30. 다음 책을 참조하라. Timothy Keller, *The Prodigal Prophet: Jonah and the Mystery of God's Mercy* (New York: Viking, 2018), 229. 팀 켈러, 《팀 켈러의 방탕한 선지자》(두란노 역간).

31. Keller, *Counterfeit Gods*, 210. 팀 켈러, 《팀 켈러의 내가 만든 신》(두란노 역간).

32. Keller, *Meaning of Marriage*, 171. 팀 켈러, 캐시 켈러, 《팀 켈러, 결혼을 말하다》(두란노 역간).

33. 2021년 1월 29일 콜린 핸슨이 루이즈 미드우드를 인터뷰했다.

34. Timothy Keller, "Truth, Tears, Anger, and Grace," (설교, Redeemer Presbyterian Church, New York City, 2001년 9월 16일), www.youtube.com/watch?v=KkZqsZqiEIA.

35. 다음 책을 참조하라. Keller, *Walking with God through Pain and Suffering*, 6. 팀 켈러, 《팀 켈러, 고통에 답하다》(두란노 역간).

36. 2021년 3월 18일 콜린 핸슨이 캐시 암스트롱을 인터뷰했다.

37. 2021년 3월 18일 캐시 암스트롱이 콜린 핸슨에게 이메일을 보내왔다.

5. 참된 신화

1. 2021년 3월 4일 콜린 핸슨이 마코 후지무라를 인터뷰했다.

2. 다음 책을 참조하라. Timothy Keller, *Jesus the King: Understanding the Life and Death of the Son of God* (New York: Penguin, 2013), 6-7. 팀 켈러, 《팀 켈러의 왕의 십자가》(두란노 역간).

3. Timothy Keller with Kathy Keller, *The Meaning of Marriage: Facing the Complexities of Commitment with the Wisdom of God* (New York: Dutton, 2011), 74. 팀 켈러, 캐시 켈러, 《팀 켈러, 결혼을 말하다》(두란노 역간).

4. Timothy Keller, "Service of Remembrance on 9/11," https://discover.redeemer.com/docs/service_of_remembrance.pdf.

5. 2021년 3월 4일 콜린 핸슨이 마코 후지무라를 인터뷰했다.

6. Timothy Keller, "Self-Control: Part 2" (설교, Redeemer Presbyterian Church, New York City, 1990년 4월 15일).

7. 2022년 5월 20일 콜린 핸슨이 팀 켈러를 인터뷰했다.

8. J. R. R. Tolkien, *The Return of the King* (New York: HarperCollins, 2004), 1148-1149. J. R. R. 톨킨, 《왕의 귀환》(아르테 역간).

9. Keller, *Jesus the King*, 231. 팀 켈러, 《팀 켈러의 왕의 십자가》(두란노 역간).

10. Timothy Keller, *Preaching: Communicating Faith in an Age of Skepticism* (New York: Viking, 2015), 176. 팀 켈러, 《팀 켈러의 설교》(두란노 역간).

11. Timothy Keller, "An Old Woman's Laughter" (설교, Redeemer Presbyterian Church, New York City, 1997년 9월 14일).

12. Timothy Keller, "The Joy of Jesus" (설교, Redeemer Presbyterian Church, New York City, 1998년 5월 3일), https://podcast.gospelinlife.com/e/the-joy-of-jesus-1630526615. https://lifecoach4god. life/2013/08/04/tim-keller-on-the-joy-of-knowing-jesus.

13. 다음 책을 참조하라. Keller, *Preaching*, 308-309, 주30. 팀 켈러, 《팀 켈러의 설교》(두란노 역간).

14. Keller, "Joy of Jesus."

6. 웰컴, 회의론자!

1. Charles E. Cotherman, *To Think Christianly: A History of L'Abri, Regent College, and the Christian Study Center Movement* (Downers Grove, IL: IVP Academic, 2020), 14.

2. Cotherman, *To Think Christianly*, 121.

3. Stephen J. Nichols, *R. C. Sproul: A Life* (Wheaton, IL: Crossway, 2021), 90-91.

4. Nichols, *R. C. Sproul*, 63.

5. Gary Scott Smith, *A History of Christianity in Pittsburgh* (Charleston, SC: History Press, 2019), 16.

6. Smith, *History of Christianity in Pittsburgh*, 12.

7. Sarah Pulliam Bailey, "C. S. Lewis's Pen Pal, Kathy Keller," Religion News Service, 2013년 11월 22일, www.christianitytoday.com/ct/2013/november-web-only/cs-lewiss-penpal-kathy-keller.html.

8. Cotherman, *To Think Christianly*, 2.

9. Cotherman, *To Think Christianly*, 2.

10. Nichols, *R. C. Sproul*, 94.

11. Cotherman, *To Think Christianly*, 5.

12. Cotherman, *To Think Christianly*, 16.

13. Cotherman, *To Think Christianly*, 29.

14. Nichols, *R. C. Sproul*, 93.

15. Nichols, *R. C. Sproul*, 249.

16. Nichols, *R. C. Sproul*, 84.

17. 2021년 3월 4일 팀 켈러가 콜린 핸슨에게 이메일을 보내왔다.

18. Nichols, *R. C. Sproul*, 102.

19. 2021년 3월 4일 팀 켈러가 콜린 핸슨에게 이메일을 보내왔다.

20. 2021년 1월 7일 캐시 켈러가 콜린 핸슨에게 이메일을 보내왔다.

21. 2022년 5월 20일 콜린 핸슨이 팀 켈러를 인터뷰했다.

22. Timothy Keller, "Doubters Welcome," Redeemer Report, 2014년, www.redeemer.com/redeemer-report/article/doubters_welcome.

part 2.

학문의 장,
벗과 스승들

7. 신학적 다양성

1. George M. Marsden, *Reforming Fundamentalism: Fuller Seminary and the New Evangelicalism* (Grand Rapids: Eerdmans, 1987), 211-12. Justin Gerald Taylor, "John Piper: The Making of a Christian Hedonist," 박사 학위 논문 (The Southern Baptist Theological Seminary, 2015), 127-129.

2. 1977년 국제성경무오협회가 창설될 때 R. C. 스프로울, 에드먼드 클라우니, 로저 니콜 등 켈러의 여러 스승이 참여했다.

3. 2021년 1월 29일 콜린 핸슨이 루이즈 미드우드를 인터뷰했다.

4. 2022년 5월 20일 콜린 핸슨이 팀 켈러를 인터뷰했다.

5. 윌리엄 레인은 예수님이 겟세마네에서 기도하실 때 "내 마음이 심히 고민하여 죽게 되었으니"라고 말씀하신 마가복음 14장 34절을 주해하며 이렇게 썼다. "예수님은 배반당하시기 전 막간에 아버지와 함께 있으러 가셨는데 그분 앞에 천국 대신 지옥이 펼쳐졌다. 그래서 휘청거리셨다." "나의 하나님, 나의 하나님 어찌하여 나를 버리셨나이까"(막 15:34)라는 구절에 대해서는 이렇게 결론지었다. "이 절규에 담긴 깊은 진정성은 죗값이 다 치러졌다는 확신을 준다. 죽으실 때 예수님은 하나님을 부인하신 게 아니다. 하나님께 버림받으신 생지옥 속에서도 그분은 하나님을 믿

396

는 믿음을 저버리지 않으셨고, 고뇌에 찬 기도마저 '나의 하나님, 나의 하나님'이라는 긍정의 절
규로 표현하셨다"(*The Gospel of Mark* (Grand Rapids: Eerdmans, 1974), 516, 573). 켈러의 글과 설
교에 이 겟세마네 장면이 자주 등장한다. 첫 베스트셀러《팀 켈러, 하나님을 말하다》에도 그는
자신의 이 신약학 교수 글을 인용하며 이렇게 썼다. "기독교 신학이 늘 인식해 왔듯이 인류가 하
나님께 영원히 버림받아 마땅한 것을 예수께서 우리의 대속물로서 대신 당하셨다"(*The Reason
for God: Belief in an Age of Skepticism* (New York: Dutton, 2008), 29). 팀 켈러,《팀 켈러, 하나님
을 말하다》(두란노 역간).

6. Mark A. Noll, *Between Faith and Criticism: Evangelicals, Scholarship, and the Bible in
America* (Grand Rapids: Baker, 1986), 118.

7. 켈러의 첫 학년 이후로 레인은 부인과 이혼하고 고든콘웰을 떠났다.

8. 2022년 7월 18일 팀 켈러가 콜린 핸슨에게 이메일을 보내왔다.

9. Timothy Keller, "Christ Our Head" (설교, Redeemer Presbyterian Church, New York City, 1989년 7월 9일),
https://lifecoach4god.life/2013/10/27/sunday-sermon-dr-tim-keller-on-christ-our-head.

10. Timothy Keller, "Reconciliation" (설교, Redeemer Presbyterian Church, New York City, 2003년 6월 29일),
www.youtube.com/watch?v=lcNIyJZ2bbU.

8. 〈탁상 담화〉

1. Elisabeth Leitch, "Table Talk," *The Paper*, 1975년 2월 18일.

2. 다음 책을 참조하라. Timothy Keller with Kathy Keller, *The Meaning of Marriage: Facing
the Complexities of Commitment with the Wisdom of God* (New York: Dutton, 2011), 270, 6장, 주
29. 팀 켈러, 캐시 켈러,《팀 켈러, 결혼을 말하다》(두란노 역간).

3. 2021년 2월 4일 캐시 켈러가 콜린 핸슨에게 이메일을 보내왔다.

4. 다음 책에 인용된 캐시 크리스티의 글이다. Elisabeth Elliot, *Let Me Be a Woman: Notes to My
Daughter on the Meaning of Womanhood* (1976; 재판, Wheaton, IL: Tyndale, 1999), 50-51.

5. Elliot, *Let Me Be a Woman*, 16.

6. Elliot, *Let Me Be a Woman*, 40.

7. Kathy Keller, *Jesus, Justice, and Gender Roles: A Case for Gender Roles in Ministry* (Grand
Rapids: Zondervan, 2012), 11.

8. Gary Scott Smith, *A History of Christianity in Pittsburgh* (Charleston, SC: History Press, 2019), 12.

9. Kathy Keller, *Jesus, Justice, and Gender Roles*, 42. 다음 책도 참조하라. Keller, *Meaning of
Marriage*, 267-268, 6장, 주14. 팀 켈러, 캐시 켈러,《팀 켈러, 결혼을 말하다》(두란노 역간).

10. 다음 책을 참조하라. Timothy Keller, *Walking with God through Pain and Suffering* (New York: Dutton, 2013), 174. 팀 켈러, 《팀 켈러, 고통에 답하다》(두란노 역간).

11. Smith, *History of Christianity in Pittsburgh*, 16. 팀 켈러, 《팀 켈러, 고통에 답하다》(두란노 역간).

12. 애디슨 리치는 고든콘웰신학교 개교 때부터 암으로 사망한 1973년까지 그 학교에서 가르쳤다. 그전에는 1961년까지 피츠버그-지니어신학교 교수로 섬겼고, 1940-1946년에는 피츠버그와 북쪽 이리호 중간쯤의 펜실베이니아주 그로브시티에 있는 그로브시티칼리지에서 남학생 처장 및 교목으로 재직했다. 바튼 배비지는 고국 호주로 돌아갔고, 윌리엄 레인은 비서와 함께 달아났다.

13. 2021년 1월 29일 콜린 핸슨이 루이즈 미드우드를 인터뷰했다.

14. 2021년 1월 29일 콜린 핸슨이 루이즈 미드우드를 인터뷰했다.

15. 2021년 1월 29일 콜린 핸슨이 루이즈 미드우드를 인터뷰했다.

16. Kathy Keller, "The Nestorian Threat to Christmas," Redeemer Report, 2012년 12월, www.redeemer.com/redeemer-report/article/the_nestorian_threat_to_christmas.

17. 2021년 2월 15일 존 팰러푸터스가 콜린 핸슨에게 이메일을 보내왔다.

18. "The Issue of Biblical Authority Brings a Scholar's Resignation," *Christianity Today*, 1983년 7월 15일, www.christianitytoday.com/ct/1983/july-15/issue-of-biblical-authority-brings-scholars-resignation.html.

19. Timothy Keller, *Center Church: Doing Balanced, Gospel-Centered Ministry in Your City* (Grand Rapids: Zondervan, 2012), 107, 주8. 팀 켈러, 《팀 켈러의 센터처치》(두란노 역간).

20. "Fuller Theological Seminary Professor David Scholer Dies at 70," *Pasadena Star-News*, 2008년 8월 27일, https://blackchristiannews.wordpress.com/2008/08/27/fuller-theological-seminary-professor-david-scholer-dies-at-70.

9. 이견(異見)의 즐거운 공존

1. Mark Dever, "Reflections on Roger Nicole," 9Marks, 2014년 6월 11일, www.9marks.org/article/reflections-on-roger-nicole.

2. Dever, "Reflections on Roger Nicole."

3. 2021년 6월 10일 존 뮤서가 콜린 핸슨에게 이메일을 보내왔다.

4. 2022년 5월 20일 콜린 핸슨이 팀 켈러를 인터뷰했다.

5. 2021년 1월 29일 콜린 핸슨이 루이즈 미드우드를 인터뷰했다.

6. Collin Hansen, "Carson, Keller, and Dever Remember Roger Nicole," The Gospel Coalition, 2010년 12월 11일, www.thegospelcoalition.org/article/carson-keller-and-dever-remember-roger-nicole.

7. Sally Lloyd-Jones, *The Jesus Storybook Bible: Every Story Whispers His Name* (Grand Rapids: Zonderkidz, 2007). 셀리 로이드 존스, 《스토리 바이블》(두란노 역간).

8. Timothy Keller, *Center Church: Doing Balanced, Gospel-Centered Ministry in Your City* (Grand Rapids: Zondervan, 2012), 131. 팀 켈러, 《팀 켈러의 센터처치》(두란노 역간).

9. 2021년 3월 4일 팀 켈러가 콜린 핸슨에게 이메일을 보내왔다.

10. 2021년 1월 29일 콜린 핸슨이 루이즈 미드우드를 인터뷰했다.

11. 2021년 1월 29일 콜린 핸슨이 루이즈 미드우드를 인터뷰했다.

10. 영적 역학, 부흥의 역학

1. Timothy Keller, "Cleansing of the Spirit" (설교, Redeemer Presbyterian Church, New York City, 1997년 3월 23일).

2. Timothy Keller, "The Book Tim Keller Says We Can't Do Without," The Gospel Coalition, 2020년 8월 24일, www.thegospelcoalition.org/reviews/dynamics-spiritual-life-richard-lovelace.

3. Timothy Keller, *Center Church: Doing Balanced, Gospel-Centered Ministry in Your City* (Grand Rapids: Zondervan, 2012), 54. 팀 켈러, 《팀 켈러의 센터처치》(두란노 역간).

4. Keller, *Center Church*, 55. 팀 켈러, 《팀 켈러의 센터처치》(두란노 역간).

5. Keller, *Center Church*, 74. 팀 켈러, 《팀 켈러의 센터처치》(두란노 역간).

6. Richard F. Lovelace, *Dynamics of Spiritual Life: An Evangelical Theology of Renewal* (Downers Grove, IL: InterVarsity, 1979), 101.

7. Keller, *Center Church*, 54. 팀 켈러, 《팀 켈러의 센터처치》(두란노 역간).

8. Lovelace, *Dynamics of Spiritual Life*, 211-212.

9. Timothy Keller, *The Prodigal God: Recovering the Heart of the Christian Faith* (New York: Dutton, 2008), 54. 팀 켈러, 《팀 켈러의 탕부 하나님》(두란노 역간).

10. Timothy Keller, "The Sin of Racism," *Life in the Gospel*, 2020년 여름, https://quarterly.gospelinlife.com/the-sin-of-racism.

11. Lovelace, *Dynamics of Spiritual Life*, 207.

12. Timothy Keller, *Generous Justice: How God's Grace Makes Us Just* (New York: Dutton, 2010), 68-75. 팀 켈러, 《팀 켈러의 정의란 무엇인가》(두란노 역간).

13. 다음 책을 참조하라. Timothy Keller, *The Reason for God: Belief in an Age of Skepticism* (New York: Dutton, 2008), 168. 팀 켈러, 《팀 켈러, 하나님을 말하다》(두란노 역간).

14. Keller, *Center Church*, 68. 팀 켈러, 《팀 켈러의 센터처치》(두란노 역간).

15. George M. Marsden, *Jonathan Edwards: A Life* (New Haven, CT: Yale University Press, 2003), 471. 조지 M. 마즈던, 《조나단 에드워즈 평전》(부흥과개혁사 역간).

16. Marsden, *Jonathan Edwards*, 464. 조지 M. 마즈던, 《조나단 에드워즈 평전》(부흥과개혁사 역간).

17. Marsden, *Jonathan Edwards*, 468. 조지 M. 마즈던, 《조나단 에드워즈 평전》(부흥과개혁사 역간).

18. Marsden, *Jonathan Edwards*, 470. 조지 M. 마즈던, 《조나단 에드워즈 평전》(부흥과개혁사 역간).

19. Marsden, *Jonathan Edwards*, 470. 조지 M. 마즈던, 《조나단 에드워즈 평전》(부흥과개혁사 역간).

20. Keller, *Generous Justice*, 183. 팀 켈러, 《팀 켈러의 정의란 무엇인가》(두란노 역간).

21. Marsden, *Jonathan Edwards*, 471. 조지 M. 마즈던, 《조나단 에드워즈 평전》(부흥과개혁사 역간).

22. Christopher Lasch, *The True and Only Heaven: Progress and Its Critics* (New York: Norton, 1991), 257. 크리스토퍼 래시, 《진보의 착각》(휴머니스트 역간).

23. 다음 책을 참조하라. Timothy Keller, *Preaching: Communicating Faith in an Age of Skepticism* (New York: Viking, 2015), 160. 팀 켈러, 《팀 켈러의 설교》(두란노 역간).

24. Keller, *Preaching*, 162. 팀 켈러, 《팀 켈러의 설교》(두란노 역간).

25. Jonathan Edwards, "A Divine and Supernatural Light," 출전: *Selected Sermons of Jonathan Edwards*, H. Norman Gardiner 편집 (New York: Macmillan, 1904), 29. 조나단 에드워즈, 《신적이며 영적인 빛》(부흥과개혁사 역간).

26. Keller, *Preaching*, 165-166. 팀 켈러, 《팀 켈러의 설교》(두란노 역간).

27. Timothy Keller, "Wise Relationships" (설교, Redeemer Presbyterian Church, New York City, 1996년 2월 11일).

28. Timothy Keller, *Jesus the King: Understanding the Life and Death of the Son of God* (New York: Penguin, 2013), 133. 팀 켈러, 《팀 켈러의 왕의 십자가》(두란노 역간).

29. 다음 책을 참조하라. Timothy Keller, *Hope in Times of Fear: The Resurrection and the Meaning of Easter* (New York: Viking, 2021), 119-120. 팀 켈러, 《팀 켈러의 부활을 입다》(두란노 역간).

30. Archibald Alexander, *Thoughts on Religious Experience* (Edinburgh: Banner of Truth, 1967), xvii. 아치볼드 알렉산더, 《영적 체험: 회심에서 임종까지》(지평서원 역간).

31. Jonathan Edwards, "Heaven Is a World of Love," 출전: *The Sermons of Jonathan Edwards:*

A Reader, Wilson H. Kimnach, Kenneth P. Minkema & Douglas Sweeney 편집 (New Haven, CT: Yale University Press, 1999), 242-272. 조나단 에드워즈, 《천국은 사랑의 나라입니다》(부흥과개혁사 역간).

32. 다음 책을 참조하라. Timothy Keller, *Making Sense of God: An Invitation to the Skeptical* (New York: Viking, 2016), 169. 팀 켈러, 《팀 켈러의 답이 되는 기독교》(두란노 역간).

33. Edwards, "Heaven Is a World of Love," 252-253. 조나단 에드워즈, 《천국은 사랑의 나라입니다》(부흥과개혁사 역간).

34. Timothy Keller, "The Counterintuitive Calvin," The Gospel Coalition, 2012년 11월 14일, www.thegospelcoalition.org/reviews/counterintuitive-calvin.

part 3.　　　　　　　　　　　　　　　　　　　　　불 시험

11. 남부 화학공업 중심지, 실전 목양

1. 2021년 2월 1일 콜린 핸슨이 그레이엄 하월을 인터뷰했다.

2. "Industrial Hopewell," *Washington Post*, 1989년 10월 2일, www.washingtonpost.com/archive/business/1989/10/02/industrial-hopewell/4d3af332-cc65-443d-a405-04d72134c0e4.

3. Richard Foster, "Kepone: The 'Flour' Factory," *Richmond Magazine*, 2005년 7월 8일, https://richmondmagazine.com/news/kepone-disaster-pesticide.

4. 2021년 1월 21일 콜린 핸슨이 브루스 헨더슨을 인터뷰했다.

5. 2020년 5월 20일 콜린 핸슨이 팀 켈러를 인터뷰했다.

6. "Fort Lee," MilitaryBases.us, www.militarybases.us/army/fort-lee.

7. 2021년 2월 1일 콜린 핸슨이 그레이엄 하월을 인터뷰했다.

8. 다음 책을 참조하라. Timothy Keller, *Generous Justice: How God's Grace Makes Us Just* (New York: Dutton, 2010), xx. 팀 켈러, 《팀 켈러의 정의란 무엇인가》(두란노 역간).

9. 2021년 2월 1일 콜린 핸슨이 로리 하월을 인터뷰했다.

10. 2021년 2월 1일 콜린 핸슨이 로리 하월을 인터뷰했다.

11. 2020년 5월 20일 콜린 핸슨이 팀 켈러를 인터뷰했다.

12. Nicholas Wolterstorff, "The AACS in the CRC," *Reformed Journal* 24 (1974년 12월): 9-16.

13. George Marsden, "Introduction: Reformed and American," 출전: *Reformed Theology in America: A History of Its Modern Development*, David F. Wells 편집 (Grand Rapids: Baker, 1997), 1-12. 데이빗 F. 웰스 편집, 《개혁주의 신학: 현대 개혁주의 역사》(한국기독교사연구소 역간).

14. 2021년 6월 4일 콜린 핸슨이 팀 켈러를 인터뷰했다.

15. 2021년 2월 1일 콜린 핸슨이 로리 하월을 인터뷰했다.

16. 2022년 5월 20일 콜린 핸슨이 팀 켈러를 인터뷰했다.

17. 다음 책을 참조하라. Timothy Keller with Kathy Keller, *The Meaning of Marriage: Facing the Complexities of Commitment with the Wisdom of God* (New York: Dutton, 2011), 102. 팀 켈러, 캐시 켈러, 《팀 켈러, 결혼을 말하다》(두란노 역간).

18. 2022년 5월 20일 콜린 핸슨이 팀 켈러를 인터뷰했다.

19. 2021년 2월 1일 콜린 핸슨이 로리 하월을 인터뷰했다.

20. Graham Howell, "How God Is Making Me into Who I'm Meant to Be," *Life in the Gospel*, 2020년 봄, https://quarterly.gospelinlife.com/how-god-is-making-me-into-who-im-meant-to-be.

21. 2021년 2월 1일 콜린 핸슨이 그레이엄 하월을 인터뷰했다.

22. Timothy Keller, 페이스북 게시물, 2021년 1월 9일, www.facebook.com/TimKellerNYC/posts/3837664312940093.

23. Timothy Keller, *Preaching: Communicating Faith in an Age of Skepticism* (New York: Viking, 2015), 211-212. 팀 켈러, 《팀 켈러의 설교》(두란노 역간).

24. Keller, *Preaching*, 211-212. 팀 켈러, 《팀 켈러의 설교》(두란노 역간).

25. 2022년 5월 20일 콜린 핸슨이 팀 켈러를 인터뷰했다.

26. Timothy Keller, *Generous Justice*, xvii-xviii. 팀 켈러, 《팀 켈러의 정의란 무엇인가》(두란노 역간).

27. 2021년 2월 1일 콜린 핸슨이 로리 하월을 인터뷰했다.

28. Timothy Keller, *Center Church: Doing Balanced, Gospel-Centered Ministry in Your City* (Grand Rapids: Zondervan, 2012), 370. 팀 켈러, 《팀 켈러의 센터처치》(두란노 역간).

29. 2021년 2월 1일 콜린 핸슨이 로리 하월을 인터뷰했다.

30. 2021년 2월 1일 콜린 핸슨이 로리 하월을 인터뷰했다.

31. 2021년 2월 1일 콜린 핸슨이 로리 하월을 인터뷰했다.

32. 2022년 5월 20일 콜린 핸슨이 팀 켈러를 인터뷰했다.

33. 2021년 2월 1일 콜린 핸슨이 로리 하월을 인터뷰했다.

34. 2021년 3월 2일 콜린 핸슨이 존 파이퍼를 인터뷰했다.

35. "존 오웬도 최소한 바울만큼이나 많은 환난을 겪었다. 그의 첫 아내와 열한 자녀가 모두 그보다 먼저 죽었다. 1662년에 내려진 대추방령[영국 국교회에서 비국교도를 추방한 왕령-옮긴이] 때문에 그도 다른 청교도 목사들과 함께 교회에서 쫓겨나 실직자가 되었다"(Keller, *Hope in Times of Fear*, 188). 팀 켈러, 《팀 켈러의 부활을 입다》(두란노 역간).

36. The Gospel Coalition, "Get More Rings in Your Tree," *Vimeo* 동영상, 11:33, 2014년 7월 9일. https://vimeo.com/100309192

37. 2022년 5월 20일 콜린 핸슨이 팀 켈러를 인터뷰했다.

38. 2021년 3월 5일 콜린 핸슨이 존 핸퍼드를 인터뷰했다.

39. Sarah Eekhoff Zylstra, "Has Global Religious Freedom Seen Its Best Days?," The Gospel Coalition, 2021년 5월 25일, www.thegospelcoalition.org/article/religious-freedom.

12. 전개되는 드라마

1. Timothy Keller, "Finding Our Identity in Christ—Part 1" (설교, Redeemer Presbyterian Church, New York City, 1989년 10월 29일), https://podcast.gospelinlife.com/e/finding-our-identity-in-christ-part-1/2.

2. Timothy J. Keller, "The Girl Nobody Wanted: Genesis 29:15-35," 출전: *Heralds of the King: Christ-Centered Sermons in the Tradition of Edmund P. Clowney*, Dennis E. Johnson 편집 (Wheaton, IL: Crossway, 2009), 54. 데니스 존슨 편집, 《모든 성경에서 그리스도를 설교하라》(부흥과 개혁사 역간).

3. 2021년 1월 7일 캐시 켈러가 콜린 핸슨에게 이메일을 보내왔다.

4. 2021년 6월 8일 콜린 핸슨이 D. 클레어 데이비스를 인터뷰했다.

5. Dennis E. Johnson, "Preface," 출전: *Heralds of the King*, 11.

6. Edmund P. Clowney, *The Unfolding Mystery: Discovering Christ in the Old Testament* (Phillipsburg, NJ: P&R, 1988), 11. 에드먼드 클라우니, 《구약에 나타난 그리스도》(네비게이토 역간).

7. Clowney, *Unfolding Mystery*, 13. 에드먼드 클라우니, 《구약에 나타난 그리스도》(네비게이토 역간).

8. J. I. 패커(Packer)가 다음 책에 쓴 서문. Clowney, *Unfolding Mystery*, 8. 에드먼드 클라우니, 《구약에 나타난 그리스도》(네비게이토 역간).

9. 팀 켈러가 다음 책에 쓴 서문. Alec Motyer, *A Christian's Pocket Guide to Loving the Old Testament: One Book, One God, One Story* (Ross-Shire, Scotland: Christian Focus, 2015), xi-xii. 알

렉 모티어, 《구약성경, 왜 읽어야 하나?》(아가페북스 역간).

10. 팀 켈러가 다음 책에 쓴 서문. Motyer, *Christian's Pocket*, ix-xii. 알렉 모티어, 《구약성경, 왜 읽어야 하나?》(아가페북스 역간).

11. 2021년 6월 8일 콜린 핸슨이 D. 클레어 데이비스를 인터뷰했다.

12. 2021년 1월 7일 캐시 켈러가 콜린 핸슨에게 이메일을 보내왔다.

13. Keller, "The Girl Nobody Wanted," 54-55.

14. Edmund P. Clowney, "The Lord and the Word" (강연, Gordon-Conwell Theological Seminary, South Hamilton, MA, 1973년 3월 26일).

15. Edmund P. Clowney, "The Sufferings of Christ and the Glory" (강연, GordonConwell Theological Seminary, South Hamilton, MA, 1973년 3월 27일).

16. Timothy Keller, *Jesus the King: Understanding the Life and Death of the Son of God* (New York: Penguin, 2013), 157-158. 팀 켈러, 《팀 켈러의 왕의 십자가》(두란노 역간).

17. Edmund P. Clowney, "The Fullness of Christ" (강연, Gordon-Conwell Theological Seminary, South Hamilton, MA, 1973년 3월 28일).

18. Edmund P. Clowney, "The Praise of Christ" (강연, Gordon-Conwell Theological Seminary, South Hamilton, MA, 1973년 3월 30일).

19. Edmund P. Clowney, "The Salvation of Christ" (강연, Gordon-Conwell Theological Seminary, South Hamilton, MA, 1973년 3월 27일).

20. Clowney, "Fullness of Christ."

21. Clowney, "Salvation of Christ."

22. Julius J. Kim, "Rock of Ages," 출전: *Heralds of the King*, 56.

23. Edmund P. Clowney, "The Wisdom of Christ" (강연, Gordon-Conwell Theological Seminary, South Hamilton, MA, 1973년 3월 29일).

24. Clowney, "Salvation of Christ."

25. Timothy Keller, *Preaching: Communicating Faith in an Age of Skepticism* (New York: Viking, 2015), 60. 팀 켈러, 《팀 켈러의 설교》(두란노 역간).

26. Timothy Keller, "What Is Gospel-Centered Ministry?" (강연, The Gospel Coalition National Conference, Deerfield, IL, 2007년 5월 23일), www.thegospelcoalition.org/conference_media/gospel-centered-ministry.

27. Timothy Keller, "Born of the Gospel" (설교, Redeemer Presbyterian Church, New York City, 2001년 2월 11일).

28. Keller, "What Is Gospel-Centered Ministry?"

29. Clowney, "Wisdom of Christ."

30. Timothy Keller, *The Prodigal God: Recovering the Heart of the Christian Faith* (New York: Dutton, 2008), xiii. 팀 켈러, 《팀 켈러의 탕부 하나님》(두란노 역간).

31. 2021년 1월 7일 캐시 켈러가 콜린 핸슨에게 이메일을 보내왔다.

32. Timothy Keller, "Second Lost Son (and the Dance of God)" (설교, Redeemer Presbyterian Church, New York City, 1998년 1월 25일), https://podcast.gospelinlife.com/e/second-lost-son-and-the-dance-of-god.

33. Keller, *Prodigal God*, 15-16. 팀 켈러, 《팀 켈러의 탕부 하나님》(두란노 역간).

34. Timothy Keller, "First Lost Son (and the Kiss of God)" (설교, Redeemer Presbyterian Church, New York City, 1998년 1월 18일).

35. 2021년 6월 8일 콜린 핸슨이 D. 클레어 데이비스를 인터뷰했다.

36. 팀 켈러가 고든콘웰에서 배운 상담 방식은 일반 심리학과 기독교적 통찰을 통합하는 쪽이었다. 하지만 그와 캐시(고든콘웰에서 상담학으로 학위를 받았다)는 1971년 웨스트민스터에서 제이 아담스에게 배운 방식을 선호했다. 그런데 호프웰에서 그 방법으로 상담해 본 후에 팀 켈러는 아담스의 접근법이 행동주의적임을("행동이 바르면 감정도 바르게 따라온다") 경험으로 알게 되었다. 동기와 정서까지 제대로 포괄하여 마음에 이르러야 하는데 그렇지 못했던 것이다. 현대 심리학과 그것이 정서와 동기를 다루는 방식을 배격하는 아담스에게서 코닐리어스 밴 틸의 반정립이 너무 많이 보였다. 켈러는 일반 은혜(비신자들의 세계관에 일관성이 없을 수 있으며, 따라서 그들이 말하는 지혜와 통찰이 자신들이 아는 것 이상일 수 있다는 진리)를 참고하고 싶었다. 데이비드 폴리슨과 에드 웰치는 CCEF를 통해 켈러를 마음과 사랑과 동기까지 포괄하는 성경적 상담 쪽으로 바로잡아 주었다. 폴리슨처럼 웨스트민스터 교수로도 재직 중이던 CCEF 대표 존 베틀러는 상담가들에게 "개인 심리학"의 알프레드 아들러 같은 일반 심리학자들의 책을 읽을 것을 권했다. 아들러는 모든 인간을 추동하는 어떤 동기가 있어, 뭔가를 얻으면 자신의 삶이 잘될 거라고 믿는다고 가르쳤다. 그 갈망이 실재를 규정하고 정서를 지배한다는 것이다. 베틀러가 지적했듯이 우상숭배에 대한 이 심리학적 통찰은 인간의 마음에 대한 그리고 인정과 권력과 위안과 통제를 추구하는 인간의 성향에 대한 성경의 가르침에 부합한다. 다음 글을 참조하라. Timothy Keller, "Worship Worthy of the Name," 출전: *Changing Lives through Preaching and Worship* (New York: Moorings, 1995), 178-185, www.christianitytoday.com/pastors/2007/july-online-only/013006a.html.

37. 2021년 6월 14일 콜린 핸슨이 론 러츠를 인터뷰했다.

38. 다음 기사를 참조하라. David Powlison, "Idols of the Heart and 'Vanity Fair,'" *Journal of Biblical Counseling* 13, no. 2 (1995년 겨울): 35-50, www.ccef.org/wp-content/uploads/2009/10/Idols-of-the-Heart-and-Vanity-Fair.pdf.

39. Keller, *Prodigal God*, 134-135. 팀 켈러, 《팀 켈러의 탕부 하나님》(두란노 역간).

40. 2021년 2월 2일 콜린 핸슨이 스티브 아르치에리를 인터뷰했다.

41. 2021년 1월 15일 콜린 핸슨이 크레이그 엘리스를 인터뷰했다.

42. Keller, *Preaching*, 41. 팀 켈러, 《팀 켈러의 설교》(두란노 역간).

13. 복음으로 빚어지다

1. Edmund P. Clowney, "Moulded by the Gospel," *Presbyterian Guardian* 38, no. 5 (1969년 5월): 55, www.opc.org/cfh/guardian/Volume_38/1969-05.pdf.

2. Clowney, "Moulded by the Gospel," 55.

3. Clowney, "Moulded by the Gospel," 56-57.

4. Clowney, "Moulded by the Gospel," 57

5. Clowney, "Moulded by the Gospel," 58.

6. Clowney, "Moulded by the Gospel," 58.

7. 2021년 6월 8일 콜린 핸슨이 D. 클레어 데이비스를 인터뷰했다.

8. 2021년 6월 14일 론 러츠가 콜린 핸슨에게 이메일을 보내왔다.

9. 2022년 5월 20일 콜린 핸슨이 팀 켈러를 인터뷰했다.

10. Timothy Keller, *Generous Justice: How God's Grace Makes Us Just* (New York: Dutton, 2010), xviii-xix. 팀 켈러, 《팀 켈러의 정의란 무엇인가》(두란노 역간).

11. Harvie M. Conn, *Evangelism: Doing Justice and Preaching Grace* (Grand Rapids: Zondervan, 1982), 13.

12. 2021년 6월 8일 콜린 핸슨이 D. 클레어 데이비스를 인터뷰했다.

13. Timothy Keller, *Center Church: Doing Balanced, Gospel-Centered Ministry in Your City* (Grand Rapids: Zondervan, 2012), 103. 팀 켈러, 《팀 켈러의 센터처치》(두란노 역간).

14. Keller, *Center Church*, 120-121. 팀 켈러, 《팀 켈러의 센터처치》(두란노 역간).

15. Keller, *Center Church*, 89. 팀 켈러, 《팀 켈러의 센터처치》(두란노 역간).

16. Keller, *Center Church*, 109. 팀 켈러, 《팀 켈러의 센터처치》(두란노 역간).

17. Keller, *Center Church*, 125. 팀 켈러, 《팀 켈러의 센터처치》(두란노 역간).

18. Keller, *Center Church*, 121. 팀 켈러, 《팀 켈러의 센터처치》(두란노 역간).

19. Keller, *Center Church*, 20. 팀 켈러, 《팀 켈러의 센터처치》(두란노 역간).

20. Keller, *Center Church*, 151. 팀 켈러, 《팀 켈러의 센터처치》(두란노 역간).

21. Harvie M. Conn & Manuel Ortiz, *Urban Ministry: The Kingdom, the City and the People of God* (Downers Grove, IL: IVP Academic, 2001), 87. 하비 칸, 매누엘 오르티즈, 《도시목회와 선교》(기독교문서선교회 역간).

22. Conn & Ortiz, *Urban Ministry*, 224. 하비 칸, 매누엘 오르티즈, 《도시목회와 선교》(기독교문서선교회 역간).

23. Conn & Ortiz, *Urban Ministry*, 408. 하비 칸, 매누엘 오르티즈, 《도시목회와 선교》(기독교문서선교회 역간).

24. Timothy Keller, "An Evangelical Mission in a Secular City," 출전: *Center City Churches: The New Urban Frontier*, Lyle E. Schaller 편집 (Nashville: Abingdon, 1993), 34.

25. Keller, *Center Church*, 172. 팀 켈러, 《팀 켈러의 센터처치》(두란노 역간).

26. Matthew Bowman, *The Urban Pulpit: New York City and the Fate of Liberal Evangelicalism* (New York, Oxford University Press, 2014), 110.

27. Timothy J. Keller, *Resources for Deacons: Love Expressed through Mercy Ministries* (Lawrenceville, GA: Christian Education and Publications of the PCA, 1985).

28. 2021년 2월 4일 캐시 켈러가 콜린 핸슨에게 이메일을 보내왔다.

29. Conn & Ortiz, *Urban Ministry*, 17. 하비 칸, 매누엘 오르티즈, 《도시목회와 선교》(기독교문서선교회 역간).

30. Conn & Ortiz, *Urban Ministry*, 21. 하비 칸, 매누엘 오르티즈, 《도시목회와 선교》(기독교문서선교회 역간).

31. Michael Green, *Evangelism through the Local Church: A Comprehensive Guide to All Aspects of Evangelism* (Nashville: Oliver-Nelson, 1992), 101. 마이클 그린, 《현대 전도학》(기독교문서선교회 역간).

32. 다음 책을 참조하라. Timothy Keller, *The Prodigal Prophet: Jonah and the Mystery of God's Mercy* (New York: Viking, 2018), 38. 팀 켈러, 《팀 켈러의 방탕한 선지자》(두란노 역간).

33. 다음 책을 참조하라. Keller, *Prodigal Prophet*, 92-93. 팀 켈러, 《팀 켈러의 방탕한 선지자》(두란노 역간).

34. Keller, *Center Church*, 215. 팀 켈러, 《팀 켈러의 센터처치》(두란노 역간).

35. Keller, *Center Church*, 272-273. 팀 켈러, 《팀 켈러의 센터처치》(두란노 역간).

36. 다음 책을 참조하라. Keller, *Prodigal Prophet*, 197-198. 팀 켈러, 《팀 켈러의 방탕한 선지자》(두란노 역간).

37. Keller, *Center Church*, 21. 팀 켈러, 《팀 켈러의 센터처치》(두란노 역간).

38. Keller, *Center Church*, 47-48. 팀 켈러, 《팀 켈러의 센터처치》(두란노 역간).

39. 다음 책을 참조하라. Keller, *Generous Justice*, 141. 팀 켈러, 《팀 켈러의 정의란 무엇인가》(두

란노 역간).

40. Jonathan Edwards, "Christian Charity: The Duty of Charity to the Poor, Explained and Enforced," 출전: *The Works of Jonathan Edwards* 제2권. Sereno Dwight 편집 (Carlise, PA: Banner of Truth, 1998), 164.

41. Keller, *Generous Justice*, xiii. 팀 켈러, 《팀 켈러의 정의란 무엇인가》(두란노 역간).

42. Keller, *Generous Justice*, xiii. 팀 켈러, 《팀 켈러의 정의란 무엇인가》(두란노 역간).

43. Keller, *Generous Justice*, 189. 팀 켈러, 《팀 켈러의 정의란 무엇인가》(두란노 역간).

44. 2021년 2월 16일 콜린 핸슨이 스티브 프레스턴을 인터뷰했다.

45. 4년 후 톰 행크스는 영화 〈필라델피아〉에서 게이 변호사를 연기하여 아카데미 남우주연상을 받았다.

46. Keller, *Center Church*, 21. 팀 켈러, 《팀 켈러의 센터처치》(두란노 역간).

47. Timothy Keller, "Our Place in the Story: Part 2," Redeemer Report, 2014년 11월 , www.redeemer.com/redeemer-report/article/our_place_in_the_story_part_2.

48. 2022년 5월 20일 콜린 핸슨이 팀 켈러를 인터뷰했다.

49. Keller, *Center Church*, 56-57. 팀 켈러, 《팀 켈러의 센터처치》(두란노 역간).

50. 팀 켈러가 다음 책에 쓴 추천사. Michael A. Graham, *Cheer Up! The Life and Ministry of Jack Miller* (Phillipsburg, NJ: P&R, 2020).

51. Timothy Keller, "Dear Children" (설교, Redeemer Presbyterian Church, New York City, 1991년 4월 14일), https://podcast.gospelinlife.com/e/dear-children.

52. Graham, *Cheer Up!*, 177-178.

53. 2021년 3월 11일 콜린 핸슨이 리즈 카우프먼을 인터뷰했다.

54. 2021년 3월 11일 콜린 핸슨이 리즈 카우프먼을 인터뷰했다.

55. Graham, *Cheer Up!*, 45-46.

56. Timothy Keller, "Foreword," 출전: Sinclair Ferguson, *The Whole Christ: Legalism, Antinomianism, and Gospel Assurance—Why the Marrow Controversy Still Matters* (Wheaton, IL: Crossway, 2016), 11. 싱클레어 퍼거슨, 《온전한 그리스도》(디모데 역간).

57. 2022년 5월 20일 콜린 핸슨이 팀 켈러를 인터뷰했다.

58. Thomas Kidd, "Why Do We Say 'Gospel-Centered'?," The Gospel Coalition, 2021년 4월 21일, www.thegospelcoalition.org/article/why-say-gospel-centered.

59. Graham, *Cheer Up!*, 204.

60. 2021년 3월 18일 팀 켈러가 콜린 핸슨에게 이메일을 보내왔다.

61. 2021년 3월 17일 D. A. 카슨이 콜린 핸슨에게 이메일을 보내왔다.

62. Michael Luo, "Preaching the Word and Quoting the Voice," *New York Times*, 2006년 2월 26일, www.nytimes.com/2006/02/26/nyregion/preaching-the-word-and-quoting-the-voice. html.

63. Keller, *Center Church*, 260. 팀 켈러, 《팀 켈러의 센터처치》(두란노 역간).

64. Keller, *Center Church*, 48. 팀 켈러, 《팀 켈러의 센터처치》(두란노 역간).

65. Keller, *Center Church*, 48. 팀 켈러, 《팀 켈러의 센터처치》(두란노 역간).

66. 2021년 1월 24일 팀 켈러가 콜린 핸슨에게 이메일을 보내왔다.

67. Richard Lints, *The Fabric of Theology: A Prolegomenon to Evangelical Theology* (Grand Rapids: Eerdmans, 1993), 83.

68. Keller, *Center Church*, 19. 팀 켈러, 《팀 켈러의 센터처치》(두란노 역간).

69. Lints, *Fabric of Theology*, 316-317.

70. Keller, *Center Church*, 17. 팀 켈러, 《팀 켈러의 센터처치》(두란노 역간).

71. Keller, *Center Church*, 19. 팀 켈러, 《팀 켈러의 센터처치》(두란노 역간).

72. "Foundation Documents: Theological Vision for Ministry," The Gospel Coalition, www. thegospelcoalition.org/about/foundation-documents/#theological-vision-for-ministry.

part 4.

뉴욕에서
전 세계로

14. 우주의 지배자들 사이 둥지를 틀다

1. Ray Bakke, *The Urban Christian: Effective Ministry in Today's Urban World* (Downers Grove, IL: InterVarsity, 1987), 41.

2. Nicholas Goldberg, "Column: The Urban Legend of Kitty Genovese and the 38 Witnesses Who Ignored Her Blood-curdling Screams," *Los Angeles Times*, 2010년 9월 10일, www. latimes.com/opinion/story/2020-09-10/urban-legend-kitty-genovese-38-people.

3. "New York Crime Rates 1960-2019," www.disastercenter.com/crime/nycrime.htm.

4. Timothy Keller, *Center Church: Doing Balanced, Gospel-Centered Ministry in Your City*

(Grand Rapids: Zondervan, 2012), 164, 주12. 팀 켈러, 《팀 켈러의 센터처치》(두란노 역간).

5. 2021년 2월 16일 콜린 핸슨이 로라 개스턴을 인터뷰했다.

6. Kenneth A. Briggs, "Decline in Major Faiths' Influence in City Reflects Last 10 Years of Urban Change," *New York Times*, 1975년 8월 18일, www.nytimes.com/1975/08/18/archives/decline-in-major-faiths-influence-in-city-reflects-last-10-years-of.html.

7. Matthew Bowman, *The Urban Pulpit: New York City and the Fate of Liberal Evangelicalism* (New York: Oxford University Press, 2014), 15.

8. Bowman, *Urban Pulpit*, 34.

9. Tom Wolfe, *The Bonfire of the Vanities* (New York: Picador, 1987), 9. 톰 울프, 《허영의 불꽃》(민음사 역간).

10. Wolfe, *Bonfire of the Vanities*, 11. 톰 울프, 《허영의 불꽃》(민음사 역간).

11. Wolfe, *Bonfire of the Vanities*, 12. 톰 울프, 《허영의 불꽃》(민음사 역간).

12. Wolfe, *Bonfire of the Vanities*, 13. 톰 울프, 《허영의 불꽃》(민음사 역간).

13. Wolfe, *Bonfire of the Vanities*, 16. 톰 울프, 《허영의 불꽃》(민음사 역간).

14. Jordan Belfort, *The Wolf of Wall Street* (New York: Bantam, 2007), 3. 조던 벨포트, 《더 울프 오브 월스트리트》(어의도책방 역간).

15. Peter Donald, "Sermons and Soda Water: A Rich Philadelphia Widow Wants to Save New York Society," *New York*, 1988년 11월 7일, 55.

16. Donald, "Sermons and Soda Water," 56.

17. Donald, "Sermons and Soda Water," 57.

18. Donald, "Sermons and Soda Water," 57-58.

19. Donald, "Sermons and Soda Water," 58.

20. 2021년 2월 16일 콜린 핸슨이 로라 펠스를 인터뷰했다.

21. Harvie M. Conn & Manuel Ortiz, *Urban Ministry: The Kingdom, the City, and the People of God* (Downers Grove, IL: InterVarsity, 2001), 379. 하비 칸, 매누엘 오르티즈, 《도시목회와 선교》(기독교문서선교회 역간).

22. 다음 책을 참조하라. Conn & Ortiz, *Urban Ministry*, 379-380. 하비 칸, 매누엘 오르티즈, 《도시목회와 선교》(기독교문서선교회 역간).

23. Timothy Keller, "An Evangelical Mission in a Secular City," 출전: *Center City Churches: The New Urban Frontier*, Lyle E. Schaller 편집 (Nashville: Abingdon, 1993), 31-32.

24. 다음 책을 참조하라. Timothy Keller, *The Reason for God: Belief in an Age of Skepticism* (New York: Dutton, 2008), xiii-xiv. 팀 켈러, 《팀 켈러, 하나님을 말하다》(두란노 역간).

25. Keller, "Evangelical Mission in a Secular City," 32.

26. William Gurnall, *The Christian in Complete Armour* (London: Thomas Tegg, 1845), 3. 윌리엄 거널, 《그리스도인의 전신갑주》(CH북스 역간).

27. 2021년 1월 28일 콜린 핸슨이 수 피처트를 인터뷰했다.

28. 2021년 1월 23일 콜린 핸슨이 캐시 켈러를 인터뷰했다.

29. 2021년 1월 21일 콜린 핸슨이 브루스 헨더슨을 인터뷰했다.

30. 2021년 6월 8일 콜린 핸슨이 D. 클레어 데이비스를 인터뷰했다.

31. Timothy Keller with Kathy Keller, *The Meaning of Marriage: Facing the Complexities of Commitment with the Wisdom of God* (New York: Dutton, 2011), 244. 팀 켈러, 캐시 켈러, 《팀 켈러, 결혼을 말하다》(두란노 역간).

32. 2021년 3월 10일 콜린 핸슨이 말린 헉스를 인터뷰했다.

33. 2021년 1월 23일 콜린 핸슨이 캐시 켈러를 인터뷰했다.

34. 2021년 1월 23일 콜린 핸슨이 캐시 켈러를 인터뷰했다.

35. 2021년 2월 18일 재키 아서가 콜린 핸슨에게 이메일을 보내왔다.

36. 설령 켈러가 생각이 같은 그리스도인들만 모아 교회를 개척하려 했다 해도 그런 사람을 충분히 찾을 수 없었을 것이다. 뉴욕시에서 그들은 극소수에 불과했다. 맨해튼 주민 중 복음주의자는 1퍼센트 미만이었고, 개신교 교인을 다 합해도 5퍼센트에 불과해 전국 기준의 25퍼센트에 한참 못 미쳤다.

37. 2021년 1월 15일 콜린 핸슨이 크레이그 엘리스를 인터뷰했다.

38. 2021년 1월 28일 콜린 핸슨이 짐 피처트를 인터뷰했다.

39. 2021년 3월 18일 콜린 핸슨이 캐시 암스트롱을 인터뷰했다.

40. 2021년 5월 6일 팀 켈러가 콜린 핸슨에게 이메일을 보내왔다.

41. 2021년 2월 16일 콜린 핸슨이 재키 아서를 인터뷰했다.

42. 2021년 1월 28일 콜린 핸슨이 짐 피처트를 인터뷰했다.

43. 2021년 2월 16일 콜린 핸슨이 글렌 클라인크넥트를 인터뷰했다.

44. Keller, *Center Church*, 101-103. 팀 켈러, 《팀 켈러의 센터처치》(두란노 역간).

15. '예스'(Yes)의 나라

1. 2021년 2월 2일 콜린 핸슨이 이본 소여를 인터뷰했다.

2. 2021년 2월 16일 콜린 핸슨이 이본 소여를 인터뷰했다.

3. 2021년 2월 2일 콜린 핸슨이 팀 레머를 인터뷰했다.

4. 2021년 2월 16일 캐시 켈러가 콜린 핸슨에게 이메일을 보내왔다.

5. 첫 2-3년 동안 참석자의 50퍼센트는 다른 교회에서 온 사람이 아니라 비신자 또는 교회에 적을 두지 않은 그리스도인이었다. 또 학생 사역 단체처럼 매해 9월이면 교인의 33퍼센트가 교체되었다. 1990년대 중반에 교인의 평균 연령은 30세였고, 75퍼센트는 미혼이었다. 백인은 절반에 못 미치는 약 45퍼센트였다.

6. Timothy Keller, "An Evangelical Mission in a Secular City," 출전: *Center City Churches: The New Urban Frontier*, Lyle E. Schaller 편집 (Nashville: Abingdon Press, 1993), 33.

7. 2021년 6월 6일 팀 켈러가 콜린 핸슨에게 이메일을 보내왔다.

8. 2021년 2월 16일 콜린 핸슨이 레인 아서를 인터뷰했다.

9. Timothy Keller, *Center Church: Doing Balanced, Gospel-Centered Ministry in Your City* (Grand Rapids: Zondervan, 2012), 350. 팀 켈러, 《팀 켈러의 센터처치》(두란노 역간).

10. 2021년 2월 4일 콜린 핸슨이 로레인 제크먼을 인터뷰했다.

11. 2021년 2월 16일 콜린 핸슨이 레인 아서를 인터뷰했다.

12. 다음 자료를 참조하라. "Manhattan Center City 2019," 인터넷 줌을 통한 파워포인트 발표, A Journey through NYC Religions Data Center, 2020년 10월 2일.

13. 다음 책을 참조하라. Keller, *Center Church*, 73. 팀 켈러, 《팀 켈러의 센터처치》(두란노 역간).

14. C. John Miller, *Outgrowing the Ingrown Church* (Grand Rapids: Zondervan, 1986, 1999), 98-101.

15. 2021년 2월 2일 콜린 핸슨이 캐서린 L. 알스도프를 인터뷰했다.

16. 2021년 1월 23일 콜린 핸슨이 캐시 켈러를 인터뷰했다.

17. 2021년 3월 10일 콜린 핸슨이 말린 헉스를 인터뷰했다.

18. Keller, "An Evangelical Mission in a Secular City," 31.

19. 리디머에 오전 10시 예배가 신설되자 많은 교인이 켈러에게 저녁 6시 반 예배를 지속해 줄 것을 부탁했다. 연예계에 종사하느라 새벽 2-3시까지 일하는 사람이 아주 많았던 것이다. 참석자 수는 다시 뛰어 1990년 6월에는 350명, 가을에는 600명에 등록 교인만 100명이었다. 1991년 1월에 리디머는 6월까지 PCA 지원에서 벗어나 재정 독립을 이루고 자체 교역자를 세울 준비를 했다. 그해 말 리디머 교인과 참석자는 각각 275명과 950명이었고, 그중 거의 절반이 저녁 6시 반 예배에 나왔다.

20. Keller, "An Evangelical Mission in a Secular City," 36.

21. 2021년 3월 10일 콜린 핸슨이 말린 헉스를 인터뷰했다.

22. 2021년 2월 2일 콜린 핸슨이 바버라 오노를 인터뷰했다.

23. 다음 책을 참조하라. Timothy Keller with Kathy Keller, *The Meaning of Marriage: Facing the Complexities of Commitment with the Wisdom of God* (New York: Dutton, 2011), 11. 팀 켈러, 캐시 켈러, 《팀 켈러, 결혼을 말하다》(두란노 역간).

24. Timothy Keller, *The Reason for God: Belief in an Age of Skepticism* (New York: Dutton, 2008), 43-44. 팀 켈러, 《팀 켈러, 하나님을 말하다》(두란노 역간).

25. Ryan P. Burge, *The Nones: Where They Came From, Who They Are, and Where They Are Going* (Minneapolis: Fortress, 2021).

26. D. Martyn Lloyd-Jones, *Preaching and Preachers* (Grand Rapids: Zondervan, 1972), 151. 마틴 로이드 존스, 《설교와 설교자》(복있는사람 역간).

27. Lloyd-Jones, *Preaching and Preachers*, 152-153. 마틴 로이드 존스, 《설교와 설교자》(복있는사람 역간).

28. 2021년 4월 27일 팀 켈러가 콜린 핸슨에게 이메일을 보내왔다.

29. Keller, *Center Church*, 79. 팀 켈러, 《팀 켈러의 센터처치》(두란노 역간).

30. Michael Green, *Evangelism through the Local Church: A Comprehensive Guide to All Aspects of Evangelism* (Nashville: Oliver-Nelson, 1992), 320. 마이클 그린, 《현대 전도학》(기독교문서선교회 역간).

31. 2021년 3월 18일 콜린 핸슨이 아서 암스트롱을 인터뷰했다.

32. 2021년 2월 2일 콜린 핸슨이 바버라 오노를 인터뷰했다.

33. Timothy Keller, "An Evangelical Mission in a Secular City," 33.

34. 2021년 2월 3일 콜린 핸슨이 크레건 쿠크를 인터뷰했다.

35. Lloyd-Jones, *Preaching and Preachers*, 152. 마틴 로이드 존스, 《설교와 설교자》(복있는사람 역간).

36. Keller, *Center Church*, 315. 팀 켈러, 《팀 켈러의 센터처치》(두란노 역간).

37. 2021년 2월 4일 콜린 핸슨이 마코 후지무라를 인터뷰했다.

38. 2021년 2월 2일 콜린 핸슨이 캐서린 L. 알스도프를 인터뷰했다.

39. Timothy Keller, "Our Place in the Story: Part 2," Redeemer Report, 2014년 11월, www.redeemer.com/redeemer-report/article/our_place_in_the_story_part_2.

40. Timothy J. Keller, "The Girl Nobody Wanted," 출전: *Heralds of the King: Christ-Centered Sermons in the Tradition of Edmund P. Clowney*, Dennis E. Johnson 편집 (Wheaton, IL: Crossway, 2009), 55. 데니스 존슨 편집, 《모든 성경에서 그리스도를 설교하라》(부흥과개혁사 역간).

41. Keller, "The Girl Nobody Wanted," 57. 데니스 존슨 편집, 《모든 성경에서 그리스도를 설교하라》(부흥과개혁사 역간).

42. Keller, "The Girl Nobody Wanted," 61. 데니스 존슨 편집, 《모든 성경에서 그리스도를 설교하라》(부흥과개혁사 역간).

43. Robert Alter, *Genesis: Translation and Commentary* (New York: Norton, 1996), 155.

44. Alter, *Genesis*, 154.

45. Keller, "The Girl Nobody Wanted," 63. 데니스 존슨 편집, 《모든 성경에서 그리스도를 설교하라》(부흥과개혁사 역간).

46. Keller, "The Girl Nobody Wanted," 64-65. 데니스 존슨 편집, 《모든 성경에서 그리스도를 설교하라》(부흥과개혁사 역간).

47. Keller, "The Girl Nobody Wanted," 56. 데니스 존슨 편집, 《모든 성경에서 그리스도를 설교하라》(부흥과개혁사 역간).

48. 2021년 6월 11일 콜린 핸슨이 팀 켈러를 인터뷰했다.

49. 2021년 3월 4일 콜린 핸슨이 마코 후지무라를 인터뷰했다.

50. 2021년 2월 4일 콜린 핸슨이 로레인 제크먼을 인터뷰했다.

51. 2021년 3월 18일 콜린 핸슨이 아서 암스트롱을 인터뷰했다.

52. 2021년 2월 2일 콜린 핸슨이 캐서린 L. 알스도프를 인터뷰했다.

53. Timothy Keller with Katherine Leary Alsdorf, *Every Good Endeavor: Connecting Your Work to God's Work* (New York: Dutton, 2016), 92. 팀 켈러, 캐서린 L. 알스도프, 《팀 켈러의 일과 영성》(두란노 역간).

54. 2021년 3월 11일 콜린 핸슨이 리즈 카우프먼을 인터뷰했다.

55. 2021년 2월 3일 콜린 핸슨이 크레건 쿠크를 인터뷰했다.

56. 2021년 1월 15일 콜린 핸슨이 크레이그 엘리스를 인터뷰했다.

57. 2021년 2월 2일 콜린 핸슨이 이본 소여를 인터뷰했다.

58. Timothy Keller, *Preaching: Communicating Faith in an Age of Skepticism* (New York: Viking, 2015), 196-197. 팀 켈러, 《팀 켈러의 설교》(두란노 역간).

59. Keller, *Center Church*, 311. 팀 켈러, 《팀 켈러의 센터처치》(두란노 역간).

60. Keller, *Center Church*, 284. 팀 켈러, 《팀 켈러의 센터처치》(두란노 역간).

61. 2021년 1월 13일 콜린 핸슨이 섀런 존슨을 인터뷰했다.

62. 2021년 6월 24일 콜린 핸슨이 캐시 켈러를 인터뷰했다.

63. 2021년 1월 13일 콜린 핸슨이 섀런 존슨을 인터뷰했다.

64. 다음 시의 한 소절을 풀어 썼다. George Herbert, "Time": "For where thou onely wert before an executioner at best; thou art a gard'ner now, and more," www.ccel.org/h/herbert/temple/Time.html.

16. 누구나 예배한다

1. John Starke, "New York's Post-9/11 Church Boom," The Gospel Coalition, 2011년 9월 7일, www.thegospelcoalition.org/article/new-yorks-post-911-church-boom.

2. Starke, "New York's Post-9/11 Church Boom."

3. Timothy Keller, "Truth, Tears, Anger, and Grace" (설교, Redeemer Presbyterian Church, New York City, 2001년 9월 16일), www.youtube.com/watch?v=KkZqsZqiEIA.

4. 2021년 6월 24일 콜린 핸슨이 캐시 켈러를 인터뷰했다.

5. 2021년 2월 16일 콜린 핸슨이 리즈 스미스를 인터뷰했다.

6. 2021년 6월 24일 콜린 핸슨이 캐시 켈러를 인터뷰했다.

7. Christina Ray Stanton, "God Sustained Me in COVID-19, as He Did on 9/11," The Gospel Coalition, 2020년 4월 28일, www.thegospelcoalition.org/article/god-sustained-me-911.

8. 2021년 6월 24일 콜린 핸슨이 팀 켈러를 인터뷰했다.

9. 다음 책을 참조하라. Timothy Keller, *The Prodigal Prophet: Jonah and the Mystery of God's Mercy* (New York: Viking, 2018), 2. 팀 켈러, 《팀 켈러의 방탕한 선지자》(두란노 역간).

10. 2021년 3월 4일 콜린 핸슨이 마코 후지무라를 인터뷰했다.

11. Timothy Keller, "Heaven" (설교, Redeemer Presbyterian Church, New York City, 1997년 6월 8일), https://gospelinlife.com/downloads/heaven-5931.

12. Starke, "New York's Post-9/11 Church Boom."

13. Timothy Keller, *Center Church: Doing Balanced, Gospel-Centered Ministry in Your City* (Grand Rapids: Zondervan, 2012), 175. 팀 켈러, 《팀 켈러의 센터처치》(두란노 역간).

14. 2021년 3월 4일 콜린 핸슨이 마코 후지무라를 인터뷰했다.

15. 다음 책을 참조하라. Timothy Keller, *Walking with God through Pain and Suffering* (New York: Dutton, 2013), 6. 팀 켈러, 《팀 켈러, 고통에 답하다》(두란노 역간).

16. Timothy Keller, *Prayer: Experiencing Awe and Intimacy with God* (New York: Dutton, 2014), 9-10. 팀 켈러, 《팀 켈러의 기도》(두란노 역간).

17. John Owen, *The Glory of Christ*, 축약판 (Carlisle, PA: Banner of Truth, 1994), 7. 존 오웬, 《그리스도의 영광》(지평서원 역간).

18. 다음 책을 참조하라. Timothy Keller, *The Reason for God: Belief in an Age of Skepticism* (New York: Dutton, 2008), 244-245, 1장, 주2. 팀 켈러, 《팀 켈러, 하나님을 말하다》(두란노 역간).

19. 다음 책을 참조하라. Keller, *Reason for God*, 84. 팀 켈러, 《팀 켈러, 하나님을 말하다》(두란노 역간).

20. Keller, *Reason for God*, 9. 팀 켈러, 《팀 켈러, 하나님을 말하다》(두란노 역간).

21. Keller, *Reason for God*, 241. 팀 켈러, 《팀 켈러, 하나님을 말하다》(두란노 역간).

22. Timothy Keller, *Hope in Times of Fear: The Resurrection and the Meaning of Easter* (New York: Viking, 2021), xiii-xiv. 팀 켈러, 《팀 켈러의 부활을 입다》(두란노 역간).

23. Keller, *Hope in Times of Fear*, xi. 팀 켈러, 《팀 켈러의 부활을 입다》(두란노 역간).

24. Keller, *Reason for God*, 109. 팀 켈러, 《팀 켈러, 하나님을 말하다》(두란노 역간).

25. 2021년 1월 25일 콜린 핸슨이 팀 켈러를 인터뷰했다.

26. 2021년 1월 15일 콜린 핸슨이 크레이그 엘리스를 인터뷰했다.

27. Ted Turnau, *Popologetics: Popular Culture in Christian Perspective* (Phillipsburg, NJ: P&R, 2012), 38.

28. Turnau, *Popologetics*, 58-59.

29. Keller, *Center Church*, 126-127. 팀 켈러, 《팀 켈러의 센터처치》(두란노 역간).

30. 켈러에게 루터는 율법을 지키도록 단순히 의지에 호소할 게 아니라 복음을 마음에 적용하는 길을 보여 주었다. 행위로 구원을 얻으려는 우리 마음의 본능과 달리 복음은 그리스도인을 다시 은혜에만 의지하게 한다는 것을 보여 주었다.

31. Timothy Keller, "How to Talk about Sin in a Postmodern Age," The Gospel Coalition, 2017년 5월 12일, www.thegospelcoalition.org/article/how-to-talk-sin-in-postmodern-age.

32. Keller, *Reason for God*, 275-276. 팀 켈러, 《팀 켈러, 하나님을 말하다》(두란노 역간).

33. Ernest Becker, *The Denial of Death* (New York: Free Press, 1973), 167. 어니스트 베커, 《죽음의 부정》(한빛비즈 역간).

34. Turnau, *Popologetics*, 58-63.

35. "This Is Water by David Foster Wallace (Full Transcript and Audio)," Farnham Street (fs), 2022년 8월 8일 접속, https://fs.blog/david-foster-wallace-this-is-water.

36. Turnau, *Popologetics*, 239.

17. 《답이 되는 기독교》의 탄생

1. 2021년 1월 15일 콜린 핸슨이 크레이그 엘리스를 인터뷰했다.

2. 다음 몇 권의 책이 자주 등장한다. Philip Rieff, *Triumph of the Therapeutic*. Philip Rieff, *Freud: The Mind of the Moralist*. Robert Bellah, *Habits of the Heart*. Robert Bellah, *The Good Society*. Alasdair MacIntyre, *After Virtue*. 알래스데어 매킨타이어, 《덕의 상실》(문예출판사 역간). Alasdair MacIntyre, *Whose Justice? Which Rationality?*, Charles Taylor, *Sources of*

the Self. 찰스 테일러, 《자아의 원천들》(새물결 역간). Charles Taylor, *A Secular Age.*

3. 2021년 6월 11일 팀 켈러가 콜린 핸슨에게 이메일을 보내왔다.

4. Christian Smith, *To Flourish or Destruct: A Personalist Account of Human Goods, Motivations, Failure, and Evil* (Chicago: University of Chicago Press, 2015), 269-70.

5. 2021년 6월 24일 콜린 핸슨이 팀 켈러를 인터뷰했다.

6. Timothy Keller, *Preaching: Communicating Faith in an Age of Skepticism* (New York: Viking, 2015), 135-136. 팀 켈러, 《팀 켈러의 설교》(두란노 역간).

7. Robert N. Bellah 외, *Habits of the Heart: Individualism and Commitment in American Life* (Berkeley: University of California Press, 2008), 333-334.

8. 다음 책을 참조하라. Timothy Keller, *Hope in Times of Fear: The Resurrection and the Meaning of Easter* (New York: Viking, 2021), 197. 팀 켈러, 《팀 켈러의 부활을 입다》(두란노 역간).

9. Bellah 외, *Habits of the Heart*, 286.

10. 2021년 1월 15일 콜린 핸슨이 크레이그 엘리스를 인터뷰했다.

11. Timothy Keller, "God at Work" (설교, Redeemer Presbyterian Church, New York City, 2013년 8월 25일).

12. Timothy Keller, "Hope That Transforms" (강연, Redeemer Presbyterian Church, New York City, 2014년 2월 20일).

13. Keller, "Hope That Transforms."

14. Timothy Keller, "Session 1 Question and Answer" (강의, "Preaching Christ in a Postmodern World," Reformed Theological Seminary, Orlando, Florida, 2008년 9월 8일).

15. 다음 책을 참조하라. Timothy Keller, *Making Sense of God: An Invitation to the Skeptical* (New York: Viking, 2016), 131. 팀 켈러, 《팀 켈러의 답이 되는 기독교》(두란노 역간).

16. Keller, *Making Sense of God*, 139. 팀 켈러, 《팀 켈러의 답이 되는 기독교》(두란노 역간).

17. 다음 책을 참조하라. Keller, *Making Sense of God*, 142. 팀 켈러, 《팀 켈러의 답이 되는 기독교》(두란노 역간).

18. Keller, *Making Sense of God*, 147. 팀 켈러, 《팀 켈러의 답이 되는 기독교》(두란노 역간).

19. Richard J. Mouw, "From Kuyper to Keller: Why Princeton's Prize Controversy Is So Ironic," *Christianity Today*, 2017년 3월 27일, www.christianitytoday.com/ct/2017/march-web-only/kuyper-keller-princeton-seminary-ironic.html.

20. Timothy Keller, *Center Church: Doing Balanced, Gospel-Centered Ministry in Your City* (Grand Rapids: Zondervan, 2012), 244. 팀 켈러, 《팀 켈러의 센터처치》(두란노 역간).

21. Keller, *Making Sense of God*, 48-49. 팀 켈러, 《팀 켈러의 답이 되는 기독교》(두란노 역간).

22. Keller, *Center Church*, 120. 팀 켈러, 《팀 켈러의 센터처치》(두란노 역간).

23. 다음 책을 참조하라. Keller, *Preaching*, 103-120. 팀 켈러, 《팀 켈러의 설교》(두란노 역간).

24. Timothy Keller, *How to Reach the West Again: Six Essential Elements of a Missionary Encounter* (New York: Redeemer City to City, 2020), 29. 팀 켈러, 《팀 켈러의 탈기독교시대 전도》(두란노 역간).

25. Timothy Keller, "Justice in the Bible," *Life in the Gospel* (2020년 가을), https://quarterly.gospelinlife.com/justice-in-the-bible.

26. Timothy Keller, "Answering Lesslie Newbigin" (강연, Princeton Theological Seminary, Princeton, NJ, 2017년 4월 6일).

27. 다음 책을 참조하라. Keller, *Making Sense of God*, 179. 팀 켈러, 《팀 켈러의 답이 되는 기독교》(두란노 역간).

28. Keller, *Making Sense of God*, 181. 팀 켈러, 《팀 켈러의 답이 되는 기독교》(두란노 역간).

29. Keller, *Making Sense of God*, 210. 팀 켈러, 《팀 켈러의 답이 되는 기독교》(두란노 역간).

30. Keller, *Making Sense of God*, 301, 주30. 팀 켈러, 《팀 켈러의 답이 되는 기독교》(두란노 역간).

31. Keller, *Center Church*, 235. 팀 켈러, 《팀 켈러의 센터처치》(두란노 역간).

32. Keller, *How to Reach the West Again*, 20-21. 팀 켈러, 《팀 켈러의 탈기독교시대 전도》(두란노 역간).

33. Timothy Keller, "A Biblical Critique of Secular Justice and Critical Race Theory," *Life in the Gospel* (Special Edition), https://quarterly.gospelinlife.com/a-biblical-critique-of-secular-justice-and-critical-theory.

34. Keller, "Biblical Critique."

35. Timothy Keller, *The Prodigal Prophet: Jonah and the Mystery of God's Mercy* (New York: Viking, 2018), 199-200. 팀 켈러, 《팀 켈러의 방탕한 선지자》(두란노 역간).

36. 다음 책을 참조하라. Keller, *Making Sense of God*, 172. 팀 켈러, 《팀 켈러의 답이 되는 기독교》(두란노 역간).

37. Keller, *Making Sense of God*, 158. 팀 켈러, 《팀 켈러의 답이 되는 기독교》(두란노 역간).

38. Keller, "Biblical Critique."

39. Keller, *Center Church*, 224. 팀 켈러, 《팀 켈러의 센터처치》(두란노 역간).

40. Timothy Keller, *Generous Justice: How God's Grace Makes Us Just* (New York: Dutton, 2010), xv-xvii. 팀 켈러, 《팀 켈러의 정의란 무엇인가》(두란노 역간).

41. Keller, *Generous Justice*, xvii. 팀 켈러, 《팀 켈러의 정의란 무엇인가》(두란노 역간).

42. Keller, *Making Sense of God*, 208-209. 팀 켈러, 《팀 켈러의 답이 되는 기독교》(두란노 역간).

43. Timothy Keller, "Arguing About Politics" (설교, Redeemer Presbyterian Church, New York City, 2001년

7월 15일), www.youtube.com/watch?v=U79Eef6U9nw.

44. Kathy Keller, "The Great Commission Must Be Our Guide in These Polarizing Times," *Life in the Gospel* (2021년 봄), https://quarterly.gospelinlife.com/the-great-commission-must-be-our-guide-in-these-polarizing-times.

45. Keller, "Justice in the Bible."

46. Timothy Keller, "Nietzsche Was Right," The Gospel Coalition, 2020년 9월 23일, www.thegospelcoalition.org/reviews/dominion-christian-revolution-tom-holland.

47. James Eglinton, "Dutch Inspiration for Tim Keller," Nelson D. Kloosterman 번역, *Nederlands Dagblad*, 2011년 7월 11일, https://cosmiceye.wordpress.com/2011/07/12/dutch-inspiration-for-tim-keller.

48. James Eglinton, *Bavinck: A Critical Biography* (Grand Rapids: Baker Academic, 2020), i. 제임스 에글린턴, 《바빙크: 비평적 전기》(다함 역간).

49. Eglinton, *Bavinck*, 311. 제임스 에글린턴, 《바빙크: 비평적 전기》(다함 역간).

50. Eglinton, *Bavinck*, 150. 제임스 에글린턴, 《바빙크: 비평적 전기》(다함 역간).

51. Eglinton, *Bavinck*, 275. 제임스 에글린턴, 《바빙크: 비평적 전기》(다함 역간).

52. Eglinton, *Bavinck*, 215. 제임스 에글린턴, 《바빙크: 비평적 전기》(다함 역간).

53. Timothy Keller, *The Prodigal God: Recovering the Heart of the Christian Faith* (New York: Dutton, 2008), 127-131. 팀 켈러, 《팀 켈러의 탕부 하나님》(두란노 역간).

54. Isak Dinesen (Karen Blixen), *Babette's Feast and Other Stories* (New York: Penguin, 2013), 68. 이 자크 디네센, 《바베트의 만찬》(문학동네 역간).

55. Timothy Keller, "Death of Death" (설교, Redeemer Presbyterian Church, New York City, 1993년 5월 16일).

56. Timothy Keller, "The Finality of Jesus" (설교, Redeemer Presbyterian Church, New York City, 1997년 1월 5일).

57. Keller, "Finality of Jesus."

58. Timothy Keller, "Death and the Christian Hope" (설교, Redeemer Presbyterian Church, New York City, 2004년 4월 4일).

59. William McDonald, "Søren Kierkegaard," *Stanford Encyclopedia of Philosophy*, 2017년 11월 10일, https://plato.stanford.edu/entries/kierkegaard.

60. Keller, *How to Reach the West Again*, 4. 팀 켈러, 《팀 켈러의 탈기독교시대 전도》(두란노 역간).

61. Keller, *How to Reach the West Again*, 7. 팀 켈러, 《팀 켈러의 탈기독교시대 전도》(두란노 역간).

62. Keller, *How to Reach the West Again*, 9. 팀 켈러, 《팀 켈러의 탈기독교시대 전도》(두란노 역간).

63. 처음에 테리 가이거가 이끈 교회 개척 센터는 리디머 부속이었으나 나중에 자체 이사회를 둔 리

디머 시티투시티(CTC)로 발전했다. 이 선교회는 전 세계 현지 지도자들을 도와 각자의 가장 큰 도시에 교회를 개척하게 한다. 목표는 세계적으로 복음 중심이고 교리가 탄탄한 선교적 교회 운동을 일으키는 것이었다. 사역은 순항하여 2022년 현재 리디머 CTC의 지원으로 개척된 교회는 최고 80개 도시에서 1,000개가 넘으며, 현지 교회 네트워크가 이끄는 여덟 개 지부가 세계에 흩어져 있다. 복음 중심이고 교리가 탄탄한 선교적 교회 운동의 DNA는 《팀 켈러의 센터처치》에 자세히 밝혀져 있다.

64. 2022년 6월 10일 콜린 핸슨이 팀 켈러를 인터뷰했다.

18. 삶과 사역의 나이테

1. Timothy Keller, *The Prodigal God: Recovering the Heart of the Christian Faith* (New York: Dutton, 2008), 125. 팀 켈러, 《팀 켈러의 탕부 하나님》(두란노 역간).

2. The Gospel Coalition, "Get More Rings in Your Tree," *Vimeo* 동영상, 11:33, 2014년 7월 9일, https://vimeo.com/100309192.

3. Keller, *Prodigal God*, 135. 팀 켈러, 《팀 켈러의 방탕한 선지자》(두란노 역간).

4. 2021년 1월 15일 콜린 핸슨이 크레이그 엘리스를 인터뷰했다.

5. 2021년 3월 18일 콜린 핸슨이 아서 암스트롱을 인터뷰했다.

에필로그

1. "Tim Keller on Reformed Resurgence," *Life and Books and Everything* 팟캐스트 오디오, 2021년 1월 25일, https://lifeandbooksandeverything.sounder.fm/episode/27.

2. Timothy Keller, *Walking with God through Pain and Suffering* (New York: Dutton, 2013), 80. 팀 켈러, 《팀 켈러, 고통에 답하다》(두란노 역간).